마음챙김 명상과 자기치유 上

Full Catastrophe Living (Revised Edition)
by Jon Kabat-Zinn

Full Catastrophe Living:

Using the Wisdom of Your Body and Mind tp Face Stress, Pain, and Illness(Revised and Updated ed.)

삶의 재난을 몸과 마음의 지혜로 마주하기

마음챙김 명상과 자기치유 上

존 카밧진 저

김교헌 · 김정호 · 장현갑 공역

학지사

매우 재미있게 읽을 수 있고 동시에 실용적인 이 책은 독자들에게 여러 방면으로 도움을 줄 것이다. 나는 많은 사람이 이 책에서 이득을 얻으리라 믿어 의심치 않는다. 이 책을 통해 당신은 명상이 바로 우리 일상의 삶을 그 대상으로 하고 있음을 알게 될 것이다. 이 책은 달마와 세상, 둘 모두를 향해 열려 있는 문이라고 이야기할 수 있다. 달마가 삶의 문제에 진짜로 관심을 가질 때, 그것이 진정한 달마다. 이것이 바로 내가 이 책을 높이 사는 까닭이다. 나는 이 책을 쓴 저자에게 감사한다.

-1989년, 틱 낫한-

지난 25년 동안 무수한 사람이 발견한대로, 마음챙김은 평화와 기쁨에 가장 믿을 한 정보다. 마음챙김은 누구나 할 수 있다. 그리고 개인으로서의 건강과 웰빙뿐만 아니라 문명과 행성으로서 우리는 점점 더 분명하게 마음챙김에 의존한다. 이 책은 우리 각자가 삶에 주어진 매 순간을 깨어나고 음미할 수 있게 해 준다.

-2013, 틱낫한-

역자 서문

1990년에 초판이 발간된 존 카밧진 박사의 세계적으로 유명한 『마음챙김 명상과 자기치유(Full Catastrophe Living)』의 개정판이 2013년에 출간되었다. 초판이 나온 지 거의 25년 만의 일이다. 장현갑과 김교헌은 1998년 초판을 '명상과 자기치유' 라는 제목으로 번역해 한국 독자들께 소개했다. 2010년에는 김정호가 역자로 참가해 책 내용을 보다 생생하게 잘 전달되도록 다듬고 책 출판 15주년을 기념하는 저자의 서문을 소개하였으며, 책 제목도 '마음챙김 명상과 자기치유' 로 고쳤다.

1998년에 한국어로 소개된 책에서 소개한 마음챙김에 기반을 둔 스트레스 완화 프로그램(MBSR)은 국내의 마음챙김 연구와 실천에 적지 않은 영향을 미쳤다고 생각한다. 마음챙김 관련 워크숍과 실습수련이 여러 분야와 지역에서 성행하게 되고 관련 학회도 출범하여 국내의 수련과 자격 제도도 갖추어져 가고 있다. 마음챙김을 주제로 하는 연구 논문의 수도 급격하게 증가하였고, MBSR의 사촌이라고 볼 수 있는 MBCT, ACT, DBT 등에 대한 관심과 연구도 크게 늘어났다. 이런 변화가 모두 이 책의 초판 번역본 때문이라고 볼 수는 없겠지만 적어도 기폭제 역할은 했다고 생각된다.

26년 만에 나온 책 개정판의 번역 원고를 앞에 두고 여러 가지 염려와 감회가 일어난다. 책에 담긴 마음챙김과 인간성에 관한 저자의 풍부한 실천적 경험과 깊이 있는 성찰을 제대로 전달하고 있는지? 특정 용어와 문장의 의미를 역자들의 편향된 생각이나 짧은 지식으로 잘못 옮기고 있지는 않은지? 대학에서 연구하고 학생들을 가르치는 심리학자인 번역자들의 집단적 편향이 번역 과정에 작용하지는 않았는지? 개정판의 번역본도 많은 독자의 사랑을 받고 독자들의 전인적 삶을 풍성하고 건강하게 하는 데 의미 있는 도움을 줄 수 있을지? 염려와 기대로 설렌다.

저자는 마음챙김을 실천하고 수련하는 것에는 인간사 재난과 상처를 치유하고 우리 삶과 세상을 건강하고 선하게 변화시키는 힘이 있고, 인간은 그런 능력을 선천적으로 타고난다고 말한다. 마음챙김의 실천과 수련은 별나지 않고 지금 어디에 있든 어떤 어려움이나 도전을 경험하든 순간순간 펼쳐져 나가는 자신의 경험에 부드럽고 순수한 주의를 기울이고 알아차리는 모험에서 시작하고 끝난다. 이 간명하고 질박한 원리를 제대로 된 실천으로 맞이하지 못하는 자신을 되돌아보며 사변과 말이 앞서고 이기가 일상을 살아가는 자동 조종 장치가 된 스스로의 삶을 꾸짖는 화두로 삼고 싶다.

2017년 2월

개정판의 번역본을 내놓으면서

역자 일동

저자 서문

개정판에 온 것을 환영한다. 25년 만에 처음으로 책을 개정하려는 내 의도는 책 내용을 최신 현황에 맞추고, 더 중요하게는 출간 이후 많은 시간이 흘렀음을 인정하고 삶과 고난에 마음챙겨서 접근하려는 명상의 안내와 기술을 다듬고 심화시키는 것이다. 최신 자료에 맞게 책을 개정하는 작업은 그동안 마음챙김이 건강과 웰빙에 미치는 효과에 관한 과학 연구가 크게 늘어났기 때문에 꼭 필요한 일이었다. 그러나 책을 개정하는 작업에 매진하면 할수록 초판에서 전달하려 했던 기본 메시지와 내용을 본질적으로 동일하게 유지할 필요가 있고, 적절한 대상들로 더 확대하고 심화시켜야 한다고 느꼈다. 적지 않은 유혹이 있었지만 나는 마음챙김의 효능에 대해 폭발적으로 증가하고 있는 과학 증거의 세부사항이나 과학 증거가 MBSR이 제공하는 내적인 모험과 잠재적 가치에 시사하는 의미에 초점을 맞추지는 않았다. 결국 이 책은 초판이 의도했던 것, 즉 마음챙김과 인간 본성에 대한 낙관적이고 혁신적인 관점을 기르는 상식적인 방식에 대한 실용적 지침을 제공하는 것을 그대로 유지하고 있다.

개인적으로 마음챙김 수련을 처음 접하던 바로 그 순간, 나는 그것이 내 삶을 풍성하게 일구어 나가는 효과에 매우 놀라고 크게 감명받았다. 이런 느낌은 45년 이상의 시간이 지나는 동안에도 전혀 줄어들지 않았다. 가장 어려운 시기에 더욱 익어 가고 믿음이 쌓여 가는 진실하고 소박한 우정과도 같이, 이 느낌은 시간이 갈수록 더욱 깊어지고 믿을 수 있게 자랐다.

이 책의 초판을 작업할 때, 편집자는 책 제목으로 '재난(catastrophe)'이라는 단어를 사용하는 것이 현명치 못하다고 했다. 그는 이 용어가 많은 잠재 독자를 출발부터 뒤로 멈칫 물러서게 할 가능성이 있음을 염려했다. 그래서 대안으로 수많은 다른 단어를 생각해 보고 버리고 또 생각해 보았다. 『주의 기울이기: 마음챙김의 치유력(Paying Attention: The Healing Power of Mindfulness)』이 최고의 대안으로 등장했다. 이 제목은 책이 전하려는 내용을 꽤 잘 전달하고 있었다. 그러나 『재난으로 가득 찬 삶(Full Catastrophe Living)』이라는 제목이 또다시 떠올랐다. 그것이 내 마음을 떠나지 않았다.

결국 그 제목으로 정했다. 오늘날 많은 사람이 내게 이 책이 자신의 삶이나 친척, 친구의 삶을 구했다고 이야기한다. 최근 내가 매사추세츠 케임브리지에서 개최한 마음챙김 교육 콘퍼런스에 참석했을 때도 그랬고 그다음 주 영국 체스터에서 열린 마음챙김 콘퍼런스에서도 같은 이야기를 들었다. 나는 마음챙김이 자신의 삶에 미친 효과를 들려주는 독자의 이야기를 진심으로 귀 기울여 들을 때마다 말로 형언할 수 없는 감동을 느낀다. 그 이야기에 등장하는 삶의 재난은 듣기에도 너무 끔찍할 때가 있다. 그러나 완전히 불가능할 것처럼 보이는 재난 상황에 직면해서조차도 치유와 변화를 통해 실체를 품어 안을 수 있는 우리의 능력, 우리 내부에 존재하고 있는 매우 특별한 그 무엇과도 접촉할 수 있다는 것을 알리는 것이 이 책이 전하고자 하는 메시지다. 텔레비전 방송 시리즈의 일환으로 우리 프로그램을 촬영했던 빌 모이어스(Bill Moyers)는 책이 출간된 다음 해인 1991년 일어난 오클랜드 대화재를 취재할 때 소실되어 버린 자신의 집 앞에서 이 책을 팔에 끼고 있는 한 남자를 봤다고 나에게 말해 줬다. 뉴욕커스는 즉시 이 제목을 차용해 간 것으로 보인다.

마음챙김의 효과에 대한 이런 반응은 내가 스트레스 완화 클리닉을 시작한 바로 그 시점부터 마음챙김 수련이 환자들에게 미치는 효과를 관찰하면서 느꼈던 바를 확증해 준다. 클리닉의 환자 대부분은 자신의 만성질환을 개선하기 위한 여러 치료법에서 아무런 호전의 기미도 얻지 못하는 건강 보호 시스템의 갈라진 틈*에 끼여 있는 처지에 있었다. 마음챙김을 기르는 것에는 치유적이고 삶을 변화시키는 그 무엇이 있음이 분명했다. 그것은 낭만적인 구

* 클리닉은 의료진이 제공하는 치료 외에 보완적으로 환자 자신이 스스로를 위해 무언가를 해야만 하는 도전에 맞닥뜨린 환자들을 돌보기 위한 일종의 안전망으로 만들어졌다. 그 틈이 이제는 깊은 구렁이 되었다. 건강 보호 시스템의 현 상태와 환자 중심적이고 통합적 접근에 기초를 두어야 할 필요성을 잘 보여 주는 자료로 2013년 CNN 다큐멘터리 〈화재 탈출(Escape Fire)〉을 참조하라.

호가 아니라 단지 인간으로 존재한다는 점 그 자체 때문에 가능한 그 무엇이며, 우리의 삶을 우리 자신에게 되돌려 주는 그 무엇이다. 미국 심리학의 아버지인 윌리엄 제임스(William James)의 말로 표현하면 '우리 모두가 끌어낼 꿈도 꾸지 않았던 생명 저수지'인 셈이다.

지층 아래 깊숙이 묻혀 있는 지하수나 유전처럼 우리 내부 깊숙이 숨어 있는 내적인 자원이 있다. 이는 인간이라는 존재자에게 태어날 때부터 부여된 것이며 우리는 누구나 이를 개발하고 활용할 수 있다. 우리 모두는 학습과 성장과 치유와 자신을 변화시킬 수 있는 능력을 선천적으로 지니고 있다. 변화는 어떻게 일어나는가? 그것은 우리 자신이 스스로 생각하는 것보다 더 큰 존재라는 사실을 알아차리는, 보다 큰 관점을 지니는 능력에서 나온다. 그것은 우리 존재의 전 차원, 우리가 실재로 어떤 존재인가를 깨닫고 그 안에 거하는 데서 나온다. 우리의 이 모든 타고난 내적 자원들은 체화된 알아차림과 그 알아차림에 대한 관계성을 함양할 수 있는 능력에 기초하고 있다. 우리는 이런 자원을 발견하고 함양하는 여정을 자신의 주의를 특정한 방식으로 기울여 달성하려 한다. 즉, '현재 순간에, 의도적으로, 판단하지 않으면서 주의를 기울이기다.'

나는 마음챙김이 과학으로 성립하기 오래전에 명상 체험으로 존재의 영역과 친해져 있었다. 설령, 마음챙김의 과학이 출현하지 않았다 하더라도, 명상은 여전히 나에게 중요했을 것이다. 명상은 그 자체로 설득력 있는 논리와 경험적 타당성을 지니며 오랜 시간에 걸쳐 의도적으로 함양하여 자신의 내면적 체험을 통해서만 알 수 있는 지혜다. 이 책과 MBSR 프로그램은 그다지 친숙하지 않고 때로는 걸어가기 어렵기도 한 지형을 명료함과 평정심을 가지고 여행할 수 있도록 돕기 위한 참조 틀과 안내 지침을 제공한다. 명상 체험을 위해서는 부록에 소개한 다른 유용한 책들을 활용해도 좋을 것이다. 그 책들은 당신의 명상 여행을 잘 도와줄 것이다. 중요한 것은 그 여행을 일생 지속하기로 선택하는 것이다. 그러면 기회와 도전이 이어지고 그 지형에 대한 다양한 관점에서 많은 이득을 얻을 수 있는 풍부하고 지속적인 지지와 양육 경험이 따라 나올 것이다. 그것은 일생을 온전하게 깨어서 사는 진정한 여행과 모험이 될 것이다.

어떤 지도도 실제 지형을 완벽하게 기술할 수는 없다. 궁극적으로 우리가 지형을 알기 위해서는 직접 경험해 보아야 한다. 지형으로 나아가 몸으로 체험하면서 그것의 고유한 선물을 맛보아야 한다. 그곳에 머물러야만 하고 적어도 가끔 찾아와서 그 진수를 스스로 직접 체험해야 한다.

마음챙김의 경우, 직접 경험이란 그야말로 별나지 않다. 당신이 지금 어디에 있든 삶의 어떤 어려움이나 도전이 있든 지금 바로 출발해서 순간순간 펼쳐 나가는 삶의 위대한 모험이다. 우리가 스트레스 완화 클리닉에서 환자들을 처음 만나 이렇게 말하듯이 말이다.

> ……우리의 견해로는 당신이 숨을 쉬고 있는 한 어떤 고통스러운 문제가 있더라도 당신에게는 잘못된 것보다는 좋은 것이 더 많다고 생각합니다. 앞으로 8주 동안 우리는 당신이 가진 좋은 것에 '주의'라는 에너지를 온전히 쏟아부을 겁니다. 당신이

가진 좋은 것의 대부분은 아직 한 번도 알아차리지 못했거나 어쩌면 당연한 것으로 취급했거나 제대로 개발해 보지 못한 당신 내면의 무엇입니다. 병원 의료진이나 당신의 건강 보호 팀이 당신의 잘못된 것을 돌보도록 하게 하고, 우리는 좋은 것에 주의를 기울이며 어떤 일이 일어나는가 한번 지켜보도록 하지요.

마음챙김, 특별히 이 책에서 이야기하는 MBSR 프로그램의 정신에서는 자신의 몸과 마음 그리고 가슴과 삶에 새롭고 보다 체계적이고 사랑스러운 방식으로 주의를 기울이도록 당신을 초대한다. 그렇게 하면 어떠한 까닭으로 지금까지 몰랐거나 눈치채지 못했었던 인생의 중요한 차원을 발견할 수 있다.

새로운 방식으로 주의를 기울이는 작업은, 실제로 당신이 무언가를 얻으려 하거나 어떤 목적지로 가려고 '행위(doing)'하지 않음에도 매우 건강하고 잠재적으로 치유적이다. 그것은 '존재(being)'와 더 많이 관련된다. 존재하기는 이미 존재하고 있는 자신을 있는 그대로 허락하고 자기 내면에 있는 온전함과 잠재력을 발견하는 것이다. MBSR 프로그램을 진행하는 8주는 새로운 시작일 뿐이다. 진정한 모험은 바로 당신의 전체 삶이다. 이런 의미에서 MBSR은 있는 그대로의 실제와 관계를 맺는 새로운 여정으로 나아가기 위한 플랫폼이 되기를 희망하는 일종의 간이역이다. 마음챙김 수련은 일생의 동반자와 동료가 될 수 있는 잠재력을 지녔다. 일단 마음챙김 수련을 시작하면 알든 모르든 당신은 이 수행을 하는 다른 사람들, 즉 이러한 존재의 방식, 삶 및 세계와 연결되는 방식에 마음을 연 사람들의 전 세계적 커뮤니티에 참가한 것이다. 이것은 당신을 삶과 세상과 연결하는 인터페이스다.

이 책은 수련(practice)을 통해 마음챙김을 함양하는 것에 관한 것이다. 큰 분발심을 내어 해야 할 일은 수련에 매진하는 것이다. 이 책의 모든 것은 당신의 매진을 도우려는 것이다.

이 책과 스트레스 완화 클리닉의 작업, 즉 MBSR의 작업은 많은 다른 작업의 성과와 더불어 새로운 영역을 출범시키는 도구가 될 것이다. 이 새로운 영역이란 의학, 건강 보호, 심리학 등의 학문 내에 형성되는 새로운 영역이고, 또한 함께 마음챙김과 마음챙김이 우리의 생물학, 심리학, 사회적 연결의 여러 수준에서 건강과 웰빙에 미치는 영향에 관한 새롭게 성장하는 과학이다. 마음챙김은 또한 교육, 법, 경영, 기술, 리더십, 스포츠, 경제, 심지어는 정치, 정책 및 정부 등과 같은 매우 많은 영역에도 영향력을 키워 왔다. 이런 추세는 마음챙김이 우리의 세계에 미칠 잠재적 치유력을 생각할 때 고무적이고 흥분되는 일이다.

2005년에는 과학과 의료 영역에서 마음챙김과 이의 적용을 연구한 100여 편의 논문이 있었다. 그런데 2013년 현재 1,500여 편 이상의 논문이 있고 저술의 수도 계속 증가하고 있다. 심지어 '마음챙김'이라는 제목을 붙인 과학 저널도 있다. 다른 과학 저널에서도 마음챙김에 관한 특집호나 섹션을 마련하고 있다. 실상 마음챙김에 관한 전문직업적인 관심이나 건강과 웰빙을 위한 임상 적용 그리고 마음챙김이 작동하는 기제에 대한 관심이 매우 높아서 이 분야의 연구는 기하급수적으로 증가하고 있다. 더욱 중요한 것은 과학적 발견과 그것들이 웰빙에 시사하는 바와 스트레스, 통증, 질병과 함께 마음과 몸의 연결에 대한 흥미로움이 날이 갈수록 증가하고 있다는 사실이다.

개정판에서도 마음챙김의 함양이 심리 기제와 신경회로에 미치는 영향에 대해 더 초점을 두지는 않았다. 그보다는 우리의 삶과 삶의 조건을 커다란 부드러움으로 감싸 안고, 자신을 친절하게 대하고, 건강하고 만족스럽고 의미 있는 삶을 살 수 있는 가능성의 모든 차원을 존중하는 방식으로 사는 데 여전히 더 큰 관심을 두었다. 우리 중 어느 누구도 컬러풀한 뇌 영상을 얻으려고 마음챙김을 함양하는 것은 아니지만, 마음챙김 수련은 뇌의 특정한 영역의 활동성이 아니라 바로 뇌 구조와 연결성에 변화를 가져온다. 그런 변화는 수련을 통해 자연스레 일어난다. 자신의 삶에서 마음챙김을 함양하겠다고 선택하는 동기가 가장 기본이다. 보다 통합되고 만족스러운 삶을 살고 보다 건강해지고, 행복해지며 현명해지겠다는 바로 그 선택 말이다. 다른 동기는 자신과 타인의 스트레스와 고통과 질병을 동반하는 삶, 즉 인간 조건으로서의 재난* 을 연민으로 감싸 안으며 그 고(苦)에 직면하고 그에 보다 효과적으로 대처하려는 것이다. 아울러 원래 우리의 모습이지만, 때때로 접촉하지 못하고 표류하기도 하는, 온전히 통합되고 있고 정서적으로 현명한 존재이고자 하는 것이다.

---

* 이 표현과 기원은 서장에서 설명한다.

나는 내 자신의 마음챙김 수련 과정과 내가 세상에서 마음챙김을 지도하고 보급하는 일을 통해 마음챙김 수련을 건강과 자기 자비 및 궁극적으로는 사람의 근본적인 행위로 보게 되었다. 거기에는 자신의 내면을 만나고, 현재를 살고, 때때로 멈추어서 누가 그 행위를 하고 왜 그렇게 행하는지도 잊은 채 자동적으로 반복하는 행위에 머물지 않고 존재하겠다는 의지가 포함된다. 거기에는 자신의 생각 그 자체를 진실이라고 믿고, 흔히 더 복잡한 통증과 고통으로 번져 나가기 쉬운 정서적 폭풍에 붙잡히는 취약함을 보이지 않겠다는 의도도 포함된다. 인생에 대한 이런 접근은 매 수준에서의 극단적인 사랑이다. 마음챙김이 갖는 아름다움 중 하나는 단지 주의를 기울이고 자각과 알아차림에 머무는 것 외에 당신이 해야 할 어떤 것도 없다는 점이다. 존재의 이런 영역은 이미 당신 안에 자리잡고 있다.

실제로는 명상수련이 행위보다는 존재에 관한 것이지만, 그것은 겉보기보다 상당한 노력이 필요한 일이다. 수련 시간을 마련하고 분발심과 규율이 필요한 실천을 행해야 한다. 우리는 MBSR 프로그램에 참여하려는 분들께 이렇게 말한다.

> 날마다 잡혀 있는 명상수련 일정을 좋아해야 할 필요까지는 없어요. 최선을 다해 참여하기로 약속한 수련 일정에 따라 단지 수련하시면 됩니다. 그러면 수련이 끝나는 8주 뒤에는 이 수련이 시간 낭비였는지 아닌지를 이야기할 수 있을 거예요. 수련

도중에 당신의 마음은 '이건 어리석은 일이야, 시간 낭비일 뿐이야'라고 끊임없이 속삭일 겁니다. 그래도 그냥 수련하세요. 가능하면 내 인생 전부가 여기에 달려 있다는 자세로 전심을 다해 수련하세요. 이는 당신의 생각보다 더 큰 무엇이기 때문입니다.

세계에서 가장 권위 있고 영향력 있는 잡지 『사이언스(Science)』의 최근 표지에 '방황하는 마음은 불행한 마음이다.'라는 제목의 논문이 실려 있다. 그 논문의 첫 글귀는 다음과 같다.

다른 동물과는 달리 인간은 자기 주위에서 일어나지 않는 일들을 생각하고, 예전에 일어났던 일이나 미래에 일어날 일 또는 일어날 가능성이 전혀 없는 일을 생각하는 데 많은 시간을 보낸다. 실제로 '자극과 무관한 생각'이나 '마음 방황'은 인간 뇌가 작동하는 기본 사양에 해당한다. 이 능력은 인간이 배우고 추리하고 계획할 수 있게 도와주는 큰 진화적 성취에 해당하지만, 정서적 비용이 들 수 있다. 많은 철학과 종교적 전통은 행복이 이 순간을 사는 것에서 발견된다고 가르친다. 수행자들은 마음의 방황에 저항하고 '지금 여기에 존재하기'를 훈련받는다. 이런 전통은 방황하는 마음은 불행하다고 제안한다. 과연 그런가?*

* Killingsworth MA, Gilbert DT. A wandering mind is an unhappy mind. *Science*. 2010;330:932.

하버드 대학교의 연구자들은 제호가 말하듯이 실제도 그렇다고 결론짓는다. 지금 이 순간의 힘을 강조하고 그것을 어떻게 함양하는가를 강조하는 고대 전통에 무언가가 있음을 시사한다.

연구의 이런 발견은 흥미롭고 우리 모두에게 시사점이 있다. 이 연구는 일상의 삶 속에서의 행복을 대규모로 연구한 첫 사례다. 연구자들은 수천 명의 사람들로부터 무선적으로 반응을 받을 수 있는 휴대전화(스마트폰) 앱을 개발했다. 이를 통해 특정한 순간에 자신이 무엇을 하고 있으며, 마음이 방황하고 있는지("당신은 지금 하고 있는 일 말고 다른 어떤 것에 관해 생각하고 있습니까?")에 대해 물었다. 그 결과, 사람들의 마음은 전체 시간의 절반가량을 방황하고 있었다. 이 연구에 참여한 매슈 킬링스워스(Matthew Killingsworth)에 따르면, 사람의 마음이 부정적이거나 중립적인 생각으로 방황할 때 그는 덜 행복하다. 그의 결론은 "무엇을 하고 있든 그의 마음이 방황하고 있을 때가 초점이 맞춰져 있을 때보다 덜 행복하다."는 것이다. "우리는 최소한 몸이 하고 있는 일에 주의를 주는 만큼 우리 마음이 어디에 가 있는가에도 주의를 기울여야 하는데, 대다수는 자신의 생각에 대해 별로 주의를 기울이지 않는다. …… 우리는 '오늘 내 마음과 함께 무엇을 하려고 하는가?'를 물어야 한다." *

순간순간 우리의 마음이 어떤가를 알아차리는 것과 우리가 그렇게 할 때 우리의 경험이 어떻게 변형되는가를 알아차리는 것이 바로 MBSR이 하려는 것이며, 이 책에서 전하고자 하는 바다. 마음

* *Harvard Business Review.* Jan-Feb 2012:88.

챙김은 마음이 방황하지 않도록 강제하려는 것이 아니다. 그렇게 하는 것은 더 큰 골칫거리를 만들 뿐이다. 마음챙김은 마음이 방황할 때 그것을 알아차리고 당신이 할 수 있는 가장 부드러운 방식으로 주의를 지금 이 순간에 당신에게 가장 중요한 무엇으로 되돌려 오는 것이다. 지금 여기에서 펼쳐 나가는 당신의 삶에 귀를 기울이는 일이다.

마음챙김은 수련으로 개발할 수 있는 기술이다. 이는 근육과 같다. 마음챙김의 근육은 더 많이 사용할수록 더욱 강해지고 유연해진다. 사람의 근육과 같이 마음챙김 능력은 어느 정도의 도전에 저항할 때 더 강해질 수 있다. 우리의 몸과 마음 그리고 일상에서 마주하게 되는 스트레스는 그런 점에서 좋은 도전거리가 된다. 그런 도전거리는 우리의 마음을 알고 현재 순간에 가장 중요한 것에 마음을 둘 수 있게 하는 타고난 능력을 키워 나가는 데 최상이다. 그렇게 하여 우리는 어떤 것도 변화시키지 않고서도 웰빙과 행복의 새로운 차원을 발견하게 된다.

과학적으로 엄밀하게 실시간으로 매우 대규모의 사람들의 경험을 표집하고 최고의 학술지에 게재되는 이 같은 연구는 그 자체로 마음의 과학이 새로운 시대에 접어들었음을 나타내 주는 지표다. 특정한 순간에 우리가 무엇을 하고 있는가보다 우리의 마음에 무엇이 나타나 있는가를 알아차리는 것은 인간성을 이해하는 데, 그리고 매우 실질적이면서도 사적이고, 심지어 친밀하기도 한 방식으로 건강과 진정한 행복을 이해하는 데 심오한 의미를 지닌다. 이 친밀감은 바로 우리 자신과의 친근감이다. 이것이 마음챙김의 진수이자 MBSR을 통해 배양하려는 핵심이다.

유전자학(genomics)과 단백질체학(proteomics)에서부터 후성유전학(epigenetics)과 신경과학(neuroscience)에 이르기까지 과학계 내의 많은 흐름은 세계와 그리고 우리가 세계와 관계를 맺는 방식이 우리 존재의 모든 수준에서, 즉 우리의 유전자와 염색체로부터 세포와 조직, 뇌의 특정 영역, 특정 영역을 연결해 주는 신경망, 우리의 정서 및 사회적 연결망에 이르기까지 모든 수준에서 중요하고도 의미 있는 효과를 행사함을 반박하기 어렵게 드러내고 있다. 이러한 우리 삶의 모든 역동적 요소는 서로 연결되어 있다. 이들이 함께 우리를 구성하고 언제나 미지이고 무한히 닫혀 있는 전체적 인간의 잠재력을 계발할 수 있게 해 준다.

우리 각자에게 한 인간이 된다는 것은 무엇을 의미하는가? 하버드 대학교 연구자들의 "오늘 내 마음과 함께 무엇을 하려 하는가?"라는 질문은 존재 방식으로서의 마음챙김의 핵심이다. 우리의 목적을 위해 질문을 현재 시제로 조금 고쳐 본다면, "지금 내 마음은 어떤가?"이다. 우리는 이 질문을 확장시켜 "지금 내 심장은 어떤가?" 그리고 "지금 내 몸은 어떤가?"라고 물을 수 있다. 우리는 지금 이 순간에 마음과 심장과 몸이 어떻게 느끼는지를 감지할 수 있기 때문에 생각에 국한해서 질문할 필요는 없다. 이런 느낌, 이런 깨달음은 사고에 기반을 둔 앎을 넘어서서 자신을 아는 방법이다. 영어에서는 이를 '알아차림(awareness)'이라 부른다. 이런 타고난 알아차림 능력을 활용해서 우리는 심오한 해방의 방식으로 자신이 어떠한지를 조사하고, 물어보고, 깨달을 수 있다.

마음챙김을 하기 위해서는 현재의 순간에 주의를 기울이고 현재 순간에 거할 필요가 있다. 우리가 보고 느끼고 알고 배우는 것을 잘 활용해야 한다. 나는 마음챙김을 '의도적으로 현재의 순간에 비판단적인 주의를 기울일 때 생겨나는 알아차림'으로 조작적으로 정의한다. 알아차림은 생각하기와 같지 않다. 알아차림은 지능의 상보적 형태, 즉 적어도 생각만큼 경이롭고 강력한 앎의 방식이다. 더욱 중요한 점은 우리가 생각을 알아차릴 수 있다는 것이다. 이를 통해 우리는 생각과 그 내용을 완전히 달리 조망할 수 있게 된다. 우리의 생각이 다듬어지고 발달할 수 있는 것과 동일하게 알아차림에 대한 우리의 접근성도 다듬어지고 개발될 수 있다. 지금의 교육과정에서는 이를 거의 다루지 않지만, 알아차림의 역량은 주의를 훈련하여 기를 수 있다.

마음챙김이라는 말 속에는 진심(heartfulness)이라는 의미도 포함되어 있다. 이 사실을 명심해야 한다. 사실 아시아 언어권에서는 마음[心]은 심장과 같은 뜻이다. 그래서 마음챙김이라는 단어를 보거나 사용할 때 진심을 놓친다면, 그 용어의 진수를 놓치는 것이다. 마음챙김은 그래서 단순한 개념이나 좋은 아이디어가 아니다. 그것은 존재 방식이다. '마음챙김'과 동의어인 '알아차림'은 생각보다 더 큰 앎이고 우리에게 많은 선택권을 준다. 우리가 마음과 심장과 몸과 삶에서 발생하는 그 무엇들과 어떤 관계를 맺을 것인지와 관련된 선택권 말이다. 알아차림은 개념적 삶 그 이상이다. 알아차림은 지혜, 지혜가 제공하는 자유와 더 유사하다.

현재 순간에 일어나는 생각과 감정에 주의를 기울이는 것은 마

음챙김의 함양에 있어서 보다 큰 그림의 일부일 뿐이지만, 매우 중요한 핵심에 해당한다. 엘리사 에펠(Elissa Epel)과 엘리자베스 블랙번(Elizabeth Blackburn, 블랙번은 항노화 효소 텔로머레이스를 발견한 공로로 2009년 노벨상을 공동수상했다)과 동료들은 우리의 생각과 정서가 우리가 늙어 가는 속도에 영향을 준다는 사실을 보여 준다. 특히 미래에 관한 걱정과 과거를 강박적으로 반추하는 등의 많은 생각과 스트레스는 세포와 텔로미어 수준에 악영향을 미친다. 텔로미어는 세포 분화에 꼭 필요한 염색체의 끝부분에 있는 DNA 반복서열로 나이가 들어가면서 짧아진다. 이 연구자들은 만성 스트레스 조건에 있는 사람들의 텔로미어가 더 빨리 짧아진다는 것을 발견했다. 그러나 또한 사람들이 '스트레스를 어떻게 지각하는가'가 텔로미어가 얼마나 빨리 퇴화하고 짧아지는지의 모든 차이를 만든다는 점도 밝혔다. 이것이 여러 해의 수명 차이를 가져올 수도 있다. 이는 중요한 의미인데, 장수를 위해 스트레스의 원천을 반드시 없애야 하는 것은 아니라는 것이다. 실상 우리 삶의 적지 않은 스트레스원은 사라지지 않는다. 연구자들은 우리가 스트레스원이나 상황에 대한 관계를 바꿈으로써 건강과 웰빙, 더 나아가 수명의 차이를 창조해 낼 수 있음을 보여 준다.

지금까지의 증거는 텔로미어의 길이가 지금 현재에 얼마나 머물고 있나("지난주 동안 당신이 하는 그 순간의 일에 전적으로 초점을 맞추고 개입했었던 경험이 있습니까?")와 지난주에 마음이 얼마나 방황했었나("그 순간에 하고 있는 일이나 머물고 있는 장소에 있고 싶지 않았습니까?")의 차이와 연관되어 있다고 시사한다. 연구자들은 이 두 질문에 대한 평정치의 차이를 임시로 '알아차림의 상태'라고 부르고 있는데, 이는 마음챙김과 매우 밀접하게 관련된다.

다른 연구는 텔로미어의 길이보다는 텔로머레이스라는 효소의 수준이 우리가 얼마나 건강하고 오래 사는지에 핵심 역할을 한다고 가정한다. 이 효소의 수준은 실제가 어떠하든 상황이 우리의 안녕을 위협한다고 깨달을 때 낮아지며, 특정 분자나 혈류를 순환하는 면역 세포에서 측정할 수 있다. 이 연구는 삶에서 경험하는 스트레스에 깨어 주의를 기울일 것을 촉구하고 있으며, 삶의 스트레스와 의도적이고 현명하게 관계를 맺는 것이 중요함을 일깨워 준다.

이 책은 당신과 당신의 삶에 관한 것이다. 당신의 마음과 몸 그리고 몸과 마음과 어떻게 현명한 관계를 맺는가를 배우는 것에 관한 것이다. 마음챙김을 실천하고 이를 일상에 어떻게 적용하는가의 실험에 대한 초대다. 나는 이 책을 일차적으로는 우리 병원의 환자들과 그들과 유사한 세상 어느 곳의 사람들을 위해 썼다. 다른 말로 일반인을 위해 썼다. 일반인이라는 말 속에는 당신과 나 그리고 어떤 사람이나 누구나가 모두 포함된다. 삶의 성취와 쓰라린 이야기가 아래로 가라앉고 살아 있음의 진수를 마주하고 삶이 던져주는 과제를 마주해야 할 때, 우리는 누구나 그 고난을 최선을 다해 대처하려는 존재가 된다. 이 과제에는 원치 않는 어떤 것뿐만 아니라 좋은 것, 나쁜 것 그리고 추악한 것 등 삶에서 발생하는 모든 것이 포함된다.

우리 마음에는 선함이 충분하다. 악함이나 추함을 이길 만큼 어려움과 불가능을 다루기에 충분한 선이 있다. 밖으로뿐만 아니라 내면에서도 발견된다. 마음챙김 수련은 이미 아름답고, 온전한 덕성으로 갖추어진 우리 내부의 그것을 발견하고, 깨닫고, 활용하는 것을 배우는 일이다. 우리 내면에서 무엇이 일어나든 그것과 관계 맺는 일을 가장 중요하게 여기면서 우리의 삶을 사는 것이다.

여러 해에 걸쳐 나는 마음챙김이 관계성에 관한 것임을 깨달아 왔다. 즉, 우리가 우리 자신의 몸과 마음, 사고와 감정, 우리의 과거와 여전히 호흡하며 우리를 이 순간으로 이끌어 온 것 등 모든 것과 어떻게 관계를 맺을 것인가에 관한 것이다. 또한 마음챙김은 삶의 모든 면을 어떻게 통합되게, 그리고 우리 자신과 타인에게 친절하면서 지혜롭게 사는 방식을 배울 수 있을 것인가에 관한 것이다. 사실 이는 쉬운 일이 아니다. 어쩌면 세상에서 가장 어려운 일이다. 그러나 잠시 멈춰서 다른 방식을 생각해 보자. 우리가 오직 경험할 수 있는 각 순간의 삶을 온전히 껴안고 그것에 온전하게 거주하지 못한다면 어떻게 될까? 그렇게 된다면 얼마나 많은 상실과 슬픔과 고통이 있을까?

아이폰을 활용한 행복 연구로 잠시 돌아가 보자. 하버드 연구자들은 마음챙김과 MBSR의 모험을 시작할 때 우리가 말하는 것과 관련성이 매우 높은 이야기를 한다.

> 우리는 사람들이 적절하게 도전받고 있을 때, 즉 어려운 목표를 달성하기 위해 노력하지만 목표 달성이 불가능하지는 않는 상황일 때 가장 행복하다는 사실을 안다. 도전과 위협은 같지 않다. 사람들은 도전을 받을 때 꽃피고 위협을 받을 때 시든다.

MBSR은 매우 도전적이다. 무엇이 일어나든 자신의 내면에서 일어나는 경험을 넉넉하게 품으며, 현재 순간에 존재하기란 인간인 우리에게 세상에서 가장 힘든 일일지도 모른다. 그와 동시에 이는 분명 실천할 수 있다. 세계의 수많은 사람이 MBSR 프로그램에 참여하고 참여가 끝난 뒤에도 여러 해 동안 마음챙김을 함양하기 위한 수련을 일상의 일부로 계속하고 있음이 이를 잘 웅변한다. 마음챙김을 함양할수록 자신에게 위협으로 다가오던 일과 상대할 수 있는 새로운 방법이 발견되고, 자동으로 반응하여 건강하지 못한 결과를 초래하던 위협에 대해서 현명하게 반응하는 방법을 배우게 된다.

> 내가 당신의 행복을 예측하고 싶다면, 단 한 가지만 알면 된다. 나는 당신이 남성인지 여성인지, 종교가 무엇인지, 건강과 수입은 어떤지에 대해 알고 싶지 않다. 단지 당신의 사회적 연결망, 즉 당신의 친구와 가족, 그리고 그들과의 연결의 강도가 어떤지만 알면 된다.

사회적 관계의 강도는 건강과 웰빙과 관련이 깊다. 사회적 관계는 마음챙김을 통해 더 깊고 강해지는데, 마음챙김이 바로 자신 및 타인과 맺는 관계성과 관계에 관한 것이기 때문이다.

> 사람들은 흔히 한두 가지 큰일이 행복에 큰 영향을 미칠 것이라 상상한다. 그러나 행복은 수백 가지 작은 일의 총화라고 할 수 있다. ……사소한 일상이 중요하다.

사소한 일이 중요할 뿐만 아니라 사소한 일이 실은 작은 일이 아니다. 작은 일이 거대한 것으로 바뀐다. 관점이나 태도와 현재에 머물려는 노력에서의 작은 변화가 당신의 몸과 마음 그리고 세상에 거대한 효과를 가질 수 있다. 어느 순간에 마음챙김이 아주 조금이라도 드러난다면, 혁신을 가능하게 하는 직관이나 통찰이 일어날 수 있다. 만약 이를 일관되게 키워 간다면, 마음챙김하려는 초보적 노력은 새롭고 보다 강건하고 안정된 존재 양식으로 변할 것이다.

행복과 웰빙을 높이기 위해서 어떤 작은 일들을 해야 하나? 행복 연구자 중 한 사람인 댄 길버트(Dan Gilbert)는 다음과 같이 말한다.

> 중요한 일은 단순한 행동, 즉 명상, 운동, 충분한 수면을 성실하게 행하고 이타성을 실천하는 것이다. ……그리고 당신의 사회적 연결을 가꾸라.

앞서 내가 명상은 근본적인 사랑의 행위라고 말한 것이 사실이라면 명상은 처음에는 자신에서 시작하지만 결코 나에게서 끝나지 않는, 친절과 수용의 기초적인 이타적 몸짓이다.

이 책이 처음 출간된 이래 세상은 생각도 못할 정도로 변해 왔다. 아마 책이 나온 25년 동안 겪은 변화가 그 전 모든 기간을 통

틀어 일어난 그것보다 크다고 할 수도 있다. 랩톱, 스마트폰, 인터넷, 구글, 페이스북, 트위터 정보와 세상 어느 곳에서든 가능한 무선 기기 등을 생각해 보라. 끊임없이 확장되고 있는 디지털 혁명은 우리의 모든 일상에 영향을 미쳐 삶의 속도를 높이고 '24시간/7일'이라는 생활양식을 만들고, 전 지구적으로 어마어마한 사회, 경제, 정치적인 변화를 가져왔다. 변화 속도계의 가속은 결코 멈추지 않을 기세다. 이런 영향을 어느 누구도 피해 가기는 어렵다. 과학과 기술의 혁명 그리고 그로 인한 영향을 멈출 수 없게 되었다. 이런 변화에 적응하는 스트레스가 다음 세대에는 더 쌓여 갈 것이다.

이 책과 MBSR 프로그램은 변화의 회오리 속에서 무엇이 정말로 중요한가에 대한 시각을 잃지 않게 하고 사방으로 우리를 끌어당기는 변화의 압력을 효과적으로 균형 잡게 하는 데 기여한다. 우리는 당장 해야 할 일의 긴급성에 사로잡히기 쉽다. 머릿속에 떠오르는 생각이 중요해지고, 쉽사리 긴장과 불안에 사로잡히고, 끊임없이 주의가 분산되며 자동조종 상태로 진행되는 초기 선택 모드로 돌아가기 십상이다. 더구나 자신이나 자신이 사랑하는 사람의 심각한 질병이나 만성통증 혹은 만성질환과 직면하게 되면 스트레스는 더욱 복합적이 된다. 급속한 변화의 회오리 가운데서 마음챙김은 이제 우리의 건강과 웰빙, 더 나아가 우리의 온전함을 강화하기 위한 효과적이고 믿을 만한 대비책이 되어 가고 있다.

우리는 이제 24시간/7일 동안의 연결성이라는 축복을 받고 있다. 어느 시간이든 어느 곳이든 어느 누구에게든 접촉할 수 있다. 그러나 역설적이게도 우리 자신과 자기 삶의 내면적 풍경과 접촉하기는 더 어려워졌다. 종전과 같이 하루 24시간이 주어졌는데도 우리는 점점 더 자신과 만날 수 있는 시간이 적어진다고 느낀다. 하루의 시간을 너무 많은 할 일로 채워야 하고 내 호흡을 파악할 시간조차 드물어진다고 느낀다. 은유적으로, 우리가 무엇을 하고 있으며, 그 일을 왜 하고 있는지를 진지하게 알아볼 시간이 없다.

이 책의 첫 장에서 "당신은 오직 이 순간만을 살 수 있다."라고 말한다. 이는 부정할 수 없는 사실이다. 이는 세상이 아무리 디지털화되는가와 관계 없이 우리 모두에게 계속되는 진실이다. 그러나 많은 시간 동안 우리는 현재 순간의 풍성함과 접촉하지 못하고, 이 순간을 더 큰 알아차림 속에서 머물지 못한 채 그다음 순간을 맞이하게 된다. 만약 우리가 알아차림을 유지할 수 있다면, 이는 우리의 미래 그리고 우리의 삶과 관계의 질을 조형할 것이다.

우리가 미래에 영향을 미칠 수 있는 유일한 길은 현재에 있다. 우리가 지금 순간을 완전한 알아차림으로 마주할 수 있다면, 우리의 다음 순간은 그것 때문에 매우 달라진다. 그러면 우리는 인생을 정말 자신의 것으로 풍성하게 살 수 있는 창의적인 방법을 발견할 것이다.

우리는 고통과 함께 기쁨과 만족을 경험할 수 있는가? 대혼란 속에서도 자신의 피부 안에서 편안하게 있는 것은 어떤가? 웰빙, 진정한 행복을 쉽게 맛보는 것은 어떤가? 이것을 이 책에서 다루려 한다. 이것은 약간의 친절과 함께 비판단적으로 알아차림 속에 유지되는 현재의 순간이 주는 선물이다.

이 탐험을 함께 시작하기 전에 당신은 최근 괄목할 만한 성과를

보여 주는 MBSR 효과 연구에 대해 관심을 가질 수 있다. 앞에서 마음챙김은 그 자체로 자신의 내적 논리와 시를 지니고 있으며 삶에서 그것을 체계적으로 함양해야 할 많은 이유가 있음을 설파한 바 있다. 그러나 다음에 소개할 과학적 발견은 이 새로운 삶의 실험에 참가하려는 사람들에게 추가적 유인가가 될 수 있다.

- 매사추세츠 병원과 하버드 대학교 연구자들은 fMRI 스캔 기법을 활용해서 8주간의 MBSR 훈련으로 학습과 기억, 정서 조절, 자기 감(sense of self), 관점 취하기 등과 관련되는 뇌 부위가 두꺼워진다는 것을 보여 주었다. 연구자들은 또한 위협을 평가하고 그에 반응하는 뇌 부위인 편도체가 MBSR 후에 얇아지고 그 얇아지는 정도가 스트레스 지각 정도가 줄어드는 정도와 관련됨을 발견했다.* ** 이런 예비 연구의 결과는 적어도 뇌의 특정 영역이 마음챙김 명상수련에 반응해서 구조가 재조직화되는, 소위 신경가소성(neuroplasticity)으로 알려진 현상이 나타남을 시사한다. 연구자들은 또 관점 취하기, 주의 조절, 학습과 기억 그리고 위협 평가와 같은 웰빙과 삶의 질에 필수적인 성분이 MBSR 훈련으로 긍정적으로 변화됨을 보여 주었다.

---

* Hölzel BK, Carmody J, Vangel M, Congleton C, Yerramsetti SM, Gard T, Lazar SW. Mindfulness practice leads to increases in regional brain gray matter density. *Psychiatry Research: Neuroimaging*. 2010. doi:10.1016/j.psychresns. 2010.08.006.

** Hölzel BK, Carmody J, Evans KC, Hoge EA, Dusek JA, Morgan L, Pitman R, Lazar SW. Stress reduction correlates with structural changes in the amygdala. *Social Cognitive and Affective Neurosciences Advances*. 2010;5(1):11–17.

• fMRI를 사용한 토론토 대학교 연구자도 MBSR 프로그램을 마친 사람이 현재 순간의 체화된 경험과 관련된 뇌 연결망의 신경 활동은 증가하고 시간에 걸쳐 경험되는 자기(자신이 누구라고 생각하는지에 대한 스토리를 포함하기 때문에 '이야기 연결망'으로 언급되는)와 관련되는 뇌 영역의 활동은 감소함을 발견했다. 이야기 연결망은 마음 방황이라는 특성과 가장 밀접하게 관련되는 부분으로, 현재의 순간이 행복한가 혹은 그렇지 않은가를 결정하는 데 매우 중요한 역할을 한다.

이 연구는 또한 MBSR이 보통 함께 기능하는 두 가지 유형의 자기 자각을 분리시킬 수 있음을 보여 준다.* 이런 발견은 현재의 순간에 체화된 방식으로 머무는 것을 학습함으로써 사람은 '이야기 자기(narrative self)'의 드라마에 그렇게 강하게 붙잡히지 않거나 생각과 마음의 방황에서 길을 잃지 않는다는 것을 시사한다. 방황 속에서 혹시 길을 잃더라도 무엇이 일어났는가를 깨닫고 주의를 현재 순간의 가장 현저하고 중요한 것으로 돌려오게 된다.

연구자들은 방황하는 마음을 판단하지 않고 알아차리는 것이 다른 어떤 것의 변화가 없이도 현재 순간에 더 큰 행복과 웰빙으로 바로 들어가는 첫 관문일 수 있다고 말한다. 이런 발견은 불안과 우울을 포함하는 기분장애로 고통받고 있는 사람뿐만 아니라 우리 모두에게 중요한 시사점을 가진다. 그들

---

* Farb NAS, Segal ZV, Mayberg H, Bean J, McKeon D, Fatima Z, Anderson AK. Attending to the present: mindfulness meditation reveals distinct neural modes of selfreference. *Social Cognitive and Affective Neuroscience.* 2007;2:313–322.

은 심리학자들이 '자기'라고 말할 때 그것이 의미하는 바를 분명히 하는 첫 단계를 제공한다. 이와 같이 계속 진행되고 있는 나의 이야기가 포함되어 있는 뇌 연결망과 그런 이야기가 포함되어 있지 않은 뇌 연결망을 구분하고 그것들이 어떻게 함께 작동하고 마음챙김이 두 연결망 사이의 관계에 어떻게 영향을 미치는가를 아는 것이, 우리가 자신을 누구이고 무엇이라고 여기는지, 그리고 자기 앎에 기초한 통합된 전체로서의 존재로 어떻게 살아가고 기능하는지, 그 신비를 풀 수 있는 빛을 비춰 줄 것이다.

- 위스콘신 대학교의 연구자들은 MBSR에 참가하기를 자원한 건강한 사람을 훈련한 결과, 낯설고 정서적으로 무표정한 사람들로 구성된 평가단 앞에서 발표해야 하는 심리적 스트레스가 유도하여 일으키는 피부 발진 염증 과정에 미치는 악영향을 MBSR 훈련이 줄여 줄 수 있었다. 이 연구는 비교통제집단을 주의 깊게 설계해서 MBSR의 순수한 효과를 제대로 파악할 수 있게 한 좋은 연구였다. 비교통제집단은 건강 증진 프로그램에 참여했는데, MBSR 집단과는 마음챙김 수련을 제외하고는 모든 점에서 동일하게 매치되었다. 두 집단은 프로그램을 실시하고 난 뒤에 심리적 스트레스와 신체 증상 보고에서는 차이가 없었다. 그러나 발진의 크기는 MBSR 집단이 건강 증진 집단에 비해 일관되게 작았다.* 연구자들은

* Rosenkranz MA, Davidson RJ, MacCoon DG, Sheridan JF, Kalin NH, Lutz A. A comparison of mindfulness-based stress reduction and an active control in modulation of neurogenic inflammation. *Brain, Behavior, and Immunity.* 2013;27:174–184.

이런 예비적 발견을 필자와 동료 연구자들이 보고했던 피부 질환인 건선 환자에게 마음챙김 수련을 적용했던 연구 결과와 관련시켜서 논의했다. 제13장에서 기술한 그 연구에서는 건선 치료를 위해 자외선 치료를 받는 환자들에서 마음챙김 수련을 하면서 치료받는 집단이 그렇게 하지 않은 집단에 비해 완치율이 4배 높았다.*

- 위스콘신 대학교의 같은 연구자들과 협동으로 진행했던 한 연구에서는 건강하지만 스트레스를 경험하고 있는 회사원들을 대상으로 기업 장면에서 MBSR의 효과를 살펴보았다. 우리는 MBSR 수련에 참가했던 사람들이 불안이나 좌절과 같은 정서를 보다 잘 해결해 감을 시사하는 방향으로 뇌 전기적 활동이 변화(전전두엽의 편측성이 변화)함을 발견했다. 이는 어떤 면에서 보면 MBSR 수련에 참가한 사람은 장차 시행할 MBSR 수련을 기다리고 있는 대기자 통제집단의 사람들에 비해 정서적으로 보다 현명해진 것이라고 생각할 수 있는 결과다. 뇌피질 활동의 우측 편측성에서 좌측 편측성으로의 변화는 부정적 정서를 보다 잘 조절할 수 있게 되었음을 의미한다. 이런 변화는 프로그램이 끝나고 난 4개월 뒤에도 동일하게 유지되고 있었다. 연구에서는 8주 훈련 뒤에 감기 백신을 접종했

* Kabat-Zinn J, Wheeler E, Light T, Skillings A, Scharf M, Cropley TC, Hosmer D, Bernhard J. Influence of a mindfulness-based stress reduction intervention on rates of skin clearing in patients with moderate to severe psoriasis undergoing phototherapy(UVB) and photochemotherapy (PUVA). *Psychosomatic Medicine.* 1998;60: 625-632.

었는데, MBSR 집단은 대기자 통제집단에 비해 접종 후 다음 주의 면역계 항체 반응이 훨씬 강력했다. 아울러 MBSR 집단에게서는 우뇌에서 좌뇌로 편측성이 변화한 정도와 백신 접종에 반응해서 생산된 항체의 양 사이에 일관성 있는 관계가 나타났다. 이에 반해 통제집단에서는 이런 관계가 나타나지 않았다.* 이 연구는 사람들이 8주라는 짧은 기간의 MBSR 수련을 통해 뇌 전두엽의 활동 편측성을 의미 있게 변화시킬 수 있음을 최초로 보여 주었다. 이런 좌우 전두엽 편측성의 비(ratio)는 사람들의 안정된 정서 양식을 결정하며, 성인의 경우는 상당 부분 고정되고 변화가 어렵다고 보아서 '설정 점(set point)'으로 언급해 오던 것이다. 이 연구는 MBSR이 면역의 변화를 초래한다는 것을 보여 주는 첫 연구이기도 하다.

- UCLA와 카네기 멜런 대학교 연구진이 함께 시행한 연구에서는 MBSR 프로그램에 참가한 사람들이 건강 문제, 특히 노인의 건강에 주요한 위험 요인인 고독감을 실제로 감소시킴을 보여 준다. 55세에서 85세 사이의 성인을 대상으로 한 이 연구에서는 고독감의 감소 외에도 혈액에서 채취한 면역 세포로 측정된 염증 반응과 관련되는 유전자의 표현이 감소함도 밝혔다. C-반응성 프로틴으로 알려져 있는 염증지수가 낮아진 결과였다. 이런 발견은 염증이 암, 심장병 및 알츠하이머

* Davidson RJ, Kabat-Zinn J, Schumacher J, Rosenkranz MA, Muller D, Santorelli SF, Urbanowski R, Harrington A, Bonus K, Sheridan JF. Alterations in brain and immune function produced by mindfulness meditation, *Psychosomatic Medicine*. 2003;65:564–570.

치매의 핵심 요소로 알려지기 시작했고, 사회적 소외에 초점을 두고 고독감을 감소시키려고 설계된 많은 프로그램이 효과를 내는 데 실패하고 있기 때문에 더욱 큰 의미를 갖는다.*

요약하면 마음챙김은 단순히 좋은 아이디어나 철학에 머물지 않는다. 우리 모두에게 어떤 가치를 가지려면 그것은 우리 일상적 삶의 구체적인 부분에서 구현될 필요가 있다. 강제하고 무리하게 끌어당기는 것이 아니라 가볍고 부드러운 터치로, 그래서 자기수용과 친절과 자기 자비를 키워 나가는 것이어야 한다. 마음챙김 명상은 미국과 전 세계 모두에서 점차 필수불가결한 부분으로 자리를 잡아가고 있다. 이런 맥락과 정신에 더해서 나는 당신을 첫 개정판인 이 책에 초대한다.

마음챙김 수련과 함께 당신의 삶이 순간순간마다 날이면 날마다 더욱 자라나고 꽃피우고 번성하기를 바라면서…….

2013년 5월 28일

존 카밧진

* Creswell JD, Irwin MR, Burklund LJ, Lieberman MD, Arevalo JMG, Ma J, Breen EC, Cole SW. Mindfulness-Based Stress Reduction training reduces loneliness and proinfl ammatory gene expression in older adults: A small randomized controlled trial. *Brain, Behavior, and Immunity*. 2012;26:1095–1101.

차례

상권

제2부 패러다임: 건강과 질병에 대한 새로운 생각

하권

제5부 알아차림의 길

서장

스트레스, 통증 그리고 질병: 온갖 재난과 직면하기

이 책은 자기를 계발하고 발견하며 새로운 것을 학습하고, 나아가 자신의 질병을 치료하고자 애쓰는 사람들을 위한 지침서다. 책의 내용은 지난 34년 동안 미국 매사추세츠 우스터 소재 매사추세츠 대학교 메디컬센터 내 스트레스 완화 클리닉에서 실시하는 8주간의 마음챙김에 기반한 스트레스 감소(Mindfulness-Based Stress Reduction: MBSR) 프로그램에 참여했던 20,000여 명에 대한 임상 경험을 근거로 하고 있다. 지금은 미국과 세계 전역의 병원, 메디컬센터, 클리닉 등에 MBSR을 모델로 한 마음챙김 프로그램이 720개가 넘게 존재한다. 수만 명의 사람이 세계 전역에서 이 프로그램에 참여했다.

1979년 클리닉 설립 이래로 MBSR은 의학, 정신의학 및 심리학

내에서 새롭게 성장하고 있는 참여의학(participatory medicine)으로 불리는 움직임에 꾸준히 기여해 왔다. 마음챙김에 기반한 프로그램은 사람들이 이 과정을 시작할 때 어떤 의학적 처치를 받고 있든 간에 그에 대한 보완책으로서 건강과 웰빙을 향상시키는 스스로의 움직임에 더 온전하게 몰입할 기회를 제공해 왔다. 사람들은 지구에서 어느 누구도 대신해 줄 수 없는 것을 스스로 하게 된다.

1979년에 MBSR은 지금은 심신 및 통합의학(mind-body and integrative medicine)으로 더 널리 알려진, 행동의학(Behavioral medicine)이라고 부르는 새로운 의학 분야의 임상 프로그램이었다. 심신의학의 관점에서 사고나 행동양식과 같은 정신적 또는 정서적 요인은 신체의 건강 증진과 질병이나 상처의 회복에 중요한 영향을 미치고, 특히 만성질병, 만성통증 및 고질적인 스트레스에 노출된 생활양식에 놓였을 때 양질의 만족스러운 삶을 살아가는 데도 영향을 준다.

1979년만 해도 이런 관점은 급진적인 생각이었지만 지금은 의학 전반에 걸쳐 자명하게 여겨진다. 그래서 우리는 이 시점에서 MBSR이 좋은 의학적 훈련의 한 측면이라고 간단하게 말할 수 있다. 방금 살펴본 것처럼 지금은 그것의 사용과 가치가 효능에 대한 매우 강력한 과학적 증거에 의해 뒷받침된다는 의미다. 이 책이 처음 출판되었을 때는 그렇지 않았다. 개정판에서는 스트레스 감소, 증상 조절 및 정서적 균형뿐만 아니라 뇌와 면역계에 대한 마음챙김 프로그램과 효과를 다각도로 지지하는 분명한 과학적 증거를 소개하고 있다. 또한 마음챙김 훈련이 어떻게 해서 훌륭한 의학적 훈련과 효과적인 의학적 교육 둘 다에 필수적인 부분이 되었는지를 다룬다.

MBSR이라는 자기계발, 자기발견, 학습 및 치유의 여정을 시작하는 사람은 자신의 건강을 스스로 통제할 수 있는 능력을 되찾고 내적 평화를 얻기 위해 노력할 수 있게 된다. 그들은 삶의 문제와 더불어 두통, 고혈압, 디스크, 심장질환, 암, 에이즈 및 불안증 같은 각종 의학적 문제를 지니고 있는 사람들로, 연령층은 젊은이에서부터 노인에 이르기까지 다양하다. 그들이 MBSR을 통해 배우는 것은 자기 스스로를 보살피는 법이다. 이는 의학적 처치의 대체물이 아니라 그것의 매우 중요한 보완책이다.

스트레스 완화 클리닉에서 8주간 환자들에게 실시하고 있는 깨어 있는 삶의 기술을 배우는 자발적이고 집중적인 훈련 프로그램에 참여하고 싶다고 문의해 오는 사람들이 매년 많아지고 있다. 이 책은 무엇보다도 이런 문의에 대한 대답이다. 이 책은 건강한 사람, 아프고 스트레스받고 고통스러운 사람 모두에게 자신의 몸과 마음의 한계를 초월하여 보다 높은 수준의 건강과 안녕을 찾는 데 실제적인 도움을 줄 수 있는 내용으로 엮었다.

MBSR은 동양의 불교에 바탕을 둔 명상법의 하나로, 마음챙김 명상이라 부르는 고도로 체계화된 수련법에 근본을 두고 있다. 간단히 말해 마음챙김은 순간순간의 비판단적 알아차림(non-judgmental awareness)으로 평소에는 전혀 관심을 갖지 않았던 것에 대해 의식적으로 주의를 주어 개발할 수 있다. 마음챙김은 삶에 대한 새로운 유형의 주체성, 통제력 및 지혜를 개발하는 체계적 방법으로 주의 집중 능력과 특정한 방식으로 주의를 집중하면 자연스럽게 생겨나는 알아차림, 통찰 및 자비에 기초한다.

스트레스 완화 클리닉은 수동적으로 도움을 바라거나 치료적 조언을 받으러 오는 환자들의 단순한 피난처가 아니다. MBSR 프로그램은 보다 적극적으로 배우려고 하는 환자에게 힘과 용기를 주는 곳이다. 여기서 환자들은 자신 속에 이미 갖추어져 있는 치유의 힘을 발견하고 이 힘을 신체적 · 심리적 건강과 웰빙을 증진하기 위해 활용할 수 있다.

이러한 학습 과정은 당신이 비록 중병에 걸려 있거나 깊은 절망감에 빠져 있을지라도 숨 쉬고 있는 한 당신에게는 나쁜 것보다는 좋은 것이 더 많다는 것을 가정하고 시작한다. 그러나 만약 스스로의 잠재 능력을 자신의 성장과 질병을 치유할 수 있는 방향으로 돌려서 보다 높은 수준으로 삶의 질을 개선하려고 한다면, 스스로 어느 정도의 노력과 에너지를 사용하지 않으면 안 된다. 따라서 스트레스 감소 프로그램에 참여하는 것이 스트레스로 느껴질 수도 있다.

나는 이러한 일을 이렇게 비유하곤 한다. 즉, 큰불을 끄기 위해서는 작은 불로 맞서지 않으면 안 되는 것처럼 큰 문제를 극복하기 위해 작은 노력을 들이지 않을 수 없는 것이다. 스트레스나 통증에 대해 면역을 높여 주는 약물이란 있을 수 없으며, 약을 먹는 것만으로 인생 문제를 기적적으로 해결하고 건강을 회복시켜 줄 수도 없다. 병을 치료하고 마음의 평화와 웰빙을 얻는 방향으로 나아가고자 한다면 스스로 노력하지 않으면 안 된다. 이것은 곧 당신 자신을 괴롭히는 스트레스나 통증에 잘 대처해 나가는 방법을 스스로 배워야 함을 의미한다.

우리 삶에서 스트레스는 너무나도 극심하고, 또한 잘 인식하지 못하는 사이에 널리 스며들기 때문에 그 실체를 정확하게 이해하고 스트레스와 관계하는 방식을 변화시킬 창의적이고 독창적인 방법을 찾아내야만 한다. 만약 우리가 최소한 잠깐의 균형감을 가지고 삶을 더 건강한 방식으로 사는 더 큰 전략을 학습한다면, 스트레스를 전적으로 통제하진 못할지라도 다른 방식으로 함께 살아갈 수 있게 된다. 이런 식으로 스트레스와 함께하기를 선택한 사람들은 스트레스를 해결해 줄 수 있는 구원자가 나타나기를 기대한다는 것이 무의미함을 깨닫는다. 만성적인 질병이나 장애로 고통을 받고 있는 사람은 일상생활에서 겪는 고통 외에도 그 질병으로 인한 새로운 스트레스가 더해지기 때문에 개인적인 노력이 더욱 중요하다.

스트레스는 단숨에 해결되는 간단한 문제가 아니다. 스트레스는 인간의 존재적 조건 그 자체에 붙어 다니는 것으로서 피하려고 해도 피할 수 없는 삶의 자연스러운 한 부분이다. 그럼에도 어떤 사람은 스트레스를 삶의 경험 그 자체로 받아들이지 않고 이에 맞서서 방어하여 스트레스를 회피하려 하거나 이 방법, 저 방법을 통해 스트레스에 무감각해짐으로써 도피하려 한다. 물론 불필요한 고통이나 괴로움을 피하는 것도 한 방법이 될 수 있다. 당장 직면하고 있는 고통스러운 문제에서 어느 정도 거리를 유지할 필요는 있지만 습관적으로 도망가거나 회피하기만 한다면 문제는 더욱 커지고 복잡해질 수밖에 없다. 문제는 결코 마술처럼 사라지지 않는다. 이처럼 반복적으로 회피하거나 도피하고 무감각해진다면 사라지는 것은 스트레스가 아니라 지속적으로 배우고 성장하고, 변화하고, 치유를 가능케 하는 우리의 힘이다. 문제를 해결할 수 있는 유일한 방법은 그 문제에 직면하여 부딪혀 나가는 것이다.

문제에 직면해서 이를 잘 해결하고 내적 안정과 조화를 유지하기 위해서는 적절하고도 효율적인 방법을 찾아야만 한다. 문제에 직면하여 이를 슬기롭게 해결하기 위해 자신의 내면적 힘을 동원할 수 있는 것은 선장이 배를 앞으로 몰고 나가기 위해 바람의 힘을 충분히 이용할 수 있는 각도로 돛을 올리는 것과 같은 이치다. 바람에 곧장 맞서서는 항해를 할 수 없다. 그렇다고 바람을 등지고서만 항해할 줄 안다면 당신은 바람이 부는 방향으로밖에 갈 수 없다. 그러나 바람 에너지를 사용하는 법을 알고 인내심을 갖는다면, 스스로 이를 통제하면서 원하는 곳으로 갈 수 있을 것이다.

항해의 원리에 바람을 이용하는 것과 같이 인생살이에서 생기는 문제에 어떤 힘을 이용하기를 바란다면 선장이 배, 물결, 바람, 운항 방향 등에 주의를 기울이는 것과 마찬가지로 인생살이의 문제에도 주의를 기울여야만 한다. 언제나 태양이 맑고 바람이 원하는 방향에서 적절하게 불어오지 않는 것처럼 어떤 스트레스 상황에서도 어떻게 하면 자신이 주도하여 이를 대처해 나갈 수 있는가 하는 방법을 익히지 않으면 안 된다.

어떤 사람도 날씨를 통제할 수는 없다. 그러나 좋은 선장은 날씨를 주의 깊게 관찰할 줄 알고 그 힘을 소중히 여길 줄 안다. 선장은 가능한 한 폭풍우를 피하려고 하지만 어쩔 수 없이 폭풍우에 휩싸이면 언제 돛을 내릴지, 해치를 닫을지, 닻을 내릴지, 뚫고 나갈지 잘 알아서 통제할 수 있는 것은 통제하고 통제할 수 없는 것은 과감하게 버린다. 오랜 훈련과 연습 그리고 모든 기후 조건에 대한 온갖 다양한 경험이 유사시 필요한 기술을 개발하게 한다. 이와 마찬가지로 인생살이에서 겪게 되는 다양한 '기후 조건'에 직면하여 상황을 효과적으로 다루어 나가는 기술과 융통성을 개발하는 데에도 삶의 모든 면을 의식해 가는 기술을 개발하는 것이 무엇보다 중요하다.

문제나 스트레스에 대처하는 데 가장 중요한 점은 이를 어떻게 통제하느냐 하는 것이다. 세상에는 전적으로 우리의 통제력 바깥에 있는 일도 있지만 실제로는 능히 통제할 수 있는 것을 통제할 수 없다고 미리 단정해 버리는 일도 의외로 많다. 대부분의 경우 우리가 처해 있는 상황에 영향력을 미치는 능력은 우리가 대상을 어떻게 바라보는가에 따라 크게 좌우된다. 세상을 어떻게 보느냐 하는 것뿐만 아니라 자기 자신이나 자신의 능력에 대한 신념이 무엇을 하려고 할 때의 에너지나 이 에너지를 어떤 방향으로 밀고 나아갈 것인지를 선택하는 데 중요한 영향을 끼친다.

예컨대, 생활의 압력에 완전히 짓눌려 있고 자신의 노력이 별다른 효과를 발휘하지 못하고 있다고 느낄 때 소위 우울증적 반추(depressive rumination)라 부르는 패턴에 빠지기 쉽다. 그렇게 되면 당신의 검토되지 못한 사고 과정이 지속적으로 부적응적 우울감과 무력감의 느낌을 만들어 내는 신세가 된다. 이때는 무엇 하나 통제되는 것도 없고 또한 통제할 가치조차 없다고 느낄 수 있다. 한편 당신이 생각하는 모든 것이 위협적으로 보이게 되면 우울감보다도 불안감을 느끼게 되고 당신의 통제감과 웰빙을 위협하거나 위협할지 모른다고 생각되는 모든 것에 대해 끊임없이 걱정하게 된다. 이러한 것들은 실제일 수도 있고 상상에 그칠 수도 있다. 그러나 실제든 상상이든 당신이 느끼는 스트레스나 당신의 삶에 미치는 영향은 다르지 않다.

위협감은 분노와 적개심을 불러일으키고 노골적인 공격행동으로 이어질 수 있다. 이는 자신의 지위를 보장받고 스스로의 통제력을 확보하려는 뿌리 깊은 본능에 기인한다. 따라서 통제력을 가지고 있다고 느낄 때는 잠시나마 만족할 수 있지만, 다시 통제가 불가능해지거나 어려워진다고 느낄 때 우리 내면 깊숙한 곳에서 불안감이 솟아난다. 이때는 자신을 학대하거나 남에게 상처를 주는 공격적 행동을 보일 수 있다. 그렇게 되면 우리는 만족감과 내면의 평화를 느끼지 못하게 된다.

만성적인 질병이나 장애 때문에 그동안 잘해 오던 것을 잘하지 못하게 되어 통제력 전체가 연기처럼 사라질 수도 있다. 상태가 좋지 않아 통증이 병원 치료에도 잘 반응하지 않게 되면, 당신의 상태가 의사의 통제마저 벗어난다는 인식으로 정서적 동요가 발생하고 이로 인해 당신이 느끼는 스트레스는 더욱 증폭된다.

스스로 통제할 수 없다는 불안감은 주요한 인생 문제에만 국한된 것이 아니다. 가장 큰 스트레스는 아주 작고 사소한 일 때문에 생겨나기도 한다. 중요한 일로 막 외출하려고 하는데 차가 고장 나 움직이지 않는다든지, 아이가 아무리 타일러도 말을 듣지 않고 울어 댄다든지, 슈퍼마켓이나 은행에서 줄을 서서 오래 기다려야 하는 따위의 극히 사소하지만 통제감을 위협하는 일 때문에도 흔히 스트레스를 받는다.

삶에서 두려움, 불안 그리고 통제력 상실감을 일으키는 괴로움

과 고통의 경험을 한마디 단어나 구절로 표현하기란 쉬운 일이 아니다. 우리가 이를 목록으로 만든다면 여기에는 인간의 취약성, 상처, 피할 수 없는 죽음 같은 것이 반드시 포함될 것이다. 또한 이 목록에는 잔인성과 폭력성 그리고 무지와 탐욕, 망상과 미혹 같은 것도 포함될 것이다. 인간으로서의 한계성과 약점, 우리가 살아 나가면서 겪을지도 모를 질병, 상해 및 장애, 우리가 경험하는 실패나 좌절, 미래에 대해 갖는 공포, 괴로움과 두려움을 수반하는 부정과 착취, 언젠가 닥쳐올 사랑하는 사람이나 자신의 죽음 등과 같은 인간의 온갖 취약성과 부적절성을 모아 한마디로 무엇이라 표현해야 좋을까? 이것을 표현하는 비유는 감상적이어서는 안 되고, 우리가 단지 공포를 느끼고 고통을 경험한다고 해서 살아 있다는 것이 재앙이 되는 것은 아니라는 의미를 포함해야 하며, 고통뿐만 아니라 기쁨도 있고, 절망뿐만 아니라 희망도 있고, 불안정뿐만 아니라 평화로움도 있으며, 증오뿐만 아니라 사랑도 있고, 질병뿐만 아니라 건강도 있다는 의미를 담아야 할 것이다.

스트레스 완화 클리닉에 찾아온 환자들 그리고 사실은 우리 모두가, 살면서 받아들이거나 초월해야 하는 복합적인 인간의 상황을 설명하기 위해, 나는 니코스 카잔차키스(Nikos Kazantzakis)가 쓴 소설 『그리스인 조르바(Zorba the Greek)』의 영화에 나오는 대사 한 대목을 인용하곤 한다. 조르바의 젊은 친구 앨런 베이츠가 조르바(명배우 앤소니 퀸 분)에게 이렇게 물었다. "조르바, 결혼했나요?" 이에 대해 조르바는 으르렁거리듯이 말했다. "내가 남자도 아니란 말이요? 물론 나는 결혼했고, 마누라도 있고, 집도 있고, 자식들도 있고, 있을 것은 다 있지요. ……온갖 재난(full catastrophe) 말이요!"

조르바가 결혼하여 자식이 있다는 것이 재난이라고 탄식하는 것은 아니다. 조르바가 내뱉는 이 말 속에는 인생의 다양함과 고난, 슬픔, 외상, 비극, 모순 등 피할 수 없는 현실에 대한 높은 수준의 인식이 내포되어 있다. 조르바 식의 대처 방법이란 온갖 재난의 강풍 속에서도 춤추고, 실패나 좌절 속에서도 인생을 찬미하고, 그것과 함께 웃고 자기 자신에 대해 웃을 수 있는 것을 뜻한다. 이렇게 해 나가면서 그는 결코 오래 낙담하지 않으며, 결코 세상이나 자신의 어리석음에 굴복하지도 않는다.

이 책을 읽어 본 사람이라면 조르바와 함께 사는 것이 오히려 부인이나 자식들에게 정말 '온갖 재난' 이었겠다고 생각할 것이다. 종종 그러하듯이 사람들이 추앙하는 공공의 영웅이 사적으로는 주변에 상처를 줄 수 있다. 조르바가 말한 '온갖 재난'이란 말을 처음 들었을 때부터 나는 이 말에는 인생살이의 어려운 일에 시달리면서도 이것을 직면하고 힘과 지혜를 키워 나가는 인간의 영적 능력에 관한 긍정적인 점을 포함하고 있음을 느꼈다. 내게 있어서 온갖 재난에 직면한다는 것은 우리 내면에서 가장 깊고, 멋지고, 가장 인간적인 것을 발견하고 받아들이려는 노력이다. 자기 나름의 온갖 재난을 가지고 있지 않은 사람은 이 세상에 없다.

이 책에서 언급하는 '재난'은 재앙을 뜻하지 않는다. 그것보다는 우리 인생 경험의 온갖 괴로운 일을 뜻한다. 이 말에는 상상조차 못해 본, 도저히 받아들일 수 없는 위기나 재앙도 포함되지만, 조금씩 쌓여 가면서 사소하게 잘못 돌아가는 일이 포함된다. 이 말은 인생이란 언제나 영원하며 변화하지 않을 것이라고 생각했던 것들이 실제로는 순간적이고 끊임없이 변화하고 있다는 것을 일깨워 준다. 여기에는 우리의 생각, 의견, 관계, 직업, 소유, 창조, 신체 등 모든 것이 해당된다.

이 책에서는 이러한 '온갖 재난'을 끌어안고 살아가는 방법을 학습하고 훈련해 가도록 하였다. 재난을 가슴에 안고 살아 나가면 인생의 폭풍우에 실려 힘과 희망이 파괴되거나 날아가 버리지 않고, 오히려 인생의 폭풍우가 삶의 풍요로움과 변화 속에서 때로는 고통과 더불어 어떻게 살아가며, 어떻게 성장하고, 어떻게 치유되어 나아가는가 하는 것을 가르쳐 줌으로써 우리를 보다 강하게 해 준다. 이 책에서 우리는 자신이나 세계를 새로운 방식으로 바라보는 법과 우리의 신체, 생각, 감정, 지각을 새롭게 운용하는 법을 배우고, 나아가 우리가 삶의 균형을 찾아 유지하는 훈련을 할 때 우리 자신을 포함해서 매사를 좀 더 즐기는 방법을 배우게 될 것이다.

지금 우리가 살아가고 있는 시대는 어디를 보나 온갖 재난으로 가득 차 있다. 어느 날이든 조간신문을 펼치면 끝없는 인간의 고통과 고뇌가 담겨 있는 뉴스가 전 세계 도처에서 발생하고 있다. TV나 라디오를 켜도 매일같이 전쟁이나 폭력 등 비참한 상황을 전달하는 뉴스가 전해진다. 뉴스는 시리아, 아프가니스탄, 이라크, 다르푸르, 중앙아프리카, 짐바브웨, 남아프리카, 리비아, 이집트, 캄보디아, 엘살바도르, 북아일랜드, 칠레, 니카라과, 볼리비아, 에티오피아, 필리핀, 가자, 예루살렘, 파리, 북경, 보스턴, 투손, 오로라, 뉴타운 그리고 그 옆 동네들까지 끝도 없이 그곳에 사는 사람들의 고통과 죽음을 마치 지역 날씨 보도에서 기후 상태가 변화하는 것을 보도하듯이 각 사건들이 서로 어떤 관계에 있는지 연관성에 대해서는 한마디 언급도 없이 이 사건에서 저 사건으로 옮겨 가며 사무적인 목소리로 보도한다. 뉴스를 보지도 듣지도 않는다고 해서 결코 인생살이의 온갖 재난의 와중에서 벗어날 수 있는 건 아니다. 직장이나 가정에서 느끼는 압력이나 사람을 만나 부딪치는 골칫거리, 좌절감에 따른 실망감, 머리가 빙빙 돌 것만 같은 급변하는 소용돌이 속에서 휘말리지 않고 균형을 유지해야만 하는 일, 이 모든 일이 재난이다. 조르바의 재난 목록은 배우자, 자식, 집뿐만 아니라 일, 각종 청구서, 부모, 연인, 처가나 시가 식구, 죽음, 빚독촉, 가난, 질병, 상해, 불공평, 분노, 죄의식, 공포, 불성실, 혼란 등 한없이 많은 문제를 포함하며 확장될 수 있다. 우리의 삶에서 이러한 스트레스 상황과 이 상황에 대한 심리적 · 생리적 반응의 목록을 열거하자면 무한정 길어질 것이다. 또한 어떤 새롭고도 기대하지 않았던 사건이 계속해서 일어나 새로운 스트레스로 등장할 것이다.

병원에서 근무하는 누구라도 매일 마주치는 다양한 골칫거리에 초연한 사람은 없다. 스트레스 완화 클리닉을 찾아오는 환자들은 병원에서 근무하는 사람들과 마찬가지로 개개인이 독특한 사정을 갖고 있다. 비록 환자들이 MBSR 훈련을 위해 클리닉을 찾은 이유가 심장병, 암, 폐질환, 고혈압, 두통, 만성통증, 간질, 수면장애, 불안과 공포증, 스트레스성 소화장애, 피부병, 목소리장애 등 여러 질병 때문이긴 하지만 이러한 진단명은 환자를 한 인간으로 제대로 보지 못하게 한다. 온갖 재난은 환자의 과거와 현재의 체험이나 인간관계, 희망과 공포, 일어나고 있는 사건에 대한 해석 등 여러 요인으로 복잡하게 얽혀 있다. 누구나 자신의 삶, 질병, 고통에 대한 지각과 그들이 가능하다고 믿는 것에 의미와 일관성을 주는 독특한 이야기를 갖고 있다.

때로는 너무나도 애끓는 간절한 이야기도 있다. 우리 클리닉을 찾아온 환자 가운데는 신체질병은 말할 것도 없고 삶 자체의 통제력을 완전히 상실한 채 찾아온 환자도 많이 있다. 그들은 고통스러운 가족관계와 가족력 그리고 엄청난 상실감으로 두려움과 걱정에 시달린다. 우리는 이 환자들로부터 신체적 · 정서적 고통, 의료제도에 대한 실망감에 관한 이야기를 듣는다. 어린 시절부터 환경에 의해 자신감이나 자존심이 완전히 상실되어 버린, 분노나 죄의식에 시달리는 사람들의 가슴 아픈 이야기다. 학대로 인해 문자 그대로 재기할 수 없을 정도로 짓밟혀 버린 사람도 많이 본다.

스트레스 완화 클리닉에 찾아오는 사람 가운데는 여러 해 동안 의사의 치료를 받았는데도 몸 상태가 별로 좋아지지 않고, 다른 곳에서는 더 이상의 도움을 청할 수가 없어 이곳을 마지막 도움처로 알고 찾아온 경우도 허다하다. 이 사람들은 이곳에서 반드시 좋아질 것이라고 기대하기보다는 조금이라도 도움이 된다면 해 보겠다는 뜻을 가진 사람들이다.

이 스트레스 완화 클리닉의 프로그램을 단 몇 주간이라도 실천한 사람이면 엄청난 변화를 느끼게 된다. 즉, 자기의 몸과 마음의 관계, 그리고 자기 자신이 가지고 있던 문제에 대한 관계성이 새롭게 변화된다. 몇 주가 지나면서 그들의 얼굴과 신체에서 눈에 띌 정도의 변화를 목격하게 된다. 이 프로그램이 끝나는 8주 말에 이르면 누가 봐도 한눈에 알 수 있을 정도로 이들의 표정에서는 웃음이 돋아나고 신체적으로 보다 이완된 모습을 보인다. 이 환자들은 처음에는 클리닉에 와서 이완하는 방법이나 스트레스에 잘 대처하는 방법을 배우려고 했지만, 8주가 지나면 처음 기대했던 것보다 훨씬 더 많은 것을 배웠다는 것을 확신하게 된다. 대부분의 경우 이들은 다소간의 정도 차는 있지만 신체 증상이 줄어들고, 자신감과 낙천성 그리고 자기주장성이 높아진다. 이들은 이전에 비해 자신의 한계나 장애 등을 받아들이는 데 있어 보다 허용적이고 강한 인내심을 보인다. 육체적인 고통이나 정신적 고통, 또한 삶의 여러 형태의 문제에 대처하는 능력에서도 보다 자신감을 갖게 된다. 불안감, 우울감, 분노감 등이 많이 줄어들고 과거에는 통제감을 잃어버렸던 심각한 스트레스 장면 속에서도 자신을 스스로 통제할 수 있게 된다. 한마디로 말해 이들은 눈앞에 죽음이 닥쳐오는 것과 같은 절박한 상황을 포함해서 인생의 여러 골치 아픈 일 속에서도 기술적으로 보다 잘 대처해 나갈 수 있게 된 것이다.

심장발작 때문에 사업을 그만둘 수밖에 없어 이 프로그램에 참여했던 한 남자의 이야기를 소개한다. 그는 40여 년간 큰 회사를 경영하면서 회사 옆에 살고 있었다. 그의 말에 따르면 그는 40여 년간 하루도 쉬지 않고 매일 일해 왔으며, 자신의 일을 매우 좋아했다고 한다. 그는 관상동맥성 심장발작이 있었기 때문에 심장조영술과 좁아진 관상동맥을 넓히기 위한 수술을 받고, 심장병 재활 프로그램에 참여한 후 담당 의사의 권고로 스트레스 완화 클리닉을 찾아왔다. 처음 대기실에서 그를 보았을 때 그의 표정은 절망감과 당혹감이 완연하였으며 금방이라도 울음을 터뜨릴 것만 같았다. 그는 반은 나에게 시선을 주고, 반은 허공을 쳐다보면서 말하였다. "나는 더 살고 싶지 않아요. 이 클리닉에서 무엇을 해야 할지 잘 모르겠어요. 내 인생은 이제 끝장이에요. 더 이상 살 의미도 없고, 어떤 것에서도 즐거움을 찾을 수 없어요. 아내와 아이들조차도 의미가 없어요. 무엇을 한다고 해도 아무런 의욕도 없어요."

그러나 8주 동안 스트레스 완화 클리닉에 참가한 후 이 남자의 눈에서는 영롱한 빛이 되살아났다. MBSR 프로그램을 마친 그는 내게 이렇게 말했다. "사업에만 몰두하고 있는 동안 나는 무엇을 놓치고 있는지 깨닫지도 못한 채 죽어 가고 있었어요. 나는 자식들이 자라는 동안 사랑한다는 말을 한 번도 해 본 적이 없었어요. 하지만 이제는 시작할 겁니다. 아직 기회가 있으니까요." 그는 자신의 삶에 대해 희망과 열정을 갖게 되었고, 처음으로 사업체를 매각하겠다는 생각을 할 수 있었다. 그는 나를 힘껏 포옹한 후 떠나갔는데, 아마 그가 이런 식으로 남을 포옹해 본 것은 처음이 아닌가 싶다.

그는 클리닉에 처음 왔을 때 자기 스스로를 환자로 보았으며, 실제로 그는 우울증을 가진 심장병 환자였다. 그러나 8주가 지난 후 그는 여전히 이전과 다를 바 없는 심장병을 가지고 있었지만 보다 건강해졌고 보다 행복해졌다. 그는 비록 여전히 심장병을 갖고 있고, 인생살이에서도 여러 문제를 갖고 있지만 삶에 대해서 매우 열정적이었다. 그의 마음속에서는 자신을 심장병 환자로 보았던 견해에서 자신을 '총체적 인간(whole person)'으로 보는 변화가 일어났다.

도대체 어떻게 이런 변화가 일어나게 되었을까? 확실하게 말할 수 있는 것은 없지만 많은 요인이 개입되었을 것이다. 가장 중요한 것은 그가 MBSR 프로그램에 진지하고 적극적으로 참여했다는 점이다. 처음 나는 그가 일주일 안에 이 프로그램을 그만둘 것이라 예상했다. 그는 매일 50마일이나 되는 먼 곳에서 병원까지 와야 했는데, 그렇게 절망감에 빠져 있는 환자가 매번 참여하기는 어려워 보였기 때문이다. 그러나 그는 끝까지 도전 과제를 해 냈다.

또 한 사람은 70대 초반의 남자로, 다리에 심한 통증이 있는 환자였다. 그가 처음 클리닉에 왔을 때는 휠체어를 타고 왔다. 매번 부인과 함께 왔는데 2시간 반의 수업이 진행되는 동안 부인은 줄곧 바깥에서 기다리고 있었다. 처음 온 날 그는 같은 반에서 수업을 받고 있는 사람들에게 너무나 통증이 심해서 다리를 잘라 버리고 싶은 심정이라고 말했다. 그는 또한 명상을 하는 것이 그에게 큰 도움이 될 것이라 기대하지는 않지만 어쨌든 무엇이든 하지 않으면 안 될 정도로 상태가 좋지 않다고 말했다. 그래서 여러 사람이 그를 진심으로 안타까워했다.

이 프로그램을 함께하면서부터 그의 상태가 눈에 띄게 좋아지는 것을 목격할 수 있었다. 이로 미루어 볼 때 그는 첫 수업 시간부터 무언가 도움되는 일을 경험했음에 틀림없다. 두 번째 수업 시간에는 휠체어 없이 목발을 짚고 참석했으며, 그 후 그는 목발 대신 지팡이를 짚고 왔다. 그는 우리가 지켜보는 가운데 휠체어에서 목발로, 목발에서 지팡이로 변해 갔다. 그러나 그의 말에 의하면 그동안 통증이 완전히 사라진 것이 아니라 단지 통증에 대한 자신의 태도가 크게 달라졌을 뿐이라는 것이다. 명상을 시작하고부터는 통증을 견딜 수밖에 없는 것이라고 생각하게 되었으며, 이런 생각과 동시에 다리의 문제도 예전처럼 그렇게 심각하게 느껴지지 않았으며, 8주 프로그램이 끝날 즈음 그의 부인은 그가 매우 행복해 보이고, 적극적이고 활동적으로 변했다고 확신했다.

끝으로, 골칫덩어리 문제를 끌어안고 살던 한 젊은 여의사 이야기다. 그녀는 고혈압과 심한 불안 때문에 클리닉에 참가했다. 당시 그녀는 여러 난제에 부딪혀 분노와 절망감으로 모든 일을 자포자기한 상태였다. 그녀는 레지던트 수련을 마치기 위해 이곳에서 멀리 떨어진 다른 주에서 왔기 때문에 고독감에 젖어 있었으며 몸도 몹시 지쳐 있었다. 그녀의 주치의는 해가 되지는 않을 테니 MBSR에 참가해 보라고 권유했다. 그러나 그녀는 이 프로그램이 별 도움이 되지 않을 거라고 생각하고 이를 냉소하고 무시했다. 그녀에게 명상을 해 보라는 주치의의 충고를, 그녀는 오히려 상황을 악화시킬 뿐이라고 생각했다. 그래서 그녀는 수업 첫날부터 참석하지 않았다. 그러나 몇 년 전 환자로 이 프로그램에 참가하여 큰 도움을 받았고 지금은 내 비서로 일하고 있는 브래디가 결석한 이유를 묻기 위해 그녀에게 전화를 걸면서 적극적으로 참여할 것을 권하였다. 그녀는 다음 날 저녁 수업에는 부끄러워하면서 모습을 드러냈다.

병원의 구급 헬리콥터를 타고 사고 현장으로 날아가 중상자를 실어 나르는 것이 그녀의 주된 일이었다. 그녀는 헬리콥터를 몹시 싫어했으며, 헬리콥터를 타면 언제나 공포감으로 토할 것 같았다. 그러나 8주간의 스트레스 완화 훈련이 끝날 무렵에는 토하지 않고서도 헬리콥터를 탈 수 있게 되었다. 그녀는 여전히 헬리콥터 타는 것을 싫어하지만 지금은 여유 있게 이겨 내고 일에 전념할 수 있게 되었다. 명상의 효과를 인정하기 시작하는 시점부터 혈압도 떨어지기 시작했다. 이때까지도 그녀는 레지던트 수련을 하는 몇 달간 기진맥진해 있는 시간이 많았고, 그럴 때면 여전히 감정적으로 민감하게 반응했다. 그러나 이제는 자신의 몸과 마음이 동요하고 있는 상태를 더 잘 알아차리고 있다. 이 프로그램이 끝났을 때 그녀는 새로운 기분으로 도전해 보고 싶다며 다시 한 번 이 프로그램을 수강했다. 그 후로 수년간 그녀는 지금까지 명상 수행을 해오고 있다.

스트레스 완화 클리닉에서 체험한 경험을 바탕으로 그녀는 환자를 대하는 데 새로운 시각을 갖게 되었다. 프로그램을 수강할 때는 의사로서가 아니라 문제를 안고 있는 한 사람의 환자로서 수강했기 때문에 그녀도 다른 환자들과 같이 프로그램을 따르고 다른 환자의 명상 훈련 체험을 듣고, 환자들의 변화를 눈으로 관찰할 수 있었다. 그녀는 환자들이 얼마나 많이 고통을 받고 있는지 그리고 작은 격려와 훈련만으로 스스로를 위해 할 수 있는 일이 얼마나 많은지를 알고 놀랐다고 말했다. 또한 그녀는 사람은 자기 자신을 위해 무언가를 실천하여 도움을 받을 수 있다는 사실을 목격하면서 명상의 가치를 높이 평가하게 되었다. 사실 그녀도 프로그램의 일반 환자들과 다르지 않았고, 자기가 할 수 있었던 일을 환자도 할 수 있었으며, 환자들이 할 수 있었던 일을 자기도 할 수 있었다는 사실을 알게 되었다.

앞의 세 사람이 체험한 것과 유사한 변화는 스트레스 완화 클리닉에서 흔히 볼 수 있는 일이다. 이런 효과는 환자에게 자신이 할 수 있다고 생각하는 것들의 범위를 넓혀 주어 그들의 삶에서 주요한 전환점 역할을 하게 된다.

흔히 환자들은 상황이 호전된 것이 우리 덕분이라고 생각하여 우리에게 감사를 표하지만 사실은 한 사람 한 사람 각자가 노력한 결과다. 환자들이 우리에게 실제로 감사해야 할 것은 자신의 내적 힘과 자원을 만나도록 기회를 준 것, 그들을 믿고 포기하지 않은 것 그리고 그러한 변화를 가능하게 해 준 도구를 제공한 것이다.

우리는 환자들에게 이 프로그램을 통해 무언가를 얻기 위해서는 결코 중도에 포기해서는 안 된다는 것을 누누이 강조했다. 즐거운 상황이든 즐겁지 않은 상황이든 생각하는 대로 되든 안 되든, 상황을 통제할 수 있다고 혹은 통제할 수 없다고 느껴지든 개의치 말고 자신의 온갖 재난의 삶을 기꺼이 직면하고 자신의 경험, 사고, 감정 등을 자신의 치유를 위한 원재료로 사용해야만 했다. 이 프로그램을 시작할 때는 이것이 자신의 문제를 해결하는 데 도움이 될지의 여부에 대해 반신반의하였다. 그러나 환자들은 자신을 위해 이 세상 어느 누구도 대신해 줄 수 없는 매우 중요한 무엇인가를 스스로 할 수 있음을 알게 되었다.

앞의 예에서 환자들은 그 순간이 고통, 슬픔, 절망 혹은 공포의 순간일지라도 마치 매 순간을 중요하고 가치 있게 다루어야만 하는 것처럼 삶을 살아가라는 우리의 주문을 받아들였다. 이 작업은 무엇보다도 좋든, 싫든 자신의 경험의 매 순간을 알아차림, 마음챙김하는, 즉 온전히 자기 것으로 하는 훈련을 규칙적으로 수행하는 것을 포함한다. 이것이 바로 온갖 재난으로 가득한 삶을 살아가는 핵심이다.

우리는 누구나 마음챙김의 능력을 갖고 있다. 우리가 할 일은 판단을 중지하거나 혹은 최소한 우리 안에서 얼마나 많은 판단이 진행되는지 알아차리면서 현재의 순간에 주의를 집중하는 능력을 향상시키는 것이다. 마음챙김의 개발은 클리닉에 찾아온 환자들이 경험하는 변화에서 핵심 역할을 한다. 이러한 변화 과정을 이해하는 한 가지 방법은 마음챙김을 렌즈처럼 생각하는 것으로, 분산되어 있고 반사적으로 반응하는 마음의 에너지를 모두 한곳으로 집중시켜 성장이나 문제해결 또는 치유를 위한 에너지로 바꿔 나가는 것이다.

우리는 외부 세계와 내부 세계에서 일어나는 경험에 대한 무의식적 혹은 자동적 반응으로 엄청난 에너지를 자신도 모르게 지속적으로 낭비하고 있다. 마음챙김 능력을 기른다는 것은 곧 낭비하고 있는 에너지를 한곳으로 모아 활용하는 방법을 학습하는 것이다. 이렇게 하여 우리는 한 사람으로서 전체성과 통합감을 느끼는 깊은 웰빙과 이완 상태로 들어가 그 상태에 머물러 있음으로써 충분한 안정을 얻을 수 있는 방법을 배운다. 자신의 전체성을 맛보고 그 안에 머물면, 몸과 마음은 양분을 공급받아 회복될 수 있다. 이와 동시에 우리가 실제로 살아가는 방법에 관해 보다 명확하게 알게 하여 어떻게 하면 건강을 증진시키고, 우리 삶의 질을 바꿀 수 있는가를 보다 쉽게 알 수 있도록 해 준다. 이에 덧붙여 스트레스가 심하거나 위협감이나 무력감을 느끼는 상황에서도 스스로 내부에서 일어나는 에너지를 보다 효과적으로 쓸 수 있는 능력이 생겨나게 된다. 이 에너지는 자신의 내부에서 나오므로 훈련과 수련을 통해 개발하기만 한다면 항상 현명하게 사용할 수 있다.

마음챙김을 키워 나가면 내면에서 깊은 웰빙, 고요함, 명료함 및 통찰력의 세계를 발견할 수 있다. 이는 마치 당신이 전혀 낯선 신세계를 만난 듯한 기분으로, 과거에는 전혀 몰랐거나 막연하게 의심해 왔던 상태로 자기이해와 치유를 위한 긍정적인 에너지가 솟아나는 경지를 맛보게 된다. 이 세계로 통하는 길은 늘 당신 눈앞에 있다. 오직 당신의 몸과 마음 그리고 당신의 호흡에 순간순간 마음챙김하기만 하면 된다. 당신이 가지고 있는 문제와는 상관없이 이 신세계는 언제나 접근 가능한 이곳에 있다. 당신이 심장병에 걸려 있든, 암에 걸려 있든, 또는 어떤 고통이나 스트레스가 가득한 삶을 살아가든 이 에너지는 당신에게 매우 유용할 것이다.

마음챙김을 체계적으로 키워 나가는 것이 바로 불교명상의 핵심이다. 지난 2,600여 년 동안 아시아 여러 나라의 사찰이나 민간에서 번성해 온 명상수련이 1960년대와 1970년대 들어 전 세계로 널리 퍼져 나갔다. 그 배경에는 부분적으로 중국의 티베트 침공과 수년간의 동남아시아 전쟁이 있었는데, 그때 많은 불교 승려들과 정신적 지도자들이 국외로 망명했다. 또 다른 배경으로는 아시아를 여행한 서구의 젊은이들을 들 수 있는데, 그들은 명상을 공부하고 귀국해서 명상을 가르치는 명상지도자가 되었다. 또한 선승이나 명상지도자가 서구를 방문해서 직접 지도하게 되면서 그 힘을 더해 왔으며, 미국에서도 명상에 관한 관심이 대단히 높아졌다. 이러한 추세는 지난 30년간 계속 이어지고 있다.

최근까지도 마음챙김 명상을 불교적 배경에서 가르치고 수련하는 경우가 가장 흔하지만 명상의 요체는 보편적인 것이다. 요즈음은 전 세계적으로 명상이 사회의 주류로 빠르게 편입되고 있는 추세다. 세상 돌아가는 것을 볼 때 이는 매우 좋은 현상이다. 세상이 갈망하고 있었다고 말할 수도 있다. 말 그대로도 그렇고 은유적으로도 그렇다. 이 주제는 제32장에서 세상 스트레스(world stress)라고 부르는 현상을 다룰 때 살펴볼 것이다.

마음챙김(mindfulness)이란 기본적으로 특정한 방식의 주의(attention)이자, 그런 식으로 주의를 줄 때 발생하는 알아차림(awareness)이다. 자기 마음의 내부를 깊게 들여다보고 자기를 탐구하여 스스로를 이해하기 위한 정신수련 방법의 하나다. 그러므로 전 세계에서 행해지는 마음챙김에 기반한 프로그램에서처럼 특별히 동양 문화나 불교의 권위를 내세울 필요 없이 배우고 훈련할 수 있는 것이다. 마음챙김이 자기이해와 질병 치유에 좋은 수단이 된다는 사실은 확실해졌다. MBSR과 그 외 여러 마음챙김 프로그램[예: 마음챙김에 기반한 인지치료(MBCT)]들의 주요한 장점 중 하나는 어떤 신념체계나 이데올로기를 따르지 않는다는 점이다. 그 덕분에 스스로 시험해 보고자 하는 누구나 이용할 수 있다는 이득이 있다. 그럼에도 마음챙김이 고통을 없애 주고 망상을 떨쳐버리는 것을 특히 강조하는 불교수행에서 나온 것은 결코 우연이 아니다. 우리는 이 결합의 영향을 후기에서 다룰 것이다.

이 책은 스트레스 완화 클리닉에서 환자들이 사용하는 MBSR 훈련 프로그램을 일반 독자에게 상세하게 소개하기 위해 쓴 것이다. 무엇보다도 이 매뉴얼은 스스로 명상수련을 할 수 있도록 해 주고, 건강을 증진하고 치유력을 높이기 위해 마음챙김을 어떻게 사용해야 할 것인가를 학습하는 데 도움이 되도록 만든 것이다. 제1부 '마음챙김의 실천: 주의 주기'는 MBSR 프로그램의 진행 내용과 프로그램에 참가한 사람들의 체험담을 수록하였다. 여기서는 클리닉에서 사용하는 주요 명상 훈련법을 통해 그 훈련법을 매일 활용할 수 있는 방법과 마음챙김을 일상생활에 통합하는 방법에 관한 지침을 제공하였다. 또한 8주 프로그램의 자세한 일정을 소개해서 원하는 사람은 누구나 우리 환자들과 똑같은 MBSR 커리큘럼에 따라 훈련해 나갈 수 있도록 하였다.

다음으로 제2부 '패러다임: 건강과 질병에 대한 새로운 생각'에서는 마음챙김 명상수련이 몸과 마음의 건강과 어떻게 관련되는가를 이해할 수 있도록 해 주는 배경으로, 의학, 심리학, 신경과학 분야의 최근 연구 결과를 간단하지만 흥미롭게 소개하였다. 이 부분에서는 '전체성(wholeness)'과 '상호 연결성(interconnectedness)'이라는 개념과 과학과 의학이 마음과 건강 및 치유 과정의 관계에 대해 알아낸 내용에 바탕을 둔 '건강철학'을 다루었다.

제3부 '마음챙김 명상법의 실천'에서는 스트레스가 무엇이며, 스트레스에 대한 알아차림과 이해를 통해 어느 때보다 복잡하고

빠르게 변하는 사회에서 어떻게 스트레스를 더 적절하게 인지하고 다룰 수 있는지에 관해 논의하였다. 여기서는 스트레스에 보다 효율적으로 대처하기 위해 스트레스 상황을 매 순간 알아차림해 나가는 것이 중요함을 설명하는 모델을 제시할 것이다.

제4부 '응용: 인생사 고난 상대하기'에서는 사람들에게 스트레스를 유발하는 여러 영역, 예컨대 의학적 제 증상, 신체적 · 정서적 고통, 불안과 공포, 시간 압박, 인간관계, 작업, 음식물, 그리고 외부 사건과 같은 각종 스트레스 장면에서 마음챙김 명상을 응용할 수 있도록 자세한 정보와 안내를 제공한다.

마지막 제5부에서는 '알아차림의 길'에 관해 이야기한다. 여기서는 명상의 기초를 이해하고 난 후 이를 실천할 때 순간순간 유지해 나가야 할 실제 방법에 관해 언급하며, 나아가 일상의 모든 장면에서 마음챙김을 효율적으로 실천하고 활용하는 것에 관해 언급하고 있다. 또한 명상을 통해 각성을 북돋워 주는 프로그램을 실천하는 병원이나 공공단체에서 집단적으로 어떻게 수련시켜야 하는가에 관한 정보와 계속적으로 수련과 성장을 도와주는 데 필요한 정보를 싣고 있다. 부록에는 책에서 설명한 알아차림 달력과 지속적인 마음챙김 훈련과 이해를 도와줄 다양한 읽을거리, 유용한 자료, 웹 사이트 목록 등을 소개하였다.

만약 MBSR 프로그램을 통해 자신의 스트레스나 통증, 만성 질병 등을 변화시키고 싶다면 책을 참조하면서 내 수업을 듣는 환자들이 공식적 명상을 훈련할 때 사용하는 마음챙김 명상 훈련 CD(www. mindfulnesscds.com)를 함께 사용할 것을 추천한다. 대부분의 사람이 맨 처음 일일 명상수련을 시작할 때, 책에 자세한 지침이 있긴 하지만 요령이 생기기 전까지는 지시문이 있는 오디오 프로그램을 들으며 따라 하는 것이 더 쉽다고 한다. CD는 MBSR 커리큘럼과 학습 과정에 꼭 필요한 요소다. CD를 사용하면 8주 동안 매일 공식적 명상수련을 제대로 진행하는 데 도움이 될 것이고 마음챙김 자체의 본질을 경험하는 데도 도움이 될 것이다. 물론 일단 방법을 이해하고 나면, 하고 싶을 때마다 지시문 없이도 혼자서 훈련할 수 있다. 나는 MBSR 8주 프로그램을 마친 후에도 오랜 기간 동안 정기적으로 이 CD를 계속 사용한다는 사람들을 많이 봤다. 훈련에 대한 꾸준한 몰입과 다양한 수련을 통해 삶을 변화시키는 그들의 스토리는 항상 진한 감동을 준다.

CD(다운로드와 아이폰 앱도 가능)를 사용하든 안하든 간에 UMass의 스트레스 완화 클리닉이나 MBSR에 참가한 사람에게 나타난 중대한 변화를 체험하고 싶은 사람이라면, 프로그램에 참여한 사람들이 이 책에서 설명한 공식 마음챙김 훈련을 매일 너무나도 열심히 훈련했다는 것을 알아야 한다. MBSR 커리큘럼을 위해 시간을 내는 것만으로도 생활양식에 중대한 변화가 일어난다. 환자들에게는 8주 프로그램이 끝난 후에도 집에서 1주일에 6일, 하루 45분씩 CD를 들으면서 명상을 계속하도록 요청했다. 추후 연구에서 살펴본 결과, 실제로 이들 대부분이 8주 프로그램이 끝난 후에도 오랜 기간 스스로 훈련을 계속하고 있었다. 그들에게 마음챙김은 존재의 방식이 되었고 삶의 방식이 되었다.

삶의 온갖 재난을 다루고 질병의 치유력을 높이기 위한 내적 자원을 발견하며 자기를 계발하기 위한 여행을 출발할 결심이 되었다면 반드시 명심해야 할 사항이 있다. 즉, 일정 기간 이를 실천하는 동안에는 판단하는 것을 멈추고 이 책에서 설명하는 기법을 규칙적으로 실천하며, 마음 내부에서 일어나고 있는 것을 잘 관찰해야 한다. 당신이 배워야 하는 것은 외부의 어떤 권위자나 교사 또는 어떤 가치체계를 통해서가 아니라 주로 자신의 내면, 즉 당신의 삶이 전개되는 매 순간의 경험에서 온다. 우리의 철학은 당신의 인생과 당신의 몸과 마음에 관한 세계적 전문가는 바로 당신 자신이란 것이며, 적어도 당신이 주의 깊게 관찰한다면 그러한 전문가가 될 가장 좋은 조건에 있다는 것이다. 명상수련을 한다는 것은 내가 누구며 내가 할 수 있는 일이 무엇인가를 발견하기 위해 자기 자신을 실험실로 사용하는 것을 포함한다. 일찍이 뉴욕 양키스의 전설적인 포수 요기 베라(Yogi Berra)는 "당신은 단지 지켜보는 것만으로도 많은 것을 관찰할 수 있다."라고 말했다.

제1부

마음챙김의 실천: 주의 주기

01

우리는 오직 순간만을 산다

오, 나는 오직 나의 순간만을 살아왔습니다.
만약 또다시 인생을 되풀이한다고 해도 순간만을 살아갈 것입니다.
매일의 앞에 놓인 여러 해가 아니고 단지 한순간, 한순간의 순간만을 살 것입니다.
– 나딘 스테어, 85세, 켄터키 주 루이빌 거주

스트레스 완화 클리닉에 새로 참가한 약 30여 명의 환자를 둘러보면서 나는 이들 모두가 한마음으로 묶여 있다는 데 놀라움을 느꼈다. 나는 이 아침에 방 안에 가득 차 있는 낯선 사람들이 모두 무엇을 기대하고 여기에 왔는지가 궁금했다. 밝고 친절한 인상을 가진 에드워드가 매일 고민하고 있는 문제에 대해 생각해 보았다. 에드워드는 34세의 보험회사 간부로, 에이즈에 걸린 환자다. 그 옆에 앉아 있는 피터를 보았다. 그는 47세의 사업가로 18개월 전에 심장발작을 일으켜 단 하나뿐인 심장을 잘 지키기 위해 인생을 무리하지 않고 편하게 살아가는 방법을 배우러 왔다. 피터 옆에는 밝고 명랑하고 수다쟁이인 비버리가 남편과 함께 앉아 있다. 비버리는 42세 때 뇌동맥류 파열로 인해 자기가 얼마만큼 실제 자기인지 확신하지 못하고 있다.

또 44세의 마지는 통증클리닉에서 의뢰된 환자다. 그녀는 종양환자를 간호하는 전문간호사였지만, 수년 전 쓰러지려는 한 환자를 돕다가 허리와 양 무릎을 다쳐 퇴직했다. 그 후 그녀는 통증이 너무 심해 일을 할 수도 없고, 목발을 짚고도 걷기조차 힘든 상태가 되었다. 그녀는 이미 한쪽 무릎을 수술받았고 앞으로 더 받아야 할 수술 부위도 있으며 지금 당장은 복부에 있는 혹을 제거하는 수술을 받아야 할 형편인데, 의사들은 수술을 해 봐야만 상태를 정확히 알 수 있을 것이라고 한다. 그녀는 이 같은 손상으로 어찌할 바를 모르고 있고 아직 회복하지 못하고 있다. 그녀는 자신이 마치 감겨 있는 스프링처럼 느껴져서 아주 사소한 일에도 신경질이 폭발한다.

마지의 옆에는 56세의 경찰관인 아서가 앉아 있는데, 그는 심한 편두통으로 고통받고 때때로 매우 심한 돌발적 두통이 엄습해 와서 고생하고 있다. 그 옆에 앉아 있는 이는 75세의 전직 교사인 마거릿인데 불면증으로 고생하고 있고, 그 옆에는 프랑스계 캐나다인인 트럭 운전사 필이 앉아 있다. 그 또한 통증클리닉에서 의뢰한 환자다. 필은 화물의 깔판을 들어 올리다가 다쳐 만성적인 허리통증을 얻어 더는 일할 수 없게 되었다. 그는 더 이상 트럭을 운전할 수 없을 것 같으며, 통증을 이겨 내기 위해 어떻게 하면 좋을지, 그리고 네 명의 자녀를 포함한 가족을 먹여 살리기 위해 어떤 직업이 적합할지를 생각하기 위해 여기에 왔다.

필 옆에는 32세의 목수인 로저가 있다. 그는 작업 도중 허리를 다쳐 통증으로 고생하고 있다. 부인의 말에 의하면 그는 수년 동안 통증을 완화시키기 위한 수단으로 진통제를 복용해 왔다고 하는데, 이번에는 부인도 다른 스트레스 클리닉 반에 등록했다. 그녀의 스트레스의 주요 원인은 남편인 로저인 듯했다. 왜냐하면 그녀는 로저의 꼴이 하도 보기 싫어 곧 이혼할 작정이라고 했기 때문이다. 나는 로저를 보면서 지금부터 시작할 그의 인생과 또 그가 안정된 삶을 살아가는 데 필요한 일을 잘해 나갈 수 있을지 걱정되었다.

내 바로 앞에는 헥터가 앉아 있다. 그는 푸에르토리코에서 오랫동안 프로 레슬러로 활동했고, 그가 오늘 여기에 온 것은 감정이 잘 통제되지 않아 폭력을 일삼거나 가슴에 통증을 자주 느껴서다. 그는 체격이 커서 이 방 안에서 눈에 잘 띄는 존재다.

이 환자들을 진료했던 의사들이 이들을 스트레스를 완화시키는 훈련을 받도록 이곳에 보냈으며, 우리는 이들을 앞으로 8주간 의료원의 이 방에 일주일에 한 번씩 오전에 모이게 한 것이다. 나는 방 안에 있는 환자들의 얼굴을 한 번 훑어보면서 '도대체 무엇 때문에?'라고 나 스스로에게 질문해 보았다. 이들은 나와 마찬가지로 다른 사람들이 왜 여기에 와 있는지 알지 못한다. 그러나 오늘 아침 여기에 모인 사람들의 괴로움의 전체 수준은 매우 크다. 이들 모두가 인생살이의 온갖 재난으로 인해 육체적으로뿐만 아니라 정서적으로 고통을 받고 있는 것은 확실하다.

이 프로그램이 시작되기 전의 경이로운 순간, 나는 스트레스 대처 프로그램 수업에 이들을 초대한 우리의 뻔뻔함에 놀란다. 나는 이런 생각이 든다. '나는 오늘 아침 이곳에 모인 사람들과 이번 주 또 다른 강의에서 MBSR 훈련을 받으려고 하는 120여 명의 사람들에게 과연 무엇을 해 줄 수 있을까? 여기에는 젊은 사람, 나이 든 사람, 홀아비, 과부, 결혼한 사람, 이혼한 사람, 직장을 가진 사람, 은퇴한 사람, 장애를 가진 사람, 생활보호 대상자, 부유한 사람 등 각양각색의 사람이 다 있다. 과연 우리가 한 사람의 삶의 과정에 어느 정도 영향을 미칠 수 있을까? 또한 8주라는 짧은 기간 동안 이 사람들 모두에게 어떤 도움을 줄 수 있을까?'

이런 일을 하는 데 흥미로운 사실은 우리가 실제로 이들 환자들에게 해 주는 일이 없다는 것이다. 우리가 이들을 위해 무언가를 해 주려고 하면 오히려 낭패를 본다. 그 대신 우리는 이들에게 순간순간을 의도적으로 살아가도록 삶의 양식을 바꾸도록 하는 삶의 실험을 시작하도록 권유할 뿐이다. 내가 한 기자에게 이렇게 말했더니, 그녀는 "그렇다면 당신이 말하는 것은 순간을 위해 살아가는 것을 의미하군요?"라고 되물었다. 나는 "그것이 아니죠. 그것은 찰나주의란 뜻인데, 내가 말하는 것은 순간 속에 사는 것을 의미하는 거예요."라고 대답했다.

스트레스 완화 클리닉에서 진행되는 프로그램은 놀랄 만큼 단순하다. 너무나도 단순하기 때문에 깊이 몰입하지 않는다면 정말로 이해하기 어렵다. 이 프로그램은 어떤 상황에 처해 있더라도 지금 그 사람이 있는 곳에서부터 시작한다. 자기 자신과 작업하려는 의욕이 있고 준비가 되어 있는 사람이라면 누구나 환영한다. 그러나 우리는 용기를 잃었거나 좌절감에 빠져 있거나 스스로 실패했다는 사람조차도 결코 포기하지 않는다. 우리는 순간순간이 새로운 시작, 즉 다시 시작하고 조율하고 재결합하는 새로운 기회라고 생각한다.

여하간 우리가 해야 할 일은 사람들에게 자신의 순간순간을 충실하고 온전하게 살아가도록 허용하고, 이러한 삶을 위한 약간의 방법을 체계적으로 제공해 주는 것이다. 우리는 이들에게 자신의 몸과 마음의 소리를 듣고 자기 자신의 경험을 더욱 신뢰하도록 하는 방법을 소개해 준다. 우리가 이들에게 정말 해 줄 수 있는 것은 존재의 방식(mode of being), 문제를 바라보는 방식, 온갖 재난을 감내하는 방식이 있으며 이를 통해 삶을 좀 더 즐겁고 풍요롭게 할 수 있음을 알게 해 주고, 통제감을 좀 더 많이 느낄 수 있도록 해 주는 것이다. 우리는 이런 존재의 방식을 '알아차림의 방식' 또는 '마음챙김의 방식'이라고 부른다. 오늘 아침 여기에 모인 사람들은 스트레스 완화 클리닉에서의 여행, 즉 마음챙김에 기초한 스트레스 감소라는 여행을 시작하며 이러한 새로운 존재의 방식과 바라보기의 방식을 맞이하려고 하는 것이다. 우리 모두 이런 마음챙김과 치유의 여행을 함께 떠나도록 하자.

당신이 이곳의 스트레스 클리닉 강의를 둘러본다면 눈을 감고 조용히 앉아 있거나 마룻바닥 위에 움직이지 않고 누워 있는 사람들을 볼 수 있을 것이다. 이들은 이런 자세로 짧으면 10분에서 길면 45분 동안 시간을 보낸다.

외부에서 온 사람들이 이 모습을 본다면 그들을 미치지 않았다면 무언가 이상한 사람들이라 여길 것이다. 얼핏 보기에 아무것도 하지 않고 아무런 방법도 쓰지 않고 그냥 진행되고 있는 것 같지만, 바로 아무것도 하지 않는다는 것이 대단히 유익하며 무언가 뜻이 담긴 것이다. 당신이 잠깐 보았던 이 사람들은 백일몽을 꾸거나 졸면서 시간을 보내는 것이 아니다. 당신은 그들이 하고 있는 것을 볼 수 없지만 그들은 열심히 무언가를 행하고 있는 것이다. 그들은 오직 '무위(無爲, non-doing)'를 수련하고 있다. 이들은 매 순간 깨어 있고 알아차림하려고 노력하고 있다. 이들은 '마음챙김' 훈련을 하고 있는 것이다.

다른 말로 표현하면 이들은 '존재하기(being)를 훈련' 하고 있다. 의도적으로 그들 삶에서 모든 유위(有爲, doing)를 멈추고 지금 현재라는 순간 속으로 자신을 이완시키려고 하는 것이다. 마음속에 무엇이 일어나고 있든 그들의 육체가 무엇을 느끼고 있든 바로 이 순간 의도적으로 몸과 마음을 쉬게 하려고 한다. 삶의 기본적 경험에 파장을 맞추고, 어떤 것도 변화시키려고 하지 않으면서 단지 자신이 놓여 있는 그대로의 순간 속에 자신을 존재하게 한다.

스트레스 클리닉에 참가하기 위해서는 매일 일정한 시간을 따로 정해서 '단지 존재하기(just being)'를 수련하겠다고 동의해야만 한다. 이것의 취지는 우리의 삶이 일상적으로 계속되는 행위(doing)의 바다 속에 빠져 있기 때문에 모든 행위를 멈추는 시간, 즉 존재(being)의 섬을 마련해 보자는 것이다.

행하던 모든 일을 중단하고 '존재'의 방식으로 행동하도록 바꾸고, 당신 자신을 위한 시간을 마련하며, 성질을 느긋하게 하고 수용적이 되게 하며, 자신의 마음이 어떻게 움직이는지 관찰하며, 생각을 바라보고 그것에 사로잡혀 끌려가지 않고 놓아 주며, 과거의 문제를 새롭게 바라보고, 각각의 사물들 사이에 존재하는 연결 관계를 지각하기 위한 여지를 만드는 등 이 모든 것을 배우는 것이 마음챙김 명상의 과제다. 이런 종류의 학습이란 존재의 순간으로 들어가 알아차림을 개발하는 것을 포함한다.

이런 훈련을 보다 체계적이고 규칙적으로 잘 수행해 나가다 보면 마음챙김의 힘은 더욱 늘어나고 자신을 위해 더욱 잘 작용하게 된다. 이 책은 이 과정을 위한 안내서다. 스트레스 완화 클리닉에서 매주 열리는 수업이 여러 의사의 권유로 클리닉에 참여한 사람들에게 길잡이가 되듯 이 책이 길잡이가 되어 줄 것이다.

알다시피 지도는 그것이 그리는 땅이 아니다. 마찬가지로 책을 읽는 것을 실제 여행으로 오인해서는 안 된다. 실제 여행이란 자신의 삶에 마음챙김해 가면서 삶을 스스로 살아갈 때 비로소 가능한 것이다.

이러한 스스로의 삶의 체험 방법 외에 또 다른 방법이 있을 수 있을까? 누가 과연 당신 대신 이런 체험을 할 수 있겠는가? 당신의 의사가, 아니면 친구가 또는 친척이 그럴 수 있단 말인가? 다른 사람이 아무리 당신을 도와주고 싶어도 이러한 노력은 당신 자신에게서 나오지 않으면 안 된다. 결국 어느 누구도 당신의 삶을 대신 살아 줄 수는 없으며, 누군가 도와준다고 해도 당신이 스스로를 도와줄 수 있을 만큼 도울 수는 없다.

이런 점에서 보면 마음챙김을 개발하는 일은 음식을 먹는 것과 다르지 않다. 어떤 사람이 당신을 대신해 음식을 먹어 준다고 생각하는 것은 어리석지 않은가? 당신은 식당에 가서 메뉴를 음식으로 오인해서 메뉴를 먹지 않으며, 음식에 대한 웨이터의 설명을 듣는 것만으로 영양을 섭취하지도 않는다. 영양을 섭취하기 위해서는 실제로 음식을 먹어야 한다. 마찬가지로 마음챙김 명상의 이득을 얻고 그것의 가치를 이해하기 위해서는 마음챙김 명상을 몸소 실천해야 한다.

당신이 명상수련을 위해 CD를 주문하거나 명상 지시문을 다운로드 받더라도 반드시 그것들을 열심히 듣고 실천해야 한다. CD를 선반 위에 올려놓으면 먼지만 쌓인다. 오디오 파일은 낡아서 못 듣게 된다. 그 안에는 어떤 마법도 없다. 이따금 CD나 파일을 듣는 것만으로는 이완 효과는 얻을 수 있을지 몰라도 큰 도움이 되지 않는다. 보다 큰 이득을 얻기 위해서는 CD를 들으면서 그대로 따라 실천해야만 한다. 만약 어딘가 마법이 있다고 한다면 그것은 CD 자체나 특별한 수행법에 있는 것이 아니라 당신 안에 있다.

최근까지도 '명상(meditation)'이란 말에 눈살을 찌푸리거나 신비주의라거나 혹은 요술을 사용하는 것으로 생각하는 사람이 많았다. 이런 오해는 명상이 진실로 주의를 집중하는 것이란 점을 잘 몰랐기 때문에 생긴다. 주의집중이란 누구나 하는 것이므로 명상은 생각했던 것처럼 낯설거나 관련 없는 것은 아니다.

그러나 명상을 할 때처럼 마음의 움직임에 보다 세심하게 주의를 기울여 보면 자신의 마음이 현재보다는 과거나 미래에 더 많은 시간을 소비하고 있다는 사실을 발견하게 된다. 이것은 하버드 대학교에서 아이폰 앱을 이용한 행복 연구에서 조사된 바 있는, 우리 모두가 경험하는 고유한 마음의 움직임이다. 그 결과 우리는 매 순간 지금 실제로 일어나고 있는 일을 단지 부분적으로만 의식하게 된다. 우리는 온전히 여기에 있지 않기 때문에 많은 순간을 놓칠 수 있다. 이것은 비단 명상을 할 때만 그런 것은 아니다. 알아차리지 못함(unawareness)은 어느 순간에도 마음을 지배할 수 있으며, 결과적으로 우리가 하는 모든 것에 영향을 미칠 수 있다. 실제로 우리는 대부분의 시간에 무엇을 행하고 있고 무엇을 경험하고 있는지 알아차리지 못한 채 자동조종 상태에 있다. 이것은 마치 우리가 온종일 집을 비우고 밖으로 나다니는 격으로 반수면 상태와 흡사한 것이다.

이러한 자동조종을 자동차를 몰 때 확인해 볼 수 있다. 당신은 무엇을 보는지 거의 혹은 아무런 알아차림 없이 그냥 길을 따라 차를 몰고 갈 때가 있을 것이다. 이것이 바로 자동조종 상태다. 이 때는 당신이 온전하게 그곳에 있지 못하고 사고 내지 않을 정도만 그곳에 있는 것이다.

운전이든 무엇이든 특정한 일에 의도적으로 주의를 집중하려고 할 때 현재에 충분히 오래 존재하는 것이 어렵다는 것을 깨달을 것이다. 일상적으로 우리의 주의는 쉽게 산만해진다. 즉, 생각과 공상이 계속 번갈아 교차한다.

우리의 생각은 특히 위기나 정서적 동요의 시기에 매우 강력해서 현재에 대한 우리의 알아차림을 한순간에 불명료하게 만들 수 있다. 비교적 이완되어 있을 때에도 생각은 감각이 사라진 다음에도 그것을 지속시킬 수 있다. 예컨대, 자동차를 몰고 갈 때 무언가 보고 난 다음 그것을 지나친 후에도 (마음속에서) 한동안 보고 있다가 한참 후에야 도로로 주의를 되돌려온다. 그 순간은 실제로는 운전하지 않았다고 할 수 있다. 다시 말해, 자동차는 자동조종 상태로 굴러가고 있었던 것이다. 생각하는 마음(thinking mind)은 주의를 끌게 하는 시각, 청각 등의 감각적 인상에 '사로잡혀' 끌려 다니게 되며, 소나 견인차 혹은 주의를 끄는 무엇으로 인해 돌아오게 된다. 따라서 얼마나 오래 주의가 잡혀 있었든지 그 순간 우리는 글자 그대로 생각 속에서 길을 잃은 것이고 다른 감각적인 인상을 알아차림하지 못한 것이다.

당신이 무엇을 하든 대부분의 시간 동안 이와 비슷한 일이 실제로 일어날 것이다. 당신의 알아차림이 생각에 의해 얼마나 쉽게 현재에서 이탈하는지 관찰해 보라. 이를테면 하루 중 얼마나 많은 시간이 과거나 미래에 대한 생각에 사로잡혀 있는지 관찰해 보라. 그 결과에 충격을 받을지도 모른다.

생각하는 마음의 강력한 영향은 다음 실험을 해 보면 실감할 수 있다. 우선 눈을 감고, 허리를 곧게 세우되 힘을 빼고 앉아 당신의 호흡에 주의를 기울여 보라. 호흡을 조정하려고 해서는 안 되며, 그냥 호흡이 일어나게 두고 호흡에만 주의를 기울여라. 어떻게 느끼고 있는지를 감지하면서 공기가 들어가고 나가는 것을 지켜보라. 이런 식으로 호흡을 3분간 계속 관찰해 보라.

이렇게 가만히 앉아서 호흡을 관찰하는 것이 어리석은 짓이거나 지루한 일이라고 생각이 들기도 하겠지만 이러한 생각은 당신의 마음이 지어낸 생각이며 판단에 불과하다. 이러한 판단을 내버려 두고 호흡으로 주의를 되돌려오라. 만약 이런 생각이 매우 강하다면 다음 시험을 계속해 보자. 이것은 호흡 관찰이 지루하다고 느껴지는 환자에게 때때로 권하는 방법이다. 즉, 왼손이든 오른손이든 엄지와 집게손가락으로 코를 꽉 막고 입도 굳게 다문 다음에 호흡이 매우 중요하다는 것을 깨닫는 데 얼마나 오래 걸리는지 지켜보라.

3분간의 호흡 관찰이 끝나면 그동안 어떻게 느꼈는지 또는 어느 정도의 시간 동안 당신의 마음이 호흡에서 떨어져 나가 있었는지를 알 수 있다. 이것을 10분, 30분 또는 1시간 이상 계속한다면 어떻게 될 것 같은가?

대개 우리의 마음은 대부분 바깥으로 나다니며, 이 생각 저 생각으로 끊임없이 옮겨 다닌다는 것을 알 수 있을 것이다. 바로 이 때문에 마음을 안정시키거나 이완시키는 훈련을 하지 않으면 일정한 시간 동안 호흡에 주의를 집중하기가 어려워진다. 이 3분간의 간단한 실험이 명상이란 어떤 것인가를 알게 해 주는 데 도움이 된다. 명상이란 의도적으로 몸과 마음을 관찰하고 순간순간 체험한 것을 느끼며, 또한 체험한 것을 있는 그대로 받아들이는 과정이다. 명상이란 당신의 생각을 부정하거나 짓눌러 버리거나 억압해 버리는 것이 아니며 주의의 초점과 방향 외에는 다른 어떤 것도 통제하지 않는 것이다.

그렇다고 해서 명상을 소극적인 과정이라고 생각하는 것은 잘못이다. 주의를 조절하면서 진실로 고요하고 반응하지 않는 상태를 유지하기 위해서는 많은 에너지와 노력이 필요하다. 그러나 역설적으로 마음챙김이란 어떤 특정한 곳에 가려고 하거나 어떤 특별한 느낌을 가지려는 것이 아니라, 오히려 당신이 이미 있는 장소, 즉 '지금'이라는 곳에 마음을 머물게 하면서, 순간순간 느끼는 실제 경험에 보다 친숙해지도록 하는 것이다. 그러므로 조금 전에

행한 3분간의 호흡에서 특별히 이완감을 느끼지 못했거나 이를 30분간 계속하면 더욱 못 견딜 것 같다는 생각이 들어도 걱정할 필요는 없다. 있는 그대로 편안함을 느끼는 이완은 연습을 계속하다 보면 저절로 나타나기 때문이다. 이 3분간의 호흡은 단지 자기의 호흡에 주의집중하는 동안 어떤 일이 일어나는가를 알아보기 위한 것일 뿐이다. 더 이완하기 위한 것이 아니다. 이완, 평정심, 웰빙은 우리가 이렇게 진정으로 주의를 줄 때 저절로 생겨난다.

아이폰 앱을 연구하는 사람들이 우리 삶의 질에 매우 중요할 수 있다고 제안했던 것처럼 하루를 통해 순간순간 자기 마음의 움직임에 주의를 기울여 보면, 옛 생각이나 몽상에 빠져들거나 또는 이미 일어났던 일이나 끝난 일에 상당한 시간과 에너지를 사용하고 있음을 발견하게 된다. 그리고 이와 비슷한 시간과 에너지를 자신이 원하든 또는 원치 않든 온갖 미래에 대한 기대와 계획, 걱정과 환상으로 낭비한다는 것도 발견하게 된다.

거의 온종일 계속되는 이러한 내적 망상 때문에 삶의 참된 맛을 느끼지 못하고 삶의 가치와 의미를 평가절하하게 된다. 예컨대, 당신이 해가 지는 일몰을 보고 구름과 하늘 사이로 전개되는 영롱한 빛과 색깔의 연출에 감동을 받았다고 하자. 그 순간 당신은 바로 그곳에 있었고, 그것을 받아들이고 있었다. 그 후 생각이 나서 가까이에 있는 친구에게 일몰이 얼마나 아름다운지를 이야기해 주거나 일몰에 관해 머리에 떠오르는 것을 이야기해 줄 수 있을 것이다. 그러나 말하려는 순간 당신은 조금 전에 느꼈던 직접적 경험을 훼손하게 된다. 이때 당신은 이미 석양, 하늘, 빛에서 떨어져 나와 있는 것이다. 당신은 자신의 생각이나 그것을 말로 나타내려는 충동에 사로잡혀 버린다. 그래서 당신의 그 말이 침묵을 깨버린다. 또는 어떤 소리를 내어 묘사하지 않았더라도 한순간 떠오르는 생각과 기억이 눈앞의 참다운 일몰 광경에서 당신을 빼앗아 가 버린다. 즉, 당신은 실제의 일몰을 즐기는 것이 아니라 머릿속의 일몰을 즐기는 것이다. 당신은 일몰 광경 그 자체를 즐기고 있다고 생각할지 모르지만 실제로는 옛날에 보았던 일몰 광경이나 기억으로 각색된 베일을 통해 체험하고 있는 것에 불과하다. 이 모든 것은 모두 당신의 의식 수준 밑에서 이루어지며, 이렇게 일어난 일은 단 한순간만 지속되고, 한 사건이 다른 사건으로 연결되자마자 급히 사라져 버린다.

대개 이렇게 부분적으로만 의식하면서도 잘 지낼지 모른다. 적어도 잘 지내는 것으로 보일 수 있다. 그러나 당신이 의식하지 못하고 놓치는 것은 의외로 더 중요하다. 만약 당신이 오랫동안 부분적인 의식만으로 살아가고, 순간순간에 온전히 존재하지 않고 지나간다면 사랑하는 사람과의 하나됨, 석양의 멋진 광경이나 상쾌한 아침 공기와의 하나됨 등과 같은 인생에서 가장 소중한 체험의 일부를 놓치게 될 것이다.

왜냐하면 당신은 지금까지 너무나 바쁘고, 마음은 중요하다고 생각하는 것들로 가득 차 있어서, 멈춰 서서 소리를 듣고 사물에 주의를 기울일 시간을 내지 못했기 때문이다. 너무나 서두르다 보니 속도를 늦추거나 눈을 맞추거나 손을 잡거나 자신의 신체와 조화를 맞추는 것의 중요성을 알지 못한 것이다. 우리가 이렇게 서두르며 행동하다 보면 맛도 모른 채 음식을 먹게 되고, 진정으로 보지 못하고 건성으로 보게 되며, 귀 기울여 듣지 않고, 제대로 느끼지 못하고 만지며, 말하는 내용도 모르고 말하게 된다. 자동차를 몰면서 이처럼 당신의 마음을 온통 다른 일에 빼앗긴다면 경우에 따라서는 매우 불행한 사고가 일어날 수도 있다.

마음챙김 능력을 기른다는 의미는 단지 일몰 광경에서 더 많은 것을 느낄 수 있다는 것 이상의 것이다. 알아차림 없음(unawareness)이 마음을 지배할 때는 우리의 모든 결정과 행위가 그것에 의해 지배받는다. 그것은 우리 신체가 보내는 각종 신호와 메시지를 받아들이지 못하도록 차단해 버린다. 이렇게 되면 우리 스스로 발생시키고 있다는 것도 모른 채 신체적으로 여러 문제를 일으키게 된다. 이런 알아차림 없음의 상태를 오래 지속하고 살아가면 우리 인생에서 가장 아름답고 의미 있는 경험조차 놓치고 만다. 그리고 그 결과 확실히 덜 행복해진다.

마음이 무엇을 하는가에 주의를 기울이면 당신은 의식의 내면 세계에서 정신적 · 감정적 활동이 격렬하게 일어나고 있다는 사실을 발견할 것이다. 이렇게 끊임없이 일어나는 생각과 느낌은 엄청난 에너지를 소모한다. 이러한 생각과 느낌이 일어나면 단 한순간이라도 고요함과 충족감을 경험하는 데 장애가 된다.

마음이 불만족과 알아차리지 못함(unawareness)에 지배되면, 이런 일은 우리가 생각하는 것보다 더 자주 일어나는데, 평온함과 이완감을 느끼기가 곤란하며 그 대신 혼란된 마음이나 쫓기는 마음을 갖게 된다. 이것을 생각했다가 갑자기 저것을 생각하게 되고 이렇게 할까 하다가 저렇게 할까 하고 마음이 뒤바뀌게 된다. 이것과 저것 사이에서 자주 마찰이 생기게 된다. 이러한 혼란스러운 마음 상태는 어떤 것을 행하려는 능력이나 상황을 뚜렷하고 분명하게 보려는 능력에 심각한 영향을 미친다. 마음이 바뀌는 순간 우리는 생각하고 느끼고 행하는 것을 알지 못하게 된다. 우리는 우리가 무엇을 생각하고, 느끼고, 행동하고 있으며, 또한 무엇이 일어나고 있는지 안다고 생각하지만 이러한 이해는 불완전하다. 사실 우리는 좋고 나쁨에 의해 마음이 동요되어 자기 생각이 독단과 자기파멸적 행동에 의한 것인 줄도 모르고 그냥 행하게 된다.

소크라테스는 아테네 사람들에게 '너 자신을 알라.' 라는 유명한 말을 남겼다. 한 제자가 그에게 "스승님이시여, 당신은 사람들에게 너 자신을 알라고 말씀하셨는데 과연 당신은 당신 자신을 아십니까?" 하고 물었다. 소크라테스는 이렇게 대답하였다. "아니, 나도 나 자신을 알지 못한다네. 그러나 나는 알지 못한다는 사실을 알고 있다네."

마음챙김 명상법을 시작해 보면 당신은 당신 자신에 관해 아무것도 모른다는 것을 알게 될 것이다. 마음챙김 명상이 인생의 모든 문제에 '해답'을 주는 것은 아니다. 오히려 이것은 모든 인생의 문제를 투명한 마음의 렌즈를 통해 보다 분명하게 볼 수 있게 한다. 항상 알고 있다고 생각하는 마음을 알아차림하는 것만도 어떻게 자신의 견해를 간파하고 사물을 있는 그대로 지각하는지를 배우기 위한 첫걸음이라고 할 수 있다.

자동조종 방식에 따라 살면 삶의 매우 중요한 영역과 경험을 잃거나 무시하거나 남용하거나 통제력을 잃게 되는데, 그중 하나는 바로 우리의 몸이다. 우리는 몸이 어떻게 감지하고 있는지에 대해 거의 관심을 두지 않는다. 그 결과로 우리는 우리의 신체가 외부 환경이나 우리의 행동 또는 우리의 생각과 감정과 같은 것에 의해 어떻게 영향을 받는지에 대해 둔감하다. 이러한 연결 관계를 알지 못한다면 우리는 비록 신체가 통제력을 상실했다고 느낄지라도 어떻게 대처해야 할지를 모른다. 제21장에서 보겠지만, 신체 증상이란 몸이 지금 어떻게 작용하고 있고 무엇이 필요한지 등을 가르쳐 주는 신체적 정보다. 체계적으로 주의집중력을 높여 우리 몸의 정보를 보다 잘 알게 되면 몸이 전하려는 정보를 훨씬 더 잘 읽을 수 있고, 보다 적기에 정확하게 반응할 수 있다. 자기 몸의 정보를 듣는 것을 학습하면 건강을 증진시키고 삶의 질을 개선하는 데 큰 역할을 하게 될 것이다.

당신의 몸에 주의를 기울이지 않으면 이완과 같은 매우 단순한 것조차도 잘되지 않는다. 일상생활에서 발생하는 스트레스는 긴장을 야기하며 이 긴장은 어깨, 턱, 이마와 같은 특정 근육 부위에 쌓인다. 긴장을 풀기 위해서는 먼저 긴장이 쌓인 곳을 알아내야 하며 이 긴장을 느껴야만 한다. 그런 후 어떻게 하면 자동조종 상태를 멈출 수 있는지를 알아야만 하고, 그러고 나서 스스로 몸과 마음을 통제하는 것을 배워 나가야 한다. 우리는 마음을 신체에 집중하고,

긴장된 근육에서 일어나는 감각을 체험하며, 이 근육의 긴장을 풀도록 메시지를 보내는 것 등을 배울 것이다. 주의를 집중하여 근육을 살피면 긴장이 쌓이는 시점을 알아 이완시킬 수 있다. 신체가 긴장을 느낄 정도로 쌓아 두어서는 안 된다. 긴장을 오랫동안 쌓아 두면 몸속 깊은 곳까지 배어들어 어떤 것이 긴장 상태고 어떤 것이 이완 상태인지를 느끼지 못하게 된다. 이렇게 되면 두 번 다시 긴장 상태를 이완하기가 어려워진다.

수년 전 한 베트남 참전용사가 등에 통증이 심해 스트레스 완화 클리닉에 찾아왔다. 관절 운동 범위와 유연성을 검사해 보니 몹시 경직되어 있었다. 특히 그의 두 다리는 아무리 이완시키려고 해도 바위처럼 굳어 있었다. 그는 월남전에서 지뢰를 밟아 다리를 다친 이후 다리가 마비되었다고 했다. 의사가 그에게 이완해야 한다고 하자 그는 이렇게 대답했다. "선생님, 제게 이완하라는 말은 내게 외과의사가 되라고 말하는 것과 같아요."

요컨대, 이 남자에게 이완하라고 권유하는 것은 아무런 도움도 되지 않았다. 그는 스스로도 그 필요성은 알고 있지만, 어떻게 하면 이완이 되는지를 새롭게 배워야만 했다. 그는 자신의 몸과 마음속에서 이완하고 있는 상태를 새롭게 체험해야만 했다. 그는 명상을 시작한 후 이완하는 것을 재학습할 수 있었으며, 그 후 그의 다리 근육은 건강한 상태로 되돌아왔다.

우리의 몸과 마음에 무언가가 잘못되고 있을 때 우리는 약이 그것을 치료해 주리라 기대하고 대개 약을 먹고 치료가 되기도 한다. 그러나 앞으로 보겠지만 적극적인 협력이 거의 모든 의학 치료에서 가장 중요한 핵심이다. 특히 만성적인 질병을 가지고 있거나 약물로 치료가 어려운 경우에는 더욱 그러하다. 이런 경우에는 몸과 마음의 능력을 충분히 알고, 주어진 범위 안에서 자신의 건강에 대해 낙관적으로 보는 태도가 필요하다. 나이에 상관없이 자기 몸에 주의를 집중하고, 몸이 보내고 있는 많은 메시지에 귀를 기울이며, 병을 고치고 건강을 유지하기 위한 내면적 힘을 길러 자신의 몸에 대해 더 많이 알아가는 데 책임감을 갖는 것이 의사와 약물에 의한 치료를 보다 효과적으로 만드는 최선의 협력이다. 여기에 명상을 실천하는 중요한 이유가 있다. 명상수련은 이러한 노력에 힘과 실체를 부여하며 질병 치료에 촉매제로 작용할 것이다.

MBSR에서 명상수련을 처음 시작하면 환자들은 놀라워한다. 왜냐하면 이들은 명상이란 무언가 좀 이상하고 신비하며 일상적인 것이 아니며, 최소한 이완하는 것이라고 생각해 왔기 때문이다. 이러한 기대에서 벗어나게 하기 위해 우리는 이들에게 건포도 세 알을 주고 한 번에 한 알씩 씹으면서 순간순간 행하는 일과 체험에 대해 주의를 집중하게 한다. 당신도 우리가 어떻게 했는가를 알고 나면 한번 시도해 보고 싶은 욕망을 가질 수 있으리라.

먼저 건포도 한 알을 살펴보는 데 주의를 집중하라고 한다. 과거에는 한 번도 본 적이 없었던 것처럼 주의 깊게 그것을 관찰한다. 손가락으로 잡았을 때의 촉감을 느끼고 색깔과 표면의 상태에 주목한다. 또한 건포도나 일반 음식물에 대해 가지고 있을 수 있는 생각을 의식한다. 그것을 보고 있는 동안 건포도가 좋다든지 또는 싫다든지 하는 모든 생각과 느낌에 주목한다. 그리고 잠깐 동안 건포도의 냄새를 맡고 의식하면서 건포도를 입으로 가져간다. 정확한 위치로 손을 가져다 놓는 팔을 의식하고, 몸과 마음이 먹을 것을 예측하고 침이 나오는 것을 의식한다. 건포도를 입 속에 넣고 천천히 씹으며 실제 맛을 경험하는 동안에도 이 과정을 계속한다. 삼킬 준비가 됐다고 느낄 때 삼키려는 충동을 바라본다. 우리는 심지어 지금 우리 몸이 건포도 한 알만큼 더 무거워졌다고 상상하거나 혹은 그렇게 느낄 수도 있다. 그런 다음 다시 또 다른 건포도 한 알을 집어 들고 똑같이 해 본다. 이번에는 설명 없이 침묵 속에 진행한다. 그다음 세 번째 건포도로도 훈련해 본다.

실제로 건포도 먹기 훈련에 대한 사람들의 반응은 매우 좋았다. 심지어는 평소 건포도를 좋아하지 않는 사람조차 호감을 보였다. 사람들은 평소와 다른 방식으로 건포도를 먹은 경험이 만족스러웠으며, 이렇게 맛있는 건포도는 처음 먹어 본다든지, 심지어는 단지 건포도 한 알로도 만족감을 느낄 수 있었다고 이야기했다. 언제나 이런 식으로 음식을 먹으면 비록 적은 양을 먹으면서도 보다 많은 즐거움과 포만감을 맛볼 수 있을 것이라 생각하는 사람도 많았다. 한 알의 건포도를 채 씹어 먹기도 전에 자기도 모르게 다른 한 알을 먹으려고 저절로 손을 뻗고 있는 자신을 보고 평소에 이런 식으로 계속 음식을 먹었던 자신에 대해 새롭게 깨닫는 사람도 있었다.

우리는 특히 걱정할 일이 있거나 우울할 때 혹은 그저 따분할 때조차 기분 전환을 위해 음식물에 손을 댄다. 천천히 먹으면서 자기가 행하고 있는 일에 주의를 집중하는 이 연습은 '먹는 것에 대한 충동은 대단히 강해 통제하기가 어렵다.'는 점을 일깨워 주지만 '먹는 충동을 만족시킬 수 있는 간단한 방법이 있다.'는 것과 '실제로 자기가 행하는 일에 의식을 집중하면 자기의 욕망을 통제할 수 있다.'는 사실 등을 분명히 보여 준다.

실제로 이러한 방식으로 주의를 집중하는 방법을 연습해 가면 당신과 사물과의 관계가 바뀌는 것을 알게 될 것이다. 당신은 사물을 이전보다 더 깊고 분명하게 관찰하게 된다. 지금까지 몰랐던 사물과의 본질적인 연결, 즉 마음속에 일어나는 충동과 몸의 관계가 보이고 자기가 과식하고 있다거나 몸이 보내는 메시지를 무시하고 있음을 깨닫게 된다. 주의를 집중하면 할수록 더욱 각성된다는 것은 누구나 다 아는 사실이다. 평소 우리는 사물에 대해 충분히 의식하지 않고 기계적으로 보고 그대로 행하고 있다. 마음챙김과 함께 음식을 먹으면 마음이 산란해지지 않기 때문에 혹은 적어도 덜 산란해지기 때문에 음식 자체를 느낄 수 있다. 그러면 건포도를 볼 때 참으로 보게 되며, 씹을 때 참으로 맛보게 되는 것이다.

무엇을 하고 있는 동안 내가 지금 무엇을 하고 있는지 아는 것이 바로 마음챙김 명상수련의 핵심이다. 이 앎은 개념적 앎보다 더 큰 비개념적 앎이다. 이것은 의식 그 자체다. 당신이 이미 가지고 있는 능력이다. 앞서 본 건포도 먹기 훈련을 '먹기 명상'이라고 부르는 이유가 거기에 있다. 먹기 명상을 통해 우리는 명상한다는 것 또는 주의를 집중한다는 것이 전혀 이상하거나 신비하지 않다는 사실을 알게 된다. 이 명상은 오직 순간순간 체험하는 것에 대해 마음을 챙기는 것뿐이다. 명상은 당신의 인생을 새로운 각도로 보고 새로운 존재가 되도록 해 준다. 현재라는 순간을 새롭게 인지하고 존중하면 진실로 마력과 같은 특이한 힘이 드러나기 때문이다. 우리 모두가 언제나 가지고 있는 시간은 현재라는 시간뿐이다. 현재만이 우리가 알아야만 할 유일한 시간이다. 현재만이 우리가 지각하고, 학습하고, 행동하고, 변화하고, 치유하고, 사랑해야 하는 유일한 시간이다. 이것이야말로 순간순간의 각성이 왜 이처럼 가치 있는 것이 되는지의 이유다. 우리가 명상수련을 통하여 이를 배워 나갈 때, 그 노력 자체가 목적이다. 이것은 우리의 경험을 보다 생생하게 하고 우리의 삶을 보다 실제로 만든다.

다음 장에서 우리는 마음챙김 명상수련을 시작할 것이다. 이 명상은 번잡한 삶을 단순한 삶으로 바꾸어 살아가게 하는 데 도움을 준다. 하루 중 비교적 평안하고 조용한 시간을 확보하고 호흡이나 몸이 느끼는 감각 그리고 마음에 떠오르는 갖가지 생각의 흐름 등에 주의를 집중하여 명상이 가능하도록 한다. 당신이 어떤 일을 하고 있더라도 하는 일의 순간순간에 의도적으로 더 많은 주의를 주는 방식으로 일상생활을 하는, 즉 공식적 명상을 일상생활에 적용하는 데는 많은 시간이 걸리지 않는다. 당신은 공식적인 명상을 할 때뿐만 아니라 일상생활을 해 나가는 사이에도 자발적으로 주의를 주는 시간이 늘어난다는 사실을 알게 될 것이다.

우리는 현재에 존재하기를 잘 기억하여 깨어 있는 모든 순간순간에 마음챙김을 수행한다. 잘 기억한다는 의미는 의지와 절제력뿐 아니라 큰 친절을 가지고 한다는 의미다. 쓰레기를 버리러 갈 때도, 밥을 먹을 때도 또는 운전할 때도 늘 행하고 있는 일에 마음챙김을 훈련할 수 있다. 우리는 마음속의 동요, 신체상의 동요 또는 생활 안팎의 동요 등 온갖 부침을 거듭하는 생활의 변화 속에서도 명상을 실천할 수 있다. 우리는 자신의 공포와 고통에 대해서도 잘 알아차려야 한다. 이와 동시에 내부 깊숙이 자리하고 있는 무언가와 연결되어 안정과 힘을 얻는 방법도 배워야 한다. 이 '무언가' 가 공포나 통증을 바로 보게 하는 것으로, 공포나 통증을 꿰뚫고 초월하여 있는 그대로의 상태에서 평안함과 희망을 발견하게 하는 데 도움을 주는 '통찰력 있는 지혜'인 것이다.

우리는 이 책에서 '수련'이란 말을 특별한 의미로 사용한다. 이것은 단순히 반복한다거나 어떤 기술을 숙달하여 다룰 때 적용되는 의미와는 사뭇 다르다. 명상에서 수련이란 '의도적으로 현재에 존재한다.' 는 뜻이다. 명상의 수단과 목적은 참으로 같다. 명상이란 어떤 별다른 곳에 가려는 것이 아니고 자기가 이미 있는 곳에 존재하려고 하고 여기에 온전하게 존재하려고 하는 것이다. 지난 몇 년 사이에 우리가 개발한 명상수련법은 점차 깊이를 더하게 되었다. 우리가 이를 위해 작정하고 수련한 것은 아니었다. 보다 건강해지기 위한 우리의 노력이 자연스럽게 이루어진 것이다. 순간순간에 주의를 기울이고, 바로 '지금'이라는 이 순간을 살아간다는 것을 명심하면 자연스럽게 의식도 깨어나고, 통찰력도 생기며, 건강도 좋아진다.

02

마음챙김 수련의 기초: 태도와 참여

마음챙김 명상의 치유력을 개발하기 위해서는 어떤 특정한 처방이나 지시에 따라 단순히 기계적으로 수행해서는 안 된다. 어떤 학습도 이렇게 해서는 성과가 없다. 마음을 열고 수용적인 태도를 취할 때 비로소 학습이 이루어지고, 무언가를 알게 되고, 변화가 일어난다. 마음챙김 명상을 할 때는 존재 전부를 수련 과정에 몰두해야 한다. 단지 명상의 포즈나 취하면서 무언가 새로운 변화가 일어날 것이라고 생각한다든지 CD를 틀어 놓기만 하면 CD가 '뭔가를 해 줄 것' 이라고 생각하는 것은 금물이다.

주의 기울이기와 현재에 존재하기를 수행하는 태도는 매우 중요하다. 이 태도가 바로 당신의 마음을 안정시키고, 신체를 이완시키며, 주의를 집중시키고, 명료하게 바라보게 하는 능력을 배양하는 기본 토양이 된다. 만약 이런 태도로서의 토양이 비옥하지 않다면, 다시 말해 명상수련을 하겠다는 노력과 헌신성이 낮다면 계속적인 안정과 이완을 이루기 힘들다. 만약 이 토양이 오염되었다면, 즉 당신 스스로 이완하도록 강요하거나 '반드시 무언가 일어날 것'이라고 기대한다면, 아무런 진전도 일어나지 않을 뿐 아니라 당신 스스로 '명상은 아무런 작용도 못한다.' 고 속단해 버릴 수도 있다.

명상적 알아차림을 높이기 위해서는 학습 과정에 관해 새로운 관점이 필요하다. 우리는 필요한 것들이 무엇이고 이것들을 어디에서 얻어야 하는지 알고 있다는 생각에 빠져 평소 해 온 타성에 따라 그것들을 통제하려는 관념에 사로잡혀 있다. 그러나 이러한 타성적 태도는 알아차림을 높이거나 치유력을 증진시키는 데 반대로 작용한다. 알아차림을 위해서는 주의를 집중해서 사물을 있는 그대로 보는 것이 요구될 뿐이다. 어떤 것도 변화시키기를 요구하지 않는다. 치유란 수용성과 받아들임, 즉 연결성과 전체성에 주파수를 맞추는 것을 요구한다. 이것은 억지로 수면을 강요할 수 없는 것처럼 강요되는 성질의 것이 아니다. 잠이 들 수 있는 환경 조건을 먼저 마련해야 하며, 그런 조건이 마련된 뒤 잠들도록 해야 한다. 이 같은 이치가 이완에도 해당된다. 이완 상태도 수면과 마찬가지로 의지의 힘으로 이루어질 수 없다. 이렇게 의도적으로 힘을 쓰면 이완은커녕 오히려 긴장과 욕구 좌절만 일어난다.

"명상이 잘될 것 같지는 않지만 여하튼 해 보겠다." 하는 태도로 수련에 참석한다면 명상이 큰 도움이 되지는 않을 것이다. 명상 중 처음으로 고통이나 불편감을 느끼게 되었을 때 "이것 봐. 통증이 사라지는 게 아니잖아." 또는 "집중하지 못할 줄 알았다니까." 그렇게 말하고서는 명상에 대해 더욱 의심하고 효과가 점점 기대치에 이르지 못한다는 생각이 들면서 급기야는 포기하고 말 수도 있다.

만약 당신이 "명상, 이것만이 바른 길이다. 명상만이 사태를 해결할 유일한 방법이다."라고 말하는 명상 신봉자라면 역시 머지않아 실망할 수도 있다. 아무리 명상을 해도 그대로일 뿐 별다른 변화를 느낄 수 없기 때문에 명상이나 이완 혹은 마음챙김에 관해 낭만적 믿음을 갖는다는 것이 별 의미가 없다는 데 생각이 미치고, 몰입하여 온힘을 기울인 노력에 실망하여 이때부터는 명상할 때의 열의가 그 전에 비해 크게 약해질 수 있다.

그간 클리닉을 운영해 온 경험에 비춰 볼 때, 약간의 의문은 남아 있지만, 마음이 열린 사람들에게서 최대의 효과가 있음을 알 수 있었다. 이런 사람들은 '명상이 잘될지 어떨지는 모르겠지만 최선을 다해 노력해 보고, 그때 나타나는 결과를 보겠다.'라는 태도를 갖는다.

이와 같이 장기적인 효과가 있을지 없을지는 훈련에 임하는 태도로 거의 결정된다고 말할 수 있다. 더욱이 명상수련은 시작하기 전에 명상에 임하는 태도를 의식적으로 조정하는 것이 그 효과를 극대화할 수 있다. 당신의 의도에 따라 실행할 수 있는 단계가 설정된다. 이러한 의도는 왜 명상을 수련하기로 했는지 그 동기를 잊지 않게 해 준다. 실제로 특정한 태도를 잊지 않는 것이 명상수련의 한 부분이다. 즉, 에너지가 한쪽 방향으로 잘 진행되어 가도록 조정하여 이러한 태도가 성장과 치유에 효과적으로 적용될 것이다.

MBSR에서는 마음챙김 명상수련을 할 때 일곱 가지의 중요한 태도를 강조한다. 이 태도들은 ① 판단하려 하지 마라(non-judging), ② 인내심을 가져라(patience), ③ 처음 시작할 때의 마음을 간직하라(初發心, beginner's mind), ④ 믿음을 가져라(trust), ⑤ 지나치게 애쓰지 마라(non-striving), ⑥ 수용하라(acceptance), ⑦ 내려놓아라(letting-go)다. 이러한 태도는 수련을 하면서 의도적으로 키워 나가야 할 것이다. 이 일곱 가지 태도는 서로 독립적이지 않고 상호적이어서 서로 영향을 주고받는다. 따라서 어느 한 태도를 잘 길러 나가면 다른 태도가 저절로 길러질 수 있다. 이 일곱 가지 태도는 명상수련의 기초 태도이므로 실제 명상수련에 들어가기 전에 이를 충분히 이해하면 상당히 효과가 있을 것이다. 실제 수련에 들어간 후에도 언제나 명상을 위한 비옥한 토양을 마련하기 위해 이 장을 다시 읽기 바란다. 그렇게 하면 명상수련은 더욱 효과적으로 잘 진행될 것이다.

마음챙김 수련의 기본 태도

판단하려 하지 마라

마음챙김은 당신의 생각과 견해, 좋음과 싫음에 사로잡히지 않으면서 최선을 다해 순간순간의 경험에 긴밀한 주의를 주어 기를 수 있다. 이런 훈련은 대상을 우리 자신의 왜곡된 렌즈와 생각을 통해 보지 않고, 실제 있는 그대로 볼 수 있게 한다. 이렇게 하기 위해서 자신이 언제나 체험하는 안팎 경험에 대해 늘 판단하여 반응하고 있다는 사실을 먼저 알아차리고, 이런 판단에서 한 발짝 뒤로 물러서는 것을 배워야 한다. 마음의 활동에 관해 마음챙김을 해나가는 수련을 시작하면 우리는 우리의 경험에 대해 끊임없이 판단을 거듭해 오고 있는 자신을 발견하고는 깜짝 놀라게 된다. 우리가 보는 모든 대상은 우리의 마음에 의해 이름 붙여져 분류된다. 우리는 우리가 생각하는 가치기준에 따라 경험하는 모든 것에 대해 반응한다. 어떤 일, 어떤 사람 그리고 어떤 사건들에 대해 나름대로 좋게 느껴지면 '좋은 것'이라고 평가하고, 나쁘게 느껴지면 '나쁜 것'이라고 분류한다. 그 밖에 별 관계가 없는 것이라고 생각되면 '중립적인 것'이라고 분류한다. 중립적인 사물, 사람 그리고 사건도 언제나 우리의 의식에서 나온 분류다. 중립적이라는 것이 주의를 기울이기 가장 귀찮아했던 것이란 사실도 알게 된다.

의식을 분류하고 판단하는 습관은 급기야 우리를 무의식적이면서 전혀 객관적인 바탕을 갖지 못한 자동적인 반응에 붙들어 놓는다. 이러한 판단이 마음을 지배하면 우리 안에서 어떤 평화로움도 찾아볼 수 없게 되고, 또한 안팎에서 실제 일어나고 있는 일에 대한 분별력을 개발하기 어려워진다. 마음은 하루 종일 자기 자신의 평가에 따라 오르내리는 요요(yo-yo) 장난감처럼 바뀐다. 당신의 마음을 이런 식으로 표현하는 것에 의심이 든다면 지금부터 10분 동안만 당신이 하려는 일이 좋고 나쁨이라는 생각에 의해 얼마나 많이 지배되고 있는가를 관찰해 보라.

생활에서 당면하는 스트레스를 보다 효과적으로 다룰 수 있으려면 우선 나 자신이 이러한 자동판단을 알아차림으로써 평소에는 경험하지 못한 편견과 공포를 직시할 수 있어야 이들의 독재에서 자신을 해방시킬 수 있다.

마음챙김 명상을 수련할 때, 판단이 일어나면 판단하는 마음의 성질을 인식하는 것이 중요하다. 그러고는 의도적으로 판단을 멈추고, 공명정대한 태도로 자신의 반응을 포함해서 일어나고 있는 것들을 단지 바라봄으로써 더 넓은 조망을 취한다. 마음이 판단하고 있다는 사실을 발견하더라도 이를 막으려 할 필요는 없다. 중요한 점은 자신이 무언가에 대해 판단을 내리고 있다는 사실을 알아차리는 것이다. 판단하고 있음에 대해 다시 옳고 그름을 판단해서 사태를 더욱 복잡하게 만들 필요는 없다.

제1장에서 이미 보았고 앞으로 만날 여러 장에서 자세히 다루겠지만 호흡명상 수련을 예로 들어 보자. 어느 순간 당신의 마음은 호흡을 관찰하는 훈련을 하는 것을 두고 "지루하다." 또는 "잘 안되는 것 같다." 또는 "나는 잘할 수 없다."라고 말할 수 있는데, 이것은 모두 판단이다. 이런 생각이 머릿속에 떠오르면 이것은 바로 판단에 의한 생각이라는 것을 알아차리고 판단을 멈추고 판단하는 생각을 포함하여 무엇이 일어난다 하더라도 그냥 고요히 지켜보는 것이 마음챙김임을 명심해야 한다. 즉, 생각을 좇거나 생각에 따라 행동하지 말고, 다시 호흡으로 돌아가서 온전한 알아차림으로 호흡의 물결을 탄다.

인내심을 가져라

인내심은 지혜의 한 형태다. 때로는 사물이 변화되는 데는 나름의 시간이 필요하다는 사실을 이해하고 수용해야 한다. 아이들은 나비가 빨리 나오도록 번데기를 깨뜨리려고 한다. 이렇게 해

봐야 나비가 더 빨리 나오는 것은 아니다. 어른이라면 누구나 나비가 되는 과정이 서두른다고 되는 것이 아니라 때가 되면 저절로 나비가 된다는 것을 안다.

이와 유사한 방식으로 명상수련을 할 때도 우리의 마음과 육체에 대해 인내심을 키워야 한다. 우리는 온종일 마음속으로 판단을 내리고, 긴장하고, 흥분하고 두려워하기 때문에 수련을 해 보아도 무언가 긍정적인 효과가 잘 나타나지 않는다고 초조해하지만 그럴 필요가 없다. 이럴 때는 자기 자신에 대해 이러한 경험을 할 수 있는 여유를 제공하라. 아무리 안달해 봐도 그러한 생각이 비켜서지 않는다. 긴장하고 있다는 생각이 떠오르는 그 자체가 현실이다. 그러한 생각도 그 순간 존재하고 있는 당신의 일부다. 번데기가 나비가 되듯이 스스로 인내심을 가지고 지켜보아야 한다. 조금씩 더 나아질지 모른다는 생각으로 순간순간 안달해 보지만 어느 순간도 모두 당신의 인생이라는 사실에는 변화가 없다.

이런 식으로 자신의 내면세계를 들여다보면 당신의 마음은 '마음 그 자체의 마음'을 또 하나 가지고 있다는 것을 알게 될 것이다. 제1장에서 보았듯이 우리의 마음은 과거로부터 미래로 왔다갔다 하다가 또 없어졌다가 다시 나타나 여기저기로 돌아다닌다. 어떤 생각은 유쾌하고 어떤 생각은 고통스럽고 불안을 야기한다. 어떤 경우든 생각 그 자체가 우리의 의식을 강력하게 끌어당겨 의식을 가려 버리고, 그 순간의 지각을 압도해 버린다. 이 한 생각이 현재와 나와의 관계를 완전히 끊어 버린다.

특히 마음이 흔들릴 때는 인내심이 필요하다. 인내심을 가지면 마음이 흔들린다는 것을 이해하고 받아들일 수 있고 그 흔들림에 따라 동요할 필요가 없다는 점을 이해하는 데도 도움이 된다. 인내심을 키우면 우리의 순간을 풍요롭게 하기 위해 더 많이 활동하고 더 많이 생각해야 하는 것은 아니라는 점을 알게 된다. 오히려 사실은 이와 반대라는 것도 알게 된다. 인내심을 갖는다는 것은 매 순간에 완전히 열려 있는 것이며, 순간의 충만성을 받아들이는 것이며, 번데기가 나비가 되는 것과 같이 모든 일은 그 나름의 시간이 지나면 저절로 열린다는 사실을 알게 되는 것이다.

처음 시작할 때의 마음을 간직하라

'지금' 이 순간의 경험의 풍요로움은 곧 인생 자체의 풍요로움이다. 우리는 이미 '알고 있다'는 생각이나 믿음에 빠져 진정 사물의 본 모습을 보지 못하는 경우가 자주 있다. 우리는 범상한 것을 당연한 것으로 여겨 범상한 것의 비범함을 느끼지 못한다. '지금' 이라는 이 순간의 풍요로움을 느끼기 위해서 소위 '초심'을 간직해야 한다. 초심이란 모든 일을 처음 볼 때와 같은 마음 자세로 보려는 것이다.

앞으로 소개할 여러 장에서 설명하는 여러 공식적인 명상법을 수련할 때 초심은 특히 중요하다. 우리가 어떤 명상법을 택하든, 예컨대 바디 스캔(body scan)을 하든 정좌명상(sitting meditation)을 하든 요가(yoga)를 하든 각각의 명상법을 시행할 때는 언제나 초심의 자세로 시작해야 한다. 그렇게 해야만 과거 경험에 따른 기대에서 자유로워질 수 있다. 초심자의 열린 마음은 새로운 가능성을 수용할 수 있고, 자신의 상투적인 수법에서 벗어날 수 있게 해 준다. 같은 순간이란 두 번 다시 찾아오지 않는다. 매 순간은 나름의 독특성이 있고, 또한 독특한 가능성을 가지고 있다. 초심이 바로 이러한 단순한 진리를 일깨워 준다.

일상생활에서도 초심을 키우는 연습을 할 수 있다. 예컨대, 당신이 전부터 잘 알고 있는 어떤 사람을 만났을 때 완전히 새로운 시각으로 그 사람을 있는 그대로 보고 있는지, 아니면 그 사람에 대해 이미 가지고 있는 당신의 생각과 느낌의 상을 보고 있는지 스스로 질문해 보라. 이런 방식을 아이들, 배우자, 친구들과 동료들 그리고 개나 고양이를 키운다면 이들에게도 적용해 보라. 문제가 나타날 때는 문제에 적용해 보라. 밖에 나가 자연 속에 있을 때도 적용해 보라. 밖으로 나가 눈에 띄는 모든 것에 적용해 보라. 눈앞에 나타나는 하늘, 별, 나무, 물, 돌 등을 아무것에도 가려 있지 않은 맑은 마음의 눈으로 볼 수 있는가? 아니면 당신의 생각, 의견, 감정의 막을 통해서만 이들을 보고 있는가?

믿음을 가져라

자기 자신이나 자신의 느낌에 대해 깊은 믿음을 키워 나가는 것은 명상수련에서 꼭 필요한 부분이다. 당신의 직관이나 판단을 믿다가 때로 실수하는 경우가 있더라도 다른 사람의 지시에 의한 것보다는 훨씬 더 옳고 맞을 수 있다. 무언가 부당하다고 느껴질 때는 자신의 느낌을 존중하라. 전문가나 다른 사람들의 의견과 다르다고 해서 내가 틀렸다고 섣부르게 결론지을 필요는 없다. 당신 자신과 당신이 가진 기본 지혜나 선량함을 믿는 것이 명상수련의 여러 면에서 중요하다. 이것은 특히 요가수련에 유용하다. 요가를 수련할 때 어떤 특정 자세를 취함에 있어 신체가 더 이상 하기를 거부하거나 또는 뒤로 돌아가기를 원하는 정보를 보낼 경우, 이런 정보를 존중해야 한다. 만약 이를 무시하고 억지로 행하면 몸에 해롭다.

명상을 실행하는 사람들 가운데는 스승의 명성과 권위에 사로잡혀 자신의 느낌이나 직관을 무시하는 사람이 있다. 이들은 스승이 매우 지혜롭고 경험이 많으니 스승을 완벽한 지혜의 모델로 공경해야 하고 스승의 말을 의심 없이 따라야 한다고 믿는다. 이런 태도는, 어디에도 구속되지 않는 것과 있는 그대로의 자신이 되는 것의 의미를 이해할 것을 강조하는 명상의 정신과 완전히 상반된다. 어떤 사람을 모방하고 있다면 비록 그가 누구일지라도 잘못된 방향으로 가고 있는 것이다.

다른 누구처럼 된다는 것은 불가능한 이야기다. 당신이 가질 수 있는 유일한 희망은 보다 온전히 당신답게 되겠다는 것이어야 한다. 이것이 명상을 하는 이유다. 스승, 책, CD, 앱 등은 길 안내나 표지판에 불과하다. 자기 이외의 것에게 배우려는 자세는 중요하지만 인생의 순간순간을 살아가는 것은 당신 자신이다. 마음챙김을 수련하면서 자신이 되는 것에 대해 책임감을 가지는 수련을 하게 되고, 자신의 존재에 귀를 기울이고, 그것을 신뢰하는 것을 배우게 된다. 자신에 대한 신뢰를 잘 수련할수록 다른 사람도 더 잘 신뢰하게 되고, 다른 사람의 장점도 볼 수 있게 된다.

지나치게 애쓰지 마라

우리가 하는 일상 행위는 거의 모든 경우 무엇을 얻거나 어디로 가거나 간에 어떤 목적을 향해서 행동한다. 그러나 이러한 태도는 명상의 큰 걸림돌이 될 수 있다. 왜냐하면 명상은 인간의 일반 활동과는 다르기 때문이다. 어떤 명상이든 실천할 때는 많은 노력과 에너지가 들지만 궁극적으로 명상이란 '무언가 되려고 애쓰지 않는 것'이다. 명상에서는 '당신이 당신다워진다'는 그 이상의 목적은 없다. 당신은 이미 당신이기 때문에 이 말은 모순 같기도 하고 어쩐지 이상한 느낌도 들겠지만 바로 이 모순 같은 소리가 '더 적게 행위하고 더 많이 존재하라(trying less and being more).'는 견해를 지적하는 것이다. 이러한 태도는 애쓰지 않음의 태도(attitude of non-striving)를 의도적으로 길러 나올 수 있는 것이다.

예를 들어, 당신이 앉아 명상을 하면서 '나는 이완하려고 하고 있다, 깨달음을 얻으려 하고 있다, 내 아픔을 통제하려고 하고 있다 또는 더 좋은 사람이 되려고 하고 있다'는 등의 생각을 하면 마음속에 '나는 지금 어디론가 가야만 해.'라는 생각이 개입하게 되고, 그러면 그 생각과 함께 '나는 지금 올바르게 행하지 못하고 있어.'라는 생각이 따라온다. '만약 내가 더 편안해진다면, 머리가 더 좋아진다면, 더 열심히 일한다면 더 심장이 튼튼해진다면 또는 무릎이 더 튼튼해진다면 내 문제가 없어질 텐데. 그러나 지금 나는 그렇지 못해.'

이러한 태도는 마음챙김 수련을 위태롭게 한다. 마음챙김은 무엇이 일어나든 오직 그것에만 주의를 집중하는 것이다. 긴장하면 긴장하는 것에 주의를 모으고, 통증이 있다면 통증과 함께 내가 존재한다는 것에 마음챙김하면 된다. 자기 자신을 이러쿵저러쿵 비판하고 있다면 비판하는 마음의 움직임을 관찰하면 된다. 단지 바라보라. 순간순간 우리가 체험하는 것이 무엇이든 단지 받아들이기만 하라. 왜냐하면 그것은 이미 그곳에 존재하고 있기 때문이다. 단지 그것을 받아들이고 의식으로 감싸 안으면 된다. 그것으로 뭔가를 할 필요가 없다.

스트레스 완화 클리닉에 온 사람들은 의사가 보내서 왔든 스스로 왔든 무언가 문제가 있어서 온다. 그들이 처음 이곳에 오면 우리는 이들에게 이 프로그램에 참여하여 얻고 싶은 세 가지 목표를 말하게 한다. 8주에 걸쳐 진행될 프로그램에서 이 목표를 달성하려고 노력하지 말아 달라고 부탁한다. 특히 혈압을 내리려 하거나 통증을 낮추려 하거나 불안을 없애려고 하는 사람에게는 혈압을 낮추려 하거나 통증이나 불안을 없애려 하지 말고 그 대신 현재 그대로 머물면서 명상법의 지시대로 따르라고 한다.

앞으로 보겠지만 명상과 관련해서 당신의 목표를 성취하는 가장 좋은 방법은 결과를 얻으려고 허둥거리는 노력을 거두고 그 대신 순간순간 있는 그대로를 사려 깊게 보고 이를 받아들이는 것이다. 인내심을 갖고 규칙적으로 수련해 나가면 저절로 목표를 향해 나아가게 된다. 이러한 진행이 바로 당신 안에 내재하고 있는 힘을 자연스럽게 맞이하는 것이다.

수용하라

수용한다는 것은 만사를 현재 있는 그대로 본다는 뜻이다. 머리가 아프면 머리가 아프다는 사실을 받아들이고, 체중이 과하게 나간다면 체중이 과하게 나간다는 사실을 받아들여야 한다. 우리는 모든 일을 있는 그대로 보고 그대로 받아들여야 한다. 예컨대, 암으로 진단받았거나 가까운 사람의 죽음을 알게 되었을 때도 결국은 그 사실을 받아들여야 한다. 가끔 우리는 감정적으로 부정하거나 화를 낸 끝에 받아들이기도 한다. 이와 같은 거부 단계는 수용하는 단계에 이르는 데 자연스럽게 거쳐야 할 과정이다. 이 모두가 치유 과정의 일부다. 사실 내가 잠정적으로 정한 치유의 정의는 만사를 있는 그대로 받아들이는 것이다.

그러나 일상생활에서 이미 사실로 드러난 것을 부정하거나 저항하는 데 많은 에너지를 소모하는 경우도 있다. 이렇게 매사를 부정하고 자기가 원하는 방향으로 끌고 가려고 하면 긴장감이 더욱 높아진다. 이는 긍정적으로 변하려는 힘을 가로막는다. 이처럼 부정하거나 강요하거나 투쟁하는 데 치중하다 보면 치유와 성장을 위한 에너지가 고갈되고 조금밖에 남지 않은 에너지조차도 집중력이 없어 쉽사리 사라지고 만다.

만약 당신이 뚱뚱하여 당신 몸에 불만족하더라도 체중을 빼면 자기의 몸이나 자신을 보다 좋게 생각할 것이란 기대는 잘못이다. 당신이 욕구불만의 악순환을 끊어내고 싶으면 지금의 체중 그대로의 자신을 있는 그대로 사랑할 수 있어야 한다. 자신을 사랑할 수 있는 순간은 '지금' 밖에 없기 때문이다. 무엇을 위해서든 '지금' 이라는 이 순간만이 우리에게 주어진 시간임을 기억하기 바란다. 진정으로 변화하기 위해서는 먼저 있는 그대로의 자신을 수용해야 한다. 그렇게 하기로 선택하는 것은 자기 자비의 행위이자 현명한 행동이다.

이렇게 생각하면 체중을 감량하는 것이 덜 중요해지고, 감량도 훨씬 더 쉬워진다. 의도적으로 수용을 개발하는 것이 바로 치유의 전제 조건이다.

수용이란 무엇이든지 무조건 좋아해야 하거나 어떤 것에든 수동적인 태도를 가져야 하고, 당신의 원칙이나 가치를 포기해야만 하는 것을 의미하는 것은 아니다. 있는 그대로에 만족해야 한다거나 할 수 없이 좋게 봐 주는 것도 아니다. 자기 몸을 상하게 하는 습관에서 벗어나려는 노력을 그만두어야 한다든가, 변화와 성장에 대한 욕망을 포기하라는 것도 아니며, 부정을 묵인하거나 이것이 현실이기 때문에 희망이 없다고 여겨 자기 주변의 세계를 변화시키려는 노력을 하지 않는 것도 아니다. 이것은 수동적 체념과 전혀 다르다. 여기서 우리가 언급하는 수용이란 결국 기꺼이 사물을 있는 그대로 보려는 마음을 갖는 것이다. 있는 그대로 사물을 보는 태도를 기르면 당신의 삶에서 어떤 일이 일어나더라도 적절하게 대응해 갈 수 있는 단계를 마련하게 해 준다. 그래서 당신은 무엇인가가 일어나고 있는 일에 대해 더 잘 알 수 있게 되며, 당신 나름의 판단과 욕망 또는 공포와 편견에 의해 당신의 시각이 흐려져 있을 때보다 실제로 일어나고 있는 일에 대해 보다 명확히 판단하게 되며, 자기의 행동에 대한 신뢰감도 생겨난다.

명상수련을 통해 우리는 매 순간을 있는 그대로 받아들이고 그것과 온전하게 함께 존재함으로써 수용을 개발할 수 있다. 우리는 우리의 경험에서 어떻게 보고, 느끼고, 생각해야 한다는 관념을 강요해서는 안 된다. 대신에 오직 보고, 느끼고, 생각하는 것이 무엇이든 그것이 바로 지금 여기에 존재하는 것이므로 그것을 열린 자세로 수용해야 한다. 언제나 '지금'이라는 이 순간에 주의를 기울이는 훈련을 해 나가면 그것이 어떤 식으로 변화해도 다음 순간에 찾아오는 것을 기꺼이 맞이할 수 있다. 받아들이는 태도를 몸에 익히는 것이 바로 지혜를 키우는 일이다.

내려놓아라

인도에서는 원숭이를 잡을 때 매우 현명한 방법을 사용한다고 한다. 전해 오는 이야기에 따르면 사냥꾼들은 야자열매에 원숭이의 손 하나가 겨우 들어갈 만한 구멍을 하나 뚫는다. 그런 후에 반대편에 조금 작은 구멍 두 개를 뚫고 두 개의 구멍 사이에 끈을 꿰어 이를 야자나무 둥치에 묶어 둔다. 그런 다음 야자열매 속에 바나나를 집어넣어 숨긴다. 원숭이가 내려와 야자열매의 구멍에 손을 집어넣어 바나나를 움켜쥔다. 이 구멍은 손을 펴면 빠져나올 수 있지만 바나나를 움켜쥐고 있는 한 빠져나올 수 없는 크기다. 원숭이가 자유로워지려면 움켜쥔 바나나를 내려놓아야 한다. 그러나 대부분의 원숭이는 바나나를 내려놓으려 하지 않는다.

높은 지능을 가진 인간도 원숭이와 마찬가지로 한 번 마음이 무언가에 붙잡히면 빠져나오지 못한다. 바로 이런 이유로 잡고 있는 것을 놓아 준다거나 집착하지 않는 태도를 기르는 것이 마음챙김 수련의 기본이 된다. 자신의 내적 체험 세계에 주의를 두기 시작하면 자신의 마음이 원하고 붙잡고 있는 생각이나 느낌 또는 상황이 어떤 것인가를 재빨리 알아차릴 수 있다. 붙잡고 있는 것이 즐거운 대상이라면 이런 생각, 이런 느낌, 이런 상황을 더더욱 오랫동안 붙잡고 연장하고 몇 번이라도 다시 떠올린다. 한편 불쾌하고, 힘들고, 공포를 불러일으키는 생각, 느낌, 경험은 없애 버리거나 거기에서 벗어나려고 하고, 그것들로부터 자신을 보호하기를 원한다.

명상수련을 하는 과정에서 우리는 경험의 어떤 측면은 부둥켜

안으려 하고 어떤 것은 거부하려고 하는 것을 알아서 이를 하지 않으려고 의도적으로 노력한다. 명상에서는 우리가 체험하는 것을 있는 그대로 보고 순간순간 그것을 관찰하도록 한다. 내려놓는다는 것은 대상을 그대로 두고, 그 자체로 받아들이는 것이다. 자기의 마음이 무언가를 움켜쥐거나 배척하려는 것을 느끼면 그러한 충동을 내려놓고, 어떤 일이 일어나는가를 바라본다. 자신의 경험을 판단하고 있다는 것을 깨닫게 되면 판단하는 생각을 내려놓는다. 생각을 알아차리고 단지 더 이상 진행시키지 않는다. 생각을 있는 그대로 둠으로써 내려놓게 된다. 이와 유사하게 과거나 미래에 관한 생각이 떠올라도 그것을 내려놓는다. 단지 바라보며 알아차림 자체에 머문다.

우리가 어떤 것에 지나치게 집착하기 때문에 내려놓기가 어렵다는 것을 알게 되었다면 이때 '꽉 붙잡는다'는 것이 어떤 느낌인지에 주의를 기울일 수 있을 것이다. 붙잡거나 매달리는 것은 내려놓는 것과 정반대다. 집착하고 있는 대상이 무엇이든 집착의 결과가 우리 삶에 어떤 결과를 낳든 우리는 집착에 대해 전문가가 될 수 있다. 또한 집착을 놓아 버리는 순간 어떤 기분이 들며, 어떤 결과를 초래할지에 대해서도 잘 알게 될 것이다. 우리가 집착하는 방식을 기꺼이 바라봄으로써 그 반대의 경험(내려놓기)에 대해서도 많은 것을 알게 된다. 따라서 내려놓기에 성공하든 그렇지 않든 기꺼이 바라보려고 한다면 마음챙김은 여전히 우리에게 가르침을 준다.

내려놓는다는 것이 그렇게 생소한 경험은 아니다. 그것은 매일 밤 잠을 잘 때 누구나 경험하고 있는 것이다. 조용한 방에 누워 전

등을 끄고 몸과 마음을 내려놓는다. 몸과 마음이 놓아지지 않으면 잠을 잘 수 없다.

대부분의 사람은 잠자리에 들어서도 마음에서 생각을 떨쳐 버리지 못한 경험이 있을 것이다. 이것은 스트레스 수준이 올라갔음을 알려 주는 첫 번째 조짐이다. 이때는 생각이 어떤 특정 대상에 지나치게 강하게 끌려들어가 있어 이 생각에서 벗어날 수 없다. 잠을 자 보겠다고 노력을 하면 할수록 잠은 점점 더 도망가 버린다. 만약 당신이 잠을 잘 잘 수 있다면 당신은 내려놓기 전문가가 되었다고 보아도 좋다. 내려놓기 기술을 깨어 있을 때도 적용해 보면 더욱 좋을 것이다.

마음챙김 수행의 일곱 가지 기본 태도와 더불어 우리 삶에서 마음챙김의 구현을 넓히고 심화시키는 또 다른 마음의 특성이 있다. 악의 없음, 아량, 감사, 관용, 용서, 친절, 연민, 공감적 즐거움, 평정심 등의 태도가 그것이다. 이것들은 방금 살펴본 일곱 가지 요소와 별개의 것이 아니라 우리가 도전적인 상황을 맞아 스스로 어떻게 행동하느냐에 주의를 줄 때 일곱 가지 요소들로부터 자연스럽게 생겨난다. 이 태도의 근원적 힘은 비교적 스트레스가 없는 편안한 순간에 실험해 보면 쉽게 발견된다. 이 태도들을 최대한 떠올리면서 감사하고, 관대하고, 친절하기가 특히 자신에게 그렇게 하기가 얼마나 어려운지, 다시 말해 중요한 순간에 신뢰, 인내심, 애쓰지 않음, 아량, 친절, 공감적 즐거움, 평정심이 결여되어 있음을 마음챙김하기가 얼마나 어려운 일인지 주목해 보면 알 수 있다. 믿지 못하고, 참지 못하고, 집착하고, 아프게 하고, 자기중심적이라는 것을 마음챙김하는 것 역시 마음챙김이다. 마음챙김이라는 비판단적 알아차림을 의도적으로 개발하는 과정에서 서서히 변화가 일어나고 우리 내면에 이미 존재하는 더 광대하고 고결하기까지 한 이들 성품 쪽으로 조금씩 옮아가게 될 것이다. 그렇게 되면 우리는 소로(Henry David Thoreau)가 한 유명한 말처럼 그것들이 얼마나 '매일의 삶의 질에 영향을 주는지' 깨달을 것이다.*

참여, 자기훈련과 의도성

비(非)판단, 인내심, 초심, 신뢰, 애쓰지 않음, 수용 그리고 내려놓기의 태도를 개발해 나가면 앞으로 볼 여러 명상 기법을 실천하는 데 많은 도움이 될 것이다.

이러한 일곱 가지 태도에 덧붙여 어떤 특정한 에너지나 동기도 명상수련 실천에 필요하다. 사물에 좀 더 알아차림하는 것이 좋은 것이라고 결론지었다고 해서 저절로 마음챙김을 할 수 있는 것은 아니다. 스스로 명상수련에 열심히 참여하겠다는 동기를 갖추고 이 과정을 견뎌 낼 수 있을 만큼의 충분한 자기수련이 되어야 보다 강도 높은 명상 수행과 높은 수준의 마음챙김을 발전시킬 수

* "매일의 삶의 질에 영향을 주는 것, 이것이 예술의 가장 빼어난 점이다." Thoreau HD. Walden. New York: Modern Library. 1937:81.

있다.

MBSR 수업에서 강조하는 가장 기본적인 규칙도 모든 사람이 적극적인 자세로 수련에 참여해야 한다는 것이다. 어느 누구도 소극적으로 참여해서는 안 된다. 우리는 이 클리닉에서 환자들이 행하는 대로 매일 45분씩, 일주일에 6일간 명상수련을 하는 데 기꺼이 참여하길 원치 않는다면 어떤 보호자나 관람자도 명상에 참여시키지 않는다. 인턴 과정의 훈련을 위해 프로그램[요즘은 프랙티컴(Practicum)이라고 부름]에 참여하기 바라는 의사, 의과대학생, 치료전문가, 간호사, 그 밖의 건강 전문가들도 반드시 환자와 같이 명상수련에 동참할 것을 동의해야만 참가할 수 있다. 개인적인 수련경험이 없으면 환자들에게 어떤 변화가 일어나는지 이해할 수 없고, 또 이를 수련하는 데 몸과 마음이 얼마나 많은 에너지를 요구하는지도 알 수 없을 것이다.

8주간의 MBSR 프로그램에서 환자들에게 당부하는 마음의 준비는 운동선수가 훈련에 임할 때 하는 것과 유사하다. 특별 훈련 중인 운동선수들은 기분이 좋다고 느껴지는 날이나, 날씨가 좋다거나 그를 지켜봐 줄 친구가 있다거나, 또는 시간이 날 때만 훈련하는 것이 아니다. 운동선수는 규칙적으로 매일매일, 비가 오든 날씨가 맑든 몸이 좋든 나쁘든 훈련을 계속한다. 그날 기대한 연습 목표에 도달하든 그렇지 못하든 꾸준하게 훈련한다.

우리는 환자에게 이러한 자세를 몸에 익히도록 권고한다. 이미 언급했듯이 우리는 프로그램을 시작할 때 이들에게 말한다.

"명상을 좋아해야만 하는 것은 아닙니다. 단지 명상을 하기만 하면 됩니다. 8주가 지난 후에 이것이 도움이 되었는지 아닌지를 말할 수 있을 것입니다. 일단 그저 꾸준히 훈련하십시오."

자신의 고통거리를 해결하거나 건강을 위해 스스로 무언가를 할 수 있을 것이란 가능성을 갖는 것이 적어도 8주간 MBSR이 요구하는 과제에 적극적으로 참여할 수 있는 동기부여가 된다. 이 프로그램에 참석하는 사람들은 이곳에서 시행되는 체계적인 훈련을 일상생활에서는 받아 본 적이 없는 사람들이다. 이 훈련을 받기 위해 환자들은 자신의 생활을 어느 정도 조정해야만 한다. 매일 45분간의 공식 명상 훈련에 참여할 시간을 마련하기 위해 즉각적으로 중요한 생활의 변화가 필요하다. 마음챙김을 일상생활에 더욱더 끌어들이는 문제는 신경 쓸 필요가 없다.

이 시간은 마법같이 나타나는 것이 아니다. 스케줄과 우선순위를 조정해야 하고, 훈련을 위해 어떻게 시간을 낼 것인지 계획해야 한다. 스트레스 감소 훈련에 참여한다는 것이 일시적으로는 스트레스를 일으킬 수도 있다.

우리 클리닉에서 명상을 가르치는 사람들은 명상 훈련을 우리의 삶에 그리고 한 인간으로 성장하는 데 꼭 필요한 것으로 생각한다. 따라서 자신이 규칙적으로 하지 않는 것을 환자들에게 행하도록 요구하지는 않는다. 우리도 명상수련을 하기 때문에 환자들에게 무엇을 요구해야 하는지 잘 안다. 우리는 명상수련을 위해서는 삶의 일정 부분을 할애해야 하는 노력이 든다는 것도 알며 그렇게 하는 것이 삶의 가치라는 것도 알고 있다. 클리닉에 근무하는 직원들은 누구나 수년간 명상을 훈련했고 매일 강도 높은 명상수련을 해 온 사람들이다. 프로그램에 참가하는 사람은 그들이 해야 할 일이 '치료'가 아니라 질병에 대처하고 치유하는 내면의 힘을 끌어내는 '고급 훈련'이라는 점을 알게 된다. 이것을 삶의 기술을 훈련하는 것으로 생각할 수도 있다.

MBSR 강사들은 환자들과 훈련 과정을 함께하면서, 이 여정이 8주간의 MBSR 프로그램을 통해 함께 추구해 갈 하나의 진실한 삶의 체험이라는 확신을 말없이 환자들과 공유한다. 목표를 공유한다는 이 같은 연대감은 매일 매일의 수련을 좀 더 쉽게 만들어 준다. 그러나 궁극적으로는 환자들에게나 우리 자신에게 매일의 공식 명상 훈련 시간 그 이상이 필요하다. 명상이 실제 장면에서 힘을 갖기 위해서는 훈련을 '존재의 방식(way of being)'으로 만들어야 한다. 진정한 마음챙김 훈련은 우리가 무엇을 하고 있든 어떤 상황에 처해 있든 매 순간 삶을 어떻게 살아가는가다. 8주간의 MBSR 수행은 단지 시작일 뿐이다. MBSR 프로그램은 이후의 삶을 위한 발사대다. 마음챙김을 지속적으로 훈련하고 구현하는 것이 무엇보다 중요하다.

삶에서 이러한 힘을 끌어내기 위해 매일 혹은 일주일에 적어도 6일은 일정한 시간을 확보해서 8주간 연속적으로 훈련할 것을 권한다. 매일 자신을 위해 이 정도 시간을 할애하는 것만으로도 이미 삶의 방식에 깊은 긍정적 변화가 일어난다. 우리의 삶은 너무나 복잡하고 우리 마음은 온종일 번잡하고 들떠 있다. 그래서 특히 처음 시작할 때는 명상 상태를 잘 유지하고 발전시킬 수 있도록 특정한 수련 시간과 가능하다면 수련 중 아주 편안한 느낌이 드는 특정한 수련 장소를 마련할 필요가 있다.

이 시간 동안은 다른 개입과 방해를 차단해서 외부의 어떤 것에도 반응하지 않으면서 당신이 오롯이 자기 자신일 수 있도록 해야 한다. 사실 이렇게 하는 것이 쉬운 일은 아니지만 이렇게 할 수만 있다면 많은 도움이 될 것이다. 당신의 명상 열의를 알 수 있는 한 방법은 수련하는 동안 여러 전자 기기의 코드를 뽑아버릴 수 있는지 확인하는 것이다.* 만약 그럴 수 있다면 이것은 훌륭한 내려놓음이고, 이것만으로 명상 시간에 크게 편안한 마음을 느낄 것이다.

이런 방식으로 스스로 명상수련에 헌신하기로 했다면 그다음부터는 절제력이 필요하다. 자기가 흥미 있는 목표에 헌신하는 것은 쉬운 일이다. 하지만 장애물을 만나거나 결과가 즉시 나타나지 않을 때, 선택한 길을 계속 간다는 것은 자신의 헌신을 알아보는 참다운 척도가 된다. 이것이 의식적 의도성이 관여하는 부분이다. 즉, 하고 싶은 날이나 하기 싫은 날이나, 쉽고 어려움에 상관없이 운동선수의 투지를 가지고 훈련하려는 의도를 말한다.

일단 명상수련을 하기로 마음먹고 적당한 시간을 마련한다면, 공식 명상수련을 시작해 보자. 그러나 규칙적인 공식 명상수련은 생각보다 어려운 일이 아니다. 대부분의 사람은 이미 내적으로 어느 정도의 절제력을 가지고 있다. 매일 저녁에 식사를 위해 식탁에 앉는 것도 절제력이 필요하다. 아침에 일어나 식사를 하고 직장에 나가는 것 또한 절제력이 필요하다. 스스로 어떤 시간을 마련하는

---

* 이 과정에서, 당신은 이것이 얼마나 어려운지, 얼마나 당신 마음이 이메일이나 문자 메시지 등을 체크하고 SNS에 글을 올리고 싶어 하는지를 마음챙김할 수 있다. 당신은 자신이 얼마나 기기들에 중독될 수 있는지를 알아차리게 될 것이다. 우리는 마치 생명줄인 양 전화기를 붙잡고 항상 옆에 두고 다른 사람들에게 즉각 즉각 반응을 한다. 그 과정에서 자기 자신 및 자신의 순간과의 접촉은 끊어진다. 따라서 역설적이게도 가장 중요한 연결인 자신의 가장 심층부에 존재하는 있는 그대로의 자기, 자신의 몸 및 현재 순간의 경험과의 연결은 심각하게 빛을 잃게 된다.

것도 이와 마찬가지로 다소의 절제력이 필요하다. 절제력을 통해 자신을 위한 시간을 마련하는 것이 외부적으로 보상을 받는 일은 아니다. MBSR 프로그램에서 다른 사람들이 수련하는 것을 보고 자신도 해야겠다는 압력을 느껴서 등록하지는 않을 것이다. 당신이 명상을 하려는 이유는 이런 이유보다 훨씬 더 좋은 것이어야 한다. 예를 들면, 스트레스를 받을 때 더 효과적으로 기능하기, 더 건강해지기, 기분이 더 좋아지기, 더 이완되고 더 자신감을 가지고 더 행복해지기 등과 같은 이유면 될 것이다. 궁극적으로 당신은 왜 명상을 하고자 하는지 스스로 이유를 분명히 해야 한다.

어떤 사람은 자신을 위한 시간을 마련한다는 생각에 저항감을 갖는다. 적어도 미국에서는 청교도 윤리로 인해 자기 자신을 위해 무언가 한다는 것에 대한 죄의식이 지금까지 남아 있다. 어떤 사람은 자신의 내면에서 나오는 미약한 소리는 이기적인 것이므로 여기에 시간과 에너지를 쓰는 것은 가치가 없다고 생각한다. 이 사람들이 아주 어릴 때 듣는 내면의 소리는 "너 자신을 위해서가 아니라 남을 위해 살아라." "다른 사람을 도와라. 자신의 세계에 빠져들지 마라."는 등의 메시지라고 한다.

당신이 자신을 위해서 시간을 낼 가치가 없다고 느낀다면 바로 그 느낌을 당신의 마음챙김 수련의 하나로 바라보라. 이러한 느낌은 어디에서 오는가? 이 느낌 뒤에 있는 생각은 무엇인가? 이 느낌을 수용하는 자세로 관찰할 수 있는가? 이 느낌은 정확한가?

남을 돕는 것이 중요하다고 믿더라도 당신이 진실로 남에게 도움이 되는 정도는 스스로 얼마만큼 균형이 잡혀 있는가에 달려 있다. 자신을 '조율' 하고 에너지를 회복하는 것을 결코 이기적이라고 말할 수 없다. 현명하다는 표현이 더 맞을 것이다.

다행스럽게도 일단 마음챙김 명상수련을 시작하면 자기를 위해 시간을 갖는 것이 '이기적'이라든지 '자기도취적'이란 생각은 쉽사리 없어진다. 왜냐하면 자기를 위해 시간을 마련하는 것이 자기 삶의 질이나 자존심뿐만 아니라 인간관계에도 크게 도움이 된다는 사실을 알게 되기 때문이다.

명상수련을 위해 가장 좋은 시간대를 스스로 찾기를 권한다. 나는 이른 아침 시간을 택한다. 나는 명상과 요가를 시작한 후 이전보다 한 시간 먼저 일어나게 되었다. 나는 새벽의 조용함이 좋기 때문에 기분 좋게 일어나서 지금이라는 이 순간 이외의 것은 아무것도 생각하지 않으려 한다. 있는 그대로의 모든 것과 함께 내가 존재함으로써 내 마음은 열려 있고 의식은 깨어 있다. 인터넷과 모든 전자기기가 아무리 유혹해도 멀리한다. 그런 이른 시간에는 걸려 오는 전화도 없다. 가족은 모두 잠들어 있으므로 내 명상 훈련이 방해받지도 않는다. 아이들이 어렸을 때 몇 년간은 막내 꼬마 녀석이 어느 때건 집 안에 누군가 깨어 있는 기운이 있으면 이를 알아차렸다. 나는 방해받지 않는 명상을 위해 새벽 4시에 일어나야만 했던 때도 있었다. 요즈음은 아이들이 자라서 나와 함께 명상과 요가를 수행하기도 한다. 결코 강요하지는 않는다. 아버지가 하니까 이에 관해 알고 싶어 하고 때로 아버지를 따라 하는 것을 당연한 것으로 여길 뿐이다.

이른 새벽에 명상과 요가를 하면 언제나 그날 하루 생활에 긍정적 영향이 있다. 정적 속에 나 자신을 두고, 깨어서, 존재의 영역을 키우고, 편안함과 집중력을 키우면서 하루를 시작하면 온종일 주의력이 높아지고 편안한 기분으로 보낼 수 있다. 스트레스에 부딪혀도 보다 잘 인지하고 더 효율적으로 대처할 수 있게 된다. 내 몸에 의식을 집중하고 천천히 관절을 펴거나 근육의 움직임을 감지하며 요가를 하면 요가를 하지 않은 날과 비교할 때 훨씬 더 생기에 차고 활력이 있다. 그날의 몸 상태도 훨씬 더 민감하게 알 수 있다. 특히 아침 수행 때 허리나 목이 특별히 뻣뻣하거나 통증이 오면 그 부위에 주의를 하는 것이 좋겠다고 알려 주기도 한다.

어떤 환자들은 이른 아침에 명상하는 것을 좋아하지만 대개는 그렇지 않거나 그럴 수 없다. 우리는 환자 개개인이 일과에서 가장 적합한 시간을 선택하여 실천하도록 자유에 맡긴다. 단지 처음 시작할 때는 밤늦은 시간은 피하라고 권한다. 너무 늦은 시간은 피곤해서 주의집중력을 유지하기가 어렵기 때문이다.

스트레스 완화 프로그램의 처음 몇 주 동안은 많은 사람이 너무 이완되다 보니 바디 스캔(제5장 참조)은 심지어 낮 시간에 할 때조차 깨어 있는 상태를 유지하기 어렵다. 나는 아침에 일어났을 때 정신이 몽롱하면 정신이 번쩍 들 때까지 찬물로 얼굴을 씻는다. 나는 멍한 상태가 아닌 깨어 있는 상태에서 명상을 하려고 한다. 내 방식이 극단적으로 보일 수도 있지만 명상수련을 시작하기 전에 깨어 있는 것은 매우 중요하다. 마음챙김이란 충분히 의식이 깨어 있는 상태라는 것을 기억할 필요가 있다. 마음챙김은 몽롱하거나 잠이 들 정도로 이완되어서는 수련할 수 없다. 그러므로 찬물로 샤워를 해서라도 확실히 잠이 깬 상태에서 수련하는 것이 좋다.

의식을 가리는 안개를 걷어 내고자 하는 동기가 당신의 명상수행을 결정지을 것이다. 의식이 안개 속에 갇혀 있으면 마음챙김 훈련의 중요성을 알지 못하고, 마음챙김을 위한 태도를 바로잡기도 어려워진다. 당혹감, 피로감, 우울감, 불안감과 같은 정신 상태는 규칙적인 수련의 의지를 방해한다. 당신은 이런 상태에 쉽사리 휘말리게 되고 휘말린 후에는 이런 상태를 의식조차 하지 못하게 된다.

이때가 바로 명상수련을 하겠다는 열의가 가장 중요한 때다. 이런 열의가 명상수련을 지속시켜 준다. 규칙적인 수련에서 오는 힘은, 엄청난 압박을 받고 있거나 혼란감, 당혹감, 불명료함이나 꾸물거림의 상태를 만나더라도 안정감과 회복력을 유지하는 데 많은 도움이 될 것이다. 오히려 이런 때가 혼란이나 부정적 감정에서 벗어나는 것보다는 그것들을 단지 알아차리고 수용하는 것을 훈련하는 가장 유익한 시간인 것이다.

스트레스 완화 클리닉에 오는 대부분의 사람은 그들이 어떤 병을 가지고 있든 모두 마음의 평화를 얻기 위해 이곳에 왔다고 말한다. 정신적 · 신체적 고통을 가진 사람에게는 이것이 가장 간절할 것이다. 마음의 평화를 얻기 위해서는 스스로 진실로 그렇게 되고 싶어 한다는 비전의 불을 붙이지 않으면 안 된다. 안팎의 어떤 난관이나 좌절에 처해서도 그 비전을 지켜 나가야 한다.

나는 명상수련이 그 자체로 매우 강력하고 치유력이 있어서 규칙적으로 수련해 간다면 결국에는 반드시 성장과 변화가 나타난다고 생각하고 있었다. 그러나 시간이 흐르면서 어떤 개인적인 비전 같은 것 또한 필요하다는 것을 알게 되었다. 아마도 그 비전은 우리의 생각이 우리의 성장가능성과 우리의 몸으로 할 수 있는 것의 범위를 제약하는 방식을 잘 이해함으로써 도달할 수 있는 우리의 최선의 상태라고 할 수 있다. 그런 개인적 비전이나 열망은 불가피하게 동기가 낮아지는 시기가 찾아올 때 큰 도움을 주어 명상수련을 지속하게 해 줄 것이다.

어떤 사람에게는 이런 비전이 활력이나 건강일 수 있고 또 어떤 사람에게는 이완감, 친절함, 평화로움 또는 조화나 지혜와 같은 것일 수도 있다. 당신의 비전은 당신 자신이 최선의 자기가 되고, 자기 자신과 평화를 이루고, 한 사람으로서 온전히 통합되고 전체성을 이루는 데 필요한 능력에 가장 중요한 것이어야 한다.

전체성(wholeness)을 얻기 위해 필요한 것은 내면의 전체성을 깨달으려는 총체적 헌신과 어떤 순간에도 전체성을 구현할 자신의 능력에 대한 변함없는 믿음이다. 우리의 관점에서 당신은 이미 그 자체로 완전하다. 모든 불완전성을 포함해서 당신 자신이 이미 완벽하게 존재하고 있기 때문이다. 현재의 순간은 당신의 존재 차원을 열기 위한 완벽한 순간이다. 이미 존재하고 있는 온전한 차원을 의식 안에 구현하기 위한 순간이다. 칼 융(C. G. Jung)은 이것을 이렇게 말했다. "전체성을 얻기 위해서는 자기의 모든 존재를 걸지 않으면 안 된다. 보다 쉽게 얻을 수 있는 조건도 없고, 다른 대안도 없고, 타협도 없다."

효과적인 명상수련에 필요한 마음과 태도에 대한 이러한 관점을 염두에 두고 이제부터 실제 명상수련으로 들어가 보자.

03

호흡의 힘:
치유 과정의 알려지지 않은 동맹군

시인이나 과학자들은 우리 유기체가 원시 조상의 리듬으로 박동한다는 것을 알고 있다. 리듬과 박동은 모든 생명체가 본래 가지고 있는 특성으로, 박테리아의 섬모가 요동치는 것에서부터 식물의 광합성과 호흡의 주기가 바뀌는 것, 인간의 신체와 신체의 생화학적 활동이 일주기 리듬(circadian rhythm)을 갖는 것에 이르기까지 다양하다. 이러한 생명체의 리듬은 조수간만의 주기, 탄소, 질소 및 산소의 주기, 밤과 낮의 주기, 계절의 변동 주기 등과 같이 지구라는 행성이 갖는 거대한 리듬 속에 포함되어 있다. 인간의 몸도 지구와 연계되어 있기 때문에 지구 '환경'과 우리 몸 사이에는 에너지와 물질의 교환이 계속되고 있다. 어떤 과학자의 계산에 의하면 평균 7년마다 인간의 몸 안에 들어 있는 모든 원자가 생겼다 없어지고 외부의 것으로 바뀐다고 한다. 이것은 매우 흥미롭다. 10년도 되지 않아 내 몸의 모든 요소가 다 바뀐다면 과연 나는 누구인가?

물질과 에너지는 호흡을 통해 교환되기도 한다. 한 번의 호흡을 통해 우리 몸속의 이산화탄소와 공기 중의 산소가 서로 교환된다. 숨을 내쉴 때는 찌꺼기를 내뱉고 숨을 들이쉴 때는 새로운 산소를 들이킨다. 이러한 호흡 과정이 단 몇 분만 정지해도 뇌는 산소 결핍으로 돌이킬 수 없는 손상을 입는다. 그리고 당연히 호흡을 못하면 우리는 죽는다.

호흡은 특히 심장의 활동과 매우 긴밀한 관계에 있다. 놀랍게도 심장근육은 평생 동안 한 순간도 쉬는 일이 없다. 심장은 우리가 세상에 태어나기도 전부터 규칙적으로 박동을 시작하여 밤이고 낮이고 해가 바뀌고 또 새로운 해가 오더라도 쉬지 않고 운동을 계속하고 있다. 심지어 우리가 죽은 후에 얼마 동안 인공 장치에 의해 살아 있을 수도 있다.

호흡과 마찬가지로 심장 박동도 근본적인 생명의 리듬이다. 심장은 산소가 풍부한 혈액을 폐로부터 동맥과 작은 모세혈관을 거쳐 온몸의 세포로 보내 세포가 기능하는 데 필요한 산소를 공급해주고 있다. 적혈구 세포는 세포에 산소를 전달한 뒤 살아 있는 조직이 만들어 내는 폐기물인 이산화탄소를 싣고 정맥을 거쳐 심장으로 되돌아온다. 심장에서 폐로 보내진 이산화탄소는 내쉬는 호흡을 통해 바깥으로 내보내게 된다. 잇따라 새롭게 들이쉬는 숨에 의해 헤모글로빈에 산소가 채워지면 심장근의 재수축에 의해 온몸으로 보내진다. 이것은 문자 그대로 우리 몸에서 일어나는 생명의 맥박으로, 바다에서 원시 생명이 시작되던 때부터 이루어진 물질과 에너지의 교환 방식이다.

우리는 태어나는 순간부터 죽는 순간까지 호흡한다. 우리의 호흡 주기는 활동과 감정에 따라 크게 달라져 신체 활동을 하거나 정서적으로 동요할 때는 빨라지고 수면이나 이완 시에는 느려진다. 당신이 흥분했을 때, 화가 났을 때, 놀라거나 이완되었을 때 호흡이 어떻게 달라지는가를 시험해 보라. 어떤 때는 호흡이 매우 규칙적으로 진행되다가 또 어떤 때는 불규칙적이 될 수도 있고, 심지어 호흡이 힘들 때도 있다.

우리는 자신의 호흡을 어느 정도까지는 의식적으로 통제할 수 있다. 마음만 먹으면 잠시 동안 호흡을 중지할 수도 있고 들이쉬는 호흡의 횟수나 깊이를 임의로 조정할 수도 있다.

빠르거나 느리거나 통제되거나 통제되지 않거나 간에 호흡은 밤과 낮, 해와 해를 거듭하며 한평생 계속된다. 그래서 우리는 호흡을 지극히 당연한 것으로 여긴다. 호흡곤란이란 사태가 일어나지 않는 한 자신의 호흡에 주의를 기울이는 일은 거의 없으며 명상을 시작하지 않는 한 자신의 호흡에 주의하는 일은 거의 없다.

호흡은 명상수련과 치유력에 매우 중요한 역할을 한다. 명상수련을 해 보지 않은 사람은 호흡에 관해 깊이 생각해 보지 않았을 것이고 별다른 관심도 없었겠지만, 명상수련을 할 때 호흡은 매우 강력한 동반자이며 교사가 되기도 한다.

명상을 할 때 몸의 기본 리듬에 의식을 집중하는 것은 매우 유익한 결과를 가져온다. 왜냐하면 이 리듬은 내가 살아 있다는 체험과 매우 밀접하기 때문이다. 이론적으로는 호흡 대신에 심장박동에 주의를 줄 수도 있지만 호흡에 의식을 집중하기가 훨씬 더 쉽다. 호흡은 리듬을 가지고 있고, 또 이 리듬은 항상 변하기 때문에 이를 의식하는 것이 훨씬 더 가치 있다. 우리가 명상할 때 호흡에 의식을 집중하면 시작할 때부터 변화에 편안해지는 것을 배우게 된다. 융통성을 가져야만 한다는 것도 곧 알게 될 것이다. 또한 호흡이 주기적으로 이루어질 뿐만 아니라 마음 상태에 따라 리듬이 심하게 바뀐다는 것을 주의하는 훈련도 행하지 않으면 안 된다.

호흡은 일상생활에 대한 의식을 높이는 데도 매우 편리하다는 장점이 있다. 호흡은 생존하고 있는 한 우리와 함께한다. 호흡을 집에다 두고 외출할 수 없는 것처럼 호흡은 당신이 무엇을 하든, 무엇을 느끼든, 무엇을 체험하든 또는 당신이 어디에 가 있든 항상 당신과 함께한다. 호흡에 주의를 모으면 '지금 여기'로 바로 인도해 간다. 호흡에 의식을 집중하면 자기 몸, 즉 생명의 기본 리듬에 즉시 주의를 모을 수 있다.

불안할 때 호흡이 곤란한 사람이 있다. 이런 사람은 호흡이 더욱 빨라지고 급기야는 아주 얕아져, 이른바 '과호흡'을 보인다. 과호흡이란 산소를 충분히 취하지 못하고 이산화탄소는 과도하게 많이 배출하는 상태인데, 이때는 현기증과 함께 가슴에 압박감을 동반한다. 당신도 갑자기 산소가 부족하다고 느낄 때 공포와 두려움에 휩싸일 수 있다. 두려움에 휩싸일 때는 호흡을 조절하기 매우 어려워진다.

과호흡을 경험해 본 사람은 자신에게 지금 심장마비가 와서 곧 죽을 거라고 생각하게 된다. 실제로 이런 경우 의식을 잃고 매우 위험한 지경에 이를 수도 있다. 그러나 이때 일어나는 기절은 신체가 악순환을 끊어버리기 위한 수단으로 취하는 것이다. 이 악순환은 호흡을 하지 못할 것이란 느낌이 들 때 나타나기 시작하여 곧 죽음의 공포를 느끼고, 이 공포는 더욱 호흡이 어려워질 것이란 강력한 느낌을 일으킨다. 기절하고 나면 호흡이 곧 원래 상태로 되돌아온다. 만약 호흡이 의식적으로 통제되지 않으면 신체와 뇌는 잠깐 동안 당신의 의식을 끊어서 호흡을 돌려놓는다.

과호흡으로 고통받는 환자가 클리닉에 오면 정식 명상수련에 들어가는 첫 단계로 호흡에 주의를 집중하도록 한다. 이들 중에는 단지 호흡에 집중하려는 생각만 해도 불안해지는 환자가 많기 때문에 호흡을 조절하지 않고 단지 바라보는 것이 어려울 수 있다. 그러나 참을성 있게 명상수련을 계속해 나가면 점차 호흡에 자신감을 갖게 된다.

37세의 소방관 출신인 그레그는 클리닉에 왔을 때, 과호흡 증상이 있었다. 지난 1년여 동안 불안 때문에 생긴 것으로, 약물로 치료가 잘 되지 않아 그를 진찰한 정신과 의사가 의뢰해서 온 경우다. 그는 불타는 건물의 연기에 압도되어 병이 시작되었다. 바로 그날부터 불을 끄러 가기 위해 방독면을 쓰려고만 하면 호흡이 빨라지고 얕아져서 방독면을 쓸 수가 없었다. 화재 현장에서 여러 차례 심장발작이 일어나서 응급실에 실려 갔으나 모두 과호흡으로 진단되었다. 클리닉에 왔을 당시 그는 지난 1년간 화재 현장에서 소방 활동을 하기가 불가능한 상태였다.

첫 시간에 그레그도 다른 여러 사람과 함께 호흡을 관찰하는 기본 기술을 소개받았다. 호흡이 들어왔다 나갔다 하는 것을 관찰하기 시작한 순간 그는 불안해지기 시작했다. 그러나 그는 방에서 뛰쳐나가기 싫어서 그냥 버티고 앉아 그럭저럭 견뎌 냈다. 그는 불편하고 두려웠지만 거의 자포자기하는 심정으로 첫 주 동안 매일 가까스로 훈련을 해냈다. 첫 주에는 바디 스캔을 수련하는 데 호흡에 대한 주의집중이 많아서 그에게는 거의 고문처럼 여겨졌다. 그는 호흡에 주의를 집중할 때마다 마치 호흡이 무슨 큰 적이나 되는 것처럼 두려움을 느꼈다. 그는 호흡 때문에 일도 못하게 되고 그 때문에 동료 소방관들과의 관계라든지 남자로서 자기 자신에 대한 관점 등이 바뀌다 보니 호흡을 믿을 수 없고 통제할 수 없는 힘으로 보았다.

그럼에도 2주간 바디 스캔을 하면서 끈질기게 호흡을 관찰하는 훈련을 한 결과 그는 방독면을 다시 쓸 수 있었으며 화재 현장으로 달려갈 수 있게 되었다.

그 후 그레그는 수업 시간에 어떻게 이런 극적인 변화가 일어나게 되었는지 설명하였다. 그는 호흡을 관찰하면서 자신의 호흡에 대해 보다 자신감이 생겼다. 처음에는 호흡을 의식하진 못했지만 바디 스캔을 하면서 약간씩 이완감을 느끼게 되었다. 점차 더욱 이완되면서 호흡에 대한 느낌도 변화되어 갔다. 즉, 전 신체에 걸쳐 주의집중 대상을 하나씩 옮겨 가던 중 호흡이 들어가고 나가는 것을 관찰하니 자신의 호흡이 실제로 어떻게 느껴지는지를 알기 시작하였다. 이와 동시에 호흡에 대한 생각과 공포에 덜 휘말리고 있는 자신을 발견했다. 이러한 경험에서 그는 호흡이 두려운 상대가 아니라 호흡을 통해 이완할 수도 있다는 것을 알게 되었다.

수행하지 않는 시간에 그가 어디에 있든 더 편안해지기 위해 호흡에 주의집중하는 훈련을 할 수 있게 된 것이 하루아침에 이루어지진 않았다. 어느 날 그가 화재 현장에서 그것을 시도할 기회가 왔다. 이따금 소방차를 타고 나가긴 했으나 소방 보조 활동밖에 할 수 없었던 그는 방독면을 쓰면서 의도적으로 호흡에 주의를 기울이고, 호흡을 지켜보고 자연스럽게 호흡이 일어나도록 했으며, 방독면을 얼굴에 착용했을 때 그 느낌을 있는 그대로 수용하고자 노력하였다. 평소 집에서 신체를 관찰하는 연습을 할 때 경험하는 호흡과 느낌을 받아들이는 것과 마찬가지로 이번 경우에도 그대로 적용했다. 이렇게 했더니 매사가 잘 풀려 나갔다.

이날부터 그레그는 방독면을 쓸 수 있었고 공포에 떨거나 과호흡을 일으키지 않고 화재 현장으로 달려갈 수 있었다. 스트레스 프로그램을 수련한 후 3년간 연기로 가득한 밀폐된 장소에 들어갔을 때 몇 차례 공포에 사로잡히긴 했지만, 이런 일이 일어날 때 그는 먼저 공포를 알아차리고 호흡을 천천히 하면서 마음의 균형을 유지할 수 있었다. 그 후로는 단 한 번도 과호흡을 경험하지 않았다.

공식적인 명상수련으로 마음챙김을 수행하는 가장 쉽고 효과적인 방법은 단지 호흡에 주의를 집중하면서 무엇이 일어나고 있는지 관찰하는 것이다. 호흡명상법은 제1장에서 본 것과 같이 3분 명상법과 원리는 같지만 그것보다 시간을 더 길게 해야 한다. 우리 몸에는 호흡과 연관된 감각에 주의를 줄 수 있는 신체 부위들이 있다. 그중 하나가 콧구멍이다. 콧구멍으로 호흡이 이루어지고 있다는 것을 의식하면서 호흡의 흐름에 의식을 집중한다. 또 가슴으로 확장됐다 수축했다 하는 것도 살필 수 있고, 복부에서도 호흡할 때 들어갔다 나왔다 하는 움직임을 관찰할 수 있다.

어떤 부위를 관찰하든 호흡이 일어날 때마다 그 특정 부위에서 동반하여 일어나는 감각에 의식을 두어야 한다. 이렇게 하면 콧구멍을 통해 드나드는 공기를 느끼고, 호흡에 관여하는 근육들의 움직임을 느끼며, 복부가 앞뒤로 움직이는 것도 느낄 수 있다.

호흡에 주의를 준다는 것은 글자 그대로 주의를 준다는 것일 뿐 별다른 뜻은 없다. 이것은 호흡을 억지로 하려고 하거나 깊게 하려고 하거나 호흡의 패턴이나 리듬을 바꾸려는 것이 아니다. 지금까지 당신은 호흡에 대해 전혀 의식을 집중해 본 적 없이 호흡이 그냥 당신의 몸을 드나들었다. 지금부터 호흡에 주의를 집중해야겠다고 마음먹었다고 해서 이를 억지로 통제하려고 애써서도 안 된다. 실제로 호흡을 통제하려고 애쓰면 역효과가 생긴다. 호흡을 마음챙김한다는 것은 그저 매번 들숨과 날숨의 느낌을 알아차리는 것이다. 혹은 들숨에서 날숨으로 또는 날숨에서 들숨으로 바뀌는 호흡감각을 알아차릴 수도 있다.

또 하나의 흔한 잘못은 호흡명상을 처음 지시받은 사람에게서 잘 발견되는 것이다. 즉, 우리가 제시한 지시를 '자신의 호흡에 관해 생각하라.'는 것으로 해석하는 것이다. 이 해석은 매우 잘못된 것이다. 호흡에 주의를 집중하는 것은 호흡에 관해 생각하라는 것이 아니다. 그와는 반대로, 호흡에 수반되어 일어나는 감각을 느끼고 변화되는 감각의 내용에 주의를 주라는 것이다.

MBSR에서는 일반적으로 콧구멍이나 가슴보다는 복부의 호흡

감각에 주의를 준다. 명상의 초기 단계에서 이렇게 하면, 특히 이완감과 평안감이 잘 나타나기 때문이다. 오페라 가수, 관악기 연주자, 무용가, 배우 그리고 무술 수련자와 같이 직업상 호흡을 특별하게 사용하는 사람들은 복부 호흡의 중요성을 알고 배에 의식을 집중한다. 이들은 복부로 호흡하면 더 깊은 호흡을 할 수 있고 더 잘 통제할 수 있다는 것을 알고 있다.

복부에 호흡을 집중하면 마음이 편안해진다. 큰 바다의 수면에 바람이 불어오면 파도가 이는 것과 마찬가지로, 우리 마음의 '대기 상태'가 호흡이라는 파도에 영향을 줄 수 있다. 외적 · 내적 환경이 차분하고 평화롭지 못하면 호흡은 그에 반응해서 불안해진다. 대양의 경우 수면에서 3~6미터만 내려가면 부드럽고 조용하다. 즉, 수면은 심한 파도가 일어나도 내면은 조용하다. 이와 유사하게 호흡의 집중 대상을 신체의 아랫부분인 복부로 하면 머리에서 멀어지므로 생각하는 마음의 동요와 거리가 생겨 본질적으로 평온한 신체 영역에 동조하게 된다. 바로 이런 이유로 정서적으로 혼란스럽거나 마음이 번잡할 때 복부에 호흡을 동조하면 내적 평온함과 균형감을 되찾을 수 있는 것이다.

명상을 할 때 호흡은 항상 존재하는 신뢰할 수 있는 주의의 지표로 작용할 수 있다. 몸에서 호흡을 느낄 수 있는 곳이면 어디든 호흡감각에 채널을 맞추면, 마음의 동요가 일어나는 표면 밑으로 내려가 그 어떤 것도 변화시킬 필요 없이 이완과 평온, 안정에 도달하게 된다. 폭풍우가 칠 때 수면에 파도가 치는 것처럼 아직도 마음 표면에는 동요와 일렁임이 있지만, 주의를 매 순간의 호흡감각에 두면 바람의 영향에서 벗어나 파도가 만드는 흔들림과 긴장에서 보호받게 된다. 이것은 자신의 고요한 내면과 재연결하는 매우 효과적인 방법이다. 이렇게 하면 분명하고 안정된 마음이 절실히 필요한 매우 힘든 순간에도 마음의 안정을 찾을 수 있다.

이렇게 안정되고 평온한 마음 부분에 닿으면 세상을 보는 눈이 순식간에 달라진다. 즉, 이때는 마음의 동요로 뒤틀리는 일 없이 만사를 보다 분명하게 볼 수 있고, 보다 내적 균형감을 갖추어 행동할 수 있게 된다. 이것이 바로 복부 호흡에 의식을 집중해야 하는 이유다. 복부는 머리와 생각하는 마음의 동요에서 멀리 떨어진, 말 그대로 신체의 무게중심이다. 그렇기 때문에 처음부터 평온과 알아차림을 이루기 위한 협력자로서 복부와 '친해지도록' 권하고 싶다. 그러나 우리가 정말 친해져야 하는 것은 의식 그 자체다. 우리는 인간 본유의 매우 귀중한 차원인 심오한 능력과 친해지고 있는 중이다. 우리는 의식 안에 존재하며 매 순간 매 호흡마다 의식을 구현하는 것을 배우는 중이다.

이런 방법으로 하루 중 언제라도 호흡에 주의를 기울이면 당신은 명상적 알아차림에 있게 된다. 이렇게 하면 명상을 하고 있을 때뿐 아니라 일상생활을 하는 도중이라도 바로 '지금'이라는 이 순간에 의식을 집중하고 자신의 몸이나 느낌에 주의를 집중할 수 있을 것이다.

호흡 마음챙김을 훈련할 때, 눈을 감고 하는 것이 집중력을 높이는 데 도움이 된다는 것을 발견할 수도 있다. 하지만 항상 눈을 감고 명상할 필요는 없다. 눈을 뜨고 싶으면 눈앞의 벽이나 바닥을 바라봐도 된다. 단, 초점을 맞춰 응시하지 말고 시선이 흔들리지 않게만 유지하면 된다. 제1장에서 '건포도 먹기' 때 적용한 동일한 감수성을 호흡을 느낄 때도 적용해야 한다. 다시 말해서 순간순간 실제로 느끼는 것에 마음챙김하라는 뜻이다. 들숨의 시작부터 끝까지 그리고 날숨의 시작부터 끝까지 가급적 한 호흡의 전 과정에 주의를 유지하라. 마음이 다른 곳으로 흘러 더 이상 호흡에 주의를 주지 못하고 있다는 것을 알아차리면 그냥 그 순간 당신의 마음에 무엇이 있는지 알아차리고, 부드럽고 단호하게 다시 복부의 호흡으로 돌아오면 된다.

횡격막 호흡

대개의 환자들은 명상수련을 하는 동안 복부를 이완시키는 호흡을 하면 큰 도움이 된다는 사실을 안다. 이것을 이른바 '횡격막 호흡'이라 부른다. 이 호흡은 이미 당신이 하고 있는 호흡과 같을 수도 있고 다를 수도 있다. 당신이 이와 같이 호흡해 오지 않았다고 해도 복부에 의식을 집중하고 호흡을 계속하면 자연스럽게 깊은 호흡이 된다. 급하고 얕은 가슴 호흡에 비해 복식호흡은 느리고 깊은 호흡이다. 어린 아이의 호흡을 관찰해 보면 아이들이 횡격막 호흡을 하는 것을 알 수 있는데, 이 호흡은 우리가 아이였을 때부터 이미 시작했던 방식이다.

횡격막 호흡은 '복식호흡'이라고 부르는 것이 더 좋다. 왜냐하면 모든 호흡 패턴에는 횡격막이 포함되기 때문이다. 이러한 호흡을 시각적으로 잘 이해하기 위해서 어떻게 폐가 공기를 끌어들이고 내뱉는가를 알아볼 필요가 있다.

횡격막은 크고 우산처럼 생긴 근육의 판으로, 늑골의 아래쪽 가장자리 주변에 붙어 있다. 횡격막은 가슴 부위(심장, 폐 및 거대 혈관)와 복부 부위(위, 간, 창자들)를 갈라놓는다. 횡격막은 늑골의 가장자리를 따라 붙어 있기 때문에 수축하면 탄탄하게 당기면서 아래로 내려간다([그림 3-1] 참조). 이렇게 횡격막이 아래를 향해 내려가면 심장과 폐가 있는 가슴의 용량이 늘어난다. 가슴의 용량이 늘어나면 폐 속의 공기압이 줄어든다. 체외의 공기는 기압이 높으므로 공기압이 균등해지도록 폐 속으로 흘러 들어간다. 이것이 바로 들숨이다.

횡격막은 수축한 후 곧 이완된다. 횡격막 근육이 이완되면 느슨해지면서 원래의 가슴 위치로 되돌아가고 흉부의 용량은 감소한다. 용량이 감소하면 흉부의 공기압이 높아져 폐 속의 공기는 코나 입을 통해 바깥으로 나가게 된다. 이것이 바로 날숨이다. 즉, 호흡이란 횡격막이 수축해서 내려감에 따라 바깥의 공기가 폐 속으로

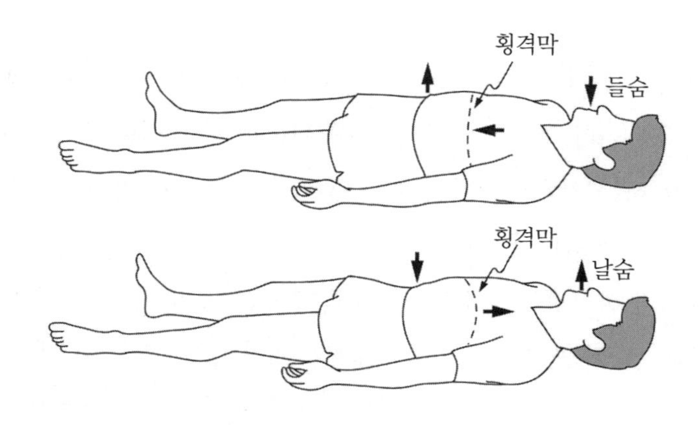

[그림 3-1]

들어오고, 횡격막이 느슨해져서 위로 올라감에 따라 공기가 바깥으로 나가는 것이다.

만약 복벽을 이루는 근육이 횡격막이 수축할 때 이완되지 않고 팽팽해진다고 가정해 보자. 횡격막이 내려가서 복부에 있는 위나 간장 등의 내장을 압박하면 복부가 저항하기 때문에 단단해진다. 복부의 저항을 만나면 횡격막은 충분히 내려갈 수 없기 때문에 흉부에서 호흡이 급하고도 얕아진다.

복부호흡이나 횡격막 호흡은 가능한 한 복부를 의도적으로 이완시켜 행하는 호흡법이다. 숨을 들이쉬면 횡격막이 내려가 내장을 압박하기 때문에 자연적으로 복부는 밖으로 조금 나온다. 복부가 나오면 횡격막은 좀 더 밑으로 내려갈 수 있다. 이렇게 하면 공기를 들이쉬는 시간이 좀 더 길어지고 더 많은 양의 공기가 폐 속으로 들어가게 되며 내쉴 때는 더 많은 공기를 배출할 수 있게 된다. 이렇게 해서 전반적으로 한 호흡의 전체 길이가 더 길어지고 호흡은 더욱 깊어질 수 있다.

복부를 이완하는 것이 익숙하지 않다면 처음 시도한 이런 방식의 호흡이 좌절스럽거나 혼란스러울 것이다. 그러나 무리하지 않고 끈기 있게 하면 곧 자연스레 호흡할 수 있게 된다. 갓난아이는 호흡할 때 일부러 배를 이완하려 하지 않는다. 이미 이완되어 있기 때문이다. 그러나 어른이 되면서 몸을 늘 긴장하고 있다면 복부를 부드럽게 이완시키는 방법을 익히기까지 다소 시간이 걸릴 수 있다. 그러나 복부 호흡은 분명히 익힐 가치가 있는 기술이다. 이따금 호흡에 친절한 주의를 주면 된다.

처음에는 똑바로 눕든가 안락의자에 몸을 기대고 앉아 눈을 감고 한쪽 손을 복부에 얹고 시작하는 것이 좋다. 손에 주의를 집중하면서 호흡이 들어가고 나갈 때 복부가 움직이는 것을 느끼도록 하라. 들숨에 손이 올라가고 날숨에 내려가면 호흡이 잘되고 있다는 증거다. 너무 힘을 들여 강제로 해서는 안 되고, 너무 크게 할 필요도 없다. 들숨에 부드럽게 팽창하고 날숨에 부드럽게 수축하는 풍선처럼 느껴질 것이다. 지금 그렇게 느껴진다면 잘된 일이다. 잘 느껴지지 않아도 역시 괜찮다. 호흡에 주의를 두는 훈련에는 시간이 필요하다. 확실히 밝혀 두는데, 배 속에는 풍선이 없다는 걸 명심하라. 풍선 비유는 단지 움직임을 시각화하기 위해서다. 만약 풍선과 유사한 뭔가가 있다면 그것은 당신 가슴 안에 있는 폐일 것이다.

몇 년간 스트레스 완화 프로그램을 수강했던 수백 명의 환자를 대상으로, 그들이 프로그램에서 얻은 것들 가운데 가장 중요하다고 생각되는 것 하나를 말해 보라고 했더니 대다수의 사람이 '호흡'이라고 대답하였다. 그들 모두가 스트레스 완화 훈련에 오기 훨씬 전부터 호흡하고 있었기 때문에 나는 이 대답이 재미있었다. 어쨌든 이전부터 하고 있던 호흡이 왜 갑자기 그렇게 중요하고 값어치 있는 것이 되었을까?

그 해답은 명상을 시작해 보면 알 수 있다. 명상을 시작하면 호흡은 더 이상 그냥 호흡이 아니다. 자신의 호흡에 규칙적으로 주의를 기울이면 호흡과 자신과의 관계가 크게 달라진다. 호흡에 주의를 집중하는 것은 대개 초점이 맞지 않아 산만한 에너지를 한데 모아서 자기에게 집중하게 한다. 호흡에 주의를 집중한다는 것은 곧 자신의 신체에 주의를 집중하는 것이고 지금 이 순간의 경험을 마음챙김할 수 있게 해 준다.

호흡에 마음챙김하면 저절로 심신이 편안해진다. 그러면 보다 안정되고 명쾌한 눈으로 자신의 생각과 느낌을 더 잘 깨달을 수 있다. 또한 사물을 더 넓은 관점에서 더 분명하게 볼 수 있다. 왜냐하면 우리가 좀 더 깨어나기 때문에 좀 더 의식하게 된다. 이렇게 의식이 각성되면 스트레스 상황에서 반사적으로 압도되거나 균형이 깨져서 마음의 평정과 자아감을 상실하는 대신, 효과적이고 적절한 반응을 더 자유롭게 선택한다는 느낌, 더 여유 있다는 느낌, 더 많은 선택권이 있다는 느낌을 갖게 된다.

이 모든 것이 호흡에 주의를 주는 간단한 훈련으로 가능해진다. 물론 규칙적으로 열심히 훈련할 때 가능한 일이다. 이와 더불어 정확하게 호흡을 연습해 나가면 이미 상처받았거나 통증이 있는 곳에 의식이 집중되어 이를 어루만질 수 있으며, 동시에 마음을 안정시키고 진정시킬 수 있다는 사실도 알게 된다.

호흡으로 깊은 내면적 평온과 집중된 알아차림에 머무는 능력을 키울 수도 있다. 일상적으로 관심을 두던 여러 가지 것 대신에 한 가지(예컨대, 호흡)에만 집중하면 집중력이 더 높아진다. 어떤 명상이든 명상하는 동안 마음이 호흡에 계속 머물러 있으면 깊은 평온과 알아차림을 경험하게 된다. 호흡에는 바로 이러한 힘이 숨겨져 있으며, 오직 일념으로 그 길을 따라가면 그 힘을 손에 넣을 수도 있다.

체계적으로 호흡에 의식을 집중하고 이를 오랫동안 지속해 나가면 이런 힘이 드러난다. 호흡의 힘을 알게 되면 호흡이란 정말 신뢰할 수 있는 삶의 동반자란 생각이 커진다. 나는 우리 환자들이 프로그램에서 얻은 가장 소중한 것이 '호흡'이었다고 응답한 이유를 알 것 같다. 우리는 일상생활에서 호흡이 삶을 변화시킬 수 있는 위대한 힘의 원천이 된다는 사실을 간과하고 있다. 호흡을 잘 활용하기 위해 필요한 것은 주의집중의 기술과 인내심을 기르는 것이다.

호흡 마음챙김 훈련은 대단히 단순하다. 그러나 이 단순한 호흡이 마음속에 가지고 있는 온갖 편견에 찬 강박관념이나 타성적인 걸림에서 자신을 해방시켜 주는 위대한 힘을 마련해 준다. 요기들은 호흡이 갖는 신비한 힘을 수세기 전부터 알고 있었다. 호흡은 모든 명상수련의 가장 보편적인 것이다.

꾸준히 수행하다 보면 종국에 가서 실제로 핵심은 호흡이 아니라는 것을 발견할 수도 있다. 가장 중요한 것은 의식 자체이고, 실제 변화 잠재력이 있는 곳도 의식이다. 호흡은 단지 의식을 구현하고 구현된 의식으로 행동하는 능력을 기르는 데 매우 쓸모 있는 주의의 대상인 것이다. 그러나 호흡은 우리가 생각하는 것보다 훨씬 더 친밀하고 익숙하며 이미 살펴본 장점 말고도 호흡을 매우 특별한 주의의 대상으로 만드는 많은 다른 장점을 가지고 있다. 더욱이 우리 환자들이 스스로 알아낸 것처럼 호흡을 주의의 주요 대상으로 삼아 궁극적인 목표라 할 수 있는 의식 그 자체를 발견할 수 있게 된다. 호흡은 더 이상 '단지' 호흡이 아니다. 의식을 주면 다른 모든 것이 그렇듯 호흡도 변화한다. 이것이 바로 우리가 경험과 관계하는 방식인 것이다.

호흡에 마음챙김하는 훈련에는 크게 두 가지 방법이 있다. 그중 하나는 특정한 시간을 정하여 명상하는 이른바 공식 수련이다. 이때는 행하던 모든 일을 멈추고, 특별한 자세를 취하고 일정 시간 동안 앞서 언급한 것과 같은 방법으로 숨이 나오고 들어가는 것에 주의를 집중하여 이를 관찰한다. 이 연습을 일정 시간 규칙적으로 계속하는 동안 자연스럽게 호흡에 주의를 유지하는 능력이 증진된다. 마음의 집중력이 높아지고 보다 안정되고, 스스로의 생각이나 외부 자극에 분별없이 반응하는 일이 줄어들면 집중력도 좋아진다. 수행을 계속하면 단지 일정 시간 호흡과 함께하는 데서 오는 평온은 더욱 안정되고 강해지며 신뢰할 수 있게 된다. 이렇게 되면 어떤 명상법을 선택하든 의식장의 중심 무대에 어떤 주의의 대상을 두든 상관없이 명상 시간은 존재의 더 깊은 차원에서 내면의 평화와 새로움과 만나는 소중한 시간이 될 것이다.

호흡을 사용해서 수련하는 두 번째 방법은 언제, 어디에서, 무엇을 하고 있든 매 순간 호흡에 마음챙김하는 것이다. 이렇게 하면 명상적 알아차림이 신체적 이완, 정서적 평온 및 통찰과 함께 일상생활의 모든 측면에 스며든다. 우리는 이것을 '비공식 명상수련'이라 부르는데, 이 방법의 효과도 공식 명상 못지않다. 그러나 이 방법은 쉽게 무시되며 규칙적인 공식 명상수련과 적절하게 결합시키지 않으면 마음을 안정시키는 힘이 생겨나지 않는다. 공식 명상과 비공식 명상을 같이 진행하면 서로를 보완해서 효과가 높아진다. 물론 비공식 명상수련은 전혀 시간이 들지 않고 기억하기만 하면 된다. 그리하면 실제 명상수행은 그야말로 삶 자체가 되고 의식은 그곳에 펼쳐진다.

호흡 마음챙김은 모든 명상수련의 핵심이다. 우리는 이 호흡 마음챙김을 정좌명상, 바디 스캔, 요가 그리고 걷기명상과 같은 모든 종류의 공식 명상수련에 사용할 것이다. 또한 호흡 마음챙김은 일상생활에서 알아차림이 지속되도록 하는 수련을 할 때도 사용될 것이다. 꾸준히 해 나가다 보면 당신이 행하는 호흡이 바로 오래된 익숙한 친구이자 아픈 상처를 치유해 주는 강력한 삶의 동반자라는 것을 알게 되는 날이 곧 올 것이다. 그리고 모든 순간 모든 호흡이 정말 소중하게 느껴지는 삶을 살게 될 것이다.

연습 1

1. 편히 눕거나 앉아서 편안한 자세를 취한다. 앉은 자세라면 최대한 위엄 있는 자세로 척추를 똑바로 펴고 어깨를 내린다.
2. 감는 게 편안하다면 눈을 감는다.
3. 마치 숲 속 빈터 나무 그루터기 위에서 햇볕을 쬐고 있는 수줍은 동물을 만나고 있는 것처럼 주의를 부드럽게 복부로 보낸다. 복부가 들숨에 팽창했다 날숨에 수축하는 것을 느껴 보라.
4. 최대한 호흡과 연관된 여러 감각에 주의를 주면서 마치 호흡의 파도를 타듯이 들숨 전체, 날숨 전체와 함께한다.

5. 마음이 호흡에서 벗어났음을 알아차릴 때마다 무엇에 주의를 빼앗겼는지 알아차리고 부드럽게 복부로 주의를 되돌려 놓고, 들랑날랑하는 호흡과 연관된 감각에 주의를 준다.
6. 만약 마음이 수천 번 호흡에서 벗어난다면, 당신이 할 일은 호흡에 주의가 있지 않다고 깨닫는 순간 마음에 무엇이 있는지 그저 알아차리는 것이다. 그런 다음 무엇에 정신이 팔렸는지에 상관없이 매번 호흡으로 주의를 되돌린다. 계속해서 몸에서 들어왔다 나갔다 하는 호흡의 느낌에 의식을 둔다. 잘 안 되더라도 반복해서 다시 돌아오면 된다.
7. 매일 편한 시간에 15분가량 내키건 내키지 않건 일주일 정도 이 연습을 훈련하라. 그리고 잘 훈련된 명상법을 삶으로 통합한다는 게 어떤 느낌인지 알아본다. 매일 뭔가를 하지 않으면서 호흡과 함께하며 시간을 보내는 것이 어떤 느낌인지 알아차린다.

연습 2

1. 하루 중 여러 경우에 복부가 오르락내리락하는 것을 느끼면서 호흡에 주의를 준다.
2. 이 순간 당신의 생각과 감정을 알아차림한다. 생각과 감정 혹은 자기 자신을 판단하지 말고 단지 친절함으로 관찰한다.
3. 동시에 당신이 사물을 보는 방식과 당신 자신에 관해 느끼는 방식에 어떤 변화가 있는지 알아차림한다.
4. 일어나는 감정이나 생각을 알아차림한다는 것이 실제로는 감

정의 느낌이나 생각의 내용에 붙잡혀 있는 것은 아닌지 스스로 질문하고 깊이 들여다본다.

04

정좌명상: 존재의 영역 키우기

MBSR 첫 시간에 이곳에 온 사람들은 어떤 이유로 프로그램에 참가하게 됐으며, 이곳에서 바라는 것이 무엇인지 애기를 나눈다. 지난주에 린다라는 여성은 "내 발뒤꿈치에 대형 트럭이 붙어 있어 내가 걸을 수 있는 속도보다 훨씬 더 빨리 걷도록 몰아붙이는 것 같아요."라고 말했다. 사람들은 연관되는 것에 대해 상상을 한다. 그녀의 상상이 너무나 생생하였기에 방 안에 있는 사람들이 고개를 끄덕이고 미소를 지었다.

"무엇을 트럭이라고 생각하였나요?"라고 내가 물었다. 그녀는 "나의 충동, 나의 간절한 갈망(그녀는 실제로 비만이다), 나의 욕구"라고 대답했다. 한마디로 트럭은 그녀의 마음이다. 그녀의 마음이 곧 트럭이다. 이런 마음이 언제나 그녀의 뒤에 붙어 있어 한순간도 쉴

새 없이 그녀를 몰아붙이고 있다.

우리는 우리의 행동이나 감정이 마음의 좋고 나쁨에 따라 중독과 혐오감에 의해 영향을 받는다는 사실을 앞에서 보았다. 당신이 어떤 사물을 본다고 할 때 당신의 마음은 끊임없이 만족감을 주는 것만 찾고, 당신의 방식으로 되기를 바라는 일들만 계획하고 당신이 원하고 필요로 하는 것들만 가지려 하고, 또한 이와 동시에 당신이 두려워하거나 나타나지 말았으면 하는 것은 비켜 가려고 한다. 과연 이런 마음 상태에서 사물을 정확하게 보겠는가? 이러한 마음이 작용하여 온종일 하지 않으면 안 될 일에 매달리다 보면 무진장 노력을 다해 보아도 결과는 절망적인 것이 되어 버리고 배신감만 느끼지 않겠는가? 이런 일에 매달리다 보면 계속 시간에 쫓기고 계속 서둘고, 너무 바삐 뛰고, 너무 불안해서 즐거운 시간인들 가져보겠는가? 비록 우리가 하고 있는 일이 매우 중요하며, 우리가 스스로 하고 싶어서 선택한 일이라 하더라도 스케줄에 매달리거나 책임감이나 자기가 하지 않으면 안 될 역할 때문에 마지못해 억지로 하는 경우가 많다. 우리는 끊임없는 행위의 세계(world of doing)에 함몰되어 있다. 누가 그 행위를 행위하고 있는가를 의식하는, 즉 존재의 세계(world of being)를 살아가는 사람은 거의 없다.

존재로서 자기를 의식하는 것이 그렇게 어려운 일만은 아니다. 우리는 단지 마음챙김을 떠올리면 된다. 마음챙김하고 있는 순간순간은 비록 어떤 활동의 와중에 있더라도 평화와 고요의 순간이다. 당신의 일상생활이 늘 무언가 하지 않으면 안 되는 일에 쫓기고 있을 때라도, 공식 명상수련을 하면 정신을 제자리로 돌려 안정을 취할 수 있고 사물을 보다 넓은 시각으로 볼 수 있게 해 주는 평온하고도 안정된 장소로 갈 수 있다. 모든 행위에 대한 성급한 가속을 멈추고, 깊은 이완감과 행복감을 갖게 해 주며, 당신이 누구인가를 생각나게 해 준다. 공식 명상수련은 당신이 해야 하거나 하고 싶은 것으로 돌아갈 수 있게 하는 힘과 자기이해를 제공하고, 행위가 존재 영역의 근간에서 나올 수 있게 한다. 이렇게 되면 당신의 행위에는 인내, 내적 고요함, 명료함과 마음의 균형감이 스밀 것이고, 분주함이나 압박감은 줄어들 것이다. 사실 당신이 바쁜 스케줄에서 완전히 나와 잠시만이라도 시간을 초월해서 현재에 머문다면 분주함과 압박감은 완전히 사라질 것이다.

명상이란 실제로 '아무것도 하지 않는 것(無爲, non-doing)'이다. 명상은 다른 어떤 곳에 도달하려는 것이 아니라 당신이 이미 존재하고 있는 곳에 있기를 강조한다. 우리는 너무나 오랜 시간을 무엇을 한다고 쫓기고, 애써 구하려 했고, 계획하려 했으며, 사사건건 반응했고, 분주하게 서둘렀기 때문에 내가 어디에 있는지 느끼기 위해 멈추는 것이 처음에는 다소 이상하게 느껴질 수 있다. 무엇보다도 우리 마음이 얼마나 끊임없이 가차 없이 작용하며 우리를 몰아가는지를 거의 알아차리지 못하고 있다. 우리가 멈춰서 마음이 무엇을 하고 있는지 직접 관찰한 적이 없다는 점을 생각해 볼 때 새삼 놀랄 일도 아니다.

마음과 함께 단지 '존재' 하도록 허용하는 것이 주는 풍요로움에 익숙해지는 데는 얼마간의 시간이 필요하다. 이것은 몇 년 동안 못 보던 옛 친구를 만나게 되는 과정과 비슷하다. 이 친구가 더 이상 누구인지 모르겠고, 어떻게 해야 할지 몰라 어색할 수 있다. 유대를 다지고 서로 다시 익숙해지는 데 시간이 좀 걸릴 것이다.

역설적이게도 우리 모두 마음(mind)을 가지고 있지만 때때로 내가 누구인지 나 자신에게 '상기시킬(re-mind)' 필요가 있어 보인다. 그렇지 않으면 행위의 관성이 우리를 지배하게 되어 우리 자신이 아니라 행위 자체의 계획에 따라 로봇처럼, 그것도 부산한 로봇처럼 살게 된다. 자신을 돌아보지 않고 자동화된 삶을 수십 년간 계속 살다 보면 자신의 삶을 살고 있는지도, 삶은 오직 순간만 있을 뿐이라는 것도 제대로 알지 못한 채 죽음을 맞이하게 된다.

행위의 관성의 힘을 생각할 때 지금이라는 이 순간의 중요함을 깨닫기 위해서는 보통과 다른 극적인 방법이 필요하다. 공식 명상수련을 하기 위해 하루 중 특정 시간을 마련하는 것은 바로 이런 이유 때문이다. 공식 명상수련은 멈춤의 방법이며, 나 자신을 일깨우고 존재의 영역을 양성하는 방법이다.

당신의 생활에 존재(being)의 시간, 무위(non-doing)의 시간을 낸다는 것이 처음에는 생소하고 부자연스럽게 느껴질 것이다. 이것에 익숙해지기까지는 단지 '행위'할 '무엇'이 하나 더 있는 것처럼 보일 수도 있다. 즉, '이미 내 생활을 점유해 온 많은 의무와 스트레스 위에다 명상할 시간을 하나 더 올려놔야 하는군.' 이라고 생각할 수 있다. 어떤 점에서는 그런 생각이 옳을 수도 있다.

그러나 일단 당신의 존재를 양성할 필요성을 느끼고, 가슴과 마음을 평온하게 하고 싶고, 인생의 폭풍우를 직면할 수 있는 내면의 균형을 발견하고 싶다는 생각이 분명하다면, 공식 명상수련을 위한 시간을 우선으로 하는 열의와 그것을 현실로 만드는 필수적 절제력은 자연스럽게 발달한다. 명상을 위한 시간을 마련하는 것은 점점 쉬워질 것이다. 결국 명상이 내면 깊숙한 곳에 있는 최선의 것을 개발한다는 점을 알게 되면 당신은 반드시 방법을 찾아낼 것이다. 심지어 명상이 하고 싶어서 공식 수행 시간을 기다리는 자신을 발견할 것이다.

우리는 정좌명상법 또는 간단히 말해 정좌가 공식명상법의 핵심이라고 생각한다. 호흡과 마찬가지로 앉아 있다는 것은 누구에게나 낯설지 않다. 우리는 모두 앉는다. 특별할 것이 없다. 그러나 마음챙김하는 호흡이 일상의 호흡과 다른 것처럼 마음챙김하는 앉아 있음과 일상적인 앉아 있음과는 차이가 있다. 그 차이는 물론 당신의 알아차림이다.

정좌명상법을 훈련하기 위해서 제2장에서 언급한 것처럼 아무것도 하지 않고 가만히 앉아 있을 수 있는 시간과 장소를 마련한다. 자세는 움직이지 않고 편안하게 느낄 수 있도록 이완되었지만 방심하지 않는 자세를 의식적으로 취한다. 그런 다음 무언가로 채우려 하지 말고 단지 평온히 받아들이며 현재에 존재한다. 이것은 호흡을 바라보는 여러 훈련법에서 이미 시도해 보았던 것이다.

머리, 목 등을 똑바로 세워서 곧고 위엄 있는 자세를 취하는 것은 매우 도움이 된다. 이런 자세에서 호흡이 가장 흐르기 쉽다. 또한 자기신뢰, 자기수용 및 기민한 주의력 같은 내적 태도를 신체적으로 반영한 자세이기도 하다.

정좌명상은 의자나 바닥 어디에 앉아서든 훈련할 수 있다. 의자에 앉는다면 등을 똑바로 펴고 발은 바닥에 평평하게 놓고 하는 것이 좋다. 가능하다면 등을 의자 등받이에 기대지 말고 척추를 똑바로 세워서 하는 것이 좋지만([그림 4-1] A) 등받이에 등을 기대야 한다면 그것도 괜찮다. 바닥에 앉아서 하려면 엉덩이를 바닥에서 7~15센티미터 정도 높일 수 있는 방석을 깔고 하면 좋다(베개 한두 개를 엉덩이 밑에 깐다든가 명상 방석을 구입해서 사용할 수도 있다).

다리를 꼬고 앉는 가부좌 자세에는 여러 가지가 있다. 내가 잘 쓰는 자세는 소위 '버마식' 자세([그림 4-1] B)인데, 먼저 한쪽 다리의 발꿈치는 몸 쪽으로 바짝 끌어당기고 다른 쪽 다리는 먼저 접은 다리 앞에 오도록 하는 것이다. 무릎은 바닥에 붙이든 떼든 상관없다. 허리, 무릎, 발목의 움직임에 맞춰 편한 자세를 취하면 된다. 발목과 발목 사이에 방석을 끼우거나 그런 목적으로 설계된 벤치를 사용해서 무릎을 꿇고 앉는 자세를 취할 수도 있다([그림 4-1] C).

바닥에 앉으면 '기초가 든든하다'는 느낌을 받을 수 있고, 내 스스로 명상의 자세를 취하고 있다는 느낌을 받아서 좋다. 그러나 반드시 바닥에서 가부좌를 틀고 명상할 필요는 없다. 어떤 사람은 바닥에 앉는 것을 좋아하지만 대다수 사람은 등받이가 똑바른 의자에 앉아서 하는 것을 좋아한다. 결국 중요한 것은 어디에 앉느냐가 아니라 성실한 노력이다.

바닥에 앉든 의자에 앉든 상관없지만 자세는 명상수행에서 매우 중요하다. 명상 자세는 존엄, 인내, 현존, 자기수용이라는 태도를 기르는 바깥 지지대로 작용할 수 있다. 자세와 관련해서 잊지 말아야 할 요점은 등, 목 그리고 머리는 꼿꼿이 세우고, 어깨의 힘은 빼고, 손은 편안하게 두는 것이다. [그림 4-1]에서 볼 수 있듯이 보통 손은 무릎 위에 올려놓거나 오른손 손가락 위에 왼손 손가락을 올리고 엄지손가락 끝을 서로 맞닿게 해서 내려놓는 방법이 있다.

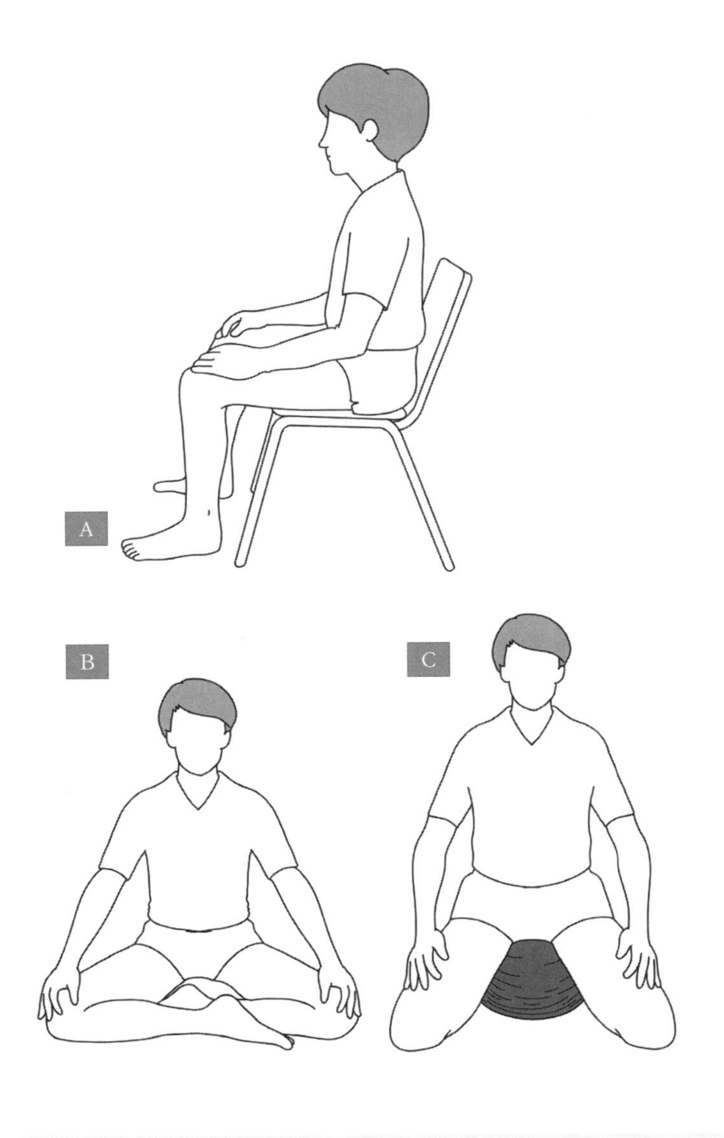

[그림 4-1]

어떤 자세를 취해 앉더라도 우선 호흡에 의식을 집중한다. 그리고 숨이 몸 안으로 들어오는 것을 느끼고, 숨이 몸 바깥으로 나가는 것을 느낀다. 숨을 쉬면서 지금 현재라는 이 순간에 의식을 머물게 한다. 이것은 간단하게 들리는데, 실제로 간단한 일이다. 들숨과 날숨에 전적으로 의식을 집중한다. 호흡은 그냥 이루어지게 두면서 이를 바라보고, 호흡과 관련해서 느낄 수 있는 모든 미세한 감각까지 느껴 본다.

이는 매우 간단해 보이지만 쉬운 일은 아니다. 당신은 TV 앞에서나 여행 중 차 안에서 특별한 생각 없이 몇 시간씩 앉아 있을 수도 있을 것이다. 그러나 아무것도 하지 않고 아무런 목적도 없이 아무데도 가지 않고 호흡이나 신체 또는 마음만을 관찰하면서 오랜 시간 앉아 있기가 그렇게 편한 일은 아니다.

아마도 1분, 2분, 3분, 4분쯤 후에 몸이나 마음이 힘들다면서 자세를 바꾸거나 뭔가 다른 것을 하라고 요구할 것이다. 이것은 불가피한 일이다. 초심자만 그런 것이 아니라 모든 사람에게 해당하는 일이다.

자기관찰 작업이 특히 흥미롭고 유익해지는 건 바로 이 시점에서다. 보통 마음이 움직이면 몸도 따라 움직인다. 마음이 들썩이면 몸도 들썩인다. 마음이 마실 것을 원하면 몸은 냉장고로 간다. 마음이 '이거 따분한데.'라고 하면 당신이 깨닫기도 전에 몸이 일어나서 마음을 행복하게 해 줄 다음 것을 찾아 여기저기 둘러본다. 대개 마음을 즐겁게 하거나 산란하게 해서 명상수련을 지속하려는 의도를 딴데로 돌려 버린다. 그것은 역으로 작동하기도 한다. 만약 몸이 약간 불편하면 더 편안하도록 자세를 바꾸거나 마음에 요청하여 뭔가 다른 것을 찾게 할 것이다. 그러면 당신은 말 그대로 당신이 깨닫기도 전에 벌떡 일어날 것이다. 아니면 끊임없는 생각이나 백일몽에 빠져 있는 자신을 발견할 수도 있다.

당신이 진정으로 더 평화로워지고 싶고 더 이완하고자 한다면, 왜 마음이 그토록 빨리 싫증을 내고, 왜 몸이 가만히 있지 못하고 불편해하는지 의아할 것이다. 매 순간을 무엇으로 채우려 하는 충동 뒤에는 무엇이 있으며, 또 '빈' 시간마다 벌떡 일어나 재미있는 것을 찾아나서는 욕구 뒤에는 무엇이 있을지 궁금할 것이다. 몸과 마음이 가만히 있지 못하게 충동질하는 것은 도대체 무엇인가?

명상을 수련하는 동안 그런 의문에 대해 해답을 얻으려고 해서는 안 된다. 오직 일어나는 충동과 마음속에 떠오르는 생각과 감정을 관찰하면 된다. 벌떡 일어나서 마음이 다음 차례라고 결정한 것을 하는 대신에 부드럽지만 단호하게 복부로, 호흡으로 주의를 가져온다. 매 순간 호흡을 바라보고, 느끼고, 호흡의 파도타기를 계속한다. 마음이 왜 그 순간에 그와 같은지 곰곰이 생각할 수도 있다. 하지만 기본적으로 우리는 반응하지 않으면서 각 순간을 있는 그대로 수용하는 훈련을 하고 있는 것이다. 고로 우리는 호흡 감각에 주의를 주면서 가만히 앉아 있으면 된다.

명상의 기본 지시

정좌명상을 수련하기 위한 기본 지시는 매우 단순하다. 숨이 들어가고 나가는 것만 관찰하면 된다. 즉, 숨이 들어올 때의 느낌에 온전한 주의를 주고 숨이 나갈 때의 느낌에 온전한 주의를 준다. 이것은 제1장과 제3장에서 본 바와 같다. 주의가 어디든 다른 곳으로 옮겨 간 것을 발견할 때마다 그것을 그저 알아차린 다음 놓아 버리고, 주의를 부드럽게 복부가 오르락내리락하는 호흡 쪽으로 되돌려 놓는다.

직접 한번 해 보면 아마도 마음이 여기저기 많이도 돌아다닌다는 것을 알 수 있을 것이다. 당신은 무슨 일이 있어도 호흡에 주의를 집중하기로 다짐했겠지만 얼마 지나지 않아 마음이 호흡을 잊어버린 채 다른 곳으로 달아나 버렸음을 발견할 것이다.

앉아서 명상을 하는 동안 이 같은 일이 일어날 때마다 우선 마음에 있는 것 혹은 호흡에 주의를 두지 못하게 방해하는 것을 잠시 알아차리고, 그다음 부드럽게 주의를 복부와 호흡으로 되돌리면 된다. 주의가 수백 번 호흡을 떠난다 하더라도, 평온하고 부드럽게 수백 번 되돌리면 된다.

이러한 방식으로 수련을 계속해 나가면 당신의 마음은 반응을 덜 보이게 되고 더 안정될 것이다. 당신은 매 순간을 중요하게 만들고 있다. 즉, 어떤 것이 다른 어떤 것보다 더 가치 있다고 비교하지 않고 다가오는 순간을 있는 그대로 받아들인다. 이렇게 하면 마음을 집중시키는 자연적 능력을 키우게 된다. 마음이 바깥으로 나가 돌아다니는 것을 알아차리는 순간 조용히 호흡으로 되돌려 마치 무게를 계속 들어 올리면 근육이 발달하는 것과 같이 집중하는 힘도 더욱 강해지고 깊어질 것이다. 바깥으로 나돌고자 하는 마음의 저항과 싸우려 하기보다는 규칙적으로 잘 길들이면 내면의 힘이 점점 더 강해진다. 동시에 인내심도 커지고 비(非)판단도 수련할 수 있다. 마음이 호흡을 떠나 돌아다닌다고 해서 스스로를 책망할 필요는 없다. 단지 그것을 부드럽게, 그러나 단호하게 호흡으로 되돌리기만 하면 된다.

신체적 불편감 다루기

조용히 앉아서 명상을 할 때면 온갖 것이 작용하여 당신의 의식을 호흡에서 빼앗아 가려고 한다. 그중 가장 큰 요인의 하나가 바로 자신의 몸이다. 어떤 자세를 취해 얼마 동안 앉아 있으면 몸이 불편해지기 시작한다. 우리는 무의식중에 이런 불편감에 대한 반응으로 몸의 자세를 계속 바꾸게 된다. 그러나 공식 정좌명상을 수련할 때는 실제로 신체의 불편감에 대한 반응으로 자세를 바꾸려는 최초의 충동을 견디는 것이 도움이 된다. 자세를 바꾸는 대신에 바로 이 불편한 감각에 주의를 주고 이 불편감을 마음속으로 받아들인다.

불편한 감각이 의식으로 들어오는 순간 이 감각은 현재-순간 경험의 일부가 되고 그 자체가 귀중한 관찰과 주의의 대상이 된다. 신체의 불편감은 자동으로 일어나는 반응을 직접 관찰할 수 있는 기회를 주며, 마음이 호흡에서 벗어나 어찌 됐든 생각의 흐름을 따라가다 길을 잃어서 균형감을 잃고 흥분하면 어떤 일이 일어나는지 그 전 과정을 살필 좋은 기회를 제공한다.

이렇게 하여 무릎이나 등의 통증 또는 어깨의 긴장을 호흡에서 주의를 빼앗는 방해자로 대하기보다는 의식의 장에 포함시킬 수 있고, 바람직하지 못한 걸로 대하거나 없애 버리려 하지 않으면서 그저 받아들일 수 있게 된다. 이렇게 접근하면 불쾌감에 대한 견해가 달라진다. 불편하기는 하지만 이런 신체감각은 이제 당신 자신에 대해 배우는 데 잠재적 교사이며 동지가 된다. 불편감은 호흡에 주의를 계속 유지하려는 목표를 좌절시키는 방해물이 아니라 집중, 평온 및 알아차림의 힘을 개발하는 데 도움을 준다.

오직 호흡과 같은 어느 특정 대상 하나에만 주의를 집중해야 한다는 강박적 생각보다는 떠오르는 것을 모두 기꺼이 받아들여 이것과 함께한다는 유연한 사고를 개발하는 것이 마음챙김 명상의 가장 특징적이면서 중요한 속성 중 하나다. 앞에서 지적했듯이 가장 중요한 것은 호흡이 아니라 의식 자체이기 때문에 그렇다. 의식해야 할 것은 호흡만이 아니라 당신의 경험 전부다. 선택된 주의 대상이 무엇이든 의식은 항상 동일하다.

이것은 명상을 하고 있는 동안 일어나는 불편감을 피하지 말고 함께하려고 노력해야 한다는 것을 의미한다. 고통스러울 정도까지는 아니고 평소에 반응하던 수준은 넘을 정도로 견딜 수 있으면 된다. 우리는 불편감과 '함께' 호흡하고, 불편감 안에서 호흡한다. 불편감을 환영하고 불편감의 매 순간의 변화에 대한 알아차림을 지속한다. 만약 불편감을 줄이기 위해 자세를 바꿔야 한다면 이 역시 마음챙김하며 매 순간의 움직임을 알아차림한다.

명상 과정은 신체가 만들어 내는 불편감이나 통증에 관한 메시지를 사소하게 여기지 않는다. 그 반대로, 제22장과 제23장에서 보겠지만, 우리는 불편감이나 통증을 더 깊이 살필 가치가 있는 중요한 것으로 여긴다. 통증과 불편함의 감각을 살피는 가장 좋은 방법은 싫다고 저항하거나 밀어내려 하지 않고 일어나는 감각을 기꺼이 받아들이는 것이다. 불편함을 느끼며 앉아서 그것을 현재 순간의 경험의 일부로 받아들이면 비록 그것이 싫은 것이라 하더라도 신체적 불편감에 대해서도 이완할 수 있고 의식 그 자체로 끌어안을 수 있다는 것을 알게 된다. 이것이 바로 불편감이나 통증마저도 당신의 스승이 되고 당신의 치유력을 높여 줄 수 있는 예가 될 것이다.

불편감 속에서 이완하고 유연해지면 통증의 강도가 실제로 줄어들기도 한다. 수련을 많이 할수록 통증을 줄이거나 통증을 있는 그대로 볼 수 있는 기술이 발달한다. 그래서 통증이 삶의 질을 잠식하는 일이 줄어든다. 정좌명상을 하는 동안 통증이 줄어드는 것을 경험했든 못했든 간에 상관없이 불편감과 불쾌하고 원치 않는 상황에 대한 당신의 반응을 의도적으로 관찰하게 되면 어느 정도 마음의 고요, 평정, 융통성을 개발하는 데 도움이 되고, 그러한 자질은 통증뿐만 아니라 삶의 장면에서 부딪히는 각종 도전과 스트레스 상황을 직면하는 데도 매우 유용하다(자세한 내용은 제2부와 제3부에서 보게 될 것이다).

명상 중에 일어나는 생각 다루기

신체적 불편감과 통증 외에도 명상 중에 호흡에 대한 주의를 빼앗아 가는 요인이 많이 있다. 그중 중요한 것이 생각이다. 몸을 고요히 하고 순간순간 호흡을 관찰하려 결심을 해도 마음속에 떠오르는 생각은 도와주지 않는다. 명상을 하겠다고 굳게 마음먹었다고 해서 생각이 가라앉는 것은 아니다. 오히려 그 반대다.

의도적으로 호흡에 주의를 집중하고 있을 때 우리는 좋든 싫든 끊임없이 일어나는 생각의 흐름 속에 빠져 있다는 사실을 꽤나 빨리 깨닫게 된다. MBSR 첫 주 동안 환자들이 혼자 집에서 명상수련을 한 후 돌아와 그간의 체험을 서로 이야기하고 나면 한결 안심하게 된다. 왜냐하면 마음속에 수많은 생각이 급류나 폭포수처럼 흘러넘쳐 전혀 통제할 수 없는 상태가 되는 체험을 자기만 한 것이 아니라는 사실을 알게 되기 때문이다. 그들은 이 수업의 모든 사람이 똑같이 작용하는 마음을 가졌다는 사실을 알고 안심한다. 이것이 바로 마음의 작용인 것이다.

이러한 발견은 스트레스 완화 클리닉의 많은 사람에게 계시와도 같다. 이것은 심오한 학습경험의 사례나 학습경험을 위한 기초를 닦는 일이 되는데, 그 학습경험이란 많은 사람이 마음챙김 훈련에서 얻은 가장 값진 것이라고 주장하는 것으로, 바로 '나는 내 생각이 아니다.' 라는 깨달음이다. 이러한 발견은 그들이 이 단순한 사실을 알지 못했을 때는 가능하지 않았던 여러 방식으로 생각과 관계 맺거나 또는 관계 맺지 않는 것을 의식적으로 선택할 수 있다는 것을 의미한다.

명상수련의 초기 단계에서 생각은 호흡과 함께하며 다소간 평온과 집중력을 개발하려는 주 과제로부터 주의를 계속 낚아채 간다. 명상수련을 지속하는 힘을 확립하기 위해서는 순간순간 어떤 생각이 일어나더라도 계속해서 재차 주의를 호흡으로 되돌리는 것을 염두에 두어야 한다.

명상 중에 나타나는 생각은 당신에게 중요한 것일 수도 있고 아닐 수 있지만, 이제까지 보아 온 것처럼 중요하든 그렇지 않든 그 생각이 당신의 삶을 휘젓고 다닌다. 심한 스트레스 상태에서 마음은 해야 할 일 혹은 했어야 할 일, 하지 말아야 할 일 혹은 하지 말았어야 할 일 등 스트레스와 관련된 생각에 집착할 것이다. 그때 생각은 불안과 걱정으로 가득 차 있게 된다.

별로 심한 스트레스가 없을 때는 마음속에 일어나는 생각이 덜 불안할 수 있지만, 호흡에서 주의를 빼앗아 가는 힘은 여전히 강력하다. 자기도 모르는 사이에 전에 본 영화를 생각하고 있다거나 머릿속에 계속 강박적으로 떠오르는 어떤 노래에 마음을 빼앗기고 있다는 것을 알게 된다. 또한 저녁식사, 일, 부모님, 아이들, 다른 사람들, 휴가, 건강, 죽음, 지불해야 할 청구서 등 수많은 자질구레한 것을 생각하고 있을지도 모른다. 당신이 앉아 있는 동안 여러 생각이 마음속에서 폭포수처럼 흘러가지만, 당신이 호흡을 주시하지 않고 있었다는 것을 깨달을 때까지 대부분의 생각은 알아차리지 못한 상태에서 흘러간다. 당신은 얼마나 오래 알아차리지 못하고 있었는지 혹은 그 생각에 어떻게 빠져들게 되었는지조차 알지 못한다.

이 시점에서 당신은 이렇게 말할 수 있어야 한다. "좋아, 내가 무슨 생각을 했든 그 생각을 내려놓고 그냥 호흡으로 돌아가자. 하지만 먼저 그것들이 사실은 생각이고, 내 의식의 장에서 일어난 사건임을 알아차려야 해." 이것은 생각을 내려놓는 것이 그것을 밀어내는 것이 아니라는 점을 일깨워 준다. 단지 생각을 여기 그대로 두고, 의식 장의 중심 무대에 호흡 감각을 재배치한다는 의미다. 또한 그 순간 당신의 자세를 다시 한 번 체크하여 자세가 굽어 있다면 똑바로 펴는 것이 좋다. 멍해지거나 주의가 산만해지면 자세도 무너지기 쉽다.

명상 중에는 의도적으로 모든 생각을 공평하게 대한다. 생각이 떠오르면 가능한 한 가장 가벼운 방식으로 그 생각을 의식으로 가져온

다음, 생각의 내용과 정서적 강도에 상관없이 의식적으로 호흡에 주의를 되돌린다. 다시 말해서 그 생각이 중요하고 통찰적인 것이든 혹은 중요하지 않고 사소한 것이든 우리의 주의를 끄는 각각의 생각을 조용히 놓아두는 연습을 의도적으로 하는 것이다. 우리는 이것들을 단지 의식의 장에 나타난 극히 순간적이고 불연속적인 사건들로 관찰한다. 생각이 나타났기 때문에 그것을 알아차리기는 하지만, 그 내용이 특정 순간에 우리에게 얼마나 의미 있고 매혹적인가에 상관없이 명상하는 동안에는 그러한 생각의 내용에 빠지지 않도록 한다. 그 대신 이것들을 단지 생각으로, 우리 의식의 장에 제멋대로 나타나는 사건들로 보아야 함을 기억한다. 그 내용과 정서적 강도, 즉 생각이 그 순간 마음을 지배하는 힘이 약한지 강한지 여부를 알아차린다. 그런 다음 그 순간 그 힘이 얼마나 강한지에 상관없이 유쾌한지 불쾌한지에 상관없이 의도적으로 그 생각을 놓아 버리고 다시 한 번 호흡으로 그리고 내 몸과 함께하는 존재의 경험으로 되돌아온다. 이것을 수백, 수천, 필요하다면 수백만 번까지 반복한다. 이것은 꼭 필요한 과정이다.

또 한 번 강조하지만 생각을 놓아 버리는 것은 억압하는 것과 다르다. 왜냐하면 명상이 자신의 생각이나 느낌을 차단하는 것이라고 잘못 생각하는 사람들이 많기 때문이다. 그들은 왠지 생각하는 것은 나쁜 것이고, 좋은 명상이란 생각을 적게 하거나 전혀 하지 않는 것이란 뜻으로 지시를 이해한다. "생각은 나쁜 것이 아니며 바람직하지 않은 것도 아니다. 중요한 것은 명상하는 동안 당신의 생각과 감정을 의식하고 있는지와 그들과 어떻게 관계 맺는가 하는 것이다." 생각을 억압하려고 애쓰면 평온감, 통찰, 명료함과 평화가 사라지고 긴장감과 욕구불만만 더 커져서 더 큰 문제가 발생한다.

마음챙김 명상을 할 때 마음을 안정시키기 위해 생각이 일어나는 것을 억지로 밀어내려 하거나 생각을 격리시키려고 하면 안 된다. 생각이 마음속에 나타나면 이 생각을 멈추려고 하지 말고 단지 생각과의 사이에 공간을 만들어 생각을 생각으로만 관찰하고 그냥 내버려 둔다. 그리고 주된 관찰의 대상인 호흡으로 되돌아와 호흡에 의식을 집중하고 조용히 머물면 된다. 생각과 정서에 대한 알아차림은 호흡을 알아차리는 것과 동일한 알아차림이라는 것을 잊지 않는 것이 좋다.

이런 자세로 마음챙김을 수련하다 보면, 공식 명상수련이 매번 다르다는 것을 발견할 것이다. 어떤 때는 생각이나 강력한 감정에 방해받지 않고 비교적 안정되고 이완된 느낌이 들기도 한다. 또 어떤 때는 생각과 감정이 너무나도 강력하고 반복적으로 떠올라 오직 최대한 이것들을 잘 관찰하고 그 사이사이 호흡과 함께할 뿐이다. '명상에서 얼마나 많은 생각이 나타나느냐는 중요하지 않다. 그보다는 그러한 생각이 매 순간 알아차림의 영역에서 일어나도록 얼마나 많은 공간을 만들어 내느냐가 중요하다.'

생각은 단지 생각일 뿐 그 생각이 '당신' 도 아니고 '실재' 도 아니라는 것을 알게 되면 상당한 해방감이 든다. 예를 들면, 당신이 '오늘 안에 몇 가지 일만큼은 꼭 해야 한다.' 고 생각하고 있다고 하자. 그런데 당신이 그것을 하나의 생각으로 인식하지 못하고 마치 그것

이 '진리'인 것처럼 행동한다면 그 순간 오늘 그 일 모두를 반드시 해야 한다고 정말로 믿는 하나의 실재를 만들게 된다.

제1장에서 우리는 피터의 이야기를 했다. 피터는 심장발작이 일어난 후 다음 발작을 예방하기 위해 클리닉에 찾아온 환자였다. 그는 어느 날 밤 10시경에 집 진입로에서 조명등을 켠 채 세차를 하다가 극적인 깨달음에 이르렀다. 갑자기 그는 '지금 내가 이 짓을 해야 할 이유가 없지 않는가?' 라는 생각이 떠올랐다. 그가 해야만 한다고 '생각' 한 모든 일을 그날 중으로 해치워야 한다고 생각했다면 밤중에 세차하는 것은 불가피한 일이다. 지금 세차를 하고 있는 자신을 보고서 그는 '오늘 해야만 한다' 고 하는 마음에 너무 지나치게 사로잡혀 있어 그러한 신념을 당연한 것으로 여겨 더 이상의 의문을 제기하지 않았음을 알게 되었다.

당신도 이와 비슷하게 행동하고 있다면, 피터처럼 왜 그런지도 모른 채 마냥 쫓기고, 긴장하고, 불안해했을 것이다. 만약 명상 도중에 이것저것 오늘 중에 해야 할 일에 대해 생각이 나면 그것은 단순한 '생각'일 뿐이라고 의식해야 할 것이다. 그렇지 않으면 당신은 그것을 알아보지도 않고 우선 일어나 그 일을 하게 될 것이다. 그 생각이 마음속에서 일어나는 하나의 생각에 불과하다는 것을 의식하게 된다면 명상을 걷어치우고 일어나는 어리석은 짓은 하지 않을 것이다.

한편 하나의 생각이 떠오르면 한 발짝 뒤로 물러나서 그 생각을 자세히 살펴보면 일의 우선순위를 알 수 있고 정말 해야 할 일을 분명하게 선택할 수 있게 된다. 또 하루 중 언제쯤 그 일을 그만두어야 하는지, 일하는 동안 원기를 회복하고 가장 효율적으로 일하기 위해 언제 휴식해야 하는지 알 수 있게 된다. 생각을 단지 '생각'으로 인식하는 이 단순한 행위가 생각이 만들어 내는 왜곡된 현실에서 당신을 해방시켜 주고, 더 통찰력 있게 해 주고 인생을 더 잘 관리하게 해 주고, 심지어 생산성을 높여 준다.

이처럼 명상수련을 통해 생각하는 마음(thinking mind)의 압제에서 해방될 수 있다. 매일 일정 시간 호흡의 이동과 몸과 마음의 활동을 관찰하며 의식 안에서 무위(non-doing)의 시간을 가질 때, 평온과 마음챙김이 함께 길러진다. 마음이 안정감을 얻고 생각의 내용에 끌려가지 않으면 집중하거나 평온을 이루는 능력이 강화된다. 그리고 생각이 일어날 때 단지 생각일 뿐임을 인식하고, 생각의 내용을 알아차리고, 그 내용의 정확성뿐만 아니라 그 영향력의 강도를 알아차릴 때마다 마음챙김의 근육이 강화된다. 생각을 내려놓고 호흡이나 신체감각에 주의를 되돌릴 때마다 마음챙김의 근육이 강화된다. 그 과정에서 우리는 자신을 더 잘 이해하게 되고, 실제 있는 그대로의 자기를 더 잘 받아들일 수 있게 된다. 이는 우리 내면의 지혜와 자비의 표현이다.

정좌명상에서 주의의 다른 대상

대개 MBSR 과정의 두 번째 시간에 정좌명상을 소개한다. 두 번째 주가 되면 다음 장에서 공부할 45분간의 바디 스캔에 더해서 하루에 한 번 10분씩 집에서 정좌명상을 숙제삼아 연습해야 한다. 그 후 몇 주간 계속하여 앉아 있는 시간을 45분까지 늘려간다. 이렇게 하면 앉아서 의식의 장에 불러들이고 주의를 집중하는 경험의 범위가 차층 넓어진다.

처음 몇 주 동안은 오직 앉은 채로 숨이 들어가고 나가는 것만 관찰한다. 이것은 얼마든지 오래 계속할 수 있으며 시간 제한이 없다. 이를 계속하면 더욱 깊은 경지로 들어가게 되며, 마음은 보다 평온하고 부드러워지며 마음챙김, 즉 매 순간의 비판단적 알아차림은 점점 더 강해진다.

명상 지시문으로 본다면, 호흡 마음챙김이 수련법 가운데 가장 간단한 방법이지만 더 정교한 방법 못지않게 깊은 치유력과 해방감을 준다. 때때로 사람들은 더 정교한 방법이 더 '발달된' 방법이라고 잘못 생각하는데, 호흡에만 주의를 두는 것이 다른 내적・외적 경험에 주의를 두는 것보다 결코 덜 발달된 방법이 아니다. 어느 방법이든 마음챙김과 지혜를 키우는 데 각기 제 몫이 있고 나름의 가치가 있다. 본질적으로 중요한 것은 사용하는 '기법'이나 주의를 두는 대상이 아니라 수련에 임하는 노력의 질과 성실성 그리고 관찰의 깊이다. 진정으로 주의집중을 하면 주의집중의 어떤 대상도 매 순간의 알아차림으로 직접 연결되는 문이 될 수 있다. 주의의 대상이 무엇이든 의식은 동일한 의식이다. 그럼에도 호흡 마음챙김은 MBSR에서 접할 모든 다른 명상수련법에 매우 강력하고도 효과적인 기초일 수 있다. 이런 이유로 우리는 앞으로도 계속해서 호흡명상을 거듭 언급할 것이다.

MBSR 프로그램이 8주 정도 진행되면 정좌명상을 하면서 주의 영역을 단계적으로 점차 확장한다. 호흡과 아울러서 특정한 신체 부위에 대한 감각, 몸 전체로서의 감각, 소리 그리고 마지막으로는 사고 과정과 정서까지 범위를 넓혀 나간다. 때로는 이들 가운데 어느 하나에만 주의를 집중하기도 한다. 다른 때에는 한 수련 주기에 순차적으로 전체를 다룬 다음 어떤 특정한 것에 주의를 집중하는 것이 아니라 소리든 생각이든 호흡이든 떠오르는 것이면 무엇이든 알아차림하는 것으로 끝맺음한다. 이런 훈련 방식을 '선택 없는 알아차림' 혹은 다른 말로 '열린 현존(open presence)'이라고 부른다. 이것은 매 순간 의식에 전개되는 모든 것을 수용하며 함께한다는 것이다. 간단하게 들릴지 몰라도 이를 수련하기 위해서는 비교적 강력한 평정심과 주의집중력을 포함해서 최소한 어느 정도의 마음의 안정을 개발해야 한다. 이러한 것들은 앞서 봤던 것처럼 호흡과 같은 대상을 선택해서 몇 달 또는 몇 년간 수련할 때 길러지는 마음의 특성이다. 이런 이유 때문에 어떤 사람들은 특히 MBSR 과정을 8주 이상 수련하고 있다면 명상수련의 초기 단계에서 호흡과 몸 전체의 감각만을 관찰하여 가장 많은 긍정적 효과를 보기도 한다.

CD나 오디오 프로그램을 사용하지 않고 혼자 호흡 알아차림을 훈련할 수도 있고, 수련의 이런저런 단계에 도움이 되는 다른 명상 가이드(예를 들면, 시리즈 2와 3)를 발견할 수도 있다. 그러나 우선은 이 장의 끝에 있는 연습에서 기술한 것처럼 훈련할 것을 제안한다. 그리고 제10장, 제34장, 제35장에서 MBSR 수업 일정에 따라 공식적 · 비공식적으로 8주간의 명상수련을 진전시키는 프로그램의 윤곽을 소개할 것이다. 이렇게 하면 우리가 명상법을 차례차례 소개할 때 그와 나란히 명상수련이 진행되고 깊어질 것이다. 많은 사람이 이 책을 매뉴얼 삼아 명상 유도 CD를 사용해서 혼자 8주 프로그램을 진행하기도 한다. 나는 여행 중에 꽤 자주 그런 사람들을 만나고 그런 얘기를 듣고 있다.

두 번째 수업에서 정좌명상을 소개할 때 아무것도 하지 않음(not doing)에 익숙해지고 그냥 가만히 존재하는(being) 것을 학습하게 되기까지 대다수의 사람이 주의가 산만하고 안절부절못하고 눈을 감았다 떴다 한다. 심한 통증이나 불안감, 주의력결핍 과잉행동장애(attention deficit hyperactivity disorder: ADHD)를 가지고 있는 사람이나 매우 행동 지향적인 사람에게는 가만히 앉아 있는 것이 처음에는 불가능하다 여길 수도 있다. 그들이 너무 고통스럽고, 신경질 나고, 따분해서 이것을 해낼 수 없을 것 같다고 생각하는 것은 놀랄 일이 아니다. 그러나 한두 주쯤 수업 사이사이에 혼자서 수련하다 보면 한 번에 20~30분씩 앉아 있는 동안에도 깊은 정적이 유지된다. 통증이나 불안감을 갖고 있는 환자나 단 1분도 가만히 쉬지 못하는 성공 지향 사업가조차도 흔들림이나 꼼지락거림이 거의 없다. 이는 이들이 실제로 집에서 연습을 열심히 하고 있고 몸과 마음의 정적에 어느 정도 친숙해졌다는 명백한 증거다.

머지않아 대부분의 사람은 명상을 하는 것이 즐거움을 주는 것임을 알게 된다. 때로는 명상을 하는 것이 일 같지도 않아 보인다. 명상은 매 순간을 의식 안에서 있는 그대로 받아들이면서 존재의 정적 속으로 자연스레 열리고 이완해 들어가는 것이다.

이것은 전체성의 진정한 순간으로 우리 모두에게 가능하다. 이 순간은 어디에서 오는가? 이것은 어디에서 오는 것이 아니다. 이 순간은 언제나 지금 여기에 존재하는 것이다. 얼마나 길든 정신을 가다듬고 자세를 똑바로 취하고 호흡에 의식을 집중하기만 하면, 몸과 마음의 일시적 상태와는 무관하게 당신의 전체성으로 돌아오게 되고, 몸과 마음의 본질적인 균형을 얻게 된다. 비록 마음의 표면은 동요하더라도 가만히 정좌해 있으면 깊은 정적감과 평화 속으로 이완되어 간다. 이것은 오직 바라보고 놓아 주고, 바라보고 놓아 주고, 바라보고 놓아 주는 매우 쉬운 일이다.

연습 1 호흡과 함께 앉아 있기

1. 적어도 하루 한 번 최소 10분간 편안하게 등을 바로 펴고 앉은 자세로 호흡을 알아차림하는 훈련을 계속한다.
2. 마음이 호흡과 함께하고 있지 않다는 것을 알아차릴 때마다 마음에 무엇이 있는지 알아차림한다. 그런 다음 그것이 무엇이든 내려놓고, 다시 복부의 호흡 감각으로 돌아온다.
3. 30분 이상 앉을 수 있을 때까지 앉아 있는 시간을 조금씩 늘려가라. 그러나 진정 현재 순간과 함께하고 있다면 시간은 문제가 되지 않는다. 시간보다 중요한 것은, 매 순간 매 호흡마다 최대한 호흡의 파도를 타며 그것에 기꺼이 주의를 주려는 마음이다.

연습 2 호흡 및 몸 전체와 함께 앉아 있기

1. 호흡에 대한 주의집중의 지속 시간이 어느 정도 길어지면 호흡의 '주변' 이나 복부의 '주변' 으로 알아차림의 영역을 넓혀 앉아서 호흡하고 있는 몸 전체의 느낌을 포함한다.
2. 앉아서 호흡하는 몸에 대한 알아차림을 유지한다. 마음이 방황하면 마음에 무엇이 있는지 알아차린 다음 부드럽게 마음을 다시 앉아 있음과 호흡의 알아차림으로 되돌린다.

연습 3 소리와 함께 앉아 있기

1. 공식 정좌명상 동안 원한다면 의식의 중앙 무대에 듣기를 포함할 수 있다. 이것은 귀 기울여 소리를 듣는다는 의미가 아니라 단지 매 순간 여기에서 들리는 것을 듣는다는 것이다. 이때 듣고 있는 소리를 판단하거나 생각을 개입시키지 않고 듣는다. 마음을 청각 영역에서 일어나는 모든 것을 그저 반사하는 '소리거울' 이라고 상상해 본다. 또한 소리 안과 소리 사이의 침묵도 들어 볼 수 있다.
2. 이 훈련은 음악을 들으면서도 할 수 있다. 하나하나의 음조를 들려오는 대로 듣고 음조와 음조 사이의 공백도 듣는다. 들숨에 소리를 몸 안으로 들이고 날숨에 다시 흘러 나가도록 둔다. 몸이 소리에 투명해서 소리가 피부의 구멍을 통해 몸의 안팎을 드나든다고 상상한다. 소리를 뼛속으로도 듣고 느낄 수 있다고 상상한다. 어떤 느낌인가?

연습 4 생각 및 느낌과 함께 앉아 있기

1. 호흡에 대한 주의가 안정되면 초점을 옮겨서 사고 과정 자체를 포함해 본다. 호흡 감각을 배경으로 두고 사고 과정을 전경으로 가져와서 의식 장의 중앙 무대에 둔다. 하늘의 구름처럼 혹은 물 위에 쓰는 글씨처럼 생각이 일어났다 사라지는 것을 관찰한다. 마음은 거기에 무엇이 오고 가든 그저 반사하고 나타내는 '생각거울'이라고 상상한다.
2. 생각을 의식의 장에서 일어났다, 머물고, 사라지는 개별 사건으

로 인식할 수 있는지 보라.

3. 최대한 생각의 내용과 정서적 강도를 알아차림하되 가급적 그것들에 대한 생각이나 다음 생각에 대한 생각에 빠지지 말고 단지 생각의 과정을 관찰하는 '틀' 만 유지하도록 한다.
4. 개개의 생각은 오래 지속하지 않음을 관찰하라. 생각은 무상하다. 오면 반드시 간다. 이러한 관찰을 알아차림하고 그 의미를 마음에 새겨 두는 것은 도움이 된다.
5. 어떤 생각은 어떻게 해서 계속 다시 나타나는지 관찰하라.
6. '나' '나를' 혹은 '나의 것' 과 관련된 생각을 관찰하는 것이 특히 유익할 수 있다. 그 생각의 내용이 얼마나 자기중심적인지 주의 깊게 관찰하라. 그것들을 단지 의식의 장에 있는 생각으로 관찰하고 그 생각을 자기와 관련해서 다루지 않을 때 당신은 그 생각과 어떻게 관계 맺게 되는가? 그 생각을 비판단적으로 관찰할 때 그것들이 어떻게 느껴지는가? 이 과정에서 배운 게 있는가?
7. 인생이 얼마나 잘 돌아가는지 나쁘게 돌아가는지에 집착하는 '자기(self)' 를 마음이 만들어 낼 때 그 순간을 관찰하라.
8. 과거에 대한 생각과 미래에 대한 생각을 관찰하라.
9. 탐욕, 소망, 갈망, 집착과 관련된 생각을 관찰하라.
10. 분노, 혐오, 적개심, 반감, 거부와 관련된 생각을 관찰하라.
11. 느낌과 기분이 나타나고 사라지는 것을 관찰하라.
12. 어떤 느낌과 기분이 어떤 생각의 내용과 연합되어 있는지를 관찰하라.

13. 이상의 관찰을 놓치면, 주의가 스스로 안정될 때까지 호흡으로 돌아가라. 그런 다음 할 수 있다면 생각을 중요한 주의의 대상으로 재설정한다. 생각을 만들어 내라는 것이 아니라 주의 장에서 생각이 일어났다 머물고 사라지는 것에 주의를 주라는 것임을 기억하라.

이 연습은 상당한 주의집중력을 요구하기 때문에 정좌명상의 초기 단계에 짧게 훈련하는 것이 좋다. 하지만 생각의 과정을 2~3분 정도만 마음챙김해도 매우 가치 있는 훈련이 된다.

연습 5 선택 없는 알아차림과 함께 앉아 있기

* 단지 앉아 있어라. 어떤 것에도 집착하지 말고 찾으려 하지 마라. 의식의 장에 들어오는 어떤 것에 대해서든 열린 자세, 수용적인 자세를 갖추며 그것들이 왔다가 가도록 그냥 내버려 두고, 고요 속에서 바라보고 관찰만 하라.

05

바디 스캔 명상: 몸과 함께 존재하기

우리가 자신의 외모에 엄청난 관심을 가지면서도 자기 몸에 대해서는 거의 아는 것이 없다는 것은 매우 놀라운 일이다. 이러한 경향은 다른 사람의 몸에 대해서도 마찬가지다. 일반적으로 사람들은 외모에 집착한다. 몸은 자동차에서 스마트폰, 맥주에 이르기까지 모든 광고에 사용되고 있다. 광고주들은 특정 인생 단계에 있는 특정 신체 이미지에 대한 사람들의 강한 동일시 경향을 이용한다. 매력적인 남성이나 매혹적인 여성의 이미지를 보면서 사람들은 자신도 저렇게 하면 더 특별하고, 더 멋지고, 더 젊고, 더 행복하게 느낄 거라 생각한다.

내가 남에게 어떻게 보일까? 이런 생각은 주로 자신의 신체에 대한 뿌리 깊은 불안에서 시작된다. 성장기 동안 몇 가지 이유로 자신의 신체를 볼품없고 매력 없는 혐오의 대상으로 생각하는 사람이 많다. 이런 생각은 흔히 어떤 특정인이 가지고 있는 매력적인 용모를 자신은 가지지 못했다고 생각하는 비교에서 비롯된다. 보통 이런 생각은 청년기에 절정에 이른다. 이때 이런 이상적인 용모를 갖추지 못했다고 생각되면, 어떻게 하면 그렇게 보일 수 있을까 또는 어떤 방법을 통해 보상받을 수 있을까 하는 생각에 강박적으로 몰두하거나 반대로 그렇게 될 수 없다는 생각에 압도되기도 한다. 청년기에는 외모가 사회생활에 가장 중요한 것이라고 여기며, 자신의 용모가 이런 기준에 적합하지 못하다고 느껴 괴로워한다. 한편 이와는 정반대로 자신의 용모가 이런 기준에 적합하다고 느끼는 젊은이들은 자신에게 도취되거나 항상 주목받는 것 때문에 어찌할 바를 모르게 된다.

시간이 지나면서 이러한 집착에서 벗어나게 되지만 자신의 신체에 대한 뿌리 깊은 불안은 여전히 남아 있을 수 있다. 마치 이상적인 완벽한 신체가 있는 것처럼 성인이 되어서도 자신의 몸이 너무 뚱뚱하다, 너무 작다, 너무 크다, 너무 늙었다 또는 너무 추하다는 등의 갖가지 신체에 대한 콤플렉스를 가진다. 슬프게도 우리는 자신의 몸에 대해 결코 완전히 편해지지 못할 것이다. 이것이 누군가를 만지거나 누군가가 만지는 것에 문제를 일으키고 결과적으로 친밀감에 문제를 가져올 수 있다. 늙어 가면서 이런 불만은 자신의 몸이 늙어 가고 있고 젊음을 영원히 되돌릴 수 없다는 절망감과 더불어 더욱 복잡해진다.

자신의 신체에 대해 느끼는 이런 깊은 열등의식은 신체를 경험하는 방식을 바꾸지 않는 한 결코 쉽게 변화되지 않는다. 이러한 불만은 신체를 제한된 틀로 보기 때문에 생겨난다. 자신의 몸에 대한 '생각'이 경험을 통해 느낄 수 있는 범위를 크게 제한한다.

만약 당신의 신체에 대한 있는 그대로의 '경험'에 주의를 주고 있고, 신체에 대해 이렇게 저렇게 판단하는 '생각'에서 벗어난다면 자신의 신체나 자기 자신에 대한 관점이 완전히 달라질 수 있다. 무엇보다도 신체가 하는 일은 매우 놀랍다. 우리의 신체는 걷거나 이야기하거나 일어서거나 물건을 집을 수 있다. 거리를 판단하고, 음식을 소화하고, 사물을 만져 보고 어떤 것인지 알기도 한다. 우리는 이러한 신체 능력을 지극히 당연한 것으로 여길 뿐 다치거나 병에 걸리지 않는 한 신체가 가지고 있는 이러한 능력을 높이 평가하지 않는다. 우리는 신체가 상상 이상의 것을 해냈을 때 비로소 이것이 대단한 것임을 알게 된다.

따라서 자신의 신체가 너무 이러하다고 저러하다고 결점을 말하기 전에 자신의 신체 외양이 어떠하든 이런 놀라운 능력을 가진 신체를 가지고 있음을 느끼는 것이 무엇보다 중요하다. 이렇게 하기 위해서는 자신의 신체에 관심을 돌리고 어떤 판단도 하지 말고 마음챙김해야 한다. 이런 과정은 정좌명상에서 호흡에 마음챙김하는 연습을 통해 익숙할 것이다. 복부에 주의를 집중하고 복부의 움직임을 느낀다거나 콧구멍에 주의를 집중하여 공기가 호흡과 함께 콧구멍을 드나드는 것을 느낄 때, 신체가 일으키는 생명 자체와 연관된 감각에 주의를 집중할 수 있다. 이런 감각은 너무나 익숙하기 때문에 평소에는 무관심했던 것들이다. 이런 감각에 주의를 주는 바로 그 순간에 자기 삶과 몸을 되찾게 되고, 더 생생하고 살아 있는 자신을 만날 수 있다. 당신은 의식 안에서 순간순간 당신의 삶을 실시간으로 살고 있고, 의식을 위해, 의식과 함께, 의식 안에 존재한다. 당신의 경험이 체화되는 것이다.

바디 스캔 명상법

MBSR에서 신체와의 접촉을 재정립하기 위해 사용하는 매우 강력한 명상수련법이 바디 스캔이다. 바디 스캔은 신체에 빈틈없고 세심한 주의를 주기 때문에 주의집중과 주의의 유연성을 동시에 개발하는 데 효과적이다. 가장 일반적인 방법은 누워서 신체의 여러 부위로 정해진 순서에 따라 마음을 이동하면서 수련하는 것이다.

먼저 왼발의 발가락부터 의식을 집중하기 시작하여 천천히 발등을 지나 왼쪽 다리로 옮겨가면서 온전히 알아차림한다. 특정 부위에 주의를 주고 알아차림할 때 그 부위에서 어떤 경험을 하든(감각이 없는 것을 포함해서) 모든 감각에 주의를 준다. 신체 여러 부위에서 호흡이 들어오고 나가는 감각을 느낀다. 일단 왼쪽 엉덩이와 골반에 도달하면 이번에는 오른쪽 발가락으로 주의를 옮기고 차츰 오른쪽 다리를 거쳐 오른쪽 엉덩이에서 골반까지 이동한다. 이번에는 골반에서부터 위쪽으로 몸통, 허리와 배, 등과 가슴, 어깨로 이동시켜 간다.

이제 양쪽 손가락의 모든 감각에 주의를 주었다가 손바닥, 손등, 손목, 아래팔, 팔꿈치, 위팔을 거쳐 어깨로 돌아온다. 보통 양손과 양팔은 동시에 한다. 그다음에는 목과 목구멍, 마지막으로 모든 얼굴 부위, 후두부, 정수리로 이동한다.

정수리에 마치 고래가 물을 뿜어내는 분수공처럼 가상의 숨구멍이 있어서 그 구멍을 통해 호흡을 한다고 생각한다. 마치 공기가 정수리를 통해 들어왔다 발바닥을 통해 나가고 다시 발바닥을 통해 들어오고 정수리를 통해 나가듯이 정수리에서 발바닥에 이르는 몸 전체를 통해 호흡한다고 생각한다. 간혹 피부를 감싼 전체 외피에 의식을 두고 역시 외피로 호흡한다고 상상하거나 느낀다.

이렇게 하여 바디 스캔이 모두 끝난다. 온몸이 사라지거나 투명해진 듯 느껴질 수도 있고, 신체를 이루는 모든 물질이 사라진 듯한 느낌이 들 수도 있다. 신체의 모든 경계를 자유자재로 넘나드는 호흡 외에는 아무것도 남아 있지 않은 것처럼 느낄 수도 있다. 이런 경험은 '성취하려고' 하면 안 된다. 무위정신에 입각해서 어떤 것도 성취하려 하지 말고, 존재의 어떤 '특별한 상태'를 달성하려 해서도 안 된다. 단지 순간순간의 신체 경험에 주의를 주면서 방금 기술한 방법으로 알아차림하면 된다. 알아차림할 때 모든 순간과 모든 경험은 특별해진다. 그래서 뭔가를 '달성하려는' 욕구도 없어진다. 이것은 훈련을 할수록 더 분명해진다.

바디 스캔이 끝나면 몸의 경계 너머까지 완전히 확장된 의식 안에 고요히 누워 있다가 잠시 후 준비가 되었다고 느껴지면 몸, 즉 몸 전체의 감각으로 돌아온다. 아마도 몸의 경계를 다시 느낄 수 있게 될 것이다. 의도적으로 손과 발을 천천히 부드럽게 움직이면서 그때 일어나는 감각을 느껴 본다. 손으로 얼굴을 마사지하고 이쪽저쪽 몸을 흔들어 보고, 그런 후에 눈을 뜬다. 잠시 앉았다가 일어서서 일상생활로 돌아가면 된다.

바디 스캔의 요체는 주의를 기울이는 신체 부위에서 어떤 느낌이 일어나는가를 실제로 체험하고 그 느낌에 머무는 데 있다. 특정 신체 부위에 주의를 두고, 몇 차례 그 부위에서 숨이 들어오고 나가는 걸 느낀 다음 주의를 다음 부위로 옮긴다. 그러면서 이전 부위는 내려놓는다. 각각의 부위에서 느낀 감각과 그 부위와 관련하여 떠올랐던 생각과 이미지를 내려놓을 때 그 부위의 근육들도 내려놓아져서 쌓인 긴장이 빠져나가고 길이도 길어진다. 날숨과 함께 신체의 긴장과 이 긴장과 관련된 피로감이 빠져나가고 들숨과 함께 활력, 에너지, 개방성이 들어온다고 상상하는 것도 도움이 된다.

MBSR 프로그램에서는 최소한 첫 4주간은 열심히 바디 스캔을 연습시킨다. 바디 스캔은 클리닉에 온 환자들이 일정 시간을 들여서 행하는 첫 공식 마음챙김 수련이다. 호흡 알아차림과 함께 바디 스캔은 정좌명상법을 포함하여 앞으로 언급할 모든 명상법의 기초가 된다. 환자들은 바디 스캔을 통해 처음으로 일정 시간 동안 주의를 유지하는 것을 배운다. 그리고 이것이 마음의 안정(집중력), 평온감 및 마음챙김을 키우고 발전시키기 위해 체계적으로 행하는 첫 수행이 된다. 바디 스캔을 통해 많은 사람이 명상수련 중 처음으로 웰빙(well-being)과 시간의 초월감을 맛보게 된다. 이 방법은 공식적인 마음챙김 명상수련을 시작하려는 사람에게 매우 중요한 역할을 할 것이다. 만성통증 환자나 신체의 다른 문제로 오랜 시간 누워 있어야 하는 사람에게 특별히 유익한 방법이다. 제10장에서 개괄적인 일정을 다시 소개할 것이다.

처음 2주간 환자들은 하루에 한 번씩 일주일에 6일간 한 번 시리즈 마음챙김 명상 안내에 있는 바디 스캔 명상 CD를 사용해서 바디 스캔을 훈련한다. 하루에 45분 동안 전신을 천천히 스캔한다. 그다음 2주간은 이틀에 한 번꼴로 가능하다면 마음챙김 요가 1CD(누워서 하는 요가)와 하루씩 번갈아 훈련한다. 그게 어렵다면 바디 스캔을 매일 한다. 같은 CD를 매일 반복 사용하고 몸도 날마다 같은 몸이지만, 매일 새로 시작하는 마음으로 언제나 처음 당신의 몸을 만나는 것처럼 해야 한다. 이 말은 순간순간에 주의를 주고, 모든 기대와 선입관을 내려놓으라는 뜻이다. 당신이 수련할 때마다 안내문은 늘 같더라도 명상은 다르다. 당신 또한 다르다.

MBSR 프로그램에서 처음 몇 주 동안 바디 스캔을 시키는 데는 몇 가지 이유가 있다. 첫째, 누워서 할 수 있기 때문이다. 누워서 하면 45분 동안 앉아서 하는 것보다 훨씬 편안해서 쉽게 할 수 있다. 어렵지 않아 초보자도 누운 채로 보다 깊은 이완 상태로 들어갈 수 있다. 가끔은 바디 스캔을 안내할 때 셰익스피어를 차용해서 "너무 너무 단단한 살을 녹이고, 녹이고, 녹여서 이슬이 되게 하라(too too solid flesh... melt, thaw, resolve itself into a dew)."고 하기도 한다.

게다가 몸의 어느 곳이든 원하는 곳에 체계적으로 주의집중을 하는 능력을 계발해서 그 부위로 주의, 친절, 다정함, 수용 같은 여러 종류의 에너지를 의도적으로 보낼 수 있다면 내면의 치유 과정이 매우 좋아질 것이다. 이를 위해서는 신체에 대한 민감성과 신체의 다른 부위에서 경험할 수 있는 다양한 감각에 친숙해지는 것이 필요하다. 호흡과 함께하는 바디 스캔은 이러한 민감성과 친숙성을 발달시키고 자신의 몸과 친해지게 하는 완벽한 수단이다. MBSR 수업에 참여한 많은 사람이 바디 스캔을 통해 오랜 세월 같이한 자신의 몸에 대해 처음으로 긍정적 경험을 갖게 되었다고 한다.

동시에 바디 스캔 수련은 순간순간에 대한 비판단적 알아차림 능력도 높여 준다. 만약 외부의 지시 없이 훈련하고 있다면 마음이 방황하고 있고 그것을 알아차릴 때마다 주의가 벗어난 그 시점에 주의를 주고 있던 곳으로 의식을 되돌린다. 이것은 앞서 정좌명상법에서 설명한 것과 같다. 바디 스캔 CD를 써서 훈련하고 있다면 당신의 마음이 방황하고 있는 것을 알아차린 시점에 목소리가 언급하는 신체 부위로 의식을 되돌리면 된다.

바디 스캔을 규칙적으로 연습하다 보면 자신의 몸이 언제나 같지 않다는 것을 알게 된다. 몸이 계속 변화하고 몸에서 오는 감각도 변화하고 있음을 알게 될 것이다. 발가락에서 느끼는 감각도 매번 달라질 수 있다는 것을 알게 된다. CD에서 들려오는 지시사항도 들을 때마다 다르게 들릴 수 있다. 많은 사람이 매일 훈련하면서도 몇 주가 지날 때까지도 CD에 있는 어떤 단어를 듣지 못하기도 하는데, 이런 깨달음은 우리가 평소 자기의 몸에 대해 어떻게 느끼고 있는지에 대해 많은 것을 말해 준다.

수년 전 메리라는 여성이 병원에서 진행한 MBSR 프로그램에 참가해서 처음 4주간 매일 바디 스캔을 열심히 훈련했다. 4주 후 그녀는 바디 스캔이 어깨까지는 잘되지만 목 부분에서 무언가 막히는 듯한 느낌 때문에 목을 지나 정수리로 진행할 수 없다고 호소했다. 나는 그녀에게 주의력과 호흡이 어깨를 자연스럽게 흘러가면서 막힌 목 부위를 그냥 지나간다는 기분으로 해 보라고 하였다. 바로 그 주에 그녀는 그동안 무슨 일이 일어났는가를 이야기하고 싶어 나를 찾아왔다.

그녀는 바디 스캔을 다시 시도했고 목 부위 '장애물' 주변을 흘러가게 하겠다고 생각했다. 그런데 바디 스캔의 대상이 골반부에 이르렀을 때 갑자기 '성기(genitals)'라는 말이 처음으로 들려 왔다. 이 말이 들려오는 순간 그녀는 아홉 살 때부터 억압해 두었던 어떤 경험이 갑자기 머리에 떠올랐다. 그녀가 다섯 살 때부터 아홉 살 때까지 아버지로부터 자주 성적 학대를 받았던 기억이 되살아났던 것이다. 그녀가 아홉 살 때 아버지는 그녀가 보는 앞에서 심장발작으로 사망했다. 메리가 이야기해 준 바에 의하면 그녀는 어렸기 때문에 실제 무슨 일이 일어났는지 잘 몰랐다고 한다. 그간 자기를 괴롭혔던 사람이 쓰러지면서 생긴 일종의 안도감과 쓰러진 사람이 아버지라는 생각 사이에서 그녀가 느낀 갈등을 쉽게 이해할 수 있다. 그녀는 아무것도 할 수 없었다.

어머니는 2층에서 내려오다 거실에 남편이 죽어 있고 메리가 구석에 웅크리고 있는 것을 발견했다. 어머니는 메리가 일찍 구조를 요청하지 않아 아버지가 죽었다고 비난하면서 먼지떨이로 메리의 머리와 목을 미친 듯이 두들겨 팼다.

4년간에 걸친 성적 학대를 비롯한 이런 고통스러운 기억을 지난 50여 년간 억눌러 왔는데, 이 기억은 5년간 심리치료를 받았어도 전혀 떠오르지 않았던 내용이었다. 그러나 바디 스캔을 하는 동안 목 부위에서 걸리는 듯한 느낌과 수십 년 전 어릴 때 머리와 목에 심한 매를 맞았던 경험 사이에 어떤 연관이 있다는 것을 명확하게 알게 되었다. 그 당시 어린 소녀로서 그녀가 할 수 있었던 일은 몸서리쳐지는 기억을 무의식적으로 억압하는 수밖에 다른 도리가 없었다. 그녀는 자라서 다행히 비교적 행복한 결혼생활을 하며 네 명의 자녀를 두었다. 그러나 몇 년 전부터 몸이 아프기 시작했고 고혈압, 심장병, 위궤양, 관절염, 낭창(lupus), 재발되는 요로감염 등 여러 질병으로 괴로워하고 있었다. 스트레스 완화 클리닉에 찾아왔을 때 54세인 그녀의 의료 기록은 자그마치 1미터 두께였고, 담당 의사들은 수십 가지 의학적 문제를 언급했다. 그녀가 클리닉에 오게 된 것은 약물 알레르기 증상으로 약물로 혈압을 조절하기 어려워져 혈압을 조절하는 행동적 방법을 배우기 위해서였다. 그녀는 지난해에 관상동맥 한쪽이 막혀 우회 수술을 받았다. 다른 쪽 관상동맥도 몇 군데가 막혀 있었지만 수술이 불가능하다는 진단을 받았다. 그녀는 지역 전기 하청업자인 남편과 함께 MBSR 프로그램에 참석했다. 남편 역시 고혈압 환자였다. 당시 그녀가 가장 크게 불편했던 부분은 잠을 푹 자지 못하고 밤중에 몇 번씩이나 깨어 한동안 잠들지 못한다는 것이었다.

프로그램을 마칠 무렵 그녀는 규칙적으로 잠을 잘 수 있었고([그림 5-1]), 혈압도 165/105에서 110/70으로 많이 떨어졌다([그림 5-2]). 등과 어깨 통증도 유의하게 줄어들었다([그림 5-3], [그림 5-3]). 동시에 지난 2개월 동안 호소해 왔던 신체 증상도 놀랄 만큼 줄어들었다. 그러나 그녀에게 고통을 일으키던 정서적 증상은 늘어났다. 이 정서적 증상은 억압해 왔던 과거 경험을 떠올리자 나타난 감정 변화였다. 이 정서적 증상을 이겨 내기 위해 심리치료를 주당 1회에서 2회로 늘렸다. 동시에 바디 스캔 수행을 계속하였다. 프로

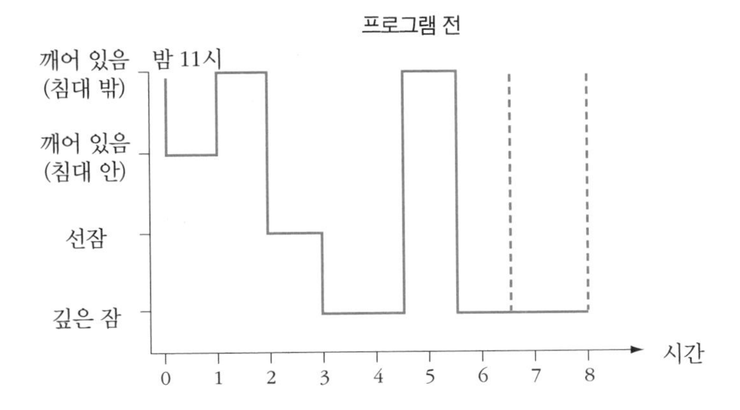

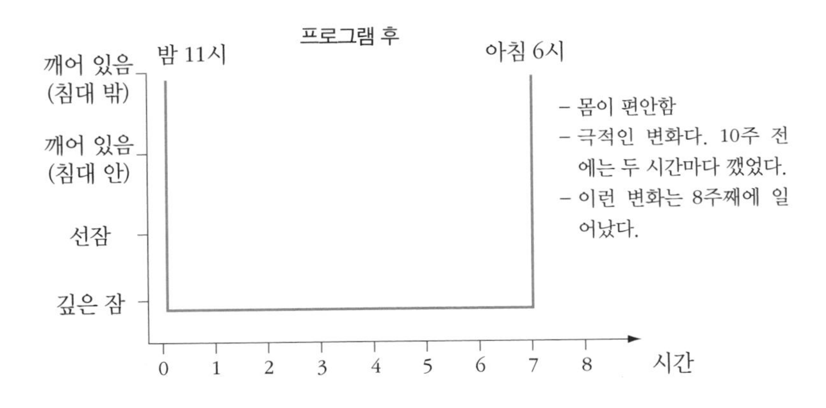

[그림 5-1] 프로그램 실시 전후 메리의 수면 그래프

그램이 끝난 후 2개월 뒤에 다시 나를 찾아왔을 때는 그 전에 보였던 여러 정서적 증상이 놀랄 만큼 줄었고 목, 어깨, 등의 통증도 훨씬 더 줄어들었다([그림 5-5]).

메리는 모임에서 제일 수줍음이 많았다. 첫 수업 시간에 그녀가 말할 차례가 왔을 때 이름조차 제대로 말하지 못했었다. 몇 년 동안 그녀는 주로 바디 스캔을 사용하는 정규 명상을 계속 수행했다.

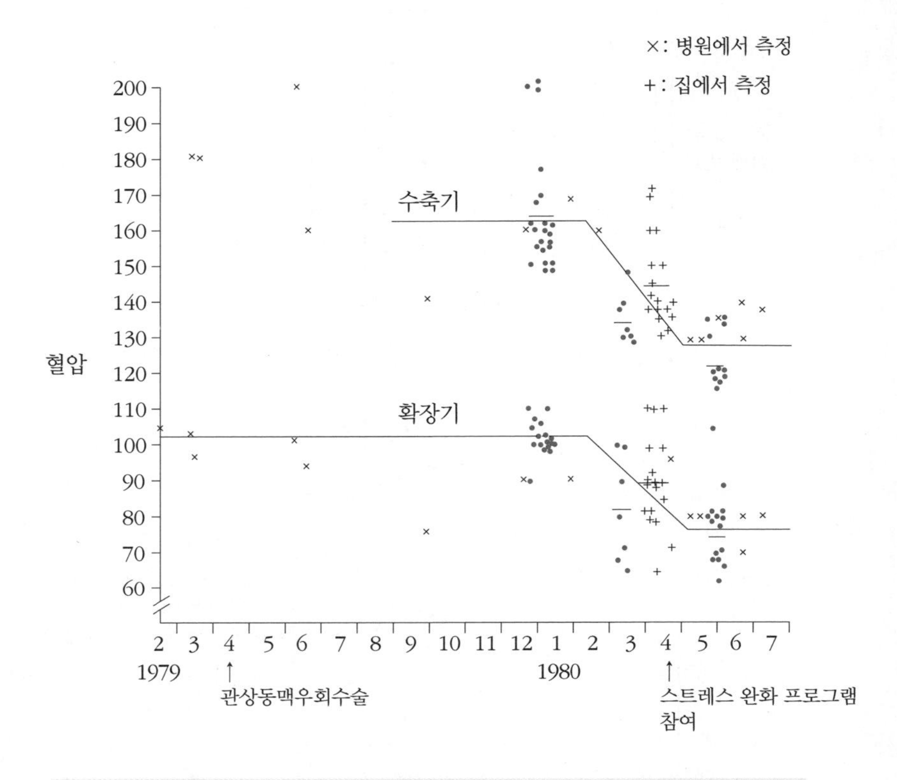

[그림 5-2] 스트레스 완화 프로그램에 참여한 해에 측정한 메리의 혈압 변화

그 후 그녀는 MBSR 프로그램을 막 시작한 다른 환자들에게 바디 스캔이 자신에게 얼마나 도움이 되었는지 여러 차례 연설했고, 규칙적으로 훈련할 것을 권했다. 환자들의 질문에도 우아하게 대답했고 자신에게 사람들 앞에서 이야기할 수 있는 능력이 있다는 것을 발견하고 스스로 놀라워했다. 그녀는 긴장되긴 했지만 자신의 경험을 타인과 나누고 싶어 했다. 자신의 경험과 유사한 근친상간 피해자 그룹에 참가하여 자신의 경험을 말할 수도 있게 되었다.

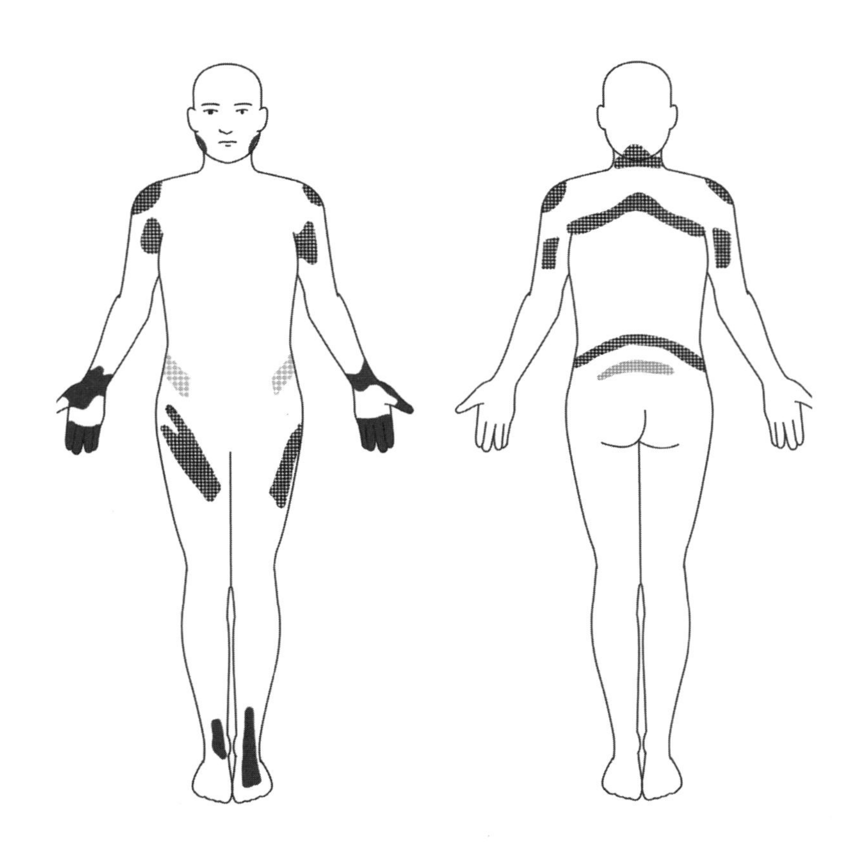

■ 격렬한 통증

■ 중간 정도의 통증

■ 은근한 통증

[그림 5-3] 프로그램 시작 전 메리의 통증 분포

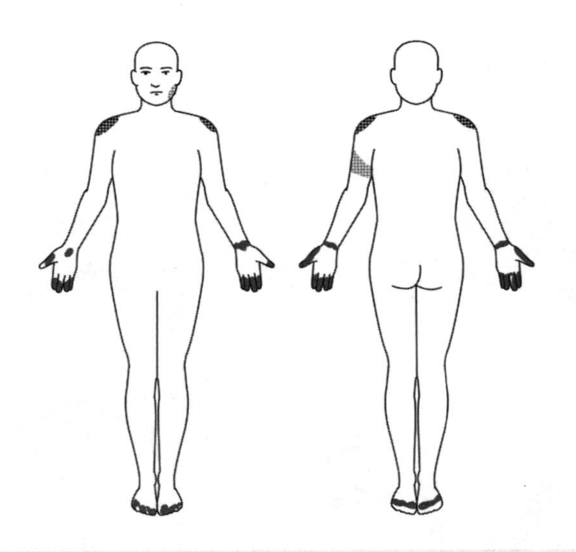

[그림 5-4] 10주 후 메리의 통증 분포

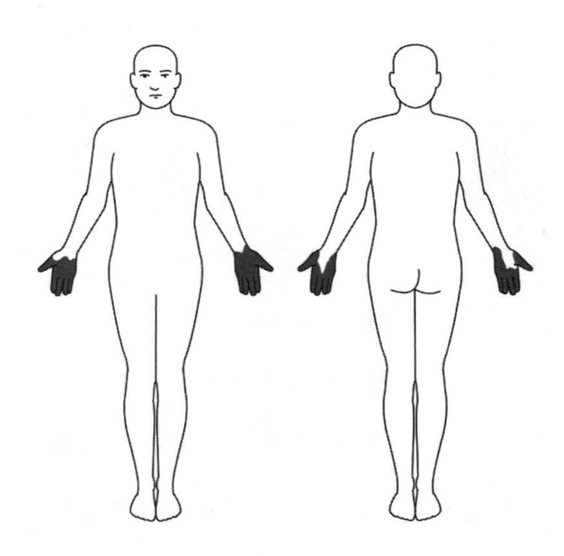

[그림 5-5] 프로그램 종결 후 메리의 통증 분포

그 후 몇 년 동안 메리는 심장병이나 낭창으로 자주 병원에 입원했다. 그녀는 항상 검사를 위해 병원에 다녔고 아무도 없이 몇 주씩 병원에 머물러야 할 때도 있었다. 한번은 몸이 부어올라 얼굴이 두 배나 커져서 알아볼 수 없을 정도가 되었다. 메리는 놀라울 정도로 현실을 잘 받아들이고 마음의 안정을 지켜 나갔다. 그녀는 한치 앞을 내다볼 수 없을 정도로 어려운 자신의 건강 문제를 이겨 내기 위해 명상수련을 계속해 나갔다. 명상으로 혈압을 조절하고, 매우 힘든 과정을 잘 처리하는 그녀의 능력에 대해 의사들은 놀라움을 표했다. 때때로 의사들은 수술이나 치료에 들어가기에 앞서 그녀에게 "이봐요. 메리, 이번에는 좀 아플 거예요. 그러니 명상을 하는 게 좋을 것 같군요."라고 말했다.

그녀는 6월 어느 토요일 이른 아침에 사망했다. 그날은 종일 명상(all-day session, 제8장 참조)이 잡혀 있는 날이었다. 소식을 듣자마자 나는 병원으로 가서 그녀에게 조용히 작별인사를 했고, 사랑의 마음과 존경심을 표했다. 일주일쯤 전에 이야기를 나눌 때 그녀는 얼마 전 끝이 가까웠음을 알았다고 했고, 놀라울 정도로 평화로운 모습으로 죽음을 맞이하고 있었다. 그녀는 죽으면 고통이 사라지리란 것을 알고 있었지만, 자신이 몇 년이라도 좀 더 일찍 '새로 발견한 자유롭고 의식 있는 자기'를 병원 밖에서 즐겼더라면 얼마나 좋았을까 하는 아쉬움을 털어놓았다. 우리는 그녀가 사망한 날의 종일 명상을 그녀의 명복을 위해 헌정했다. 스트레스 완화 클리닉에서 그녀를 아는 사람들은 이날 그녀를 잃었다. 많은 의사가 그녀의 장례식에 참석하였고 울음바다를 이루었다. 그녀는 우리에게 '무엇이 인생에서 진정으로 중요한가'를 일깨워 주었다.

수년간 어린 시절 반복된 성적 학대와 심리적 학대를 받아 심각한 질병을 가지고 클리닉을 찾아온 사람이 상당수 있었다. 이는 어린 시절 심각한 정신적 외상을 억압하는 것과 미래의 신체적 질병 간에 연관이 있음을 확실하게 시사한다. 어린 시절에는 억압과 부정이 아동 피해자들이 쓸 수 있는 유일한 대처 기제일 수 있다. 그런 정신적 외상 경험을 마음속에 벽을 쳐서 가둬 놓으면 신체에 엄청난 스트레스를 일으키며 시간이 지나면서 이런 스트레스가 차츰 신체 건강을 해치게 된다. 앞으로 살펴보겠지만 이것을 일으키는 여러 기제가 있다.

메리가 MBSR 프로그램에 참여한 게 1980년이었는데, 외상 후 스트레스 장애(post-traumatic stress disorder: PTSD)라는 용어가 만들어져 정신질환의 진단 및 통계편람인 DSM-III에 포함된 것이 바로 그해였다. DSM은 주기적으로 갱신되고 수정되는 정신건강 전문가를 위한 핵심 핸드북이다. 비록 PTSD가 이해받는 데 여러 해가 걸렸지만 아동기와 성인기 외상이 생물학적 · 신경학적 · 심리학적으로 어떤 결과를 일으키는지를 밝히는 훌륭한 연구가 행해졌다. 지금은 알려진 내용이 1980년대 초 · 중반에는 널리 알려지지 않았다. 메리처럼 질환은 대개 인식되지 못했고, 치료는 지금과 비교하면 아주 기초적이면서 미발달한 수준이었다. 오늘날 마음챙김 훈련은 성인과 아동 모두의 PTSD 치료에 점점 더 많이 적용되고 있다.

메리가 바디 스캔을 하면서 경험한 억압된 기억의 플래시백이 모든 사람에게 일어날 거라고는 말할 수는 없다. 이런 경험은 극히 드물다.* 바디 스캔이란 우리의 의식과 신체에 대한 느낌을 새롭게 연결시켜 주기 때문에 도움이 되는 것이다. 규칙적으로 연습해 나가면서 지금까지 느껴보지도, 많이 생각해 보지도 않았던 신체 부위들에 대한 감각을 보다 잘 느끼게 된다. 또한 바디 스캔을 하면 몸이 이완되고 안정된 기분을 맛볼 수 있다. 한마디로 바디 스캔을 하면 우리 몸과 더 친해지고 몸을 더 적절하게 보살피게 된다. 현명한 주의를 통해 더 온전하게 구현된 삶을 살게 된다.

바디 스캔 초기에 당면하는 문제

바디 스캔 훈련 초기에 발가락이나 다른 신체 부위에서 감각을 느끼지 못하는 사람들이 있다. 특히 만성 통증에 시달리는 어떤 이들은 통증에 너무 압도돼서 신체에 집중하지 못하기도 한다. 바디 스캔만 하면 잠에 빠져 버리는 사람도 있다. 이런 사람들은 이완하면 할수록 잠에 빠져 버려 의식을 유지하기 어렵다.

이런 경향이 나타난다면 그 자체가 당신의 신체와 마음에 관해

---

* 그러나 일어날 수도 있다. 만약 그런 일이 일어난다면 심리적 외상을 전문으로 하는 심리치료자와 협력해서 작업하는 것이 최선이다. 그럼에도 불구하고 MBSR 교사들은 마음챙김 훈련 과정에서 나타날 수 있는 잠재적 외상 경험의 신호와 증상을 인식하고, 빠르고 적절하게 반응하여 재발할 수 있는 환자의 외상적 기억의 경험을 도와줄 수 있는 충분한 배경지식과 훈련을 갖추고 있어야 한다. 환자가 외상적 기억을 안전한 치료적 환경에서 친절한 마음으로 대면한다면 치유가 시작될 수 있다.

중요한 메시지를 주는 것이라고 생각하라. 어떤 일이 일어나든 애정 어린 주의의 정당한 대상으로 수용할 준비가 되어 있다면 그 어떤 것도 심각한 장애가 될 수 없다. 그것이 무엇이든 마음챙김 훈련으로 더 깊이 들어갈 때 우리 자신에 관해 중요한 것을 가르쳐 준다. 실제로 무엇이 일어나든 그것을 친절한 의식으로 감싸 안는다면 그 순간의 커리큘럼이 된다. 이제 그 방법을 더 자세히 살펴보자.

아무것도 느끼지 못하거나 통증을 느낄 때의 바디 스캔

바디 스캔을 할 때는 각 신체 부위로 주의를 옮겨 가면서 그 부위에서 일어나는 감각을 느끼도록 한다. 예컨대, 발가락에 주의를 집중했는데 아무런 감각도 느끼지 못했다면 '아무것도 느끼지 못했다'는 것이 그 순간 발가락에 대한 체험이 된다. 이런 체험은 좋은 것도 아니고 나쁜 것도 아니다. 그것은 단지 그 순간 당신의 체험이다. 그러므로 우리는 그 체험(아무것도 못 느꼈다는)을 그대로 바라보고 그대로 받아들이고 다음 장소로 주의를 옮겨 가면 된다. 발가락에서 아무것도 느낄 수 없다고 해서 발가락을 조금 움직여 무언가를 일부러 느껴 보려고 할 수도 있지만 그럴 필요까지는 없다.

바디 스캔은 몸의 어떤 부분에 문제가 있거나 통증이 있는 경우에 특히 좋은 방법이다. 만성적인 허리 통증을 예로 들어 보자. 누워서 바디 스캔을 하는데 위치를 조금 바꿔 봐도 허리 통증이 줄지 않는다고 하자. 그럼에도 먼저 호흡을 알아차리는 것부터 시작해서 주의를 왼발로 옮기고 발가락에서부터 호흡을 들이고 내온다. 그러나 허리의 통증이 자꾸만 주의를 빼앗아 버려 발가락이나 그 밖에 다른 신체 부위에 대한 주의집중을 방해한다. 아무리 애써도 당신의 주의는 허리 통증으로 옮겨 간다.

이런 경우 허리 통증에 주의를 빼앗길 때마다 발가락으로 주의를 되돌리고 그곳에 호흡을 보내는 것이 한 방법이다. 이어서 왼쪽 다리, 오른쪽 다리, 골반으로 순차적으로 주의를 옮기면서 거기에서 느껴지는 감각에 세심한 주의를 준다. 내용에는 개의치 말고 당신이 의식하고 있는 생각과 느낌에도 주의를 준다. 물론 당신 생각의 주된 내용은 허리 통증과 관련된 것일 수 있다. 차츰 골반을 지나 환부인 허리로 주의를 옮겨 온다. 이때도 앞서와 같이 개방적이고 수용적인 자세로 당신이 경험한 감각을 정확하게 알아차림한다.

이제 허리로 호흡을 보내고 허리에서 호흡을 내오면서, 이와 동시에 일어나는 모든 생각이나 감정에 대해 알아차림한다. 호흡하며 허리에 머물다가 주의를 이동할 준비가 되었다고 생각되면 허리에 대해서는 의식을 내려놓고 등의 윗부분과 가슴 부위로 주의를 이동한다. 이와 같이 순서에 따라 가장 문제가 되는 신체 부위에 주의를 집중하고 온전하게 경험하면서 그것을 얼마나 처리할 수 있는지 신경 쓰지 말고 그 부위를 '통과해 가는' 것을 연습한다. 늘 그렇듯 이러한 초대는 당신 자신에게 부드러워야 한다. 당신의 한계나 직관을 넘어서 압박하지는 않는다. 당신이 그 부위에 존재하는 모든 감각에 호기심을 가지고 열린 마음으로 바라보며, 그들과 호흡할 수 있으면, 그다음 그곳을 떠나 다른 주의 대상으로 옮겨갈 수 있다.

바디 스캔을 하는 동안 통증을 다루는 또 다른 방법은 통증 강도가 가장 강한 부위로 주의를 보내는 것이다. 이는 한 부위의 통증이 너무 강해서 다른 신체 부위에 주의를 집중하기 어려울 때 할 수 있는 최선의 방법이다. 이때는 주의를 이동시키지 않고 단지 통증에 호흡을 들여보냈다 내보냈다 하면 된다. 들숨이 세포 조직을 통과하면서 완전히 흡수되는 것을 상상하거나 느껴 보고, 통증, 독소, 불편감(disease)이 날숨을 통해 밖으로 배출된다고 상상한다. 매 순간 한 호흡 한 호흡 계속해서 주의를 집중하고, 가장 아픈 부위에서 주의를 기울이고 있는 감각이 순간순간 어떻게 변화하는지 알아차린다. 감각의 강도에서도 변화가 일어나는 것을 관찰할 수 있다. 통증이 어느 정도 가라앉으면 발가락으로 다시 돌아가서 앞에서 설명한 것처럼 전신을 스캔한다. 제22장과 제23장에서 마음챙김이 통증을 다루는 데 어떻게 사용되는지 좀 더 자세히 알게 될 것이다.

정화 과정으로서의 바디 스캔

내가 바디 스캔을 MBSR 버전으로 개발하는 데 영향을 준 한 분은 명상전문가가 되기 전에 항공우주 과학자였다. 그는 바디 스캔을 신체의 '영역 정련(zone purification)'이라고 비유적으로 묘사했다. 영역 정련이란 원형의 용광로를 금속 주형의 길이를 따라 이동시키면서 금속을 정련시키는 산업기술이다. 열에 의해 용광로 안쪽 영역의 금속이 액화되면 불순물이 액상으로 모아진다. 액화된 금속의 영역이 막대의 길이를 따라 이동할 때 불순물은 액체 금속 안에 머물게 된다. 용광로가 지나간 자리에서 금속은 재고체화되는데, 그 재고체화된 금속은 이전보다 순도가 더 높아진다. 전체 막대를 이런 식으로 처리하면 제일 마지막으로 액화되었다 재고체화된 막대의 끝 부분에 모든 불순물이 모아지므로 그 부분은 잘라 버린다. 그러면 순수한 막대만 남는다.

마찬가지로 바디 스캔은 신체의 적극적인 정화라고 생각할 수 있다. 당신의 주의 영역이 신체 여러 부위를 이동하면서 각 신체 부위에 있는 긴장과 고통을 거두어서 정수리로 가져간다. 그곳에서 호흡의 도움으로 그것들을 내보내어 몸을 정화하게 되고 몸은 더 가볍고 깨끗해진다. 이런 방식으로 바디 스캔을 할 때마다 바디 스캔을 정화나 제독 과정으로, 즉 전체성의 느낌과 신체와의 통합의 느낌을 회복하여 치유를 촉진하는 과정으로 생각하고 시각화할 수 있다.

이렇게 말하면 바디 스캔이 특정한 목적, 즉 신체를 정화하기 위해 사용되는 것처럼 들릴지 모르지만, 바디 스캔을 수련하는 기본 정신은 전적으로 애쓰지 않음(non-striving)이다. 제13장에서 보겠지만 어떠한 정화도 자연스럽게 일어나도록 해야 한다. 오직 바디 스캔 그 자체를 위해 혹은 이미 존재하고 있지만 너무 자주 잊고 사는 자신의 존재를 온전하게 하기 위해서 매일 꾸준히 할 뿐이다.

바디 스캔을 반복해서 연습하면 현재 순간에 우리 몸의 실재를 전체로 파악할 수 있다. 이러한 전체성의 느낌은 자신의 신체에 어떤 문제가 있더라도 관계없이 경험될 수 있다. 신체의 일부분 혹은 많은 부분이 질병에 영향을 받거나 통증이 있을 수 있고, 어쩌면 기능을 잃었을 수도 있다. 하지만 당신은 여전히 이것들을 의식 안에서 보듬을 수 있고, 신체와 당신 존재의 타고난 고유의 전체성을 인식하고 기를 수 있다.

바디 스캔을 할 때마다 흘러갈 것은 흘러가게 놓아준다. '놓아주기'나 정화되도록 억지로 하지 않는다. 사실 억지로 해서 되는 것이 아니다. 놓아주기는 당신의 상황을 수용하는 행위다. 상황에 대한 두려움에 항복하는 것이 아니다. 이것은 당신 자신을 당신의 문제와 통증보다 더 큰 존재로, 당신의 암보다 더 큰 존재로 보는 것이며, 당신의 신체나 심장, 등 혹은 공포와 동일시하는 것이 아니라 당신 존재 전체(totality)와 동일시하는 것이다. 당신의 문제를 초월하는 전체성의 경험은 바디 스캔을 규칙적으로 수련하는 것에서 자연스럽게 나타나며, 특정 부위에서 호흡을 내보내며 놓아줄 때마다 키워진다.

바디 스캔 훈련에서의 수용과 애쓰지 않음

바디 스캔을 할 때 가장 중요한 것은 발끝에서 머리끝까지 주의를 이동시키면서 호흡과 신체 부위 하나하나에 매 순간 의식을 유지하면서 경험하는 것이다. 최종 의사결정자는 항상 당신이더라도 뭔가를 억지로 하려 하거나 쫓아내려 하지 말고 가장 가볍게 접촉하는 것이 좋다. 신체에서 긴장이 사라진다거나 호흡을 들이쉬면서 생기가 도는 듯한 상상을 하는 것보다 더욱 중요한 것은 당신의 주의의 질과 신체 부위에서 느껴지는 어떤 감각이든 있는 그대로 느끼고, 그것과 기꺼이 함께하겠다는 태도다. 이것을 긴장에서 벗어나기 위한 목적으로 하면, 성공할 수도 있고 그렇지 못할 수도 있지만 마음챙김을 수행하고 있는 것은 아니다. 그러나 매 순간 현재에 존재한다는 의식을 가지고 그때그때 일어나는 모든 것을 경험하고 기꺼이 받아들인다는 마음으로 호흡을 하고 신체를 관찰해 나가면 참다운 마음챙김을 수련하고 치유력을 얻을 수 있다.

이 차이는 매우 중요하다. 바디 스캔 훈련용 CD에서도 소개하고 있는 것처럼 명상에서 결실을 얻는 가장 좋은 방법은 무언가를 얻으려고 하는 것이 아니라 명상 그 자체를 목적으로 하는 것이다. 우리 환자들은 바디 스캔 CD를 사용해서 매일 이 같은 이야기를 반복하여 듣는다. 그들 모두는 나름의 심각한 문제가 있고 무언가 도움이 필요한 사람들이다. 그러나 우리는 이 환자에게 명상수련에서 뭔가를 얻는 가장 좋은 방법은 기대감이나 목표 또는 그들이 여기에 온 이유조차도 내려놓고 매일 수련하는 것뿐이라고 말해준다.

이런 식으로 명상을 훈련하다 보면 환자들은 역설적인 상황에 놓이게 된다. 환자들은 무언가 긍정적인 결과를 얻고 싶어 클리닉에 왔는데, 우리는 그들에게 성과를 거두려고 하지 말고 훈련하라고 지시한다. 지금 그들이 있는 이 순간을 충분하게 받아들이라고 격려한다. 또한 프로그램에 참가하는 8주 동안은 판단하지 말고 마지막에 가서 그것이 가치 있었는지 여부를 평가하도록 충고한다.

왜 이런 입장을 취할까? 이러한 역설적 상황을 마련하는 것은 사람들에게 존재하기 방식(ways of being)의 한 형태로 애쓰지 않기(non-striving)와 자기수용(self-acceptance)을 탐색하게 하기 위해서다. 이렇게 함으로써 어떤 기대나 선입견 없이 처음부터 시작하게 되고, 세속적인 근거에 따른 성공과 실패라는 기준에 얽매이지 않고 새로운 방식으로 사물을 보고 느낄 수 있다. 명상은 바로 이런 방법으로 실천해야 한다. 왜냐하면 무언가를 얻겠다고 억지로 노력하는 것은 다가온 현실에 대해 충분한 알아차림과 이해 없이 바로 순간의 현실을 거부해 버리기 때문에 변화나 성장 또는 치유력을 얻을 수 없다.

현실과 다른 무엇을 바라는 것은 단지 소망적 사고일 뿐이다. 이것은 진정한 변화를 가져오는 데 효과적인 방법이 아니다. 자기가 마땅히 이루어질 것으로 기대했던 것들이 이루어지지 않았을 때 우리는 우선 '실패' 라는 생각을 하게 된다. 그래서 우리는 용기를 잃고, 희망도 없어지고, 남의 탓으로 돌리고, 포기해 버리고 만다. 그러므로 진정한 의미의 변화는 아무것도 일어나지 않는다.

명상이란 입장에서 보면 비록 아픔이 있고, 두려움이 있고, 바람직하지 못한 것이 있다 하더라도 있는 그대로의 현실을 받아들임에 따라 변화와 성장 그리고 치유력이 자연스럽게 일어나도록 한다. 제2부 패러담임: '건강과 질병에 대한 새로운 생각' 에서 우리는 새로운 가능성을 다룰 터인데, 여기에서 말하는 새로운 가능성이란 '현재라는 순간의 현실에 이미 포함되어 있다' 는 것이다. 새로운 가능성은 드러나고 발견되도록 해 주는 것이 필요할 따름이다.

이것이 사실이라면 바디 스캔이나 그 밖에 다른 마음챙김 훈련을 실천할 때 무언가 성과를 거두려고 해서는 안 된다. 단지 이미 존재하고 있는 여기에 존재하며, 그것을 깨닫는 것만이 필요하다. 이런 식으로 사물을 보면 '달리 찾아갈 곳이 없다.' 그러므로 다른 곳에서 무엇을 구하려고 하는 것은 잘못된 생각이라는 것을 실감하게 된다. 다른 곳에서 무엇을 구하려고 하면 좌절감과 실패만 남는다. 반면 현재 존재하는 그곳에 존재하면 실패하는 일이 없다. 그러므로 만약 당신이 있는 그대로의 현실과 기꺼이 함께하고 있다면 명상수련 동안 '실패'란 일어날 수 없는 것이다.

명상은 성공과 실패라는 개념을 초월해 있는 것이란 표현이 가장 진실하다. 그렇기 때문에 성장과 변화 그리고 치유력을 가져오는 데 가장 좋은 수단이 되는 것이다. 물론 명상에는 진보도 있고 퇴보할 수 있는 잘못이 있을 수도 있다. 명상수련에서도 어떤 특별한 노력이 필요하지만 이런 노력은 그 상태가 이완, 통증에서의 해방, 치유 혹은 통찰이더라도 어떤 특별한 상태를 얻고자 하는 애씀(striving)의 노력은 아니다. 이런 상태는 매 순간 현재에 이미 내재해 있기 때문에 수련을 하면 자연스럽게 오게 되어 있다. 그러므로 어떠한 순간도 이러한 상태를 경험하기 위한 좋은 순간이다. 사물을 이와 같이 볼 수 있게 되면 매 순간을 있는 그대로 받아들이고 온전함 속에 명료하게 볼 수 있고 놓아줄 수 있다.

만약 당신이 수행하는 방법이 정확한지 정확하지 않은지 알고 싶다면 기준이 있다. 무언가 목표로 삼거나 바라거나 어떤 목표한 곳에 도달한다든가 성공이라든가 실패라는 생각이 마음속에 있다는 점을 주목했을 때, 그런 생각이 지금이라는 순간의 현실 가운데 하나의 측면이라고 받아들일 수 있는가? 또는 그것을 바로 그 순간의 충동, 생각, 욕망 또는 판단에 불과한 것으로 보고 그 속에 빠져들거나 자신을 잃어버리지 않고 이곳에 그대로 두고(let it be) 놓아줄 수(let it go) 있는가? 그럴 수 있다면 당신이 행하는 방법은 마음챙김을 개발하는 옳은 방법이라고 말할 수 있다.

그러므로 우리는 매일매일 바디 스캔을 해 나가되 궁극적으로 신체를 정화하려고 해서도 안 되고, 무엇을 없애려고 해서도 안 되며, 심지어는 이완하려 하거나 마음의 평화를 이루고자 해서도 안 된다. 이것들은 초기 단계에서 수련을 하고 싶게 하고 매일 지속하게 하는 동기가 될 수 있다. 그리고 실제로 이렇게 해서 더 잘 이완되고 더 기분이 좋아질 수도 있다. 매 순간순간 이를 정확하게 훈련하기 위해서는 이내 이런 동기조차도 내려놓아야 한다. 바디 스캔을 수련한다는 것은 당신의 신체와 함께 당신 자신과 함께 존재하는 한 방식이며, 바로 지금 전체로 존재하는 한 방식이다.

연습

1. 방바닥이나 침대에 등을 대고 눕는다. 눕기 훈련의 목적은 잠자기가 아니라 '깨어 있기' 라는 것을 명심한다. 이때 몸이 충분히 따뜻해야 한다. 방이 춥다면 담요를 덮거나 침낭을 사용

할 수도 있다.

2. 조용히 눈을 감는다. 졸음이 밀려오면 눈을 뜨고 있어도 좋다.
3. 부드럽게 주의를 복부에 유지하면서 숨을 들이쉬고 내쉴 때마다 복부가 오르락내리락 하는 것을 느끼도록 한다. 매번의 들숨 전체를 온전하게 알아차림하고, 매번의 날숨 전체를 온전하게 알아차림하며 진행되는 호흡의 파도를 탄다.
4. 몇 초 동안 발끝에서 머리끝까지 몸을 '전체'로 느끼고 그것을 감싸고 있는 피부 전체를 느낀다. 방바닥이나 침대에 몸이 닿고 있는 부분의 감각을 느껴 본다.
5. 왼발의 발가락에 주의를 집중하라. 발가락 끝에 주의를 집중하면서 마치 그곳까지 통로가 있어 이를 통해 발가락까지 호흡이 들어오고 나가는 것처럼 느껴라. 이것이 자연스러워지려면 시간이 좀 필요할 것이다. 우선은 호흡이 코에서 폐에 들어와 신체 하부로 이동하여 복부로 연결되고 여기서부터 왼쪽 다리를 거쳐 발가락 끝까지 들어가고 같은 경로를 거쳐 코로 되돌아나간다는 상상을 하면 도움이 된다. 실제로 호흡은 혈류를 따라 몸의 모든 경로로 이동한다.
6. 발가락에서 느낄 수 있는 모든 감각을 느껴라. 각 발가락의 구분되는 감각이나 이 부분에서의 감각의 흐름을 관찰하라. 만약 이 순간 아무것도 느낄 수 없다면 그것도 좋다. '아무것도 느낄 수 없다.'는 그 느낌을 그대로 받아들여라.
7. 발가락에서 주의를 다른 곳으로 옮겨야 할 때, 우선 발가락까지 닿을 수 있도록 깊이 숨을 들이쉬고 내쉴 때는 '마음의

눈'에서 발가락이 '용해된다'고 생각하라. 그런 다음 몇 차례 호흡을 더 계속한 후 발바닥, 발꿈치, 발등 그리고 발목으로 차례대로 주의를 옮긴다. 이때 각 부위로 호흡을 들여오고 내보내기를 계속하면서 그 부위에서 일어나는 감각을 관찰한다. 그런 다음 그 부위를 내려놓고 다음 부위로 이동해 간다.

8. 주의가 산만해진 것을 알아차릴 때면 앞서 설명한 호흡 알아차림 훈련(제3장)이나 정좌명상법(제4장)에서 언급한 요령에 따라 일단 호흡과 주의를 집중하고 있는 부위로 되돌린다.
9. 앞서 기술한 방법대로 호흡과 개별 부위의 감각에 주의집중을 유지하면서 왼쪽 다리에서부터 다른 신체 부위로 계속해서 천천히 옮겨 간다. 각 부위와 함께 호흡을 한 후 다음 부위로 옮겨 간다. 어딘가 통증이 있거나 불편하면 이 장에서 설명한 불편감을 다루는 방법을 참조하여 행하면 된다. 제22장과 제23장도 참조하기 바란다.
10. 최소한 하루에 한 번 바디 스캔을 실시하라. 처음 시작하는 사람은 CD를 사용하면 도움을 받을 수 있다. CD를 따라 하면 속도를 천천히 할 수 있고 지시사항을 기억하고 정확하게 따라 하는 데 도움이 된다.
11. 바디 스캔은 MBSR을 시작할 때 환자가 집중적으로 실습하는 첫 공식 명상 훈련이다. 최소한 2주간 주당 6일, 하루 45분씩 훈련하게 된다. 이 방법은 당신의 명상 훈련을 한 단계 발전시키는 훌륭한 전략이 될 것이다.
12. 깨어 있는 상태를 유지하기가 어렵다면, 앞에서 얘기한 것

처럼 눈을 뜬 채 바디 스캔을 할 수도 있다.

13. 가장 중요한 점은 바닥에 내려와서 훈련을 하는 것이다. 얼마나 많이 얼마나 오래 훈련하느냐보다 가능하면 매일 훈련 시간을 내는 것이 더 중요하다.

06

요가명상: 힘, 균형, 유연성의 개발

지금까지 학습한 것으로 미루어 우리는 어떤 활동을 하더라도 마음챙김만 잘 되면 일종의 명상이 될 수 있다는 것을 알게 되었다. 마음챙김이 함께하면 어떤 활동도 사고의 지평을 넓혀 주며 자기 자신이 누구인가에 대한 이해도 깊게 해 준다. 마음챙김 수련의 대부분은 기억하기다. 즉, 멍하게 있거나 생각의 베일에 가려 있지 않고 온전하게 깨어 있도록 상기시켜 주는 것이다. 기억하는 것을 잊으면 너무나도 쉽게 타성적인 자동조종 상태에 빨려들어 가기 때문에 이 과정에서는 의도적 훈련이 매우 중요하다.

내가 '기억하기'나 '상기하기'라는 말을 좋아하는 이유는 이 단어들은 이미 존재하지만 다시 새롭게 인식할 필요가 있다는 의미를 내포하기 때문이다. 기억한다는 것은 회원 자격(membership),

즉 소속되어 있고 '이미 알고 있는' 집단과 '재연결' 되는 것으로 생각할 수 있다. 우리가 망각한 것은 여전히 여기, 우리 내부 어딘가에 있다. 일시적으로 접근하지 못했을 뿐이다. 망각된 것은 의식 내부의 회원 자격을 다시 새롭게 할 필요가 있다. 예를 들면, 주의 주기, 현재에 존재하기, 우리의 몸에 존재하기 등을 '기억(re-member)'해낼 때, 기억하는 바로 그 순간 이미 깨어 있는 것이다. 우리가 우리의 전체성을 기억할 때 회원 자격은 그 자체로 온전하다.

상기시킨다는 말도 마찬가지다. 그것은 우리를 '큰 마음', 전체성의 마음, 개별적인 나무들뿐만 아니라 전체 숲을 보는 마음과 재연결한다. 우리는 이미 언제나 전체이므로 무언가를 해야 하는 것은 아니다. 우리는 단지 우리 자신에게 그것을 '상기'시키면 되는 것이다.

스트레스 완화 클리닉에 온 사람이 쉽게 명상을 배우고 명상이 치유적이라는 것을 알게 되는 주요한 이유는 마음챙김 수련이 자신이 이미 알고 있었지만 알고 있었다는 것을 몰랐거나 활용 방법을 모르던 것, 즉 자신이 이미 전체라는 것을 일깨워 주기 때문일 것이다.

우리가 전체성을 그렇게 쉽게 기억할 수 있는 것은 그것을 찾기 위해 멀리 갈 필요가 없기 때문이다. 보통 어린 시절 남겨진 어렴풋한 느낌이나 기억처럼 그것은 항상 우리 안에 있다. 그러나 그것은 매우 익숙한 기억이어서 다시 한 번 느끼자마자 즉시 재인되며, 마치 오랫동안 떠나 있던 집으로 돌아온 것과 같다. 중심에 존재(being)하지 않고 행위(doing)에 몰두되어 있을 때 그것은 마치 집에서 멀리 떠나 있는 것처럼 느껴진다. 잠시 동안이라도 존재와 재연결될 때 당신은 그것을 곧바로 알게 된다. 당신이 어디에 있든 어떤 문제에 직면했든 마치 집에 있는 것처럼 느끼게 되는 것이다.

존재와 재연결되는 동안에는 몸도 집에 돌아온 느낌이 든다. 따라서 영어에 'rebody'라는 말이 없는 것은 좀 이상하다. 얼핏 보기에 'rebody'한다는 것은 상기시킨다(remind)는 것처럼 필요하고 유용한 개념인 것 같다. 어쨌든 MBSR에서 하는 모든 작업에는 'rebodying'이 포함되어 있다.

몸은 필연적으로 고장 날 수 있다. 몸을 돌보지 않고 몸의 소리도 주의 깊게 듣지 않으면 몸은 보다 쉽사리 망가지며, 느리고 불완전하게 회복된다. 바로 이런 이유로 질병의 예방과 질병이나 부상의 치유 과정에서 적절히 몸을 돌보는 것이 무엇보다 중요하다.

몸을 돌보는 제1단계는 아프거나 다쳤거나 건강하거나 상관없이 온전한 의식으로 몸에 존재하기를 훈련하는 일이다. 즉, 호흡이나 몸에서 느낄 수 있는 감각에 주의를 집중하는 것이 몸에 존재하는 가장 실제적인 방법이다. 이렇게 하면 몸과 가장 긴밀하게 접촉하면서 몸의 메시지에 따라 행동할 수 있게 된다. 바디 스캔은 규칙적으로 몸의 여러 부위를 체계적으로 점검하고 몸에 귀 기울이고, 몸과 친해지고 몸을 받아들이게 하기 때문에 몸을 새롭게 활성화하는 좋은 방법이다. 몸에 대한 친밀감과 신뢰감을 기르는 데는 바디 스캔이 더할 나위 없이 좋고, 대개 이완하려 하거나 부드럽게 하려고 특별히 노력하지 않아도 몸의 반응이 부드러워질 수밖에 없다.

자신의 몸과 함께 존재하기를 훈련하는 방법에는 여러 가지가 있다. 어떤 방법이든 명상적인 알아차림과 함께 행한다면 성장과 변화 그리고 치유력을 촉진한다. 신체를 변화시키는 측면에서 가장 강력하고 기분이 좋아진다는 점에서 가장 멋진 방법 중 하나가 '하타 요가'다.

마음챙김 하타 요가는 바디 스캔, 정좌명상과 함께 MBSR에서 사용하는 세 번째 주요 공식 명상수련 방법이다. 하타 요가 명상법은 신체가 여러 형태의 '자세'를 취하는 동안에 일어나는 호흡과 감각을 순간순간 알아차림하면서 매우 천천히, 부드럽게 몸을 스트레칭하고 힘을 주고, 균형을 잡는 훈련으로 이루어져 있다. 스트레스 완화 클리닉의 참가자 대부분은 요가수련을 깊이 신뢰하고, 최소한 초반에는 정좌명상이나 바디 스캔보다 요가명상을 더 좋아한다. 그들은 규칙적인 요가수련으로 얻어지는 이완감과 골격근의 강화, 유연성에 매료된다. 더구나 몇 주 동안 움직이지 않고 가만히 앉아서 정좌명상과 바디 스캔을 한 후에는 드디어 움직임을 허용하는 요가가 매력적일 수밖에 없다.

요가를 하면서 바디 스캔을 훈련할 때 취했던 자세가 요가 자세 중 송장 자세라는 것도 알게 된다. 사실 송장 자세는 수천 가지나 되는 전통적인 요가 자세 중 가장 어렵다고들 한다. 요가에는 어려운 자세가 많이 있다. 그런데 단지 가만히 누워 있는 송장 자세가 왜 가장 어려운 자세로 여겨지는 걸까? 그 이유는 그 자세가 매우 단순하지만 동시에 온전히 깨어 있어야 한다는 점에서 매우 도전적이기 때문이다. 과거와 미래를 잊고 (그 때문에 '송장 자세'라 부른다.) 현재의 순간에 온전하게 살아 있는 것이다.

마음챙김 요가는 몸을 살피고 몸을 더 부드럽고 이완되게, 강하고 더 유연하게, 균형 있게 만들어 주는 강력한 방법이라는 것 외에도 자신의 신체나 건강 상태에 상관없이 자신에 관해 배울 수 있고 전체로서의 자기를 체험할 수 있는 매우 효과적인 방법이다. 비록 요가가 운동처럼 보이고 운동의 이점을 보여 주지만 요가는 운동 이상이다.

MBSR에서 요가를 훈련할 때에는 정좌명상이나 바디 스캔을 훈련할 때와 정확히 같은 태도로 훈련한다. 요가를 할 때도 지나치게 힘들여서 억지로 하려고 해서는 안 된다. 이때도 역시 몸을 순간순간 현재에 느끼는 그대로 받아들이도록 훈련한다. 몸을 펴거나 들어 올리거나 균형을 유지하는 자세를 취할 때 매 순간 알아차림을 유지하며 자신이 할 수 있는 한계만큼만 하는 것을 배운다. 우리는 스스로에 대해 인내심을 가져야 한다. 이를테면 우리가 몸을 늘일 수 있는 한계까지 조심스럽게 움직여 나갈 때, 신체에 전혀 도전이 없는 것과 너무 지나치게 밀어붙이는 것 사이의 창조적 공간에 머물면서 그 한계에서 호흡하는 것을 훈련하게 된다.

이것은 대부분의 운동과 에어로빅 교실, 심지어 많은 요가 교실과도 크게 다른 것이다. 그들은 단지 신체의 '행위(doing)'에만 초점을 둔다. 그들은 목표를 달성하기 위한 진행을 강조하고 마구 밀어붙이기를 좋아한다. 운동 교실에서는 무위(non-doing)와 애쓰지 않음(non-striving)의 기술에 거의 주의를 주지 않으며, 마찬가지로 현재 순간이나 마음에도 주의를 주지 않는다. 전적으로 신체가 중심이 되는 운동에서는 존재의 영역에 거의 관심을 주지 않는다. 존재의 영역은 다른 뭔가를 할 때만큼 신체와 작업할 때도 중요하다. 물론 존재의 영역은 언제나 여기에 있기 때문에 누구나 스스로 존재의 영역에 접근할 수는 있다. 그러나 지배적인 분위기나 태도가 그러한 경험과 완전히 반대인 경우에는 존재의 영역을 발견하기가 매우 어렵다. 그럼에도 요즈음 많은 것이 변화하고 있고, 요가를 가르칠 때 마음챙김을 함께 가르치는 요가 스승도 늘고 있다. 사실 많은 요가 스승이 마음챙김을 수련하고 있고 마음챙김 센터에서 실시하는 명상수련회에도 참석한다.

우리는 어린 시절부터 행위하기를 존재하기보다 가치 있는 것으로 여기도록 조건화되어 왔기 때문에 행위 방식에서 존재 방식으로 전환하도록 허용해 줄 필요가 있다. 우리는 존재 방식으로 어떻게 살아가는지 혹은 그것을 어떻게 발견하는지도 배운 적이 없다. 따라서 우리 대부분은 최소한 존재 방식에 어떻게 들어갈 수 있는지, 그리고 어떻게 더 확실히 그 안에 머물 수 있는지에 대한 몇 가지 안내를 받아야 한다.

운동할 때, 특히 행위와 성취를 목적으로 하는 운동 교실에서 혼자서 존재 방식과 접촉하기는 그다지 쉽지 않다. 게다가 운동할 때 우리의 마음은 흔히 다른 생각에 빠져 있고 알아차림이 결여되어 있는 경우가 많기 때문에 더욱 어려운 것이다.

존재의 영역과 함께하기 위해서는 운동 중에도 주의와 알아차림의 힘을 동원하는 것을 배우고 훈련해야 한다. 이제는 직업 선수나 아마추어 선수도 몸뿐만 아니라 마음에도 주의를 주지 않으면 수행에 결정적 차이를 가져올 개인적 힘과 참여의 전체 영역을 활용할 수 없다는 것을 깨닫기 시작했다.

수술에서 회복 중인 환자나 만성통증이 있는 환자에게 스트레칭과 근력강화운동을 처방하고 가르치는 물리치료에서조차 스트레칭과 근력강화운동을 이완감과 함께 할 수 있도록 호흡에 주의를 주고 개인의 내재적 능력을 동원하도록 하는 것을 교육하지 않는다. 종종 물리치료사들은 신체를 치유하기 위한 교육을 할 때 치유를 위한 가장 강력한 두 가지 지원군인 호흡과 마음을 간과한다. 통증 문제를 가진 우리 환자들은 물리치료 과정에서 운동을 할 때 호흡 마음챙김을 하면 물리치료가 훨씬 잘된다고 누누이 보고하고 있다. 이것은 운동에 있어서 완전히 새로운 차원이 드러난 것과 같다. 그리고 그들의 물리치료사들도 종종 이들이 보여 준 극적인 변화를 언급한다.

요가나 물리치료처럼 느리고 부드러운 스트레칭과 근력강화운동을 하면서 존재의 영역을 적극적으로 개발하면 전통적으로 '운동'이라고 생각하던 것이 '명상'으로 전환된다. 이렇게 되면 속도와 목표 달성을 위주로 하는 분위기에서는 할 수 없었던 신체 활동도 할 수 있게 되고, 심지어 즐기면서 할 수 있게 된다.

MBSR의 가장 기본 원칙은 요가를 하는 동안 자기 몸의 신호를 의식적으로 읽어야만 한다는 것이다. 이것은 몸이 당신에게 전하는 메시지를 주의 깊게 듣고 그 메시지를 존중하라는 뜻이다. 당신의 몸이 당신에게 전하는 메시지를 들을 수 있는 사람은 오직 당신 자신뿐이다. 만약 진정으로 성장하고 치유되기를 원한다면 자신의 소리를 들어야만 한다. 사람마다 신체가 다르므로 개개인은 자기 신체의 한계를 알 필요가 있다. 이런 자기 신체의 한계를 알 수 있는 유일한 방법은 충분한 시간 동안 스스로 신중하게 마음챙김해서 자신의 신체를 탐색해 가는 것이다.

이런 노력을 통해 몸의 상태가 어떻든지 몸에 마음챙김하며 신체 한계 내에서 작업하면 시간이 지나면서 점차 한계점이 넓어진다. 즉, 당신의 신체를 펼 수 있는 한계라든가 특정 자세를 유지할 수 있는 시간이 정해진 게 아니라는 것을 알게 된다. 그러므로 당신은 여기까지는 되고 더 이상은 안 된다는 선입관을 갖지 말아야 한다. 왜냐하면 당신이 주의 깊게 당신 신체의 소리를 들어 보면 매번 행할 때마다 조금씩 달라진다는 것을 알 수 있기 때문이다.

이러한 관찰은 전혀 새로운 것이 아니다. 운동선수들은 자신의 수행을 개선하기 위해 이 원리를 사용한다. 그들은 언제나 자신의 한계를 탐색한다. 그러나 그들은 어딘가에 도달하기 위해서 그렇게 하는 반면에, 우리는 우리가 이미 있는 곳에 존재하기 위해, 또 그곳을 발견하기 위해 그것을 활용하고 있는 것이다. 우리 역시 어딘가에 도달했다는 것을 발견할 수 있지만 그것은 역설적이게도 과도한 애씀 없이 이루어지는 것이다.

건강에 문제가 있는 사람이 운동선수가 하는 방식과 유사하게 자신의 한계점에서 작업하는 것은 중요하다. 왜냐하면 우리는 신체 일부에 뭔가 문제가 있을 때 뒤로 물러나 사용하지 않는 경향이 있기 때문이다. 이것은 우리가 아프거나 다쳤을 때 단기적으로 현명한 보호기제다. 몸은 회복을 위한 휴식의 시간이 필요하다.

그러나 상식적인 수준의 단기 해결책이었던 것이 대개 자신도 모르게 장기적으로 몸을 많이 움직이지 않는 생활 방식으로 진행할 수 있다. 시간이 지나면서, 특히 상해를 입었거나 신체에 문제가 있을 때, 제한된 신체 이미지가 우리 자신에 대한 이미지에 스며들게 되는데, 이러한 내적 과정을 알아차리지 못하면 그런 제한된 이미지에 우리 자신을 동일시하고 그렇게 믿게 된다. 경험을 통해 자신의 한계점을 찾기보다는 자신의 생각이나 의사 또는 가족이 해 준 말에 근거해서 한계점을 믿어 버리는 경향이 있다. 부지불식간에 우리는 우리 자신과 우리의 웰빙 사이에 쐐기를 박는 것이다.

이러한 생각은 우리 자신에 대해 '외모가 엉망이다' '한물갔다' 뭔가 '문제' 가 있다, 혹은 '장애자'가 되었다 등의 경직되고 고정된 선입관을 갖게 할 수 있다. 아마도 우리는 누워 있지 않으면 안 된다거나 밖에 나가 무슨 일을 하면 안 된다는 과장된 믿음을 가질 것이다. 이러한 선입관은 때로 '질병 행동'이라고 불리는 상태로 이끈다. 우리는 질병, 상해, 무능력 등에 대한 편견을 중심으로 자신의 심리적 생활을 구축하기 시작한다. 이때 우리의 나머지 생활은 정지되고 불행하게도 사용하지 않는 신체와 더불어 위축되기 시작한다. 사실 신체에 어떤 문제가 없더라도 오랫동안 사용하지 않으면 신체가(그리고 당신이) 할 수 있는 것에 대해 매우 제한된 이미지를 갖게 된다. 이 축소된 자기/신체 이미지는 선진국에서 매우 흔해지고 있는 비만이라는 체중 증가의 부담이 더해지면 더 악화된다.

물리치료사는 자신의 신체를 더 잘 돌보려는 사람에게 꼭 필요한 놀라운 두 가지 원칙을 알고 있다. 하나는 '신체적이라면 그것은 치료다.' 이고 다른 하나는 '사용하지 않으면 잃어버린다.' 이다. 첫 번째 원칙이 의미하는 바는 무엇을 하느냐가 중요한 게 아니라 당신의 신체로 뭔가를 한다는 것이 중요하다는 것이다. 두 번째 원칙은 신체가 결코 고정된 상태에 있지 않음을 일깨워 준다. 신체는 주어지는 요구에 반응해서 끊임없이 변화하고 있다. 구부리거나 웅크리거나 비틀거나 펴거나 혹은 달리도록 요구하지 않으면 이러한 일을 하는 신체 능력은 그대로 유지되는 게 아니라 시간이 지나면서 점점 줄어든다. 때로는 '외모가 엉망이다.' 라는 말을 들을 수도 있지만, 외모가 엉망이라는 말은 고정된 상태를 의미한다. 사실은 '외모가 엉망' 인 상태로 오래 방치할수록 몸은 더 엉망이 된다. 계속 쇠퇴한다.

이런 쇠퇴현상을 '불사용 위축'이라고 부른다. 수술 후 회복될 때까지 침대에만 계속 누워 있으면 상당량의 근육이 특히 다리에서 급속히 소실된다. 실제로 매일매일 넓적다리가 가늘어지는 것이 눈에 보일 정도다. 끊임없이 사용하지 않는다면 근육 조직은 위축된다. 분해되어 몸으로 재흡수된다. 침대에서 일어나 다리를 움직이고 운동을 해야만 근육은 천천히 다시 만들어진다.

사용하지 않아 위축되는 것은 다리 근육만이 아니다. 모든 골격근은 위축될 수 있다. 주로 앉아서 일하는 사람의 근육은 더 짧아지고 탄력을 잃어서 부상 위험이 커진다. 더구나 사용하지 않는 기간이 길어지면 관절이나 뼈 그리고 문제를 일으키고 있는 신체 부위나 심지어는 신경에 혈액을 공급하는 혈관 근육에까지 영향을 미칠 수 있다. 이 경우에도 사용하지 않으면 이 조직들의 구조와 기능에 변화를 초래하여 위축되고 퇴화된다.

초창기 의술에서 심장발작을 일으킨 환자의 치료법은 침대에 누워 절대 안정을 취하는 것이었다. 그러나 지금은 심장발작 후 며칠 이내에 침대에서 일어나 걷고 운동하게 한다. 움직이지 않고 가만히 있는 것이 심장의 상태를 더욱 악화시킨다는 사실이 최근 확인되었기 때문이다. 비록 동맥경화를 가진 심장이라도 규칙적이고 점진적으로 강도를 높여 가는 운동을 하면 이에 반응해서 차츰 심장 기능이 좋아진다고 한다(만약 저지방 음식을 먹으면서 이런 운동을 규칙적으로 하면 더욱 효과가 있다. 제31장 참조).

물론 운동 수준을 자신의 신체 상태에 맞춰야 한다. 자신의 한계 이상으로 밀어붙여서는 안 되며, 이른바 심장 '훈련 효과'를 가져올 수 있는 심장박동 범위에 맞추어 해야 한다. 운동을 통해 차츰 심장이 강해지면 운동 강도를 점차 높인다. 오늘날은 심장발작을 일으켰던 환자들이 42.195km의 마라톤 코스를 완주했다는 믿지 못할 사례도 있다.

요가는 몇 가지 이유로 정말 멋진 운동이 될 수 있다. 우선 요가는 매우 부드럽다. 신체 상태가 어떠하든 몸에 이롭고, 규칙적으로 요가를 연습하면 사용하지 않아 일어나는 근육 위축을 방지할 수 있다. 요가는 침대나 의자, 휠체어에서도 할 수 있다. 요가는 서서도, 누워서도, 앉아서도 할 수 있다. 사실 하타 요가의 중요한 점은 어떤 자리에서도 할 수 있고, 어떤 자세든 수련을 위한 시작점이 될 수 있다는 것이다. 오직 필요한 것은 당신이 호흡하고 있고, 어느 정도 자발적으로 움직일 수 있는 것이다.

요가는 전신 훈련이라는 점에서도 좋은 운동이다. 요가는 전신에 힘과 균형과 유연성을 증가시킨다. 요가를 열심히 하면 심혈관이 튼튼해질 수도 있다. 그러나 MBSR에서 하는 요가는 심혈관 강화가 주목적은 아니다. 우리는 주로 근육과 관절의 스트레칭과 강화 훈련을 통해 신체가 다양한 동작을 할 수 있도록 활력을 불어넣기 위해 요가를 한다. 심혈관 강화 훈련이 필요하거나 하고 싶은 사람은 요가와 함께 걷기, 수영, 자전거, 달리기 등을 하면 된다. 이런 활동도 마음챙김과 함께 할 수 있고, 그렇게 하면 큰 도움이 된다.

아마도 요가에서 가장 좋은 점은 요가를 한 후에 느끼는 에너지일 것이다. 요가를 하면 단시간에 완전히 활기를 되찾을 수 있다. 2주간 연달아 매일 바디 스캔을 하면서 긴장을 풀거나 몸에 현존한다는 느낌을 갖기 어려웠던 환자가 프로그램 3주째 요가를 하면서 쉽게 깊은 이완과 현존 상태에 들어갈 수 있음을 발견하고 흥분하기도 한다. 만성적 통증이 계속되는 경우라면 하나하나의 몸 동작에 특별한 주의를 기울여야 하기 때문에 이완이 쉽지 않을 수 있다. 이런 경우만 아니라면 요가의 효과는 거의 분명하다. 대체로 그들은 요가를 하는 동안 깨어 있을 수 있었고, 바디 스캔을 할 때 잠이 들거나 집중하지 못해 미처 경험하지 못했던 고요함과 평화로움을 맛볼 수 있었다고 한다. 일단 이러한 경험을 하고 나면 바디 스캔에 대해서도 보다 긍정적으로 생각하게 된다. 즉, 이들은 바디 스캔을 더 잘 이해하게 되며, 바디 스캔을 하는 동안 깨어 있는 상태로 순간순간의 경험과 만나기가 더 쉬워진다.

나는 45년 넘게 거의 매일 요가를 하고 있다. 아침에 잠자리에서 나오면 더 또렷하게 깨어 있게 하기 위해 찬물로 얼굴을 씻는다. 그런 다음 몸에 마음챙김하면서 요가를 한다. 어떤 날은 글자 그대로 몸 전체가 잘 연결되어 있다고 느껴지기도 하고, 또 어떤 날은 그렇지 않기도 하다. 그러나 어느 쪽이더라도 매일 아침 내 몸과 함께 보내는 시간을 마련하고 몸을 단련하거나 몸을 펴거나 몸의 소리에 귀를 기울여 그날의 몸 상태를 살필 수 있다. 특히 신체적 문제나 제약이 있거나 자신의 몸이 어떤 상태인지를 잘 모르는 사람에게는 이런 경험이 필요하다.

일찍 일하러 가야 하거나 여행을 가야 할 때처럼 시간이 많지 않은 날에는 15분 정도 기본적인 등, 다리 ,어깨, 목 동작을 위주로 한다. 보통은 30분에서 한 시간 정도에 걸쳐 내가 몇 년에 걸쳐 내 몸의 소리에 귀를 기울이며 특정 순간 가장 필요하다고 느껴서 개발한 일련의 자세와 움직임을 순서에 따라 훈련한다. 내가 가르치는 요가 수업은 2시간 정도 진행된다. 그래야 시간을 갖고 다양한 자세에서 자신의 한계를 탐색하는 훈련을 하며 신체에 집중하는 경험을 즐길 수 있기 때문이다. 하루에 5분 내지 10분만이라도 규칙적으로 하면 큰 도움이 된다. 하지만 당신이 MBSR 교육과정대로 하고 싶다면 우리 환자들이 하는 것처럼 3주째 되는 날부터 매일 45분간 하루는 바디 스캔을, 다음 날은 요가를 번갈아가면서 실천하도록 권한다.

요가(yoga)는 산스크리트어로 '결합한다(yoke)'는 뜻이다. 요가 수련은 몸과 마음을 하나로 결합하는 것이다. 몸과 마음을 통일한다는 뜻이기도 하다. 요가는 또한 개인과 우주를 하나의 전체로 연결하는 경험을 하는 것이라고 할 수도 있다.* 그 밖에도 요가에는 전문적인 목적과 의미가 있지만 기본적인 믿음은 항상 같다. 수련을 통해 소속감, 연결성, 통합감, 다른 말로 전체성을 깨닫는 것이다. 이런 연결의 이미지는 앞에서 언급한 마음의 상기(re-minding)와 몸의 상기(re-bodying)라는 말과 잘 들어맞는다.

요가의 문제점은 아무리 요가에 대해 얘기를 나눠도 요가를 행하는 데는 별 도움이 되지 않는다는 것이다. 아무리 최선의 조건이어도 책에 있는 설명이 실제로 요가를 수행할 때 맛볼 수 있는 느낌을 전달할 수 없다는 것이다. 마음챙김 요가를 할 때 가장 기분 좋고 평안한 이완감은 한 동작 한 동작을 수행하거나 등을 바닥에 대고 눕거나 엎드린 상태로 조용히 있을 때 온몸을 통해 흘러가는 감각이다. 이런 감각은 요가 책의 표현을 통해서는 도저히 느낄 수 없다. 그렇기 때문에 만약 MBSR 교육과정을 따를 예정이거나 마음챙김 요가를 수련하려 한다면 처음부터 '마음챙김 요가 1'과 '마음챙김 요가 2' 훈련 CD를 사용해서 시작하라고 추천하고 싶다. CD를 틀어 놓고 지시하는 대로 한 자세씩 계속하여 실천하면

* 제12장에서 인용한 아인슈타인의 말을 참조하기 바란다.

요가의 묘미를 알게 된다. 이렇게 CD를 따라 하면 신체, 호흡 그리고 마음에 대한 매 순간의 마음챙김에 당신의 전체 에너지를 보낼 수 있게 된다. 이 장에 제시되어 있는 그림과 지시문은 CD에 맞춰 수행하다가 분명하지 않은 점이 있어 보다 확실하게 알고 싶다거나 개인적으로 보충해야 할 필요성이 있을 때 활용하면 좋을 것이다. 여기 있는 내용을 이해하면 CD 없이도 할 수 있고, 스스로 몇 가지 자세를 선택하여 행할 수도 있다.

MBSR에서 요가를 할 때는 매 순간 몸을 마음챙김하면서 매우 천천히 한다. 상당히 다양한 의학적 상태에 있는 사람들이 함께 요가를 하게 되기 때문에 몇 가지 자세만을 사용해서 몸과 몸-마음의 연결을 알아차림하는 귀중한 관문으로 삼는다. 몇몇 환자는 요가에 반해서 나중에 다른 요가 교실에서 수련을 계속하기도 한다. 하지만 거의 모든 요가 교실이 우리와는 약간 다른 접근법을 취하면서, 에어로빅으로, 격렬한 운동으로, 심지어 곡예로 요가를 한다. 그러나 우리는 모든 요가가 제대로 이해된다면, 요가는 명상이라고 본다. 같은 의미에서 요가와 삶은 분리된 것이 아니다. 만약 알아차림과 함께한다면 삶 자체가 진정한 요가수련이고 몸을 움직이는 모든 방식이 요가 자세다.

이미 설명한 것처럼 정좌명상에서 자세가 매우 중요하며 어떤 방법으로 자세를 취하느냐 하는 것이 마음이나 정서 상태에 곧바로 영향을 미친다는 것을 알았다. 몸이 하는 움직임을 알아차리고, 얼굴 표정 같은 몸의 언어를 알아차리고, 그것들이 태도와 감정에 관해 나타내는 것을 알아차리면, 몸의 자세를 조정하기만 해도 태도와 감정을 바꿀 수 있다. 미소 짓는 느낌으로 입술 양쪽 끝의 근육을 약간만 위로 치켜올려도, 얼굴 근육이 미소를 흉내 내어 움직이기 전까지는 존재하지 않았던 행복과 이완감을 맛볼 수 있다.

마음챙김 요가를 수련할 때도 이것을 기억해야 한다. 의도적으로 한 가지 한 가지 다른 자세를 취할 때마다 몸의 오리엔테이션, 몸가짐이 달라지며, 이에 따라 내면세계의 조망도 달라진다. 그러므로 요가를 하면서 취하는 모든 자세를 여러 가지 마음챙김의 기회로 삼을 수 있다. 즉, 호흡에 대한 마음챙김과 신체 여러 부위를 펴거나 들면서 느껴지는 감각에 대한 마음챙김뿐만 아니라 생각, 느낌 및 기분에 대한 마음챙김을 수련하는 기회로 생각해도 좋다. 결국 어떤 수련법을 사용해서 움직이고 있든 멈춰 있든 항상 같은 알아차림이다. 어떤 의미에서 요가 자세를 포함해서 MBSR의 다양한 공식 수련법은 모두 같은 방으로 들어가는 다른 문인 것이다. 그러므로 어떤 자세가 당신에게 맞지 않다면 자유롭게 건너뛰어도 된다. 언제든 나중에 다시 시도하면 된다. 어쩌면 이것이 일생을 살아가는 방법일 수 있다.

예를 들면, [그림 6-1](p. 220)의 21번 자세에 예시되어 있는 것처럼 몸을 굽혀 다리를 위로 올려 구부리고 목과 어깨로 신체를 지탱하는 이른바 '태아 자세'를 취하고 유지하는 것이 쉽지 않을 수 있다. 불가능할 수도 있다. 그럴 때는 이 자세를 빼고 9번과 10번 자세를 반복해도 된다. 더구나 이렇게 거꾸로 하는 자세는 목에 문제가 있거나 혈압이 높은 사람에게는 추천하지 않는다. 하지만 이런 문제가 없고 무리 없이 자세를 취할 수 있다면 이 자세는 조망에 의미 있고 반가운 변화를 가져오고 기분을 좋게 해 줄 수 있다. 단 몇 분만이라도 온전한 의식으로 집중한다면 어떤 자세든 마찬가지 효과를 갖는다. 조심하고 원칙을 준수한다면, 요가는 몸에 주는 신체적 효과뿐만 아니라 조망을 변화시키고 향상시킬 것이다. 또한 몸에 대한 지배력을 증진시킬 것이다.

앉는 자세를 취할 때 손을 두는 방법, 예컨대 손바닥을 천장으로 향하게 한다든가 아래를 향해 무릎 위에 둔다든가 손바닥을 허벅지에 놓거나 그렇지 않거나 혹은 두 엄지손가락을 서로 붙이는 등 아주 미세한 자세의 변화라도 자세가 바뀔 때마다 감각도 새롭게 느껴진다. 한 자세 내에서 실험 삼아 자세에 약간씩 변화를 주는 것은 몸속에 흐르는 에너지를 의식하는 능력을 계발하는 데 매우 중요한 부분이다.

요가를 수행할 때 의도적으로 서로 다른 자세를 취하고 한동안 그 자세에 머물며 매 순간 온 주의를 기울이면서 당신의 신체, 당신의 생각 및 자기에 관한 전체 의식에 대한 조망이 변화해 가는 다양한 방식을 잘 살펴보아야 한다. 이렇게 요가를 수행하면 내면의 활동이 놀라울 정도로 풍요로워져서 스트레칭과 근력 강화, 균형감에서 자연스럽게 수반되는 신체적 이득 그 이상의 효과를 얻을 수 있다. 내 경험으로는 이같이 가벼운 마음챙김 요가는 평생 수행해야 한다. 이는 당신의 몸을 더 깊이 이해하게 해 주는 진정한 실험실이다. 자신이 그날 무엇을 할지에 대한 결정권자로서 당신의 몸에 대해 편안하고 존중하는 자세로 접근하면 나이가 들면서 꾸준히 풍부한 계시를 만들어 낼 것이다.

요가명상 방법

1. 바닥에 매트를 깔고 반듯이 송장 자세로 눕는다. 반듯이 눕기 어려우면 다른 자세를 취해도 된다.
2. 호흡의 흐름에 주의를 집중하고 숨이 들어가고 나감에 따라 아랫배가 오르고 내리는 것을 느껴라.
3. 잠시 머리에서 발끝까지 전신이 하나가 되고, 그것을 피부가 둘러싸고 있다는 느낌을 느껴 본다. 그리고 바닥에 닿아 있는 신체 부분의 감각을 느껴라.
4. 정좌명상과 바디 스캔에서와 같이 주의를 '현재'라는 순간에 집중하고, 생각이 움직일 때마다 먼저 마음을 빼앗고 있는 것이 무엇인지, 지금 마음속에 있는 것이 무엇인지 알아차리고 그것을 조용히 내려놓고 호흡으로 돌아온다.
5. 그림에 예시되어 있는 다양한 자세를 하나씩 취하고 복부에 주의를 주며 호흡하면서 가만히 머물도록 하라. [그림 6-1]과 [그림 6-2]는 MBSR에서 행하는 순서로 자세들을 나열한 것이다. '마음챙김 요가 1'과 '마음챙김 요가 2' CD에서는 몇몇 자세가 순서상 여러 위치에서 반복되기도 하는데 그림에는 나타내지 않았다. 자세가 오른쪽 혹은 왼쪽 중 어느 하나로 그려졌는데, 양쪽 모두 실행한다.
6. 자세를 취하는 동안 신체 여러 부위에서 경험되는 감각을 알아차린다. 또한 당신이 원한다면 특정한 자세를 취했을 때 감각의 강도가 가장 강한 부위로 호흡을 들여보내거나 내올 수

있다. 이렇게 하면 각 자세에 가장 잘 이완해 들어갈 수 있으며 당신의 느낌과 함께 호흡할 수 있다.

7. 당신이 지닌 문제를 악화시킬 수 있다고 생각되는 자세는 자유롭게 건너뛰어도 좋다. 목이나 등에 문제가 있다면 특정 자세와 관련해서 의사나 물리치료사, 요가 교사와 상의한다. 이 부분에서는 잘 판단하여 자신의 몸에 책임 있는 태도를 취해야 한다. 프로그램에 참여한 사람들 중에 등과 목에 문제가 있었던 환자들 이야기로 미루어 보면 몇 가지 자세는 행해도 괜찮다고 한다. 그러나 그들은 절대로 무리하지 않고 강제로 펴거나 당기지 않으며 매우 세심하게 주의를 기울이며 한다. 이 연습 과제들을 시간을 두고 체계적으로 훈련한다면 비교적 부드럽고 치유적일 수 있지만, 이는 또한 놀라울 정도로 강력해서 천천히 마음챙김하며 점진적으로 행하지 않으면 근육을 다치거나 심각한 문제가 생길 수도 있다.
8. 자기 자신과 경쟁한다는 생각을 갖지 마라. 그런 생각이 일어나면 이를 인식하고 생각을 놓아 버려라. 마음챙김 요가의 정신은 현재의 순간에 자기를 받아들이는 것이다. 이 정신은 자기 몸을 존중하면서도 부드럽고 사랑스럽게 자신의 한계를 탐색하는 데 있다. 내년 여름 수영복 입은 모습이 날씬하고 멋져 보이고 싶어서 신체의 한계를 무시하고 무리하게 운동해서는 안 된다. 훈련을 꾸준히 하다보면 그 결과 자연스럽게 그렇게 될 수 있지만, 이것은 애쓰지 않음과 있는 그대로의 몸과 친해지기의 정신에는 들어 있지 않다. 게다가 현재의 한계를 넘어서 무리하게 밀어붙이면 다칠 수 있다. 이

렇게 되면 요가를 계속할 의욕을 잃어버리고, 이 경우 무리하게 밀어붙였던 자신의 태도를 돌아보지 않고 요가가 나쁘다고 비난하게 된다. 어떤 사람은 요가가 재미있어서 열성적으로 하게 되고 과욕의 악순환에 빠져 그 결과 한동안 어떤 것도 할 수 없게 되고 낙담하기도 한다. 당신도 이러한 경향을 가지고 있지는 않은지 주의 깊게 살펴봐야 하며, 요가 수행에 있어서는 차라리 조금 조심스러운 입장을 취하는 것이 좋다.

9. [그림 6-1]과 [그림 6-2]에는 표시하지 않았지만 자세와 자세 사이에는 반드시 쉬어야 한다. 그 당시 하고 있던 자세에 따라 송장 자세로 반듯이 눕거나 다른 편안한 자세를 취하라. 그러면서 매 순간 호흡의 흐름을 의식한다. 복부가 들숨에 확장되고 날숨에 수축되는 것을 느낀다. 만약 바닥에 누워 있다면 매번 숨을 내쉴 때마다 몸이 매트에 더욱 깊이 자리 잡으면서 근육이 이완되는 것을 느껴라. 호흡의 물결을 타고 있는 듯한 느낌으로 보다 깊이 이완하고 깊게 바닥으로 빠져 들어가라. [그림 6-2]의 서 있는 자세에서 휴식할 때도 같은 방법으로 이완할 수 있다. 바닥에 닿아 있는 발바닥의 감각을 느끼고 숨을 내쉴 때 어깨를 떨어뜨려 힘을 빼라. 누워 있을 때나 서 있을 때나 근육이 이완됨에 따라 호흡의 물결을 계속 타면서 당신이 가지고 있던 모든 생각을 알아차리고 내려놓는다.
10. 요가를 할 때 두 가지 규칙을 염두에 두어라. 첫째, 복부와 몸의 앞면을 수축하는 동작을 할 때는 숨을 내쉬고, 몸의 앞면을 확장하며 등을 수축하는 동작을 할 때는 숨을 들이쉰

다. 예를 들면, 바로 누워서 한쪽 다리를 들어 올리고 있다면([그림 6-1]의 14번), 다리를 들 때 숨을 내쉰다. 그러나 엎드려 다리를 드는 경우는([그림 6-1]의 19번) 숨을 들이쉰다. 그러나 이것은 어디까지나 움직이는 경우에 적용된다. 일단 다리를 올리고 나면 호흡의 자연스런 흐름을 관찰한다. 둘째, 각 자세를 취하고 그 속에서 긴장이 풀리도록 충분히 길게 머문다. 처음부터 그렇게 하기는 어렵겠지만 그 순간은 온전한 알아차림으로 그 안에 머문다. 현재 몸에 맞지 않는 것처럼 느껴지는 자세는 건너뛴다. 만약 특정 자세를 억지로 잘하려고 애쓰거나 전투적으로 하고 있는 것을 발견하면 호흡 알아차림 안에서 쉴 수 있는지 바라본다. 처음에는 특별한 자세를 취하려 할 때 무의식적으로 긴장할지 모르지만 얼마 지나지 않아 몸이 스스로 이를 깨달을 것이고, 당신은 보다 깊이 이완해서 그 안에 깊이 가라앉거나 확장될 것이다. 들숨 때는 자세가 모든 방향으로 약간씩 확장되도록 한다. 날숨 때는 자세 안으로 좀 더 깊게 가라앉도록 하며 중력을 친구삼아 그 순간 자신의 한계를 탐색한다. 지금 취하고 있는 자세에 관련 없는 근육은 그 어떤 것도 사용하지 않도록 한다. 예컨대, 얼굴이 긴장되어 있음을 알아차렸으면 얼굴을 이완하는 훈련을 할 수 있다.

11. 어떤 경우든 자신의 신체가 해 낼 수 있는 정도와 더 이상은 힘들다는 경계를 잘 살펴서 한계 범위 안에서만 행하도록 하라. 한계를 넘어서 통증을 느낄 정도로 동작을 해서는 안 된다. 한계점까지 지긋이 부드럽고 조심스럽게 뻗었을 때

느끼는 약간의 불편감은 불가피한 것이다. 손상을 주지 않으면서 몸에 도움을 주는 범위 안에서 천천히 마음챙김하며 할 수 있도록 익혀야 한다.

12. 거듭 말하지만, 바디 스캔과 마찬가지로 요가에서도 가장 중요한 점은 바닥에 내려와서 훈련을 하는 것이다. 얼마나 많이 얼마나 긴 시간 훈련하느냐는 매일 훈련 시간을 내는 것에 비하면 그리 중요하지 않다.

요가 자세의 순서도 (1)

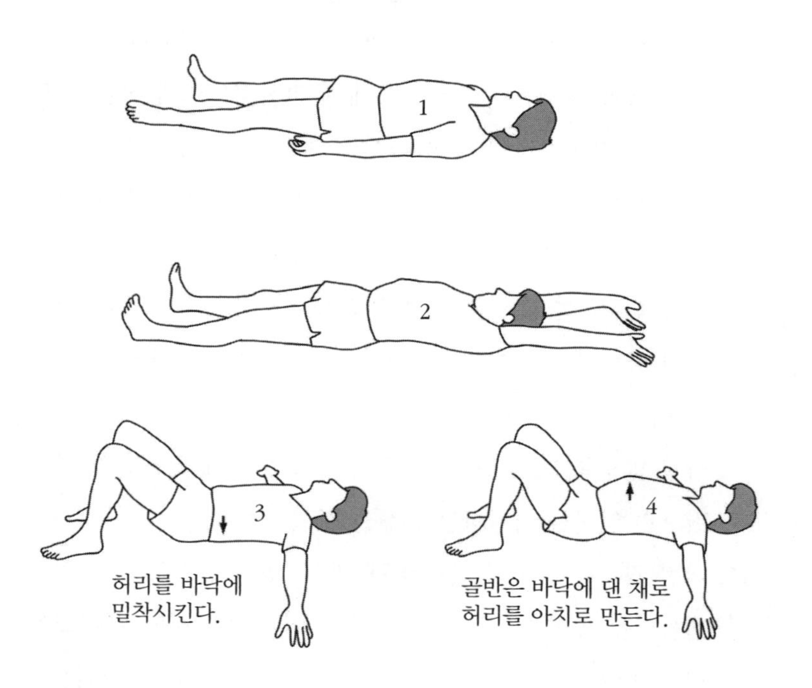

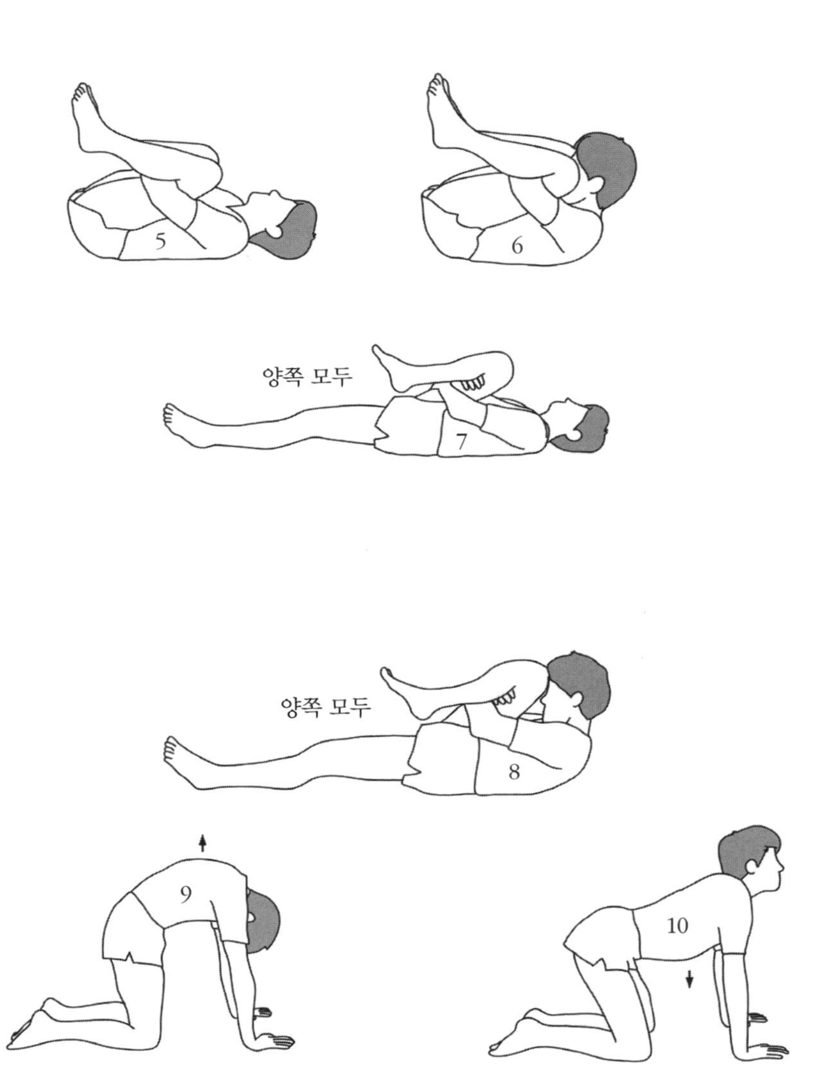
5
6
양쪽 모두
7
양쪽 모두
8
9
10

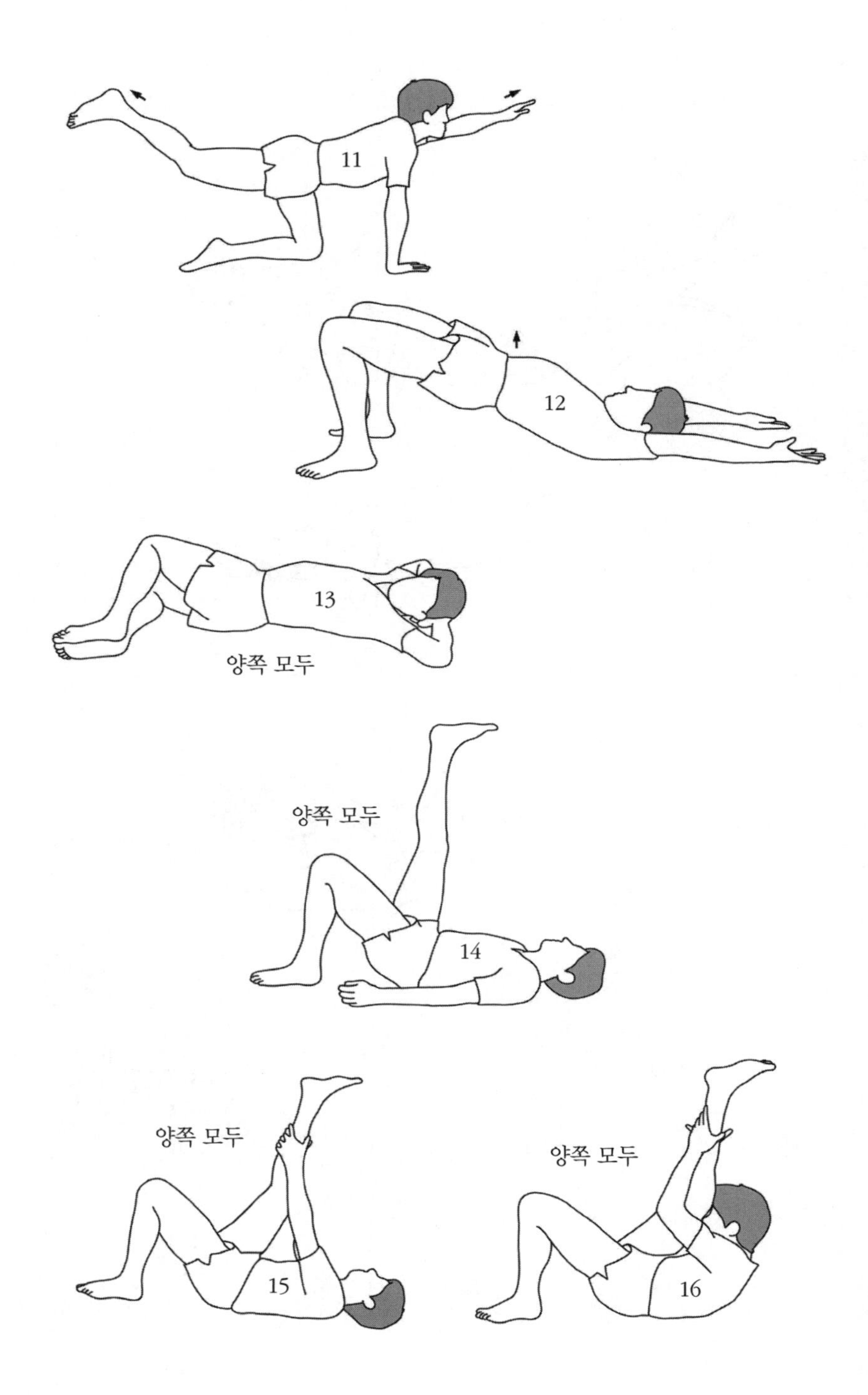
11
12
13
양쪽 모두
양쪽 모두
14
양쪽 모두
15
양쪽 모두
16

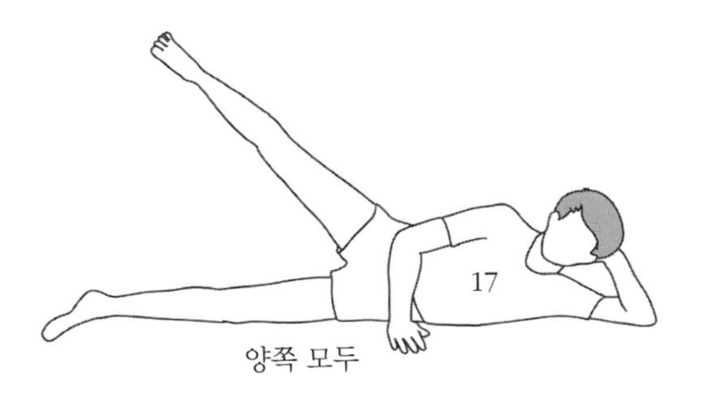
17
양쪽 모두

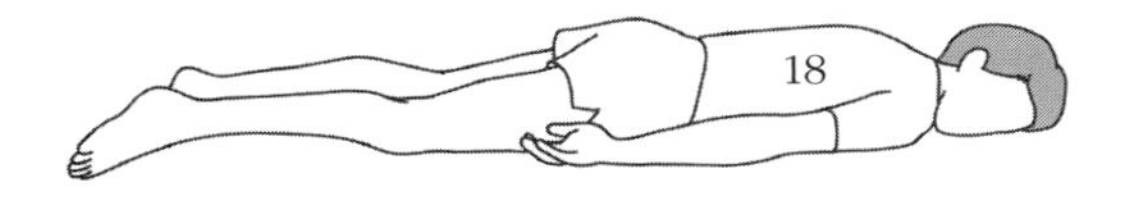
18

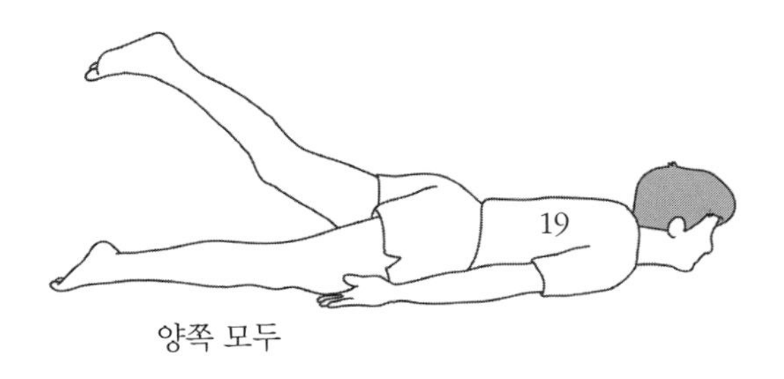
19
양쪽 모두

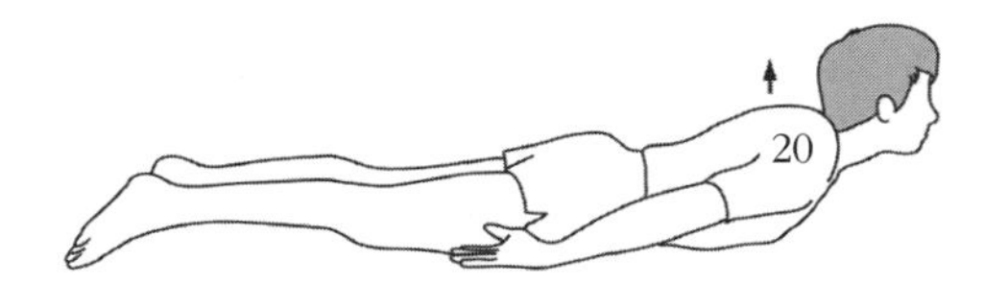
20

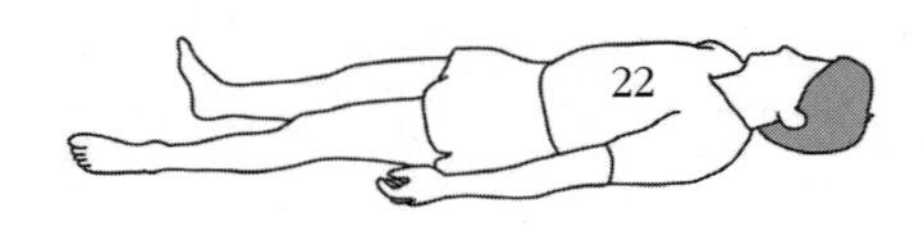

[그림 6-1] 요가 자세의 순서도 (1)

요가 자세의 순서도 (2)

어깨를 돌린다. 처음에는 앞쪽으로, 다음은 뒤쪽으로

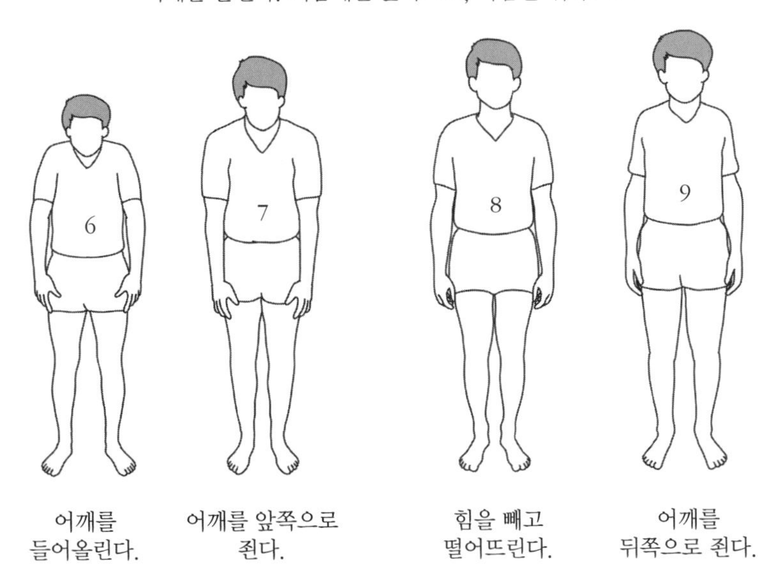

어깨를 들어올린다. 어깨를 앞쪽으로 죈다. 힘을 빼고 떨어뜨린다. 어깨를 뒤쪽으로 죈다.

목을 돌린다. 처음에는 앞쪽으로, 다음은 뒤쪽으로

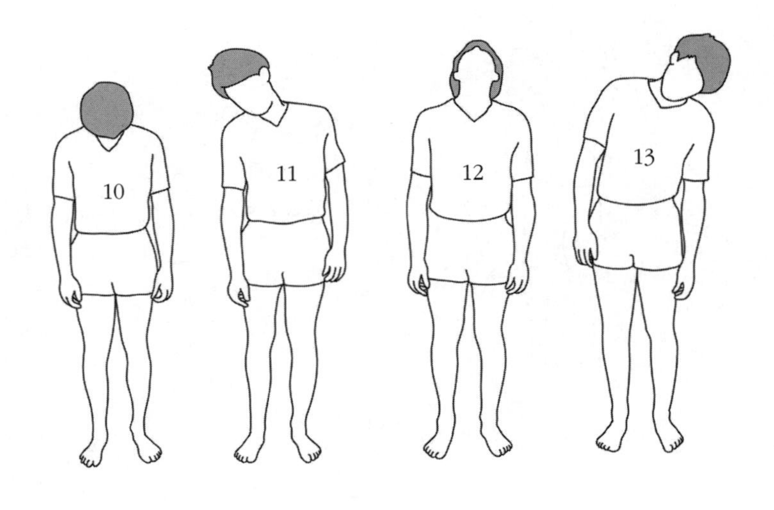

양쪽 모두

17
18
양쪽 모두
19
20
양쪽 모두
21
22

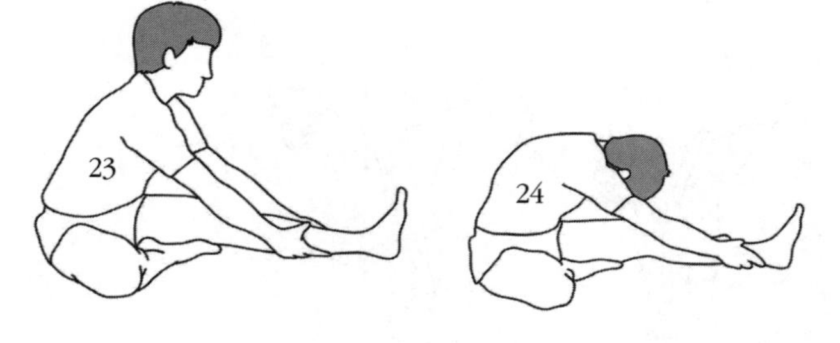

22에서 24를 반대편에 반복한다.

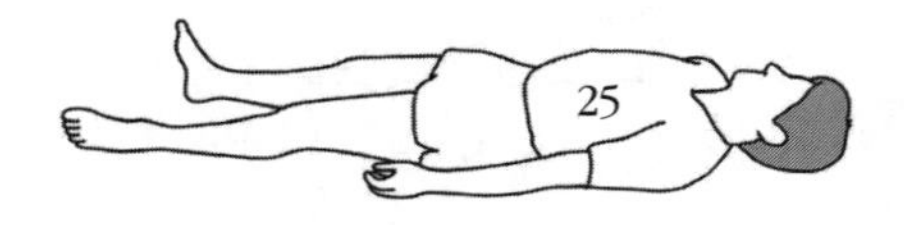

[그림 6-2] 요가 자세의 순서도 (2)

07

걷기명상

일상생활에 알아차림을 끌어들이는 가장 간단한 방법은 마음챙김 걷기, 더 공식적으로는 걷기명상을 수련하는 것이다. 걷기명상은 걸을 때 걷기에서 오는 실제 경험에 주의를 주는 것이다. 그저 걸으면서 걷고 있다는 것을 아는 것이다. 발을 바라본다는 의미가 아니다.

어느 정도 마음챙김을 훈련하면 어떤 것도 보기보다 간단하지만은 않다는 것을 알게 된다. 이것은 걷기도 마찬가지다. 우리가 걷고 있을 때 우리의 마음도 함께하고 있기 때문에 걸어 가면서 마음속에 여러 생각이 떠오르고 그 생각에 많든 적든 빠져 버리게 된다. '단순히 산보하러 간다.' 고 해도 그냥 걷고 있는 것만은 아닌 것이다.

우리는 몇 가지 이유로 걷는다. 가장 흔한 이유는 여기서 저기로 가고 싶고, 걷는 것이 가장 손쉬운 방법이기 때문이다. 물론 우리는 마음속으로 가는 장소에 대해 생각하거나 그곳에 도착해서 무엇을 할까 등을 생각하면서 걷는다. 이러한 생각이 신체로 하여금 바로 목적지로 향해 가도록 하는 것이다. 말하자면 신체는 기꺼이 마음이 명령하는 대로 운전해 간다. 마음이 급하면 몸도 급해진다. 마음이 무언가 흥미로운 것을 발견하면 머리는 그쪽으로 향하고 신체도 그쪽을 향해 방향을 바꾸거나 멈추어 서기도 한다. 모든 생각이 보통 당신이 조용히 앉아 호흡을 할 때처럼 걸을 때도 마음을 통해 흘러간다. 그 결과 이 모든 것이 거의 알아차림 없이 일어난다.

걷기명상이란 걷기 그 자체에 의도적으로 의식을 집중하는 것이다. 발이나 다리의 감각에 집중하거나 그게 아니면 전신이 움직이는 것을 느낀다. 또한 걸을 때의 경험과 호흡에 대한 알아차림을 통합시킬 수도 있다.

걷기명상은 조용히 서서, 전체로서 서서 호흡하고 있는 몸을 의식하면서 시작한다. 어느 순간 걷기 시작하려는 충동을 의식하게 되고, 충동의 개시를 알아차린다. 또한 한 발을 들어 올릴 준비를 하면서 다른 발은 고정되고 몸의 무게가 그 발로 옮겨 가기 시작하는 것을 알아차린다. 이어서 발을 들어 앞으로 뻗어 바닥에 내려놓을 때 몸의 감각을 알아차림한다. 그런 다음 그 발로 천천히 체중이 옮겨 가고 다른 발이 앞으로 나가 걸음을 내딛는 것을 알아차린다. 그런 식으로 걸음마다 들어 올리기, 옮기기, 내려놓기, 체중 이동의 보행 주기를 온전히 알아차림하며 걷는다. 말로 표현하면서 걸을 필요는 없다. 대신에 걸을 때 발과 다리와 몸 전체를 의식한다. MBSR에서 걷기는 매우 느리게 이루어지는데, 이는 보행 주기의 여러 측면을 실제로 경험하도록 하기 위해서다.

다른 마음챙김 수련법처럼 걷기명상에서 마음이 발이나 다리에 대한 집중에서 벗어나거나 몸 전체가 걷는다는 감각에서 벗어나면, 그것을 알아차리는 즉시 부드럽게 걷는 행위로 의식을 되돌리면 된다. 아니면 완전히 멈춰서 정신을 차리고 몸이 서서 호흡하고 있음을 느낀 다음 다시 걷기 시작한다. 걷기 시작하려는 충동부터 다시 알아차림한다.

걷기명상을 할 때 주의집중력을 높이기 위해서는 주위의 경치를 둘러보지 말고 시선을 앞쪽으로 고정하고 걷는 것이 좋다. 또 발만 내려다보고 걸어서도 안 된다. 발은 쳐다보지 않더라도 제자리를 찾아 걸어간다. 걷기명상이란 단지 걸어갈 때 일어나는 감각을 내적으로 관찰하는 능력을 키우는 것이다. 마음챙김 걷기를 엄숙하고 심각하게 할 필요는 없다. 모든 명상수련과 마찬가지로 가볍고 편하게 하면 된다. 결국 특별한 것이 아니라 단지 걸으면서 걷고 있다는 것을 알면 된다. 이것은 매우 특별하다.

우리는 일상을 거의 무의식적으로 살아가기 때문에 걷는다는 것에 별달리 의식하지 않고 지극히 당연한 것으로 여긴다. 그러나 일단 걷기에 더 주의를 주기 시작하면 좁은 두 발바닥으로 놀라울 정도로 균형을 잘 유지해 간다는 사실을 알게 될 것이다. 아기가 이 역동적이면서 균형 잡힌 보행 능력을 배울 준비가 되기까지 근 1년이 걸린다.

비록 우리는 어떻게 걸어가는지 잘 알고 있지만, 만약 남이 내

걸음걸이를 관찰하고 있다는 것을 의식하거나 스스로 자신의 걸음걸이를 관찰하고 있다고 생각하면 어색해지고 균형을 잃어버릴 수도 있다. 사실 걸음걸이를 자세히 관찰해 보면 우리가 걸을 때 과연 어떻게 하는지 잘 모른다는 사실을 깨닫게 된다. 심지어 걷는 법을 모른다고 하는 게 맞다. 배우 지망생들은 무대를 가로질러 '그냥 걷는' 장면에서 몇 번이고 거듭해서 걷는 것을 배워야 한다. 걷는 것조차 그렇게 간단하지 않다.

병원에 가면 부상이나 질병 때문에 걸을 수 없는 사람을 많이 본다. 어떤 이는 결코 다시 걸을 수 없을 것이다. 이들은 남의 도움 없이 계단을 내려가거나 차에서 내릴 수 없다. 이들이 남의 도움 없이 한 발자국이라도 걸을 수 있다는 것은 기적이다. 그런데도 우리는 걷는다는 이 경이로운 행동을 중히 여기지 않고 있다.

가장 중요한 것은 걷기명상을 수련할 때 목표 지점을 두지 않는 것이다. 이 순간 이미 있는 곳에 지금 이 걸음과 함께 존재하면 된다. 요령은 매 걸음마다 우리가 있는 그곳에 완전하게 존재하는 것이다.

공식 걷기수련에서 목표 지점을 두지 않는다는 메시지를 분명히 하기 위해 우리는 방 안을 둥글게 돌거나 좁은 길을 왔다 갔다 한다. 이렇게 하면 가야 할 목적지가 따로 있지 않고 주변에 흥미를 끌 만한 일도 일어나지 않기 때문에 마음을 쉬게 하는 데 도움이 된다. 방 안을 돌거나 좁은 길을 왔다 갔다 하는 조건에서 마음은 어딘가 도달하기 위해 서두를 필요가 없다는 것을 알게 되고 매 순간 자신이 있는 곳에 기꺼이 존재하며 발에서의 감각, 피부를 스치는 공기, 호흡과 함께하는 전신의 움직임을 느끼게 된다.

그렇다고 해서 집중하고자 하는 노력 없이도 매 순간의 걸음과 함께 존재하고자 하는 당신의 의도를 당신의 마음이 오랫동안 따라 줄 것이라는 말은 아니다. 곧 마음은 전체 연습을 어리석고 쓸데없고 바보 같은 짓이라고 비난하는 소리를 낼 것이다. 혹은 마음은 걸음의 속도나 균형을 이렇게 저렇게 바꿔 보려고 하거나 주변을 둘러보게 하거나 혹은 다른 것들을 생각하게 할 것이다. 그러나 걷기 마음챙김 훈련에 대한 열정이 강하다면 이러한 충동을 재빨리 알아차리고 발, 다리, 몸으로 주의를 되돌릴 것이다. 처음 얼마 동안은 발과 다리에 대한 알아차림을 하는 것이 좋다. 주의집중력이 강해지면 알아차림의 영역을 확장시켜 몸 전체가 걷고 호흡한다는 느낌을 포함시킬 수 있다. 더 나아가 얼굴과 피부에 닿는 공기, 눈앞의 장면, 주변의 소리를 포함시킬 수도 있다. 주의를 주고 있는 대상이 무엇이든 모두 같은 알아차림이라는 것을 기억하라. 그리고 알아차림은 매 순간 걷기와 관련된 모든 경험을 포함할 수 있다.

걷기 마음챙김은 어떤 속도로도 연습할 수 있다. 어떤 경우에는 매우 느리게 걸어서 한 걸음에 1분이 걸릴 수도 있다. 이렇게 하면 당신은 매 순간 각 움직임과 참으로 함께 존재할 수 있게 된다. 그러나 우리는 보통 속도로 걸을 때에도 걷기 마음챙김을 연습한다. 다음 장에서 설명하겠지만, 프로그램 6주차 종일수련에 매우 빨리 걷는 걷기명상 시간이 포함되어 있다. 여기서의 요점은 빠르게 움직일 때도 알아차림을 수행할 수 있다는 것이다. 직접 해 보면 각 걸음과 함께 존재하는 것이 쉽지 않다는 것을 알게 되겠지만, 대신에 알아차림의 대상을 공간을 통해 움직이는 몸 전체의 느낌으로 바꿀 수 있다. 따라서 당신이 기억할 수만 있다면 급하게 움직이면서도 마음챙김할 수 있다. ('기억하기'와 관련해서는 제6장 도입 부분을 다시 읽기 바란다–역자 주)

공식 명상수련으로서 걷기를 시작하려면 천천히 왔다 갔다 할 수 있는 장소와 수행을 위한 10분 정도의 시간을 마련해야 한다. 마음챙김을 강하게 유지하기 위해서는 주의집중의 대상을 계속해서 바꾸기보다는 걸음의 한 부분에 주의를 집중하는 것이 좋다. 예를 들어, 주의집중의 대상을 발로 삼았다면 호흡, 다리 또는 전체 걸음걸이로 주의를 바꾸지 말고 걷고 있는 내내 발에만 주의를 주어 보라. 아무런 목적도 없이 매우 천천히 왔다 갔다 하는 모습이 남들에게는 이상하게 보이기 때문에 보는 사람이 없는 침실이나 거실에서 하는 게 좋다. 걸음의 속도는 자신이 최대한 주의를 집중할 수 있는 정도면 된다. 이 속도는 그때그때 다를 수 있지만 정상 속도보다 조금 느리면 좋다.

한 젊은 여성은 스트레스 감소 프로그램을 시작할 때 매우 안절부절못하는 상태였고 잠시의 정적도 견디지 못했다. 그녀는 가만히 있질 못했다. 계속 몸을 움찔거리고 서성거리고 벽을 두드리곤 했다. 대화를 하면서도 책상 위의 전화 코드를 끊임없이 만지작거렸다. 그녀에게는 아주 짧은 시간 동안의 정좌명상과 바디 스캔도 불가능했다. 요가조차 너무 정적이었다. 하지만 극도로 불안한 와중에서도 그녀는 자신이 마음챙김을 할 수만 있다면 마음챙김이 자신을 온전한 정신 상태로 회복시켜 줄 방법임을 직감했다. 그녀의 생명줄은 걷기명상에서 드러났다. 스스로 전혀 통제할 수 없는 시기가 왔을 때 자신의 마음을 붙잡기 위해 마음챙김을 사용했다. 달이 가고 해가 바뀌면서 그녀의 상태는 개선되어 갔으며, 결국 다른 수행까지 할 수 있을 정도에 이르렀다. 아무것도 할 수 없었던 절망에서 그녀를 구한 것은 걷기명상이었다. 마음챙김 걷기는 정좌명상, 바디 스캔 또는 요가 못지않게 심오한 명상수련법이다.

우리 집 아이들이 어렸을 때 나는 어쩔 수 없이 걷기명상을 많이 했다. 한밤중에 아이를 안고 집안을 돌아다녀야 했기 때문이다. 왔다 갔다 왔다 갔다를 계속했다. 어쨌든 나는 아이를 안고 마루를 걸어 다녀야 했기 때문에 이 시간을 현재 일어나는 일에 100% 함께 존재하는 명상의 기회로 이용했다.

물론 한밤중에 깨어 있어야 한다는 것에 대해 내 마음은 수도 없이 저항했다. 마음은 수면을 방해받고 싶지 않았고 매우 간절히 침대로 돌아가고 싶어 했다. 모든 부모가 이것이 어떤 것인지, 특히 아이가 아플 때는 잘 알 것이다.

현실은 내가 한밤중에 깨어 있어야만 한다는 것이었다. 그래서 완전하게 깨어 있는 편이 좋겠다고 생각했다. 즉, 아이를 안고 천천히 왔다 갔다 하며 온전하게 존재하는 것을 훈련하고, 이 일을 하고 싶다거나 하기 싫다는 생각을 내려놓는 훈련을 하기로 한 것이다. 어떤 때는 이 한밤중의 보행이 몇 시간씩 걸릴 때도 있었다.

주의집중하여 걷기명상을 하니 불가피하게 해야만 할 일을 하는 것이 매우 쉬워졌고, 또 아이와 내가 함께 호흡하며 아이의 작은 몸이 내 어깨나 팔에 와 닿는 감각이 내 알아차림의 영역에 포함되어 나와 아이 사이의 긴밀한 신체적 접촉감도 맛볼 수 있게 되었다. 부모가 온전하게 존재할 때 아이들은 더할 수 없는 안락감을 느낀다. 아이들은 자신의 몸을 통해 평안함과 현존과 사랑을 맛보게 된다.

세상을 살다 보면 좋든 싫든 걷지 않으면 안 될 상황을 자주 만나게 된다. 이러한 상황은 걷기에 알아차림을 적용하기만 하면 멍청하고 주로 무의식적으로 이루어지는 지루한 일을 풍요롭고 성장을 가져오는 것으로 변환시켜 주는 놀라운 기회가 될 수 있다.

공식 명상수련으로 일단 걷기명상을 실천해 본 사람이라면 걷기명상을 일상생활의 여러 상황에서 충분히 이용할 수 있다는 것을 쉽게 알 수 있다. 예를 들면, 주차장에 차를 세워 두고 걸어갈 때나 물건을 사러 혹은 심부름하러 가게까지 걸어갈 때 걷는 것을 알아차림하며 걸어갈 수 있다. 우리는 잡무를 볼 때 마치 무언가에 쫓기는 것처럼 이 일 저 일로 뛰어다닌다. 이런 식으로 매일 같은 장소에 가고, 같은 사람을 만나고, 같은 일을 하는 단조로움으로 쉽게 피곤해하고 우울해지기도 한다. 마음은 무언가 새로운 것을 열망한다. 하지만 이러한 단조로운 일상생활에서도 걷는 것에 대해 알아차림해 간다면, 자동조종장치 모드가 끊어져서 일상적인 체험이 보다 생생하고 흥미로워지고, 결국 우리 자신은 더 안정되고 피로감을 덜 느낄 것이다. 이때 휴대전화는 완전히 꺼두고 단지 당신이 하고 있는 것과 함께 존재하는 것이 좋다. 만약 그럴 수 없다면 적어도 발신과 착신을 최소한으로 하도록 한다.

나는 걷고 호흡하는 온몸의 감각을 알아차리면서 매일 마음챙김 걷기를 수련한다. 정상 속도로 걸을 수도 있고, 혹은 좀 더 주의를 기울이기 위해 속도를 살짝 늦출 수도 있다. 이렇게 하면 아무도 무언가 다르다는 것을 알아차리지 못할 것이다. 하지만 마음 상태에는 매우 큰 차이가 있다.

우리 환자들은 정기적으로 수련을 위해 걷는다. 이들은 의도적으로 매 걸음마다 호흡을 알아차림하고 발과 다리를 알아차림하면, 걷는 것이 훨씬 더 즐겁다는 것을 알게 된다. 어떤 사람은 매일 아침 일찍 이 훈련을 하는 사람도 있다. 존은 44세로 두 아이의 아버지고 직업은 주식 브로커인데, 특발성 심근질환으로 클리닉에 왔다. 이 병은 매우 위험한 질병으로, 심장 근육 자체가 커지고 기능이 약화된다. 그의 표현을 빌리면, 클리닉에 왔을 당시 그는 만신창이였다. 그는 심장에 몇 차례 심각한 문제를 경험하고는 2년 전 이 병을 진단받았다. 그러고 나서 심한 우울증과 자기 파괴적 행동을 보였었다. 당시 그의 태도는 '어차피 죽을 몸인데 몸을 돌보는 게 무슨 소용인가?'라는 식이었고, 몸에 나쁘다는 알코올, 고염분 식품, 고지방 식품 등을 먹었다. 이러한 무모한 심기는 호흡을 짧게 해서 불안감의 악순환을 촉발하곤 했다. 몸에 해롭다는 것을 알면서도 그러한 음식을 먹는 것을 멈추지 않았다. 결국 그는 입원치료를 받아야 할 정도의 심각한 질병인 폐수종(肺水腫: 폐에 물이 차는 매우 심각한 질병)까지 걸리게 되었다.

프로그램 종료 3개월 후 실시한 사후 조사에서 그는 처음 프로그램을 시작할 당시 단 5분도 걷지 못했다고 말했다. 그러나 프로그램을 마칠 즈음에는 아침 5시 15분에 기상해서 출근하기 전 매일 45분씩 걷기명상을 할 수 있게 되었다. 3개월이 지난 지금도 여전히 걷기명상을 계속하고 있으며, 맥박은 분당 70회 이하로 떨어졌다. 심장내과 전문의에 의하면 이제 심장 크기가 정상으로 줄어들었고 상태는 매우 양호하다고 한다.

존은 6개월 후 전화통화에서 지금도 여전히 걷기명상을 하고 있다고 했다. 비록 최근 스트레스를 많이 경험했지만 이를 대처하는데 걷기명상이 효과적이라고 생각하기 때문에 이를 실시하고 있다는 것이다. 몇 주 전에 어머니가 돌아가셨는데 그는 어머니가 돌아가셨다는 사실을 받아들이고, 장례 기간에도 정신을 차리고 가족을 보살필 수 있었다고 했다. 또 그는 어려운 전문가 시험도 치렀는데, 시험 기간 동안 하루에 세 시간씩만 자고도 능히 견딜 수 있었다. 이러한 어려운 기간을 그는 명상수련 덕분에 항불안제의 도움 없이도 잘 견딜 수 있었다고 했다. 그는 일주일에 세 번은 CD를 들으면서 바디 스캔도 계속한다. 최근에는 집에 가자마자 2층으로 올라가 바로 명상을 시작한다고 했다. 스트레스 감소 프로그램을 시작하기 전 2년 동안 그는 집에 처박혀 "오, 신이시여, 나는 곧 죽을 것입니다."라고 소리만 질렀으나 지금은 매일 아침 뉴잉글랜드의 겨울 추위에서도 걷기명상을 하며 건강한 나날을 즐기고 있다. 최근 그의 주치의는 나에게 마음챙김 명상이야말로 존에게 완벽한 치료법이라고 말했다. 그에 의하면 존은 자신의 생활에 마음챙김해야 한다고 했다. 존이 생활 모든 면에 주의를 기울이면 다 잘 돌아가지만 그렇지 않으면 모르는 새에 아주 위험한 상태로까지 나빠진다는 것이었다.

같은 조사에서 또 다른 사람도 명상이 걷기 능력을 개선하고 걷는 즐거움을 느끼게 해 준다고 보고했다. 로즈도 프로그램이 끝난 후 규칙적으로 걷기명상을 계속하고 있는데, 그녀는 햇살이나 바람이 피부에 와 닿는 감각과 같은 촉감에 주의를 집중하고 있다고 했다. 40대 중반의 카렌은 매일 밤 약 5~6킬로미터를 명상 수행의 일환으로 걷는다고 했다. 그녀는 지난 22년 동안 규칙적인 운동을 하지 않고 지냈다. 그녀는 다시 '자신의 몸을 사용'하는 데 감격하고 있다.

다시 말하지만, 걷고 있는 모든 순간은 마음챙김을 수련할 좋은 시간이다. 하지만 때로는 외떨어진 장소에서 조금 더 천천히 걸으면서 정식으로 명상을 하는 것도 좋다. 앞뒤로 왔다 갔다 하며 한 걸음 한 걸음 한 순간 한 순간 당신의 삶과 보조를 맞추며 정확하게 당신이 있는 곳에 존재하면서 땅 위를 부드럽게 걷는다.

08

마음챙김의 날

6월 초 뉴잉글랜드의 어느 아름다운 아침, 하늘은 파랗고 구름 한 점 없다. 오전 8시 15분부터 많은 사람이 침낭, 베개, 담요 그리고 점심 도시락을 싸들고 마치 캠핑 온 사람들처럼 병원으로 몰려들고 있다. 큰 방에는 등받이가 있는 파란 플라스틱 의자와 철제 의자들이 벽면을 따라 배치되어 있다. 8시 45분경이 되자 약 120여 명의 사람들이 몰려들어 서로 다정하게 인사를 나누고 의자 밑에 외투, 신발, 지갑, 점심 도시락을 놓고서는 의자에 앉거나 방 안 여러 곳에 깔려 있는 명상용 방석 위에 앉는다. 이들 가운데 우리가 '졸업생'이라 부르는 15명은 이미 스트레스 완화 프로그램을 익힌 사람들로서 오늘 하루 온종일 실시되는 명상수련회에 참석하기 위해 온 사람들이다. 74세의 노인 샘은 40세의 아들 캔과 함께 왔다. 이 두 사람은 몇 년 전에 이 프로그램을 수강했었는데 이번에 좀 더 보강하고 싶어 참여하였다. 같이 하면 좋을 것 같아 부자가 함께 참석한 것이다.

샘은 좋아 보인다. 은퇴한 트럭운전사인 샘은 나를 보자마자 얼굴 가득 미소를 지으면서 껴안고는 다시 돌아와서 얼마나 행복한지를 얘기해 준다. 그는 작은 키에 군살이 없고 표정은 느긋하고 유쾌해 보인다. 하지만 2년 전 처음 프로그램에 왔을 당시 그의 모습은 지금과 사뭇 달랐다. 굳은 얼굴에 턱은 앙다문 채 핼쑥하고 긴장되고 화가 나 보였다. 그는 당시 분노 조절이 제대로 되지 않아 아내와 아이들을 힘들게 하고 있었다. 그 당시 은퇴 후, 본인 말대로라면 남들로부터는 '좋은 사람'이란 평을 받고 있었지만, 집에서는 '도저히 함께 살 수 없는 형편없는 인간' 취급을 받고 있었다. 그런 그가 보여 준 엄청난 변화를 떠올리며 나는 경이로움을 느낀다.

내가 신수가 퍽 좋아 보인다고 하니 그는 나에게 "존 박사님, 나는 이제 완전히 다른 사람이 되었어요."라고 말한다. 그의 아들 캔도 그 말에 고개를 끄덕인다. 캔은 "이제 아버지는 화도 내지 않고 고약한 성미도 부리지 않아요. 가족들과 행복하고 편안하게 잘 지내고 있어요."라고 말했다. 우리는 9시 정각부터 시작되는 수업 시간 전까지 서로 환담을 나누며 시간을 보낸다.

클리닉의 교사들이 수업을 준비하고 있을 때 우리는 방을 한번 훑어본다. 샘과 캔 같은 졸업생 외에 나머지 사람들은 MBSR 프로그램의 6주차 수업에 참석 중이다. 이들이 프로그램을 마치려면 앞으로 2주간 더 수련해야 한다. 우리는 그동안 개별적으로 진행해 오던 클리닉 수업들을 이날 토요일 한 반으로 합쳐서 온종일 수업한다. 이러한 합반 수업은 6주와 7주 사이에 행해지는데, 그동안 부분적으로 이루어진 개별 수업을 통합하여 종합적으로 실시하는 것이다.

이 방 안에는 그동안 프로그램에 참가했던 의사도 몇 명 있다. 이 중에는 많은 심장병 환자에게 이 프로그램에 참가하도록 권유한 후 자신도 직접 참가한 심장내과 과장도 포함되어 있다. 그는 소매를 잘라 낸 풋볼 셔츠와 운동복 바지를 입고, 다른 사람들처럼 신발을 벗고 있다. 그의 이런 모습은 평소 병원에서 넥타이를 매고 흰 가운을 입고 청진기를 주머니에 넣고 다니던 모습과는 판이하게 다르다. 이 방에 있는 의사들은 비록 이 병원에 근무하고 있다 할지라도 오늘은 이 수업에 참여한 일반인과 같다. 오늘 이들은 자기 자신을 위해 이곳에 온 것이다.

노마 로실로도 여기에 참여하고 있다. 그녀는 통증 환자로 이 프로그램에 처음 와서 제5장에 소개한 메리와 같은 수업에 참가했다. 그녀는 지금은 클리닉 사무실에서 비서 겸 접수원으로 일하고 있다. 여러 가지 의미로 노마는 우리 클리닉의 꽃이다. 의사의 권유로 이곳에 온 환자가 처음 프로그램에 관해 얘기를 나누는 사람이 바로 노마다. 그러므로 이 수업에 참여한 거의 모든 사람은 노마와 대화를 나눈 경험이 있는데, 노마는 환자들을 안심시키고 희망을 갖도록 해 주며 확신을 심어 주는 일을 한다. 노마는 맡은 일을 너무나 품위 있고 침착하고 독립적으로 잘 수행하기 때문에 우리는 그녀가 실제로 얼마나 많은 일을 하고 모든 일이 부드럽게 잘 돌아가게 하는 데 그녀의 역할이 얼마나 중요한지 잘 알 수 없을 정도다.

노마가 처음 안면통과 두통 환자로 클리닉에 왔을 당시 그녀는 적어도 한 달에 한 번은 참을 수 없는 고통으로 응급실에 실려 갈 정도였다. 그녀는 일주일에 며칠 미용사로 근무했는데 통증 때문에 자주 결근을 했다. 그녀는 이런 통증을 15년간 지속해 왔으며 백방으로 전문가를 찾아 도움을 구했었다. 그런 그녀가 클리닉에 온 후 얼마 지나지 않아 병원 치료나 약 대신에 명상으로 통증을 조절할 수 있게 되었다. 그 후 그녀는 클리닉의 자원봉사자가 되어 자주 찾아와 도움을 주기 시작했다. 결국 나는 비록 그녀가 미용사 출신에 타자도 칠 줄 모르고 사무실에서 하는 일을 전혀 모르지만, 이곳에서 비서 겸 접수원으로 일해 달라고 청했다. 그녀 자신이 환자로서 클리닉에 참가한 경험이 있고 '직업'으로 이 일을 하는 사람들과는 다른 방식으로 환자들과 대화할 수 있을 것이기 때문에 나는 그녀가 이 일에 적임자라고 생각했다. 타자나 일과 관련된 것들은 배울 수 있을 거라 판단했고 실제로 그녀는 잘 해냈다. 게다가 클리닉에서 일하기 시작한 날부터 그녀가 두통과 안면통으로 결근한 날은 초기에 불과 며칠 정도였고, 그 후로는 빠진 날이 없었다. 지금 그녀를 바라보고 있으려니 감개무량하면서도 행복하다. 오늘 그녀는 우리와 함께 자신의 수련을 위해 이곳에 온 것이다.

방 안을 둘러보니 나이가 천차만별이다. 백발이 성성한 사람도 있고 20대 젊은이도 있다. 대개는 30대에서 50대 사이다. 목발이나 지팡이를 짚은 사람도 있다. 오늘은 에이미가 보이지 않는다. 에이미는 뇌성마비 환자로 몇 년 전 이 프로그램을 수료했고, 그 후 토요일에 시행하는 프로그램에 휠체어를 타고 거의 빠지지 않고 참석했는데 오늘은 보이지 않는다. 최근 그녀는 보스턴으로 이사를 가 그곳에서 대학원에 다닌다. 그녀는 어제 나에게 전화를 걸어 하루 종일 동행해 줄 사람이 없어 오늘은 참석하지 못할 것이라고 했다. 그녀는 휠체어를 들어 올릴 수 있는 특수 차량을 가지고 있지만 운전해 줄 사람이 없었던 것이다. 둥글게 둘러앉아 있는 여러 사람의 얼굴을 살펴보면서 나는 그녀가 토요일 명상수련에 참여할 때마다 비록 우리 직원들 가운데 한 사람이 점심을 먹여 주어야만 하고, 화장실에도 데려가야만 하는 불편함에도 그녀가 보여 주었던 놀라운 결단력이 떠올랐다. 자신의 신체 조건을 의식하지 않는 그녀의 용기와 인내는 내게 있어 토요일 명상수련회가 갖는 의미의 일부분이 되었다. 그녀는 자신의 존재를 통해 항상 우리에게 너무나 많은 것을 가르쳐 주었기에 오늘 그녀가 없어 몹시 허전했다. 때로 그녀의 말을 이해하기 어려울 때도 있었지만, 그녀가 말하고 질문하고 수많은 참석자 앞에서 그날의 명상 경험을 나눌 때 보여 준 의지와 용기는 우리 모두를 고무시켰다.

9시 정각에 내 동료이자 친구인 샤키 산토레리(Saki Santorelli)는 참석한 사람들에게 환영 인사를 하고 명상을 시작하기 위해 자리에 앉기를 권유했다. 그가 이야기를 끝내자 실내는 조용해지기 시작했으며, 그가 사람들에게 의자나 바닥에 앉아서 호흡을 시작하라고 했을 즈음에는 완전히 조용해졌다. 120명의 사람이 자신의 호흡에 주의를 기울이기 시작하면 실제로 침묵의 소리(wave of silence)를 들을 수 있게 된다. 이것은 침묵의 크레센도(crescendo, 漸强音)이며 나를 항상 감동시킨다.

이렇게 하여 이 아름다운 토요일 날 여섯 시간 동안의 고요한 마음챙김 수련이 시작된다. 우리는 오늘 다른 할 일이 있었겠지만 모두 여기에 참석하는 것을 선택했고, 하루 종일 매 순간에 주의를 집중하는 수련을 하면서 몸과 마음과 친해지고, 고요하게 있는 능력을 심화하고, 내면과 외면에서 무엇이 펼쳐지든 단지 의식 안에 존재하며, 즉 자신의 존재 속으로 이완해 들어가게 된다.

첫 번째 명상이 끝나고 샤키가 설명한 것처럼 우리는 오늘 여기 온 것만으로 삶을 철저하게 단순화했다. 여기 있다는 것은 평소 주말에 하는 심부름, 집안 청소, 외출, 작업 등을 하지 않기로 선택한 것이다. 이런 매우 특별한 날에 최선의 결과를 이끌어 낼 수 있도록 모든 것을 더 단순화하기 위해 샤키는 오늘 하루 지켜야 할 몇 가지 '기본 규율', 예컨대 침묵과 상호 시선 접촉 금지 같은 것에 대해 설명한다. 그는 이 규율이 명상수련을 더욱 깊게 해 주고 마음챙김 작업을 위한 에너지를 보존해 줄 것이라고 설명한다. 이처럼 6시간 동안 집중적으로 '아무것도 하지 않으면서' 오로지 앉아 있고, 걷고, 누워 있고, 먹고, 스트레칭하는 가운데 온갖 다양한 느낌이 떠오른다. 하루 동안 무엇이 떠오르든 그 자체가 사실상 그날의 '교과과정'이 된다는 것을 강조하고 싶다. 왜냐하면 그것은 이미 떠올라 여기 존재하고, 따라서 함께 작업해야 할 재료가 되는 것이다. 이런 느낌은 특히 대화를 한다거나 일을 한다거나 산보를 한다거나 독서를 한다거나 또는 라디오를 듣는 것과 같은 모든 일상적 배출구가 막혔을 때 아주 격렬해질 수 있다. 많은 사람이 여섯 시간의 명상이 시작되는 처음부터 즐거움을 느낄 수도 있지만, 비록 그렇다 하더라도 이완과 평화로움 속에서 순간순간 즐겁지 못한 느낌도 솟아날 수 있다. 요가를 하면서 신체를 과도하게 뻗으면 통증이 생길 수도 있고, 마찬가지로 불안, 지루함 또는 죄책감 등의 형태로 정서적인 고통이나 불편감이 솟아날 수도 있다. 특히 이곳에 오기 위해 많은 것을 포기해야 했던 사람이라면 다른 곳에 있지 않고 이곳에 있다는 것에서 오는 죄책감이 많이 나타날 수 있다. 이 모두가 교육과정의 일부다.

샤키는 그런 느낌을 옆 사람에게 이야기하여 자기 자신뿐만 아니라 다른 사람의 경험을 방해하지 않도록, 하루 동안 떠오르는 모든 것을 그저 바라보고 매 순간 느낌과 경험을 단순하게 받아들이라고 조언한다. 또 침묵과 시선을 마주치지 않는 것이 자신의 내면을 들여다보고 받아들이는 과정에 도움이 될 거라고 설명한다. 이러한 규율을 지키면 비록 슬픔이나 고통이 있더라도 그것이 우리의 몸과 마음을 통해 드나드는 것을 보다 친밀하게 깨닫게 된다. 그런 것에 관해 옆 사람과 얘기할 수 없고, 무엇이 어떻게 지나가고 있고 어떤 느낌인지를 하소연하거나 설명할 수 없다. 우리가 할 수 있는 일이란 오직 있는 그대로 그것을 지켜보는 것이다. 조용히 존재하면서, 무엇이 올라오든지 따뜻하게 맞아들이는 훈련을 한다. 이 훈련은 우리가 지난 6주 동안 MBSR 수업에서 명상을 수련했던 것과 똑같은 방식이다. 단지 오늘은 스트레스 상황으로 느껴질 만큼 장시간 동안 보다 강도 높게 수련한다는 점이 다를 뿐이다.

샤키는 바로 이런 과정이 심화되어 일어날 수 있도록 의도적으로 시간을 할애해야 한다고 새삼 강조한다. 바로 오늘은 마음챙김을 위한 날이며, 이 날은 오직 나 자신과 함께하는 날이다. 일상적으로 우리는 하는 일이 의무적이거나 어쩔 수 없이 그 일에 자신이 말려들어 바쁘기 때문에 시간이 없거나 또는 너무나 오랜 시간 동안 자기 자신의 존재에 주의집중하는 것이 싫다거나 또는 조용하게 가만히 있는 것을 좋아하지 않기 때문에 명상을 하지 못한다고 한다. 그래서 우리는 때때로 자유 시간을 가지더라도 곧 평소 점유하고 있던 생각에 의해 그 자리를 빼앗긴다. 우리는 시간을 보내기 위해 즐거운 내용으로 채워 넣기도 하고 스스로 마음을 어지럽히기도 한다. 때로는 '시간 낭비(killing time)'에 대해서까지 이야기한다.

샤키는 결론적으로 말한다. 오늘은 평소와 다를 것이다. 오늘은 시간을 보내거나 기분 전환을 도와줄 아무런 장치가 없다. 오늘은 오직 호흡을 하고 있다든가 걷고 있다든가, 요가를 한다거나 또는 강사의 지시에 따라 무언가를 하든 오직 그 순간에 느낀 것과 함께하며 느낀 것을 그대로 수용하면 된다. 샤키는 오늘은 특정한 방식으로 느끼려고 애쓰는 것이 아니라 단지 있는 그대로 드러나도록 하는 것임을 강조한다. 그러므로 그는 '오늘은 이완을 느끼는 즐거운 날이어야 한다.' 등의 모든 기대를 내려놓고 오직 온전하게 깨어서 매 순간 일어나는 어떠한 것에 대해서도 알아차림을 수련하라고 조언한다.

엘라나 로젠바움과 캐세이 카마이클 이 두 사람도 스트레스 완화 클리닉의 강사인데, 이들도 나와 샤키를 도와 오늘의 명상수련을 진행한다. 샤키의 말이 끝나고 우리는 바닥에 깔아둔 매트로 가서 요가를 시작한다. 우리는 몸의 소리를 들으면서 부드럽게 천천히 마음챙김하며 요가를 실천한다. 나는 요가를 지도하면서 우리 몸의 소리에 세심하게 귀를 기울여야 하며, 이렇게 들은 것을 대수롭지 않은 것이라고 무시하지 말고 충분히 귀담아 들을 가치가 있는 것으로 여겨야 한다는 점을 강조한다. 허리나 목에 심한 통증이 있는 환자들은 요가를 수행하지 못하기 때문에 방 안의 한쪽 가장자리에 앉아서 남들이 하는 요가를 지켜보거나 스스로 다른 명상을 한다. 어떤 사람들은 자기가 할 수 있는 몇 가지 동작만 한다. 심장병 환자들은 심장박동을 모니터링하며 심장박동의 적정 범위 안에서 자세를 유지하고, 쉬었다 다시 반복한다. 나머지 사람들은 자세를 조금 더 길게 유지하며 각 자세를 유지할 때 감각이 어떻게 변화하는지 의식한다.

모든 사람은 자신이 편안하다고 느끼는 강도로 하고 있다. 요가 자세를 천천히 차례차례 취하면서 매 순간 온전히 알아차리며 한계점까지 진행한다. 자신의 한계까지 숨을 들이마시고 한계에서 숨을 내쉬면서 동작을 해 나갈 때 신체 곳곳의 모든 감각과 친해진다. 알아차림이 매끄럽게 이어지게 하면서 몸을 들어 올리고, 뻗고, 굽히고, 비틀고, 굴린다. 이와 동시에 일어나는 생각과 느낌에 대해 주목하며 그것을 바라보고 그대로 두고, 바라보고 놓아 버리는 훈련을 한다. 마음이 산만하고 방황할 때마다 다시 호흡으로 마음을 되돌려 놓는 것을 훈련한다.

요가가 끝나면 30분 동안 정좌명상을 한다. 그런 후에 10분 정도 방 안에 큰 원을 그리면서 마음챙김 걷기를 한다. 그다음 다시 20분간 정좌명상을 한다. 이날 우리가 하는 모든 행동은 알아차림과 침묵 속에 한다. 점심시간에도 침묵을 유지하면서 먹고, 씹고, 맛보고, 삼키고, 쉬고 있음을 충분히 의식하면서 음식을 먹는다.

이렇게 하는 것은 쉽지 않다. 현재에 초점을 맞추고 집중하는 데는 많은 에너지가 필요하다.

점심시간에 나는 점심을 먹으며 신문을 읽고 있는 한 남자를 보았다. 이는 그날의 명상정신에 위배되며 기본 규율에도 맞지 않는 일이다. 우리는 이곳에 온 사람들이 최소한 자신을 시험하기 위해서라도 기본 규율을 지켜야 하며, 또 이를 지키는 것이 자신에 대한 책임감을 갖는 것이라 생각한다. 그러나 그 남자는 그렇게 하는 것이 너무 힘이 들어서인지 식사할 때 마음챙김을 하지 못하는 것 같았다. 나는 그 사람을 향해 오늘은 이곳의 규칙을 따라야 한다고 말하고픈 나 자신의 독선적인 충동을 관찰하고는 혼자 미소를 지으며 그 생각을 내려놓았다. 어쨌거나 그가 여기 있지 않은가? 이것으로 충분하다. 그의 아침나절이 어땠는지 누가 알겠는가?

우리는 지방법원 판사들을 대상으로 특별 스트레스 완화 프로그램을 진행한 적이 있다. 판사들만이 갖는 독특한 스트레스와 문제점을 서로 자유롭게 말하게 하기 위해 특별히 한 반을 마련했었다. 판사라는 직업이 법좌에 '앉아' 있는 직업이기 때문에 앉는 방법과 의도적으로 판단하지 않는 방법을 공식적으로 훈련하는 것이 잘 맞는 듯 보였다.* 어떤 판사들은 이 프로그램에 관해 처음 설명해 주었을 때부터 마음챙김이란 개념에 강하게 끌렸다. 판사직을 잘 수행하기 위해서는 엄청난 집중력과 인내심 그리고 동정심과 냉철함이 요구된다. 그들은 가끔은 고통스럽고 불쾌하지만 대부분은 지루하고 예측 가능한 증언을 계속해서 듣고 있어야 한다.

---

* 저자의 최근 책 *Coming to our senses*의 '법좌에 앉기' 참조.

동시에 평정심을 유지하면서 법정에서 매 순간 실제로 일어나고 있는 것에 세심하게 주의를 기울여야 한다. 자신의 주관적 생각과 느낌 또는 때때로 나타나는 강력한 정서적 반응의 개입을 조절할 수 있는 체계적 방법을 알게 된다면, 자신의 스트레스 수준을 낮추는 효과는 말할 것도 없고 판사라는 직업에 특히 유용할 것이다.

종일 프로그램에서 판사들은 많은 환자 틈에 익명으로 참석하였다. 판사들은 서로 같이 앉아 명상을 하고 점심 때는 잔디밭에 앉아 함께 점심을 먹었다. 다음 수업 시간에 판사들은 서로 말없이, 서로 쳐다보지도 않은 채 함께 앉아 도시락을 먹었던 경험은 매우 색다른 것이었지만 서로 간에 특별한 친밀감을 느끼게 해 주었다고 회상했다.

오늘 실내 분위기는 매우 쾌적하다. 대부분 사람은 정좌명상을 하거나 보행명상을 할 때 분명히 깨어 있다. 마음챙김을 잘하고 집중을 유지하려는 노력도 엿볼 수 있다. 지금까지 유지되고 있는 정적감도 매우 훌륭하다.

점심 후에 30분 동안 각자 자유롭게 산책하면서 걷기명상을 하고, 자비-용서명상으로 오후 프로그램을 시작했다. 이 간단한 명상(제13장 참조)은 왕왕 사람들을 슬픔이나 기쁨으로 목이 메게 한다. 이 명상이 끝나면 곧바로 조용히 정좌명상을 하고 그 후에는 매우 느린 걷기명상을 한다.

오후 프로그램의 중반에는 에너지를 활성화하기 위해 '광적 보행'을 했다. 어떤 사람들은 어쩔 수 없어서 참가하지 못하고 밖에서 보기만 해야 했지만, 대부분의 사람은 걸음 속도의 변화를 즐겼다. 광적 보행은 처음에는 대단히 빠르게 걸으면서 7스텝마다 방향을 바꾸고 다음에는 4스텝, 그다음에는 3스텝마다 방향을 바꿨다. 이때 턱은 다물고 주먹은 꽉 쥔 채 시선을 마주치지 않고 오직 순간순간 마음챙김하며 걸었다. 그런 다음 이번에는 같은 속도로 걷지만 시선을 의도적으로 맞추면서 그 차이를 살펴보았다. 그다음은 눈을 감은 채 뒷걸음질로 매우 느리게 걸었는데 이때 다른 사람과 몸이 부딪치면 그 접촉을 느끼면서 방향을 바꿨다. 이 광적 보행명상은 모든 사람이 눈을 감은 채 뒷걸음질쳐서 방 한가운데라고 생각되는 곳에서 모두 한 덩어리가 되었을 때 끝났다. 그런 후에는 무엇이든 머리를 지탱해 줄 수 있는 것에 자신의 머리를 기댔다. 이 순간 웃음보가 터졌고, 오후에 집중 수준이 깊어지면서 쌓인 긴장감이 풀렸다.

몇 년 전부터 우리는 빠른 광적 보행 시간 대신에 고요함 가운데 정좌명상과 걷기명상에 집중하고 있다. 마치 수행 자체 그리고 짧으나마 하루 몇 시간을 함께 보내는 이 귀중한 기회가, 넘치는 것이 아무리 좋다고 해도, 넘치는 것보다는 좀 모자란 것을 선호하는 그 자체의 강력한 논리를 가지고 있는 듯했다. 이런저런 효과가 있는 강력하고 잠재적으로 적절한 훈련일지라도 그것으로 채우기보다는 가능한 한 많은 공간을 남겨 두는 것이 MBSR의 기본 원칙이다. MBSR을 가르치면서 배운 점이 있다면, 참가자들이 알고 이해해야 하는 모든 것은 가장 기본적이고 단순한 마음챙김 훈련을 하다 보면 자연스럽게 나타난다는 것이다. 그래서 우리는 MBSR의 교육과정을 가능한 한 단순하게 구성하고 그 안에 가능한 한 많은 여백을 남겨 두는데, 이때 더 적은 게 더 많은 것이며, 실제 교육과정은 삶 자체라는 것을 깨닫게 된다. 즉, 우리가 무엇을 경험하든 매 순간 알아차림과 우리 자신을 근본적 친절로 대할 때 삶 자체가 교육과정이 되는 것이다.

오후에 가장 오래 앉아서 하는 명상은 '산 명상'이라 부르는 명상이다. 하루 종일 수련을 하면서 피로가 쌓일 때 앉는다는 것이 어떤 것인지를 일깨우는 데 도움을 주기 위해 산의 이미지를 사용한다. 마치 거대한 산처럼 늠름하게 바닥에 뿌리를 내리고 움직이지 않는 자세로 버티고 앉아 있는 이미지는 기분을 좋게 한다. 앉아 있을 때 양팔은 산의 등성이고, 머리는 우뚝 솟은 산봉우리이며, 몸 전체는 산처럼 장엄하고 당당하다. 산이 밤낮이 바뀌고 기후가 바뀌고 계절이 바뀌어도 어떤 움직임도 없이 그냥 그대로 거기에 버티고 있는 것처럼 우리도 있는 그대로의 존재대로 고요함 속에 버티고 앉아 있다. 산은 보이든 안 보이든, 눈에 덮여 있든 초록이든, 비가 오든 구름에 가려 있든, 언제나 말없이 아름다운 자태를 보이며 있는 그대로의 아름다움을 갖고 항상 그 자체로 존재한다.

이러한 산의 이미지는 늦은 오후 방 안의 햇빛이 기울기 시작하고 그와 함께 한 하루가 자연스레 마무리되어 갈 때, 우리 자신의 힘과 동기를 일깨우는 데 도움이 된다. 그것은 우리의 몸과 마음에서 경험하고 있는 변화를 내부의 날씨처럼 바라볼 수 있음을 상기시킨다. 산은 우리에게 몸과 마음 안에서 일어나는 폭풍우에 직면해서도 삶에서 흔들림 없이 안정되게 균형을 유지할 수 있음을 일깨워 준다.*

사람들은 산 명상이 정좌하여 안착하는 데 도움을 주고 고요함과 평정심을 심화시키는 데 도움을 주기 때문에 좋아한다. 그러나 이러한 산의 이미지는 한계가 있다. 우리는 가만히 있는 것 말고도 걸을 수 있고, 말할 수 있고, 춤추고 노래할 수 있고, 생각하고 행동할 수 있는 그런 산이기 때문이다.

이렇게 해서 오늘은 순간순간마다 한 호흡 한 호흡마다 열려 가고 있다. 많은 사람이 아침에 이곳에 올 때 과연 내가 여섯 시간 동안 말하지 않고 침묵 속에서 보낼 수 있을지 또는 이런 침묵 속에서 앉고, 걷고, 호흡하는 것을 견딜 수 있을지 걱정하였다. 그러나 벌써 오후 3시가 되었지만 모든 사람은 여전히 이곳에 그대로 머물러 있으며 매우 열심히 명상하고 있다.

이제 침묵과 시선 접촉 금지령을 특별한 방식으로 해제한다. 먼저 방을 조용히 둘러보며 다른 사람들과 눈을 맞추면서 무슨 일이 일어나는지 느껴 본다. 대개 크고 환한 미소가 피어난다. 그런 다음 여전히 침묵 속에 파트너를 골라 가까이 다가가서 속삭이듯 작은 소리로 소감을 나누며 오늘의 침묵을 깬다. 우리가 보고, 느끼고, 배우고, 노력했던 것에 관해 얘기한다. 마음에 일어났던 것, 특

---

* 산 명상에 대한 좀 더 자세한 설명을 위해서는 *Wherever You Go, There You Are*와 마음챙김 명상 안내 CD중 3번 CD를 참조하기 바람.

히 그것이 힘든 것이었을 때 어떻게 했는지 얘기한다. 놀라웠던 것과 지금의 느낌에 관해서도 얘기한다. 처음에는 한 사람이 말하고 다른 사람은 듣기만 한다. 그다음에는 역할을 바꾼다. 쌍으로 흩어진 120명의 사람들 모두가 속삭이듯 그날의 직접적이고도 매우 개인적인 경험에 관해 친밀한 대화를 나눈다. 소감을 속삭이는 동안 방에서는 부지런한 벌들이 벌집에서 윙윙거리는 것처럼 고요와 열정이 동시에 느껴진다. 이 속삭이는 대화가 끝난 다음에는, 좀 더 많은 나눔을 위해 우리는 다시 하나의 집단을 이루고 원하는 사람에게 자신의 소감을 평소 대화 목소리로 말할 수 있는 기회를 준다. 스트레스 완화 클리닉과 MBSR에 참여하게 된 배경이든 혹은 다른 무엇이든 자신이 원하는 방식으로 먼저 그날의 경험에 관해 말해 달라고 요청한다. 손을 들어 말을 시작할 때 방 안의 고요함과 평화로움은 피부로 느껴진다. 이렇게 사람이 많아도 강한 친밀감을 느낄 수 있다. 마치 모든 사람이 큰 원의 둘레를 따라 하나의 거대한 마음을 공유하고 서로 서로 다양한 측면을 거울처럼 비춰 주는 것 같다. 사람들은 다른 사람의 말을 진심으로 들으며 느끼고 있다.

한 여성은 자비-용서명상을 하는 동안 자신에게 사랑과 친절을 보낼 수 있었고 여러 해 동안 거의 죽을 지경이 되도록 자신에게 심한 폭력과 학대를 가해 온 남편을 조금은 용서할 수 있게 되었다고 했다. 그녀는 조금이지만 이렇게 내려놓는 것이 마음을 편하게 해 주었고, 남편을 용서함으로써 그녀 내부의 무언가가 치유된 느낌이라고 했다. 그녀는 커다란 짐과 같은 분노를 더 이상 지고 다닐 필요가 없음을 알게 되었으며 그 분노의 짐을 내려놓고 자신의 삶을 영위할 수 있게 되었다고 했다.

이 말을 듣고 다른 여성은 용서를 해 주는 것이 과연 언제나 타당한지에 대해 궁금해했다. 그녀는 바로 지금 용서를 훈련하는 것이 그녀에게 건강한 방법이라고 생각하지 않는다고 했다. 그녀는 성인이 된 후 지금까지 거의 '전문적인 희생자' 역할을 해 왔으며 언제나 다른 사람을 용서하고 자신은 희생하여 자신을 다른 사람의 욕구를 채워 주는 대상으로 삼았다. 그녀는 자신에게 필요한 것은 자신의 분노를 느끼는 것이라고 생각한다고 말했다. 그녀는 오늘 처음으로 분노를 느낄 수 있었고 과거에는 자신이 그것과 직면하지 않으려 했다는 것을 알게 되었다고 했다. 오늘 그녀는 지금 자신에게 가장 지배적인 느낌인 커다란 분노에 주의를 주고 그것을 존중할 필요가 있으며 '용서는 미뤄 둘 수 있다'는 것을 깨닫게 되었다.

몇몇 졸업생은 소홀해진 매일의 명상 습관을 되돌려서 '배터리를 재충전'하러 왔다고 말했다. 자넷은 오늘 함께한 수행이 그녀가 매일 규칙적으로 명상할 때 얼마나 좋았는지를 상기시켰다고 했다. 마크는 규칙적인 정좌명상을 통해 주치의들만 신뢰하는 것이 아니라 자신의 몸에 대해서도 신뢰를 보내고 귀 기울일 수 있게 되었다고 말했다. 그의 말에 의하면, 의사가 그에게 척추 뼈가 녹아 붙어 마치 막대기처럼 굳어 버리는 이른바 '강직성 척수염(ankylosing spondylosis)'이라는 병에 걸렸기 때문에 더 이상 할 수 없는 것이 많아졌지만, 명상을 하여 이것들 중 많은 것을 새로 할 수 있게 되었다고 한다.

한 시간에 걸친 토론 동안 마치 우리 모두 말의 필요를 넘어선 상태에 들어간 것처럼 몇 차례 침묵이 지속되기도 한다. 그것은 마치 침묵이 말로 표현할 수 있는 것보다 더 깊은 것을 소통하게 하는 것처럼 느껴진다. 그것은 우리를 하나로 연결시켜 준다. 우리는 그 속에서 평화로움과 편안함을 느낀다. 무언가로 채울 필요가 없다.

이렇게 해서 오늘의 수련이 끝날 때가 되고, 마지막 15분 동안 말없이 정좌해 있다가 작별인사를 나눈다. 샘은 여전히 얼굴을 활짝 펴고 웃고 있다. 분명히 보람 있는 하루였다는 증거다. 우리는 다시 한 번 껴안고 깊은 우정을 교환한다. 몇 사람은 남아서 매트를 접고 치우는 일을 도와준다.

나중에 그 주의 수업 시간에 우리는 종일 명상수련회의 체험에 관해 조금 더 토론을 벌였다. 버니스는 수련회에 참석하려고 생각하니 너무나 신경이 쓰여 수련회 전날 밤에 한숨도 못 잤었다고 했다. 새벽 5시경 그녀는 긴장을 늦추기 위한 최후 수단으로 처음으로 CD를 사용하지 않고 바디 스캔을 했었는데 놀랍게도 효과가 있었다. 그렇지만 여전히 잠을 자지 못해 몽롱했기 때문에 온종일 많은 사람 속에서 한마디도 하지 않은 채 명상수련을 해 낼 수 있을 것 같지 않았다고 말했다. 확실한 이유는 그녀도 설명할 수 없었지만, 어느 순간 그녀는 명상수련회에 참석하기로 결정했다. 자동차에 올라 병원까지 운전하는 동안 내 목소리로 자신을 안심시키기 위해 바디 스캔 CD를 틀어 놓았다고 했다. 그녀는 이 얘기를 멋쩍은 듯 말하고는 수강생들을 따라 함께 웃었다. 운전하는 동안에는 명상 CD를 틀지 말라고 한 것을 모두 다 알기 때문이다.

오전 중 버니스는 심각한 공황 상태에 빠져 명상실에서 도망치려는 생각을 세 번이나 했다고 말을 이었다. 그러나 그녀는 도망가지 않았다. 도망가고 싶은 생각이 들 때마다 그녀는 이 방이 강제로 그녀를 붙잡아 두려는 감옥이 아닌 이상 마음만 먹으면 언제나 빠져나갈 수 있다고 스스로에게 다짐했다. 이런 식으로 생각을 바꾸고 나니 불안감이 엄습해 올 때도 불안감과 함께 호흡을 하면서 충분히 견딜 수 있게 되었다. 오후에는 단 한 번의 공포감도 느끼지 않고 평화로웠다. 그녀는 자기 생애에 처음으로 감정과 함께 머물 수 있으며, 도망가지 않고 감정을 관찰할 수 있다는 사실을 발견했다고 이야기했다.

그녀는 공포와 같은 감정이 스스로 사라진다는 것을 발견했을 뿐만 아니라 그러한 공포를 다스릴 수 있다는 자신감을 새롭게 발견하게 되었다. 그녀는 간밤에 거의 잠을 자지 못해 명상수련을 할 수 없을 것이라 생각했지만 오후에는 충분한 이완감과 함께 평화로움을 맛보았다. 그녀는 지난날 공포에 지배되었던 유사한 상황에 대해서도 적절하게 적응할 수 있는 이 새로운 능력의 발견에 감동했다.

버니스에게 이러한 발견은 특별한 기쁨을 주었다. 왜냐하면 그녀는 긴장을 하거나 스트레스를 받을 때마다 극심한 복통을 일으키는 만성 궤양성 장 질환인 크론병으로 고생해 왔기 때문이다. 그녀가 명상수련이 있던 날 아침 극심한 공포의 감정을 성공적으로 조절할 수 있었던 것처럼 종일 명상수련 동안 어떤 증상도 느끼지 않았다.

그다음에는 랄프가 어린 시절 긴 터널 속에서 교통 체증으로 차가 멈추어 서 있을 때 너무나 심한 공포감을 느껴 자신도 모르게 부모님이 몰고 있던 차에서 뛰어내려 터널의 출구를 향해 달렸던 이야기를 했다. 이 이야기에 자극받아 버니스는 자신도 보스턴 로건 공항에 가기 위해서는 터널을 지나야만 하는데 터널을 지나가기가 싫어 공항에 가지 못한다고 고백했다. 그 후 수업이 끝나기 전 버니스는 이 터널을 지나가는 것과 하루 종일 명상수련을 하는 것이 어쩌면 유사할 것이라고 말했다. 그녀는 자신이 종일 명상수련을 성공적으로 해 냈으므로 터널도 지나갈 수 있을 것 같다고 했다. 마치 자신을 위한 숙제를 하듯 스트레스 완화 클리닉에서의 성장을 시험하듯 그녀가 곧 그것을 실천할 생각을 하는 것처럼 보였다.

프랜은 종일 명상수련에서 일종의 '즐거운' 느낌을 경험했다고 말했다. 그녀는 이완이나 평화 같은 단어를 사용하고 싶어 하지 않았고, '충실하고' '자유로운' 느낌이었다고 말했다. 그녀는 점심식사 후 잔디밭에 드러누워 있었던 체험이 그녀에게는 특이하게 느껴졌다고 했다. 그녀는 소녀 시절 이후 잔디밭에 드러누워 푸른 하늘을 바라본 적이 단 한 번도 없었다고 했다. 지금 그녀는 47세다. 그녀가 잔디밭에 누워 정말 멋진 느낌을 느낀 후 떠오른 첫 생각이 '이제까지 헛살았구나!'였다는 것이다. 이것은 지나간 세월이 자신과는 상관없이 흘러갔다는 것을 의미한다. 나는 그녀에게 그 세월이 현재의 자유로움과 충실함의 경험을 가져왔음을 언급하며, 지난 세월에 대해 '나쁘다'거나 '낭비'라고 이름 붙이려는 충동이 일어나면 명상할 때처럼 알아차림해 보라고 조언했다. 그 결과 그녀는 그 세월을 받아들일 수 있게 되었고, 자신이 그 당시 했던 일들을 그때는 그럴 수밖에 없었던 것으로 볼 수 있게 되었다.

한 심장병 전문의는 자신이 지금까지 미래에 이루어지길 바라는 그 어떤 것을 성취하기 위해 현재를 이용했으며 오직 어딘가에 도달하려는 자세로 삶을 살아왔음을 깨달았다고 했다. 종일 명상을 하는 동안 그는 현재에 살고, 현재를 그 자체로 받아들이면 어떠한 나쁜 것도 자신에게 일어나지 않는다는 것을 알게 되었다.

젊은 정신과 의사는 지난 토요일에 명상하면서 느꼈던 낙담에 대해 얘기했다. 그녀는 호흡이나 신체에 주의를 집중하는 것이 너무나 힘들었다고 했다. 마치 '진흙 속을 걷는' 기분이었다고 표현했다. 그녀는 계속해서 '밑바닥부터 다시 시작해야' 했다고 말했다.

그녀의 비유를 놓고 토론이 시작되었다. 왜냐하면 '다시 시작하기'와 '밑바닥부터 시작하기'는 매우 큰 차이가 있기 때문이다. 다시 시작이란 하나하나의 들숨을 새롭게 시작한다는 뜻으로서 지금 순간 속에 존재하고 있다는 뜻이다. 이런 식으로 보면 마음이 바깥으로 방황하고 있는 순간 호흡으로 되돌아오게 하는 것은 어려운 일이 아니라 자연스러운 것이다. 사실 각각의 호흡은 우리에게 남아 있는 삶의 새로운 시작이다. 그러나 그녀가 사용한 말의 뜻은 강력한 부정적 비판의 뜻을 담고 있다. '밑바닥부터 시작하기' 는 그녀가 설 자리를 잃고 가라앉아서 그곳에서부터 올라와야만 한다고 느낀다는 것을 뜻한다. 진흙의 이미지가 갖는 무게와 저항을 생각해 볼 때, 그녀가 마음이 방황할 때 그것을 다시 호흡으로 돌리는 것에 왜 낙담했는지 쉽게 이해할 수 있다.

이것을 알게 되자 그녀는 온화하게 웃었다. 명상수련은 완벽한 거울이다. 그것은 우리의 마음이 만들어 내는 문제를 볼 수 있게 해 준다. 이러한 문제는 크든 작든 마음이 우리에게 쳐 놓은 덫으로, 우리는 그것에 붙잡히고 때로는 갇혀 꼼짝 못하기도 한다. 그러나 마음챙김의 거울을 통해 우리 마음이 만들어 내는 문제를 본 순간 그전에는 힘들고 어려웠던 것들이 쉬운 것으로 변화한다. 통찰의 순간 그녀의 혼란과 어려움이 사라져서 적어도 잠시나마 거울은 텅 비워졌고, 그녀가 웃은 것이다.

09

일상생활의 마음챙김: 자신이 하는 일을 참으로 하기

재키는 종일명상수련회에 참석하고 토요일 저녁 늦게 집으로 돌아왔다. 수련회에서 오랜 시간을 보내느라 피곤했지만 기분은 대단히 좋았다. 그녀는 성공적으로 명상수련을 해냈으며, 그것도 많은 사람 속에서 침묵을 지키면서 홀로 할 수 있었다. 사실 그녀는 7시간 반 동안 아무것도 하지 않고 그냥 앉아 있거나 걸으면서 자신의 경험과 함께한 후에 자기 자신에 대해 매우 좋은 느낌을 가지게 된 것에 기분 좋게 놀랐다.

집에 도착해서 그녀는 남편이 인근 주에 있는 여름 별장에 볼일이 있어 내일 돌아오겠다고 쓴 메모를 발견하였다. 남편이 그 일을 해야겠다는 말을 한 적은 있지만 밤에 혼자 있는 것을 매우 싫어하는 자신을 두고 혼자서 갈 거라고는 생각하지 못했다. 만약 남편이 이렇게 떠날 것을 미리 알았더라면 늘 그래 왔던 것처럼 혼자 밤을 지새우지 않기 위해 다른 조치를 취했을 것이다. 사실 재키는 평생 동안 혼자 밤을 지낸 적이 거의 없었으며 자신이 무서움을 많이 느낀다는 것도 잘 알고 있었다. 딸들이 어렸을 때 재키는 아이들에게 제발 집 안에 혼자 있지 말고 밖에 나가 뭐라도 하든지 아니면 친구들과 함께 놀라고 했다. 이때마다 아이들은 '아냐, 엄마 난 혼자 있는 게 더 좋아.' 라고 대답했다. 재키는 어째서 아이들이 혼자 있는 걸 더 좋아하는지 알 수 없었다. 그녀는 혼자 있을 생각만 해도 두려웠다.

집에 돌아와 남편의 메모를 발견하자마자 친구에게 같이 저녁을 먹고 밤을 지새우자고 전화를 걸고 싶은 충동이 솟아올랐다. 그래서 전화기를 들고 다이얼을 돌리던 중 갑자기 '왜 지금 이렇게 다급하게 행동하고 있는 거지? 스트레스 완화 클리닉의 선생님들이 순간을 충분히 의식하면서 살라고 한 말을 왜 진지하게 받아들이지 않고 있는 거지?' 하는 생각이 떠올랐다. 그녀는 전화기를 내려놓고 오늘 아침부터 저녁까지 명상수련회에서 배운 방식을 그대로 따르기로 했다. 그래서 그녀는 어른이 된 후 처음으로 혼자 집에 머물기로 하고 또 그대로 느끼려고 했다.

그녀는 이런 사실을 며칠이 지난 후 나에게 이야기했다. 그녀는 그날 저녁 외로움과 불안보다는 밤새 계속되는 기쁨으로 충만했다고 한다. 그녀는 힘들여 매트리스와 박스 스프링을 다른 방으로 옮겼고, 혼자 있는 토요일 밤에는 창문을 열어 두는 것이 더 안전하게 느껴진다는 것을 알았다. 그녀는 혼자 집에 있는 것이 즐거워 밤늦게까지 자지 않고 깨어 있었으며, 다음날 새벽 일찍 생기에 가득 찬 채 일어나 일출을 보았다.

재키는 대단히 중요한 발견을 했다. 50대 중반의 나이에 그녀는 모든 시간이 진실로 자신의 것임을 알게 되었다. 그날 저녁 그리고 그 이튿날 아침에 느낀 경험을 통해 그녀는 자신이 언제나 참으로 자신의 삶을 살고 있으며, 그녀가 당면하는 모든 순간은 자신의 것이고 그녀가 선택하기만 하면 느낄 수 있고 살 수 있는 그러한 순간임을 알게 되었다. 우리가 대화를 나눌 때 그녀는 자신이 그날 밤과 이튿날 새벽에 느꼈던 평화로운 느낌을 다시는 체험하지 못할까 봐 걱정했다. 나는 바로 그러한 걱정이 미래에 대한 또 하나의 생각임을 상기시켜 주었다. 그러자 그녀는 동의하며 그날 밤 처음으로 체험한 내면의 평화로움은 기꺼이 현재에 존재하고자 했기 때문에 가능했으며, 이러한 조건에서의 긍정적 경험이 그녀에게 획기적인 전환점이 되었음을 알아차렸다.

그녀가 혼자서도 행복해질 수 있다는 사실을 발견한 것은 그날 종일 명상수련을 통해 얻은 힘을 사용하기로 선택했기 때문이다. 우리는 그녀가 집에 도착한 후 예상치 못한 일에 당면하여 어떻게 '존재적 방식'을 살려 낼 수 있었는가에 관해 이야기해 보았다. 처음에는 혼자 있는 것에서 도피하려는 생각으로 가득 차 있었지만, 그녀는 그렇게 하지 않고 의도적으로 현재 순간에 머물고 현재를 있는 그대로 받아들이기로 선택했다. 그렇기 때문에 그녀가 그 체험을 다시 할 수 있을지 없을지 걱정할 필요가 없음을 얘기했다. 그녀가 경험했던 그 행복감은 애당초 그녀의 마음속에서 나온 것이다. 이 행복감은 주어진 상황에 알아차림을 적용하고 불안에 직면하여 마음챙김하기로 한 그녀의 용기와 의도에 의한 것이다. 함께 이야기를 나누다가 문득 그녀는 이제 자기는 언제라도 자신의 존재 영역을 두드릴 수 있고, 이 존재 영역이 자신의 일부이며, 필요한 것은 기꺼이 마음챙김하고자 하는 것과 홀로 있는 시간을 소중하게 여기고 보장할 수 있게 삶의 우선순위를 조정하는 것임을 알게 되었다.

재키가 그날 저녁 경험했던 평화로움은 마음챙김을 훈련하고자 하는 동기가 굳건하다면 어떤 상황 어떤 순간에라도 느낄 수 있는 것이다. 이것은 자신이 자신에게 줄 수 있는 가장 위대한 선물이다. 이는 웰빙, 내적 평화, 고요함의 느낌이 단지 휴가나 모든 것이 완전하게 구비된 특별한 시간에만 가능한 것이 아니라 우리의 삶 전체에서 가능함을 뜻한다. 물론 쉬운 일은 아니다. 이는 휴가 때도 마찬가지다.

고요함과 내적 균형감을 갖고, 일상생활의 작은 부분까지 명료하게 볼 수 있도록 하자는 것이 명상의 주된 과제다. 우리가 걷기 명상을 하고 있을 때만이 아니라 걸을 때면 언제든 마음챙김을 할 수 있는 것과 마찬가지로, 일상생활의 여러 과제를 행하고 있을 때도 마음챙김을 할 수 있다. 예컨대, 식사 준비를 하면서, 밥상을 차리면서, 식사를 하면서, 설거지를 하면서, 세탁을 하면서, 집 청소를 하면서, 쓰레기를 치우면서, 정원을 돌보면서, 잔디를 깎으면서, 이를 닦으면서, 면도하면서, 샤워나 목욕을 하면서, 수건으로 물기를 닦으면서, 아이들과 놀거나 혹은 학교 갈 준비를 도와주면서, 이메일과 문자 메시지를 주고받으면서, 전화를 하면서, 차고를 청소하면서, 차 수리를 맡기거나 스스로 수리하면서, 자전거를 타면서, 지하철을 타면서, 버스를 타면서, 고양이를 쓰다듬으면서, 개와 산책하면서, 포옹하면서, 키스하면서, 만지면서, 사랑을 나누면서, 내게 의지하는 사람들을 돌보면서, 일하러 가면서, 일하면서, 현관 계단이나 공원에 그저 앉아 있으면서도 순간순간 행하고 있는 일에 마음챙김할 수 있다.

만약 어떤 것이든 명칭으로 나타내거나 느낄 수 있다면 그것에 마음챙김할 수 있다. 우리가 이미 여러 차례 본 것처럼 마음챙김을 하면 어떤 활동이나 경험을 하든지 그것에 충실해진다. 모든 활동과 경험이 당신에게 더 생생하고, 선명하고, 진실한 것이 된다. 생각의 흐름이 조금 진정되면서 당신과 실제 일어나고 있는 것 간에 생각이 끼어들 가능성이 낮아지기 때문에 모든 것이 더 생생해진다. 이러한 뛰어난 명료성과 충만성은 바디 스캔, 정좌명상, 요가를 할 때 경험할 수 있는 것과 마찬가지로 일상적인 활동에서도 충분히 경험할 수 있다. 공식적인 마음챙김 수련을 통해 전체 삶을 매 순간 알아차려 마주하는 능력을 강화할 수 있다. 규칙적으로 수련할 때 마음챙김은 일상생활의 다양한 면으로 자연스럽게 퍼져나갈 것이다. 그렇게 되면 마음은 평온해지고 자동 반응을 덜 하게 된다는 것을 발견하게 된다.

매 순간순간 알아차림하는 데 익숙해지면 매 순간을 즐길 수 있고 실제로도 즐기고 있다는 것을 발견할 것이다. 예컨대, 설거지 같은 일상적인 일조차 즐길 수 있게 된다. 설거지를 하고 있는 순간에는 설거지가 내 삶이기 때문에, 더 좋은 것 혹은 더 많은 것을 성취하기 위해 설거지를 빨리 끝내려 하지 않아도 된다는 것을 깨닫게 된다. 마음이 딴 데 가 있어 이 순간을 놓쳐 버린다면 당신은 자신의 인생을 속이고 있는 것이다. 접시 하나, 쟁반 하나, 컵 하나를 집어서 씻고 헹굴 때 몸의 움직임, 호흡의 움직임, 마음의 움직임을 알아차린다. 상을 차릴 때나 접시를 씻고 물기를 닦아서 정리를 할 때도 똑같이 적용한다.

혼자서 하든 여럿이 함께하든 당신이 하는 어떤 일이라도 이와 유사하게 접근할 수 있다. 당신이 그것을 하고 있는 한 당신의 전 존재로 하는 것이 맞지 않은가? 마음챙김하며 일을 하기로 선택한다면 당신의 일(doing)은 무위(無爲, non-doing)에서 나올 것이고, 더 의미 있게 느껴지고 힘이 덜 들 것이다.

일상 활동을 하면서도 현재 순간에 마음챙김할 수 있고, 바로 이 순간이 할 일을 하는 시간이면서 동시에 평온하면서도 방심하지 않는 주의의 순간일 수 있다는 것을 잊지 않고 있다면, 당신은 일하는 과정을 보다 즐길 수 있을 뿐만 아니라 일상적인 일을 하면서도 당신과 당신의 삶에 대해 더 많은 통찰을 얻게 될 것이다.

예컨대, 마음챙김하며 설거지를 할 때 당신은 무상(無常, impermanence)의 현실을 보다 생생하게 볼 수 있게 될 것이다. 자, 그러면 다시 한 번 설거지를 해 보자. 당신은 얼마나 많이 설거지를 해 왔는가? 앞으로 얼마나 더 설거지를 해야 하는가? 우리가 설거지라고 말하는 이 행위는 무엇인가? 실제로 설거지를 하고 있는 건 누구인가?

답, 특히 개념적 답을 구하는 대신 '설거지'라는 일상적인 일을 깊이 들여다보고 알아차림을 유지하며 이런 식으로 질문을 하다

보면, 전체 세계가 그 안에 들어 있음을 알게 될 것이다. 당신의 전존재로 설거지를 하면서 당신 자신과 세상에 대해 많은 것을 배울 수 있다. 설거지는 이런 식으로 중요한 무언가를 당신에게 가르칠 수 있다. 설거지가 당신 마음의 거울이 된다.

인생을 단순히 더러운 그릇과 그것을 기계적으로 닦는 일의 연속이라고 보는 것에 관해 말하고 있는 것이 아니다. 중요한 것은 설거지할 때 정말 설거지를 하고, 깨어 있어야 한다는 것이다. 설거지를 할 때 자동조종 행위에 빠져 의식하지 못하면서 하는 경향을 마음챙김하고 혹은 하기 싫어 꾸물거리거나 도와주길 바라는데 도와주지 않는 사람을 미워하는 등 설거지에 대한 저항감을 알아차림한다. 마음챙김은 통찰에 바탕을 두고 당신의 삶에 변화를 가져올 결정으로 이끌 수도 있다. 어쩌면 다른 사람들을 공평하게 설거지에 참여하도록 만들 수도 있다. 식기세척기를 사용한다면 식기세척기에 접시를 넣으면서 마음챙김 수련을 할 수 있다. 당신이 접시를 (물론 자기 방식이긴 하지만) 올바른 방식으로 넣는 것에 얼마나 집착하고 있는지 주의를 줘 보자. 실은 당신 말고는 아무도 어떻게 넣는 것이 식기세척기에 접시를 적절하게 넣는 것인지 알지 못한다. 때때로 이런 식으로 마음을 들여다보면 당신이 무슨 일을 하고 있든 좀 겸손해지고 웃음이 날 것이다.

집 안을 청소하는 일도 일상적 활동의 또 다른 예가 될 수 있다. 청소를 해야만 한다면 마음챙김하며 청소하는 것은 어떨까? 많은 사람이 자기 집은 티끌 하나 없이 깨끗하고, 더럽거나 지저분하게는 살 수 없고, 자신은 언제나 청소하고 정리하고 가꾼다고 말한다. 그러나 과연 그들은 얼마나 많은 시간 동안 알아차림하며 이런 일을 하는가? 그들이 청소를 하면서 자신의 몸에 대해서는 얼마나 많은 시간과 주의를 기울이는가? 얼마나 깨끗해야 깨끗한 것인지에 대해 자문해 보는가? 집이 어떤 식으로 보여야 한다는 집착에 대해서도 자문해 보는가? 청소를 통해 무엇을 얻어 내려고 하는지에 대해서도 자문해 보는가? 청소하는 것을 억울해하는지 자문해 보는가? 언제 청소를 마쳐야 할지에 대해서도 자문해 보는가? 집을 모델하우스처럼 만드는 것이 아닌 다른 것에 자신의 에너지를 사용할지에 대해서도 자문해 보는가? 혹은 왜 청소를 강박적으로 하는가? 혹은 그들이 죽고 난 20년 후에는 누가 이 집을 청소할까? 혹은 그게 그들에게 중요할까?

집을 청소하는 일을 명상수련 식으로 해 보면 일상적인 가사조차도 전혀 새로운 경험이 될 수 있다. 단지 정돈과 청결을 위주로 하는 것을 그만두어서가 아니라 전혀 다른 활기를 갖고 행하게 될 것이다. 이렇게 하면 정돈과 청결에 관한 보다 깊은 새로운 관계성을 알 수 있고, 당신 자신과 자신의 욕구, 우선순위, 집착에 대해서도 보다 깊게 알아볼 수 있어 집을 어떻게 청소해야 하는가에 대해 관점이 변할 수 있다. 좀 전에 했던 질문의 의미는 비판단적 알아차림으로써, 특히 우리가 반복적으로 하는 활동을 가리고 있는 알아차리지 못함이란 장막을 꿰뚫어 보는 것을 말한다.

설거지를 하거나 집을 청소하면서 마음챙김하는 것에 대한 이러한 시사는 당신이 하는 어떤 일에 대해 보다 마음챙김하여 일할 수 있도록 해 주며, 동시에 자신의 마음과 삶을 보다 명쾌하게 바라볼 수 있도록 도움을 준다. 마음속에 새겨 두어야 할 중요한 점은 당신이 살아 있는 어떤 순간도 충실하게 살 수 있는 순간이며 결코 놓쳐서는 안 될 순간이란 점이다. 정말 중요한 것처럼 삶을 살아야 하지 않겠는가?

조지는 매주 자신과 아내를 위해 식료품 가게에서 쇼핑을 한다. 그는 마음챙김하며 쇼핑을 한다. 아니 그렇게 해야만 한다. 그는 심한 호흡곤란증이 있어서 순간순간 알아차림해야만 신체와 호흡을 조절할 수 있다. 조지는 만성 폐쇄성 폐 질환(COPD)이 있다. 그는 직장에 나가 일할 수 없어서 부인이 일하러 나간 동안 기껏해야 집 주변의 허드렛일 정도를 할 뿐이다. 그는 66세로, 6년 전부터 이 병을 앓고 있었다. 그는 한때 지독한 애연가였으며 환기가 잘되지 않는 기계 공작소에서 젊은 시절부터 일해 오면서 나쁜 화학약품과 연마제를 계속 들이마시며 생활해 왔다. 최근에는 하루 24시간 인공적으로 산소를 공급받지 않으면 안 될 형편이 되었다. 그는 바퀴가 달린 휴대용 산소통을 끌고 다니며, 튜브를 통해 콧구멍으로 산소를 공급받는다. 그는 이런 식으로만 밖으로 돌아다닐 수 있다.

조지는 4년 전 우리 병원의 폐 재활 프로그램에 참석하여 마음챙김 명상을 배웠다. 이 프로그램에서는 가쁜 호흡과 호흡이 제대로 되지 않을 것 같을 때 일어나는 패닉을 통제하기 위해 호흡 마음챙김을 사용한다. 그는 지난 4년 동안 주당 4~5회씩 한 번에 15분씩 충실하게 훈련해 왔다. 그는 명상을 하고 있는 동안에는 호흡이 쉬워지며 산소통을 사용하고는 있지만 산소의 필요성을 크게 느끼지 않는다고 했다.

조지의 경우 명상수련은 그의 삶의 질에 큰 변화를 일으켰다. 그중 하나는 호흡에 마음챙김하여 호흡곤란의 빈도를 줄일 수 있게 된 것이다. "이제 내 호흡은 어렵지 않아졌다. 자연스럽게 호흡할 수 있도록 놔둔 채 조금씩 조금씩 늘려 갔다. 억지로 하려고 애쓰지 않았지만 저절로 호흡이 안정되어 갔다." 비록 자신의 상태가 더 좋아지지 않을 것이고 할 수 없는 일이 많다는 것을 알고 있지만, 조지는 이러한 현실을 받아들이기 시작했고, 느린 속도이지만 움직일 수 있고 여전히 행복할 수 있다는 것을 알게 되었다. 그는 자신의 한계를 알고 하루 종일 자신의 몸과 호흡에 마음챙김하려고 노력하고 있다.

오늘 그는 병원에 와서 자동차를 주차하고 천천히 건물 안으로 들어와 남자화장실에 먼저 들러 몇 분간 호흡을 했다. 그리고 엘리베이터 입구까지 와서 다시 몇 분간 호흡을 하면서 쉬었다. 의식적으로 자신에게 맞는 페이스를 지키면서 어디서든 휴식을 취한다. 그래야만 한다. 왜냐하면 그렇게 하지 않으면 응급실로 가야만 하기 때문이다.

하루 24시간 동안 산소 요구에 대해 심리적으로 적응하는 데 다소의 시간이 소요되었다. 처음에는 자의식도 있고 산소탱크 때문에 난처한 때도 있었기 때문에 식료품 상점에 가는 것을 그만두었지만 얼마 지나지 않아 '그것은 잘못된 짓이야. 그렇게 하는 것은 나 자신을 해치는 짓이란 말이야.' 라고 스스로에게 말했다. 그러고 나서 그는 다시 식료품 상점에 쇼핑하러 갔다. 그는 여러 물건을 작은 비닐 봉투에 담았다. 알아차리면서 천천히 행하면 그는 이 작은 봉투들을 들어 올릴 수 있었고 이 봉투들을 자동차 트렁크 속에까지 넣을 수 있었다.

집에 돌아와서도 주차장에서 현관까지 15미터 정도를 걸어야 했다. 그는 쇼핑백들이 무겁지 않다면 산소통을 끌고서도 몇 개는 집으로 나를 수 있었다. 너무 무거운 봉투는 일단 차 안에 두었다가 나중에 부인에게 옮기도록 했다. 그는 이렇게 이야기했다. "이제 가게에 있는 사람들이 나를 알아보고 별 문제 없이 나에게 비닐 봉투를 내주어 나는 그 일을 제법 그럴싸하게 잘할 수 있게 되었어요. 이제 쇼핑을 하는 것은 일상이 되었고 요령도 생겼죠. 나는 자신에게 '할 수 있는 것은 한다. 할 수 없는 것은 내버려 둔다.'라고 말합니다."

가족을 위해 쇼핑을 하게 되자 조지는 가족에게 필요한 일을 할 뿐 아니라 부인의 일거리를 대신 해 줄 수도 있게 되었다. 이런 일을 하는 것이 자신의 삶에 스스로 관여한다는 느낌이 들게 해 주었다. 그는 자신이 병을 앓고 있다는 신체적 한계를 느끼면서도 집에 가만히 앉아 운명을 탓하지 않고 오히려 삶에 도전하여 열심히 일하였다. 그는 닥쳐오는 순간을 그대로 받아들이고 그 순간 그가 할 수 있는 것이 무엇인지를 생각하며, 이완되어 있으면서도 동시에 각성을 또렷하게 유지해 갔다. 그는 이런 방식으로 자신의 한계 안에서 자신의 속도를 유지하여 호흡을 잘 관리해 나갔다. 조지는 사람들이 보기에는 완전한 불구자로 볼 수 있을 정도로 심한 신체 장애자였지만 자신의 인생을 매우 잘 유지해 갔다.

조지가 일상생활에서 마음챙김을 적절하게 활용하는 방법을 발견하고 그것을 자신이 처한 상황과 신체 조건에 잘 맞추어 적응해 나가는 것과 같이 누구나 자신의 처지가 어떠하든 자신의 일상생활에 마음챙김을 적용해 나가야 한다. 제26장에서 볼 수 있는 것처럼 우리가 당면하는 순간마다 충분한 마음챙김을 유지해 가는 것은 시간을 잘 활용하는 방법이다. 이러한 방식대로 삶을 살아간다면 인생은 보다 자연스럽게 균형 잡히고, 마음은 보다 안정되고 침착해질 것이다.

근본적으로 마음챙김의 도전은 '바로 이것이다.' 라고 깨닫는 것이다. 바로 지금이 내 삶이다. 이 깨달음은 즉각 수많은 중요한 질문을 불러일으킨다. 내 인생과 나의 관계는 어떻게 될 것인가? 내 인생이란 단지 저절로 '일어나는 것'에 불과한 것인가? 나는 내가 처한 상황이나 의무감, 신체와 질병 혹은 나의 과거, 심지어 내가 해야 할 일의 목록에 붙잡힌 완벽한 포로인가? 나는 어떤 버튼을 누르면 화를 내고 방어하고 우울해하며, 다른 버튼을 누르면 행복해하고 또 다른 버튼을 누르면 두려워하는 존재란 말인가? 내가 선택하는 것은 무엇이며, 나는 어떤 선택권이 있는가?

우리는 이러한 질문을 스트레스에 대한 반응과 정서가 건강에 미치는 영향을 다룰 때보다 깊이 있게 관찰할 것이다. 지금 이 순간 가장 중요한 것은 마음챙김 명상을 일상생활의 행위에 적용하여 실천하는 요령을 터득하는 것이다. 바로 지금 이 순간 충분히 각성되어 깨어 있다면 이보다 더 풍요롭고 활기찬 삶의 순간이 어디에 있겠는가?

10

명상수련 계획 수립

당신이 마음챙김 명상수련을 더 발전시키는 데 관심이 있고, 우리가 함께하는 여정의 이 시점에서 앞서 언급한 제반 명상수련 방법을 시행해 보려고 한다면, 지금 당장 어떻게 하는 것이 가장 좋을지 궁금할 것이다. 정좌명상으로 시작해야 할까 아니면 바디 스캔으로 해야 할까? 요가는 어떤가? 호흡에 관한 설명이나 정좌명상에 관한 지침은 어디에 끼워 넣어야 하나? 얼마나 자주 수련해야 하며, 하루 중 언제, 얼마 동안 하는 것이 좋은가? 걷기명상은 어떻게 해야 하며 일상생활 속의 마음챙김 명상수련은 어떻게 해야 할까?

우리는 이미 MBSR의 여러 공식 수련 방법을 어떻게 결합할지에 관해 언급했었다. 이 장에서는 실제로 스트레스 완화 클리닉 환자들이 하고 있는 훈련 프로그램, 즉 MBSR의 공식 교육과정을 바탕으로 일상적 마음챙김 명상을 시작하는 데 필요한 사항을 구체적으로 설명할 것이다. 당신도 이 클리닉의 회원이 되었다고 생각하고 지금부터 설명하는 프로그램에 따라 훈련할 수 있다. 아니면 정기적으로 훈련할지 여부를 결정하기 전에 이 책을 끝까지 읽어 보고 싶을 수도 있다. 제34장과 제35장을 보면 정규 명상수련에 관해 자세한 내용을 접할 수 있다.

이 시점에서 마음이 내키면 훈련을 시작하는 것도 나쁜 생각은 아니다. 당신이 해야 할 일은 우선 MBSR 프로그램에 등록하는 것이다. 어떻게 수련해야 한다는 등의 각종 지시나 특이한 질병과 문제에 명상수련을 적용하는 문제, 명상이 의학이나 건강 또는 질병과 어떻게 관련되며 나아가 심신 관계나 뇌, 스트레스와는 어떻게 관련되는지에 대한 논의는 부차적 문제다. 중요한 것은 자신의 삶에서 명상수행을 정기적으로 훈련하는 것이다. 매일 열심히 공식적인 마음챙김 수련을 실시하는 것, 그것이 다른 무엇보다 가장 근본적인 것이고, 그때 성장과 치유와 변화가 일어난다.

MBSR에서는 바로 첫 시간부터 수련이 시작된다. 당신이 이미 일상생활에서 마음챙김을 키우는 훈련을 하고 있다면, 이 책의 다음 절에서 보게 될 내용이 보다 풍성하고 의미 있을 것이다. 당신이 이 시점에서 이 프로그램을 시작할 생각이 있다면 이 장은 앞으로 8주간 어떻게 진행해 나가야 할지에 관해 자세한 안내를 해줄 것이다. 2, 3주면 이 책을 다 읽을 수도 있다. 그것도 괜찮다. 커리큘럼에 따라 8주에 걸쳐 책을 읽는 것도 좋은 방법이지만, 책을 읽는 데 꼭 8주의 시간을 들여야 하는 것은 아니다. 가장 중요한 것은 스스로 준비가 되었을 때 바로 시작하는 것이다. 희망적이게도 일단 시작하면 추진력과 의도성을 가지고 전체 8주를 이어 갈 수 있을 것이다. 우리가 클리닉의 환자들에게 "명상하기를 좋아할 필요까지는 없고 단지 계속하기만 하면 된다."라는 말을 강조하는 것을 기억하기 바란다. 8주간의 수련이 이루어질 때쯤이면 앞으로 몇 년간, 만약 원한다면 평생 동안 이를 지속하게 하는 생생한 체험과 추진력을 갖게 될 것이다. 이 책이 처음 출판된 이래로 수만 명의 사람이 이런 식으로 이 책을 사용해 왔다. 그리고 전 세계 수십만 명의 사람이 MBSR 및 그와 관련된 마음챙김에 기초한 프로그램을 수료했다.

물론 처음 시작은 호흡명상부터다. 제1장에서 언급한 '3분 호흡법'을 실천하지 않은 사람은 바로 지금 시작하라. 호흡에 주의를 기울이면서 마음이 호흡을 떠나 다른 곳에서 방황하고 있으면 호흡으로 되돌아오도록 하는 것이 어떤 의미인지를 알기 바란다. 최소한 이 호흡법을 매일 편한 시간을 택해 5분이나 10분 동안 앉아서 해도 좋고 누워서 해도 좋으니 꼭 실천할 것을 권한다. 제3장의 호흡법을 다시 읽고 호흡할 때 배가 오르내리는 것을 느끼면서 편안한 자세를 취하여 하라. 그런 다음 제3장 뒷부분에 있는 연습 1과 연습 2의 지시문을 따라서 한다.

제일 중요한 것은 매일 수련해야 한다는 점이다. 비록 하루에 단 5분밖에 시간을 할애할 수 없더라도 5분간만 마음챙김한다면 건강 회복력이나 치유력은 매우 좋아진다. 그러나 클리닉에서는 하루 45분 내지 1시간, 매주 6일 동안 계속 8주간 호흡명상을 실시한다는 것을 염두에 두길 바란다. 우리는 당신도 이런 일정에 따라 우리 환자들이 하듯이 시리즈 1번 CD를 사용해서 실천하기를 강력히 추천한다. CD를 이용해서 수련하는 시간을 따로 두면 시작부터 의미 있는 생활 패턴의 변화가 생긴다. 누워서 아무것도 하지 않는 것(無爲, non-doing)에 한 시간이나 할애할 수 있는 여분의 시간을 가진 사람은 없다. 이런 시간이 생각하는 마음으로 보면 시간 낭비로 보일지 모르지만 이것은 우리 삶 전반에 긍정적 영향을 미친다. 매일 수련 시간을 따로 내야 하는 것이지, 그런 시간이 어디 있어서 발견하는 것이 아니다. 우리 관점에서 지금까지 경험해 온 고통과 괴로움을 생각할 때, 매일 공식 훈련을 위한 시간을 내서 당신의 삶이 마음챙김에 달린 것처럼 훈련하는 것이 중요하다. 왜냐하면 실제로 그렇기 때문이다.

시리즈 1번 마음챙김 명상 훈련 CD는 MBSR 8주 프로그램을 시작하고 훈련을 심화하는 데 큰 도움이 될 수 있다. 마음챙김 훈련 CD의 지시문은 대개 강사들의 목소리로 녹음을 하고 MBSR 프로그램에 참여하는 모든 사람이 사용하게 된다. 많은 사람이 프로그램이 끝난 후에도 몇 년 동안 CD로 훈련을 계속한다. 목소리와 지시문에 따라 무엇을 해야 할지 기억할 필요 없이 주의를 주라고 하는 것에 주의를 주면 된다. 특히 그것은 행위하기(doing)에 관한 것이 아니라 존재하기(being)에 관한 것이기 때문이다. 우리가 마음의 작용에 붙잡혀 있을 때나 때로 몸이 스트레스 받고 힘들 때는 그저 존재하기에 맡긴다는 것을 기억하기가 더 어렵다. 이번 절에서는 언제 어떤 CD를 사용할지에 관한 지침을 제시할 것이다.

훈련 CD 없이 혼자서 마음챙김과 MBSR 교육과정을 자기 페이스대로 수련할 수도 있다. CD의 안내 없이 공식적 마음챙김 훈련을 개발할 수 있는 충분한 지침이 이번 절에 제공되어 있다. CD를 사용하든 그렇지 않든 당신은 이 장의 내용을 전체적으로 공부하고 여기 포함된 설명과 제안을 필요할 때마다 그때그때 재검토하면 좋을 것이다.

MBSR 교육과정-프로그램 일정

제1주와 제2주

공식 MBSR 훈련 프로그램의 처음 2주 동안에는 제5장에 기술되어 있는 바디 스캔을 하라(시리즈 1, CD 1). 내키든 내키지 않든 매일 시행하라. 시계 시간으로는 대략 45분쯤 걸리지만, 가급적 영원과도 같은 현재에 머물도록 한다. 앞서 본 것처럼 하루 중 어느 시간에 하는 것이 가장 좋을지는 직접 시험해 보라. 중요한 것은 잠에 빠지지 않고 확실하게 각성을 유지하면서 해야 한다는 것이다! 바디 스캔을 할 때마다 매번 처음 하듯이 그 어떤 기대도 내려놓는다. 가장 중요한 것은 단지 하는 것이다. 잠이 많이 오거든 눈을 뜬 채로 훈련하라. 바디 스캔과 별도로 매일 10분 정도 시간을 잡아 가만히 앉아서 호흡 마음챙김을 수련하라.

일상생활 가운데 마음챙김하는 능력을 키우기 위한 이른바 '비공식 수련'을 하기 위해서는 아침에 일어날 때, 아이들을 깨울 때, 이 닦을 때, 샤워할 때, 몸의 물기를 닦을 때, 옷을 입을 때, 먹을 때, 운전할 때, 쓰레기를 버릴 때, 쇼핑할 때, 요리할 때, 설거지할 때, 심지어 이메일을 체크할 때와 같은 각종 일상생활을 하는 중에 매 순간 알아차림할 수 있다. 그 목록은 끝이 없다. 중요한 것은 '당신이 실제로 무언가 행하고 있을 때, 완전히 체화된 방식으로 행하고 있는 것을 경험하는 것이다. 다시 말해 매 순간 최대한 온전히 존재하면서 삶을 살아가는 것이다. 이것은 또한 매 순간 마음에서 일어나는 생각과 정서 그리고 그 생각과 정서가 몸에서 표현되는 방식에 대한 알아차림을 포함한다.

이렇게 하는 것이 다소 힘들다면, 매주 한 가지 활동을 정해서 해 본다. 예를 들어, 샤워하기를 선택했다면 샤워할 때 샤워 활동에 온전히 존재해야 함을 기억할 수 있는지 살펴본다. 물이 피부에 닿는 느낌이나 몸의 움직임 등 경험 전체를 느껴 본다. 이것이 얼마나 어려운지 깜짝 놀랄 것이다. 샤워하는 중에 당신은 이미 일을 하고 있고, 혼자 샤워를 하면서 회의를 하고 있을 수도 있다. 괜찮다면 일주일에 최소한 한 번은 마음챙김하면서 식사하는 수련을 할 수도 있다.

제3주와 제4주

이렇게 처음 2주 동안 바디 스캔을 중심으로 수련하고 나면 제3주부터는 바디 스캔과 하타요가(시리즈 1, CD 2)를 하루씩 번갈아 가면서 제4주까지 계속한다. 제6장에서 제시한 내용에 따라 요가 자세를 취하라. 요가 자세를 취할 때는 자신의 몸이 보내는 메시지에 주의를 기울이면서 자신이 능히 할 수 있고 무리가 되지 않을 정도로 해야 한다는 점을 명심하기 바란다. 만성통증 질환, 근골격계 문제 혹은 폐나 심장질환이 있다면 요가를 하기 전에 주치의나 물리치료사와 상의해야 한다는 사실도 명심하라.

제3주에는 하루에 15～20분간, 제4주에는 하루에 30분까지 앉은 자세로 호흡 마음챙김 훈련을 진행한다.

제3주째 비공식 수련은 매일 1회 일상생활 가운데 즐거운 일이나 기쁜 일이 일어나고 있을 때 그것을 의식하는 것이다. 일주일 동안 일지를 만들어 어떤 체험을 했으며, 그 체험이 일어나고 있는 동안 실제로 알아차림했는지 여부(이것이 중요한데 항상 잘되진 않는다), 그때에 자신의 몸이 어떻게 느껴졌는지, 어떤 생각이나 감정이 일어났는지 그리고 그것이 당신에게 어떤 의미를 갖는지 등을 기입하라. 이 책 부록에 일지 견본이 있다. 제4주에는 하루 한 차례씩 불쾌한 일이나 스트레스를 받은 사건에 대해 그 일이 일어나고 있을 때 알아차림하며 똑같이 해 본다.

제5주와 제6주

제5주와 제6주에는 잠깐 바디 스캔을 멈추고, 대신 45분짜리 정좌명상(시리즈 1, CD 3)을 요가와 번갈아 실시한다. 지금쯤이면 당신도 모르는 새에 45분 정도는 앉을 준비가 되어 있을 것이다. CD의 지시에 따라 주의 대상의 범위를 넓혀간다. 호흡, 다른 신체 감각, 앉아서 호흡하는 전체로서의 신체 감각, 소리, 생각과 정서에 주의를 주고, 그다음에는 지금 이 순간 의도적 선택 없이 무엇이든 당신의 경험에서 가장 생생한 것을 알아차림(이것은 종종 '열린 현존'이라 불림)한다.

만약 지시문 없이 훈련하고자 한다면, 제4장 말미에 있는 연습과제에 기술되어 있는 대로 하면 된다. 전체 시간 동안 호흡에 주의를 주며 앉을 수도 있고(연습 1) 혹은 의식의 범위를 점차 넓혀서 신체의 감각과 앉아서 호흡하고 있는 전체로서의 신체의 느낌(연습 2), 소리(연습 3), 생각과 정서(연습 4) 등을 포함하거나 혹은 특정 대상 없이 선택 없는 알아차림(연습 5)을 수행할 수도 있다. 이런 연습을 할 때 호흡을 마음챙김의 닻으로 사용하는 것을 명심하라.

만약 MBSR 커리큘럼의 일정과 달리 진행하고자 한다면(특히 CD를 안내받지 않는다면), 몇 주 또는 몇 달이든 정좌명상을 하며 호흡을 주의의 주요 대상으로 삼아 훈련할 수도 있다. 정좌명상의 초기 단계에서는 주의가 어디에 가 있는지 확실하지도 않고 또 자신이 제대로 하고 있는지에 관해 지나치게 걱정할 수도 있다. 확실히 말해 두는데, 만약 주의의 대상이 호흡감각이든 다른 무엇이든 매 순간의 경험에 계속해서 주의를 줄 수 있고, 주의가 호흡에서 벗어났음을 깨달았을 때 마음에 무엇이 있는지 관찰하고, 자책 없이 가볍고 부드럽게 다시 주의를 되돌릴 수 있다면 당신은 제대로 하고 있는 것이다. 어떤 특별한 느낌, 예컨대 이완감이나 평온감 또는 집중력이나 통찰감과 같은 것이 나타나길 기대한다면 당신은 현재 존재하고 있는 그곳에 마음이 머물고 있는 것이 아니라 어떤 다른 곳에 도달하려는 것이다. 이를 알아차리면 그 순간 현재의 호흡감각으로 돌아오면 된다. 역설적이게도 더 큰 웰빙, 이완, 평온, 집중, 통찰을 얻기 위해 어딘가에 도달하는 가장 효과적인 방법은 어딘가에 도달하려고 하지 않는 것이다. 이러한 지시에 따라 매일 빠짐없이 훈련해 가면 당신이 원하는 것들은 머지않아 저절로 나타날 것이다.

제5주와 제6주에는 45분간의 정좌명상과 요가명상을 하루씩 번갈아 실시한다. 요가가 잘되지 않는 사람은 정좌명상과 바디 스캔을 번갈아 해도 되고 매일 정좌명상만 해도 된다. 이때는 제7장에서 언급한 보행명상을 시작하는 것도 좋을 듯하다.

이때쯤 되면(여섯 번째 주말) 언제 어떤 명상을 얼마 동안 할지에 관해 스스로 결정하고 싶을 수도 있다. 4~5주가 지나면 많은 사람은 우리가 가르쳐 준 지시를 지침 삼아 나름의 방식으로 명상수행을 해 보고 싶은 느낌이 든다. MBSR의 목표는 8주 끝 무렵까지 당신에게 가장 효과적이라고 생각되는 공식 또는 비공식적 명상 기법을 조합하여 당신의 스케줄과 신체적 요구와 능력, 기질 등에 맞도록 나름의 명상실천 계획을 수립하는 것이다.

제7주

자율적 훈련과 자립심을 촉진하기 위해 MBSR의 제7주에는 가능하면 CD의 도움 없이 훈련한다. 하루 45분 동안에 정좌명상, 요가명상과 바디 스캔을 본인 스스로 적절하게 결합하여 활용한다. 두 가지를 혼합하든 세 가지를 혼합하든 그것은 스스로 결정한다. 예컨대, 30분간 요가를 하고 15분간 정좌명상을 하거나 20분간 정좌명상을 하고 바로 이어 25분간 요가를 하거나 아니면 정좌명상을 먼저 한 후 잠시 쉬었다가 요가를 할 수도 있다. 스스로 여러 방법을 시험해 보면서 자신에게 가장 적합한 시간을 찾아내면 된다.

제7주가 되어도 이런 방식으로 훈련할 준비가 안 되었다고 느끼는 사람도 있다. 이런 사람은 CD를 사용하여 계속하는 것이 좋다. CD의 지시에 따라 훈련하면 편하고 안심이 되며, 특히 바디 스캔과 요가에서 다음에 무엇을 할지 결정하지 않아도 되므로 더 이완되고 넓게 알아차림할 수 있다. 우리가 볼 때 CD 사용은 문제가 아니다. 우리의 바람은 점차 책이나 CD의 도움 없이 훈련 절차를 몸에 익혀 스스로 편안하게 훈련할 수 있으면 좋겠다는 것이다. 그러나 스스로 명상을 해 나갈 수 있는 능력에 대한 확신과 신념의 발달에는 시간이 필요하고 개인차도 있다. 우리 환자들 가운데는 혼자서 하는 명상도 꽤 잘하지만, 프로그램을 끝낸 후 몇 년이 지나도록 여전히 CD 사용을 선호하는 사람도 많다.

제8주

8주에 접어들면 다시 CD를 사용한다. 7주째에 CD를 듣지 않고 어느 정도 혼자 힘으로 훈련하는 경험을 하고, 이번 주에 들어와 다시 CD를 사용하면 새로운 느낌이 생긴다. 이전에 듣지 못했던 것을 들을 수도 있고, 명상수련의 심오한 구조를 새롭게 깨달을 수도 있다. CD 없이 수련하는 것을 더 좋아하더라도 이 주에는 CD 사용을 권한다. 하지만 지금 어떤 훈련을 할지는 당신이 결정한다. 처한 상황에 따라 정좌명상이나 요가 또는 바디 스캔을 각각 독립적으로 하거나 아니면 이 중 두세 가지를 여러 방식으로 혼합하여 할 수도 있고, 공식적 걷기명상을 포함할 수도 있다.

이때쯤이면 MBSR의 네 가지 공식 마음챙김 훈련 모두와 친해지진 않았을지라도 최소한 어느 정도 친숙해졌음을 깨닫는 게 중요하다. 이 친숙성은 매우 실용적인 이득이 있다. 왜냐하면 지금 당신은 특정 상황에서 불러낼 지식 기반을 갖춘 것이기 때문이다. 예를 들어, 당신이 일상적으로 정좌명상 훈련을 주로 하더라도 이따금 요가나 바디 스캔을 즐길 수 있을 것이다. 더욱이 병으로 자리에 누웠거나 격심한 통증 또는 불면증에 시달리고 있을 때 바디 스캔은 특히 유용할 수 있다. 마찬가지로 대단히 피곤해서 활력이 필요할 때, 몸 어딘가가 굳어 있을 때, 아니면 아무도 없는 아름다운 풍경 속에서 맑은 공기를 마시며 그 순간에 머물고 싶을 때 마음챙김 요가는 매우 유익할 수 있다.

제8주째는 마음챙김을 수련하는 공식 명상의 마지막 주인 동시에 바라건대 스스로 훈련을 시작하는 첫 번째 주에 해당되는 시기다. 우리는 환자에게 MBSR의 제8주는 앞으로의 인생 동안 계속되는 것이라고 말한다. 다시 말해 제8주는 끝나는 주가 아니라 이제부터 새롭게 시작하는 주라는 뜻이다. 이 책을 통한 공식적인 안내가 끝났다고 해서 명상수련이 끝난 것은 아니다. 8주간의 MBSR은 수련을 위한 출발점이고 나머지 인생을 위한 출발점일 뿐이다. 모험은 그야말로 계속된다.

이제부터는 당신 스스로 운전석에 확고하게 버티고 앉아 자신을 인도해 갈 때다. 지금까지 규칙적으로 명상 훈련을 해 온 사람이라면 앞으로 스스로 명상을 해 나갈 수 있을 만큼 충분한 친숙성과 추진력을 갖추었을 것이다. 이 책의 제일 뒷부분에서 당신은 앞으로 몇 년간에 걸쳐 마음챙김 명상을 보다 깊은 수준으로 계속해 나가면서 부딪힐 수 있는 문제의 해결법을 발견할 것이다. 이 부분에는 공식 명상수련에 관한 개관뿐만 아니라 마음챙김 명상을 일상생활에 어떻게 적용해야 할 것인가에 관한 자세한 지시와 직면한 상황을 잘 대처해 나가기 위해 이 명상법을 어떻게 적용할 것인가에 관한 사항이 기술되어 있다. 당신은 지금까지 익혀 온 명상법을 사용하여 인생살이에서 부딪힐 수 있는 여러 상황에 잘 대처해 나갈 것으로 확신한다.

후속 절에서는 건강과 질병에 관한 새로운 관점과 마음챙김 명상수련이 개인의 건강과 어떻게 관련되는지에 관해 알아볼 것이다. 그다음으로 스트레스를 보는 관점과 명상적 관점을 통한 변화를 살펴볼 것이며, 다양한 질병과 여러 모습의 스트레스를 다룰 때 마음챙김을 어떻게 적용할 것인가에 관해 알아볼 것이다. 앞으로 공부를 계속해 나가면서 지금까지 언급한 스케줄에 따라 훈련을 계속할 것을 권한다. 그렇게 한다면 앞으로 새로운 내용을 읽어 나가면서 명상수련이 동시에 당신의 삶과 당신의 마음에 실제로 자리 잡을 것이다.

제2부

패러다임: 건강과 질병에 대한 새로운 생각

11

새로운 패러다임

명상수련을 일상에 뿌리내려 충실하게 실천하기 위해서는 무엇보다 먼저 왜 이런 수련을 하는지 그 이유를 명확하게 알아야 한다. 그렇지 않으면 오직 유위(有爲, doing)만이 중요한 세상에서 무위(無爲, non-doing)를 어떻게 유지할 수 있겠는가? 다른 사람들이 침대 속에 안락하게 누워 있는 시간에, 무엇이 당신을 아침 일찍 깨워 잠시 호흡과 함께하며 현 순간을 알아차림하며 앉아 있게 할 것인가? 유위의 세계의 바퀴가 굴러가고, 의무와 책임이 당신을 부르고, 당신의 일부만이 '단지 존재하기'를 위한 시간을 낼 것을 결심하거나 기억하는 상황에서 무엇이 수행을 동기화할 것인가? 무엇이 당신의 일상생활에 순간순간의 알아차림을 적용하도록 동기화할 것인가? 명상수련을 계속하는 동안 지치고 맥 빠지는 것을 막아 주고, 처음 시작할 때 일시적으로 생겼던 열정이 점차 시간이 지나면서 시들어 가는 현상을 막아 주는 저력은 과연 어디에서 나오는 것일까?

명상수행을 몇 달, 몇 년, 몇십 년 동안 꾸준히 지속하기 위해서는 당신 자신의 비전을 개발하는 것이 중요하다. 비전은 당신의 노력을 안내하며 필요할 때 당신의 인생에서 명상을 하는 것의 가치를 일깨워 줄 것이다. 때로는 당신의 비전만이 당신의 명상수행을 지속하도록 도와주는 유일한 지원군일 때도 있을 것이다.

당신이 갖는 비전의 상당 부분은 자신의 독특한 삶의 상황, 개인적 신념과 가치에 의해 만들어진다. 비전은 명상수련 경험을 통해 신체, 태도, 마음, 고통, 즐거움, 타인, 과오, 실패, 성공, 성품, 한마디로 모든 순간을 스승으로 삼아 개발된다. 당신의 삶에서 마음챙김을 수행하면 모든 것이 당신의 몸과 마음을 거울처럼 비춰주면서 당신에 대해 가르침을 준다.

그러나 역시 비전의 또 다른 요소는 세상에 뿌리를 두고 있어야 할 것이고, 세상을 살면서 당신이 어디에 어떻게 속하는지에 관한 확신에서 와야 할 것이다. 만약 당신이 명상 수행에 이르게 된 주요 동기가 건강 때문이라면, 자신의 신체에 대한 지식과 신체에 대한 존중감, 의학이 할 수 있는 것과 할 수 없는 것에 관한 관점, 건강과 치유에서 마음의 역할에 관한 이해 등이 당신의 비전에 중요한 역할을 할 것이다. 당신 자신의 개인적 비전은 앞에 든 여러 분야에 대해 알고 있는 정도와 또 알려고 하는 정도에 따라 크게 좌우된다. 명상을 수련해 나가는 동안 이러한 학습은 평생 계속 관심을 가지고 몰두해야 하며, 또한 새로운 지식을 얻고 새로운 수준의 이해와 통찰을 얻으면서 당신의 견해는 달라질 수 있다.

MBSR에서 우리는 학습, 성장, 치유에 이르는 지속적 모험의 근본 요소로서 자신의 몸에 관해 건강과 질병에 있어서 마음의 역할에 관해 더 많이 공부할 것을 사람들에게 강조한다. 우리는 이렇게 하기 위해 새로운 과학적 연구와 견해가 실제 의료행위를 바꾸어 놓고 있는 사실을 소개하고, 나아가 이 새로운 발전 방법이 개인의 삶과 명상수련에 미치는 직접적인 증거를 제시하고 있다. 지금은 원하기만 하면 최근 연구 결과를 인터넷 검색으로 매우 쉽게 접할 수 있다.

스트레스 완화 클리닉과 MBSR은 진공 속에 존재하지 않는다. 클리닉이 처음 형태를 갖춘 것은 원래 1979년 매사추세츠 대학병원 이동치료과(Department of Ambulatory Care)의 후원을 받아서다. 얼마 지나지 않아 의과대학, 다시 몇 년 후 새로 만들어진 예방 및 행동의학 분과 안에 학문적 기반을 마련했다. 그 당시 행동의학은 의학 내에서 새로운 흐름을 대표하면서 건강과 질병에 관한 새로운 아이디어와 지식을 급속도로 확산시키고 있었다. 행동의학 및 이후 '통합의학(integrative medicine)'으로 알려진 더 최근의 관점에서 건강과 질병에 관한 새로운 연구 발견과 사고방식이 등장함에 따라 의학 자체 내에서 더 포괄적인 관점이 생겨나면서 몸과 마음을 근본적으로 동일한 실체로 보기 시작했다. 이 관점에서 사람들은 건강관리의 능동적 참여자로서 건강에 관해 더 많이 배우고 자신의 노력을 통해 건강을 유지하고 극대화할 방법을 의료진과의 긴밀한 협력을 통해 찾아 나가게 된다. 이미 살펴본 것처럼 이 관점은 '참여의학(participatory medicine)'으로 불린다. 이는 우리 모두 살아 있는 한 배움, 성장, 치유, 변화를 위한 깊은 내부 자원을 가지고 있으며, 모든 수준에서 더 충만한 최적의 삶을 사는 데 이를 이용하고 기르고 동원할 수 있다는 생각에 기초한다. 가장 기본적인 분자, 세포 수준(유전자, 염색체 및 세포들)에서 좀 더 상위의 신체 조직 수준(뇌와 신경계를 포함하는 세포 조직, 기관 및 기관계), 심리적 수준(생각과 정서 영역), 대인 관계 수준(타인, 전체 사회, 환경과의 관계를 포함하는 사회적 · 문화적 영역)까지 모든 수준을 포괄한다.

이같이 참여를 강조하는 의학의 새로운 렌즈는 의사가 환자의 상태와 가능한 치료 방법에 관해 설명할 때 환자가 그 내용을 충분히 이해하도록 하기 위해 환자들이 의사와 더 효과적으로 소통하는 방법을 익히는 것이 중요함을 인식하고 강조한다. 또한 환자가 의사들을 보고 만나면서 자신의 요구가 이해받고 인정받고 진심으로 존중받는다는 것을 아는 것의 중요성을 강조한다.* 우리가 클리닉 참가자들에게 신경과학, 심리학, 의학 분야의 중요하고 흥미로운 연구 성과를 소개하는 것은 이 같은 정신에서다. 환자가 그들에게 요구되는 것이 무엇이며, 그것이 왜 중요한가를 보다 잘 이

* 환자가 병원에 올 때마다 매번 병원비 지불을 보증하기 위해 '만남 서식'을 작성한다. 참여의학의 관점에서 보면, 진정한 만남이 이루어지는 것은 의학적 · 윤리적 이유 모두에서 중요하다. 진정한 만남을 통해 환자는 한 사람으로서 대접받고, 그의 염려가 의사와 의료서비스팀에게 진지하게 다뤄지고 존중받는다고 느낀다. 이 같은 원칙과 관점은 의학 현장의 새로운 기준이 되고 있다. 이와 함께 의료 및 건강 증진은 각 개인의 독특한 개별성을 인정하고 있으며, 개인에게 특수한 생물학적 · 심리적 · 사회적 · 문화적 요인이 치료 방법의 선택에 영향을 주고, 환자 입장에서 참여하고 치료를 따르는 정도에 영향을 줄 수 있음을 인정하고 있다.

해할 수 있도록 하기 위해서다.

아마 과거 몇십 년 동안 의학 분야에서 가장 근본적인 발전은 마음과 신체가 서로 연결되어 있어 건강은 신체나 마음 어느 한쪽 특성으로만 볼 수 없다는 인식이다. 몸과 마음은 긴밀하게 상호 연결되고 완전히 통합된다. '전체성(wholeness)'과 '상호 연결성(interconnectedness)' 이란 개념이 이러한 새로운 사고의 중심 개념이 되며, 또 질병을 이해하고 치료하기 위해서는 마음, 신체 그리고 행동 간의 상호작용에 주의를 집중할 필요성이 있음을 환기시켜 준다. 그 분야가 얼마나 중요하든 전체 유기체의 기능을 고려하지 않고 단지 부분과 요소들의 분석에만 제한한다면 과학은 건강과 같은 복잡한 역동적 과정뿐만 아니라 비교적 단순한 만성질병도 완전하게 기술하지 못한다는 것을 이 견해는 강조한다.

현대 의학은 건강과 질병에 관한 새로운 모형을 제시하고 있으며, 생활방식, 사고나 감정 양식, 인간관계, 환경 요인과 같은 각종 변인이 건강에 중요한 영향을 미친다고 생각하고 있다. 이러한 새로운 모형은 마음과 몸이 근본적으로, 그리고 절대적으로 분리되어 있다는 견해에 반대한다. 그 대신 의학은 우리가 실제로 '마음'과 '몸' 그리고 '건강' 과 '질병'이 무엇을 의미하는지에 대한 이해에서 대안적이고 보다 포괄적인 비전을 찾고 있다.

의학계에서 이러한 변화를 때때로 패러다임 전환—하나의 세계관이 전혀 다른 세계관으로 바뀌는 움직임—이라고 부른다. 이러한 패러다임 전환은 비단 의학계뿐만 아니라 모든 과학 분야에 걸쳐 일어나고 있는 것으로, 20세기와 21세기의 등장과 함께 자연과 인간을 이해하는 데 혁명적인 변화를 일으켰다. 오늘날 우리가 객관 세계, 신체, 물질과 에너지 등과 같은 물질세계에 대해 가지고 있는 암묵적 가정은 지난 300여 년간 거의 변화 없이 지속되어 온, 이제는 시대에 뒤떨어진 실재관에 근거한다. 오늘날의 과학은 공간과 시간, 물질과 에너지, 마음과 신체, 의식과 우주 간의 상호 연관성과 단언컨대 우리가 알고 있는 우주에서 가장 복잡하고 상호 연결되고 전문화되고, 늘 변화하고 있는 구조물인 인간의 뇌가 그 모든 것에서 어떤 역할을 하고 있는지에 관한 보다 포괄적인 모델을 찾고 있다.

제2부에서는 전체성과 연결성의 원리에 바탕을 둔, 세계를 바라보는 새로운 방식과 이것이 의학, 건강관리 및 당신 자신의 삶에 가지는 의미를 다룰 것이다. 우리는 두 가지 흐름을 따를 것이다. 이 두 가지 흐름은 서로 간에 그리고 마음챙김 수행과 긴밀하게 연관되어 있다. 첫 번째 흐름은 주의의 전체 과정과 관련되어 있다. 다음 장에서 우리가 어떻게 사물을 보며(혹은 보지 않으며) 사물에 대해 어떻게 생각하고 그것을 우리 자신에게 어떻게 표상하는지를 자세히 다룰 것이다. 이는 우리가 당면하고 있는 문제를 개념화하는 방식과 스트레스와 질병의 독성 효과에 직면하고 이해하고 대처하고 최대한 친해지고 그것을 넘어서는 능력과 직접적으로 관련된다. 우리는 전체성과 연결성이 무엇을 의미하는지를 살펴볼 것이며, 왜 이것이 건강과 치유에 중요한지를 알아볼 것이다. 제2부의 마지막 장에서 이 주제를 다시 다룰 것이다.

두 번째 흐름은 행동의학과 통합의학, 건강심리학 및 신경과학 연구에 바탕을 두고 발달하고 있는 새로운 관점과 관련이 있다. 이 흐름은 몸과 마음이 상호작용하여 건강과 질병에 어떤 영향을 미치며, 이러한 새로운 패러다임이 건강관리에 어떤 의미를 내포하며, 우리가 '건강'과 '치유' 라는 말을 할 때 구체적으로 무엇을 의미하는지를 설명한다.

종합하면 이 두 흐름은 명상수행과 자신의 삶에서 마음챙김을 기르는 것의 가치에 대한 관점을 확장시키는 데 도움을 줄 것이다. 이 두 흐름은 당신이 건강을 증진시키고 최적화하려 한다면 개인적 경험과 현대의학 연구의 발전 모두에 주의를 기울이는 것이 중요함을 강조한다.

그러나 제2부에서 제시하는 정보와 관점은 당신의 생각하는 마음(thinking mind)으로만 이해한다면 실천적으로 거의 도움이 되지 않을 것이다. 제2부와 제3부의 스트레스 편에서는 자기 신체의 무한한 아름다움과 복잡성 그리고 신체가 갖는 놀라운 자기조절력과 자기치유력에 관해 보다 관심을 가지고 소중히 여기며 감사해야 함을 알게 될 것이다. 우리의 목적은 생리학, 심리학, 심리신경면역학 혹은 신경과학 같은 전문 분야에 관한 세부 정보를 제공하는 것이 아니다. 그보다는 자신이 누구인지에 대해, 세계와 자신의 관계에 대해 당신의 시야를 넓히고, 몸과 마음에 관해 깊이 숙고하여 더 큰 신뢰를 개발하도록 격려하며, 생각하고, 느끼고, 사회적으로 상호작용하는 존재로서의 자기 자신을 깨닫게 하는 데 목적이 있다. 여기서 제시하는 견해와 정보가 왜 명상을 규칙적으로 수행해야 하는지에 대한 당신 자신의 견해, 즉 마음챙김의 치유력을 당신의 인생에 실제로 사용하도록 해 주는 비전을 발전시키는 데 도움이 되길 바란다.

12

전체성의 체험과 개별성의 착각

개를 보면서 개의 전체성을 본 적이 있는가? 개를 자세히 들여다보고 있노라면 개란 정말로 불가사의한 동물이라는 생각이 든다. 그 개의 종류는 무엇이며, 어디에서 와서 어디로 가려고 하고 있으며, 여기서 무엇을 하고 있고, 왜 생김새는 저렇게 생겼으며, 어떤 식으로 사물을 보며, 어떤 식으로 우리를 쳐다보며, 기분은 어떨까?

아이들은 사물에 대해 이런 방식으로 생각한다. 아이들의 시각은 새롭다. 매번 처음인 양 사물을 본다. 그런데 어른은 그렇지 못하여 금방 지루함을 느끼고 피곤해한다. 그래서 성인도 아이들처럼 개를 보지만 잠깐 본 것만으로 마치 다 본 것처럼 생각하므로 개를 보았다고 해도 거의 보지 못한 꼴이 된다. 어른은 눈을 통해

서보다는 자신의 생각이나 의견을 통해 사물을 보려고 한다. 우리의 생각은 일종의 베일로 작용해서 사물을 생생하게 보는 것을 방해한다. 보이는 것을 생각하고 범주화하는 마음으로 식별하고는 재빨리 개라는 틀에 집어넣어 버린다. 이 같은 마음의 틀은 실제로 개를 충분히 보지 못하게 방해한다. 마음의 틀은 뇌에서 '개'라는 신호와 개와 연합된 모든 정보를 재빨리 범주화해서 처리하고는 그다음 지각과 생각으로 넘어가 역시 마찬가지 방식으로 처리한다.

아들이 두 살이었을 때 '세이지'라고 부르던 애완견 안에 사람이 들어 있지 않은지 알고 싶어 했다. 그 순간 아들의 눈을 들여다보니 내 마음이 따뜻해졌다. 나는 아들이 왜 그런 의문을 갖는지 알았다. 세이지는 실제로 우리 집 가족 구성원으로서 당당한 지위를 확보하고 있었으며 존재감이 있었다. 세이지는 우리 집의 심리적 공간에 참여했으며, 다른 모든 구성원과 마찬가지로 '인격'을 갖춘 완전한 존재였다. 내가 무슨 말을 할 수 있었겠는가?

이것은 결코 개에만 국한된 것은 아니다. 새도, 고양이도, 나무도, 꽃도, 코뿔소도 마찬가지다. 그들 모두는 정말 기적과도 같다. 그들을 잘 살펴보고 진심으로 이해하면 이렇게 완벽한 존재가 살아서 그 자체로 완전하게 존재한다는 것을 정말 믿을 수 없다. 상상력을 가진 아이들은 누구나 코뿔소, 코끼리 또는 기린에 대해 나름대로 상상의 꿈을 갖는다. 그러나 이러한 것들은 아이의 상상력의 산물로 나타난 것이 아니다. 우주가 이러한 꿈을 만들어 내고 있다. 우리와 마찬가지로 그것들도 우주로부터 왔다.

일상생활에서 이러한 생각을 갖는 것이 문제가 되지는 않는다.

이것은 우리를 좀 더 마음챙김할 수 있도록 도와줄 수 있다. 한순간이라도 자동화된 사고의 베일을 걷어 올릴 때 모든 생명은 매력적이고 아름답다.

어떤 사물이나 사건 혹은 과정이든 매우 다양한 방식으로 볼 수 있다. 한편으로 개는 단지 개일 뿐 특별한 것은 없다. 동시에 개는 매우 놀랍고 경이롭기까지 하다. 이것은 모두 당신이 개를 보는 방식에 달려 있다. 우리는 개가 평범한 동시에 비범하다고 말할 수 있다. 당신이 개를 보는 방식을 바꾸었을 때 개가 변화하는 것이 아니다. 개는 언제나 그대로다. 이것이 개, 꽃, 산, 바다 등이 그처럼 위대한 스승이 될 수 있는 이유다. 이것들은 당신의 마음을 반영한다. 변화하는 것은 당신의 마음이다.

마음이 바뀌면 새로운 가능성이 드러난다. 사실 사물을 동시에 여러 다른 수준에서 볼 수 있으면, 즉 개별성과 분리성뿐만 아니라 충만함과 연결성을 함께 볼 수 있으면, 모든 것은 변화한다. 사고의 지평이 넓어지고, 심오한 자유의 경험이 될 수 있다. 이것은 당신의 제한된 선입관 너머로 당신을 데려갈 수 있다. 사물을 좀 더 큰 조망으로 보게 한다. 이렇게 되면 분명히 당신이 개와 관계하는 방식도 달라질 것이다.

공식 명상수련을 하고 있든 일상생활을 하고 있든 마음챙김의 렌즈를 통해 관찰하면 지각의 틀이 바뀌기 때문에 사물을 새로운 방식으로 인식하게 된다. 즉, 일상적으로 경험하던 세계가 갑자기 색다르게 보일 수 있다. 이것은 일상적인 것이 멈춘다는 의미는 아니다. 각각은 여전히 그대로다. 단지 당신이 사물을 좀 더 온전히 본다는 것이다.

'먹기명상'을 다시 예로 들어 보자. 먹는다는 것은 일상적인 활동이다. 우리는 일상적으로 거의 의식하지 않거나 별다른 생각을 하지 않고 그저 먹는다. 우리는 앞서 건포도를 사용하여 행한 먹기 명상을 통해 이것을 알아본 적이 있다. 그러나 신체가 음식물을 소화하고 그 음식물에서 에너지를 얻는다는 사실은 놀라운 것이다. 이러한 과정이 이루어지는 데는 많은 하위 과정과 단계가 필요하며 고도의 복잡한 조정을 거친다. 즉, 음식물을 입 속에 넣고 씹는 데는 혀와 뺨의 힘이 필요하며, 씹힌 음식물이 흡수되어 생화학적 과정을 거쳐서 신체의 연료나 세포, 조직을 재생하기 위한 연료로 사용된다. 이러한 과정에서 생긴 노폐물은 효율적으로 배설된다. 그렇기 때문에 몸속에는 독소가 남지 않고 적절한 신진대사가 계속 이루어지므로 생화학적 균형이 유지된다.

신체가 정상적으로 행하고 있는 모든 활동을 이 같은 방식으로 생각할 수는 없지만 깊이 생각해 보면 참으로 신기하고 놀라운 것임에 틀림없다. 걷기가 또 다른 하나의 예가 될 수 있다. 만약 당신이 걸을 수 없게 되었다면 그때서야 걷는다는 것이 얼마나 고귀하고 신기한가를 알게 될 것이다. 걷는다는 것은 정말로 신기한 능력이다. 이와 똑같은 예로 사물을 보는 것, 말하는 것, 생각하는 것, 호흡하는 것, 침대에서 옆으로 드러눕는 것과 같은 매우 단순한 신체 활동조차도 조금만 주목하면 참으로 신기한 것임을 알 수 있다.

우리 몸에 대해 조금만 숙고해 보면, 당신이 완전히 당연시하는 모든 것이 얼마나 경이로운 일인지 쉽게 알 수 있다. 예를 들어, 최근에 당신의 간이 하고 있는 놀랄 만한 작업에 대해 조금이라도 생각해 본 적이 있는가? 간은 몸에서 가장 큰 장기로, 조화로운 신진대사를 위해 초당 3만 번 이상의 효소 작용을 수행하고 있다. 메모리얼 슬로언 케터링 암센터의 전 센터장이자 위대한 면역학자인 루이스 토머스 박사는 자신이 쓴 고전 『세포의 삶(The Lives of a Cell)』에서, 간의 기능을 책임지는 것보다 차라리 비행 방법에 관해 전혀 아는 바 없이 보잉 747 여객기 조종을 맡는 게 나을 수도 있다고 썼다.

심장, 뇌 그리고 그 밖의 신경계통은 또한 어떠한가? 이들 기관이 정상적으로 기능하고 있을 때 이들에 관해 생각해 본 적이 있는가? 생각해 본 적이 있다면 어떻게 생각했는가? 언제나 비슷한 일상적인 것으로 생각했는가 아니면 매우 훌륭한 것으로 생각했는가? 사물을 보는 눈의 능력, 소리를 듣는 귀의 능력, 원하는 대로 움직여 주는 팔다리의 능력, 서 있을 때 몸 전체의 균형을 잡아주고 걸을 때 균형을 잃거나 비틀거리지 않도록 몸무게를 지탱하며 당신을 이동시키는 다리의 능력에 대해 자세히 생각해 본 적이 있는가? 이러한 몸의 능력은 참으로 놀랄 만한 것이다. 우리의 웰빙은 늘 근육계와 신경, 세포, 기관, 기관계와 함께 모든 감각이 통합적으로 기능하는 데 직접적이면서 전적으로 의존하고 있다. 그러나 우리는 이런 식으로 보고 생각하지 않기 때문에 우리의 신체가 정말 놀랍다는 사실을 잊거나 무시하고 있다. 우리의 몸은 그 자체로 하나의 '우주'다. 우리 몸은 하나의 단일 세포에서 유래된 수십 조의 세포로 구성되어 있고, 모두는 조직, 기관, 기관계, 구조로 조직화되어 있으며, 각각의 세포는 하나의 전체로서 나노 수준에서 상호작용하는 분자 구조에 이르기까지 내적 균형과 질서를 유지하기 위해 조절 기능을 내장하고 있다. 한마디로 말해 우리 몸은 모든 수준에서 자기조직력(self-organizing)과 자기치유력을 갖추고 있다고 할 수 있다. 우리가 MBSR 참가자들을 '기적의 존재'로 보는 이유가 여기에 있다. 우리 모두도 마찬가지다.

신체는 유기체의 모든 측면을 서로 연결하고 통합하도록 정교하게 조율된 피드백 고리를 통해 체내 균형을 달성하고 유지한다. 예를 들어, 달리기를 하거나 계단을 오를 때 심장은 자동으로 더 많은 혈액을 펌프질해서 근육이 일을 잘할 수 있도록 더 많은 산소를 공급할 것이다. 힘든 활동이 끝나면 심장박동은 휴식 상태 수준으로 되돌아오고, 심장을 포함해서 계단을 오르는 데 사용된 근육들은 휴식하면서 정상 상태를 회복한다. 활동이 얼마간 지속되면 다량의 열이 발생하게 되고 그 결과로 땀을 흘리게 된다. 땀은 몸의 열을 내리는 기능을 한다. 땀을 많이 흘리면 목마름을 느끼고 물을 마실 것이다. 잃어버린 수분을 보충하기 위해서다. 이 모든 과정은 정교한 피드백 고리를 통해 작용하는 고도로 통합된 상호 연결된 조절 과정이다.

이와 같은 상호 연결성은 살아 있는 생명체 내에 본래 갖추어져 있다. 피부에 상처가 나면 생화학적 신호가 나와 세포의 응혈 과정이 작용하여 출혈을 막고 상처를 치유한다. 신체가 박테리아나 바이러스와 같은 미생물에 감염되면 면역체계가 활동을 개시해서 미생물을 식별하고 격리하고 무력화시킨다. 만약 세포들 가운데 어떤 세포가 피드백 고리를 상실하여 세포 성장을 통제하지 못해 암에 걸리면 건강한 면역체계는 자연살상세포(natural killer cell)라고 부르는 특수한 임파구를 동원한다. 이 살상세포는 세포 표면 구조의 변화를 인지하여 암에 걸린 세포를 찾아내고 이 암

세포가 피해를 주기 전에 파괴해 버린다.

세포 내의 분자생물학에서부터 바로 아래 유전자 수준, 그리고 전체 조직과 조직 체계의 기능에 이르기까지 모든 수준에서 우리의 생명 작용은 각기 다른 체계들을 연결하는 정보의 흐름에 의해 조절된다. 신경계가 신체의 모든 기관의 기능을 모니터하고 조절하고 통합하는 데 사용하는 놀라운 상호 연결망, 호르몬선과 뇌 자체, 전체 신경계에서 방출되어 혈액과 신경섬유를 통해 몸 전체의 목표 부위에 화학적 정보를 전달하는 무수히 많은 호르몬과 신경전달물질 그리고 몇 가지 유형의 특수한 면역세포들은 신체 내의 이러한 정보 흐름을 조직화하고 조절하는 데 매우 중요하고 다양한 역할을 수행해 우리로 하여금 통합되고 일관성 있고 전체적인 존재로 기능할 수 있게 해 준다.

상호 연결성은 신체 통합과 건강에 중요하다. 마찬가지로 심리적 · 사회적으로도 중요하다. 우리가 가지고 있는 감각 기구들은 외적 현실뿐만 아니라 신체 내의 상태를 연결하는 기능도 한다. 이 감각 기구들이 우리에게 외부 환경이나 다른 사람들에 관한 중요한 정보를 제공해 줌으로써 우리는 이 정보를 통해 외부 세계에 대한 일관성 있는 표상을 만들어 낼 수 있고, 이 인상을 통해 외부로부터의 정보를 '자신의 심리적 공간' 속으로 받아들여 처리한다. 그 결과로 우리는 무언가 새롭게 배우기도 하고, 기억하기도 하고, 정서적으로 반응하기도 하는 등 우리가 마음이라고 부르는 모든 기능을 한다. 이러한 일관성 있는 표상이 없다면 우리는 세상을 살며 가장 기본적인 방식으로도 기능할 수 없게 될 것이다. 따라서 이러한 신체 조직은 신체 질서로부터 파생하며 그것을 포함하는 심리적 질서를 가능하게 한다. 정말 신비할 따름이다. 그러므로 우리 존재의 어느 개별 수준에서도 각자는 전체를 갖추고 있으며, 이 전체는 보다 큰 전체 속에 포함된다. 그리고 그 전체는 항상 체화되어 있어 몸과 분리될 수 없고, 전개되는 삶에 대한 강렬하고 친숙한 소속감과도 분리될 수 없다. 이는 '거울 뉴런'의 발견에서도 살펴볼 수 있다. 거울 뉴런이란 특정한 의도적 행위를 하고 있는 다른 누군가를 볼 때 우리 뇌에서 발화되는 세포망이다. 거울 뉴런은 다른 개인을 동정하고 공감하는 생물학적 능력의 기저를 이룬다.

상호 연결망은 한 개인의 심리적 자아에만 국한되는 것이 아니다. 우리는 하나의 개별적 인간으로서 전체성을 갖추고 있을 뿐 아니라 동시에 사회라는 보다 큰 전체의 일부이기도 하다. 우리는 가족이나 친구, 친지와 연결되어 있고, 나아가 사회나 인류 전체 그리고 지구라는 혹성과도 서로 연결되어 있다. 우리는 감각과 감정을 통해 나 자신이 외부 세계와 연결되어 있음을 알 수 있을 뿐 아니라, 더 나아가 과학적 증거나 추리와 같은 방법을 통하여 알게 된 보다 큰 자연의 패턴이나 주기들과도 밀접한 연결을 이루고 있음을 알 수 있다. 몇 가지 더 언급하면, 우리는 치명적인 자외선을 차단시켜 주는 대기 중의 오존층에 의해 보호되고 있으며, 호흡에 필요한 산소는 숲이나 바다가 재생시켜 주며, 대기 중 이산화탄소의 함유량이 일정한 수준으로 안정되어 있기 때문에 지구의 기온 변화가 완충된다. 사실 가이아 가설이라는 과학적 견해에 따르면 지구 전체는 자기조절력을 가진 하나의 생명체다. 가이아는 그리스 신화에 나오는 지구의 여신에서 따온 것이다. 이 가설은 인간을 포함한 모든 생명체는 상호 연결되어 있고 상호 의존적이라고 보는데, 이는 분명한 과학적 증거와 추론에 의해 뒷받침된다. 아울러 본질에서는 모든 전통문화와 사람들이 가지고 있는 관점이기도 하다. 상호 연결성과 상호 의존성은 지구 그 자체로 확장된다.

개별성과 단편성에 더해서 상호 연결성과 전체성을 지각하는 능력은 마음챙김 수행을 통해 개발될 수 있다. 사물을 볼 때, 우리는 이미 가지고 있는 어떤 특정한 습관에 따라 별다른 주의를 하지 않고 평소와 같은 방식으로 사물을 본다. 또한 세상의 모든 사물이나 자신에 대한 생각도 어릴 때부터 몸에 익혀 온 편견이나 신념이나 선호에 따른다. 그러나 사물을 어떤 편견 없이 있는 그대로 보려면, 다시 말해 본질적인 전체성과 내적 연결성을 지각하려면, 평소의 틀에 박힌 생각과 매 순간 사물과 사람에 대해 가지는 암묵적 가정을 마음챙김하고 새롭게 사물을 보고 이에 접근해 가는 방법을 학습하지 않으면 안 된다.

스트레스 완화 클리닉에서는 환자가 얼마나 틀에 박힌 방식으로 사물을 보고 생각하는지를 알려 주기 위해 첫 시간에 수수께끼 '문제'를 숙제로 낸다. 일주일 동안 어떤 사람들은 상당한 스트레스를 받는다. 아마 학교에 다니며 밴 습관이겠지만, 그들은 자신이 그 대답으로 평가될 것이라고 생각한다. 이 문제가 프로그램 활동과 어떤 관계가 있는지는 다음 수업이 시작될 때까지 환자들에게 가르쳐 주지 않는다. 우리는 이 문제를 9점 문제라 부른다. 이 문제를 풀어 본 사람도 있을지 모르지만, 이 문제를 한 번 풀어 보면 기존의 문제 이해 방식이 문제해결 능력을 얼마나 제한하는지를 생생하게 알 수 있다.

문제는 다음과 같다. [그림 12-1]과 같이 아홉 개의 점이 있다. 네 개의 직선을 사용하되 연필을 떼지 말고 한 번 그어진 선분 위에는 다시 반복하여 그리지 말고 아홉 개의 점을 연결해야 한다. 다음 페이지에 있는 해답을 보지 말고 5~10분간 생각해 보라.

[그림 12-1]

대부분의 사람은 한 꼭짓점에서 출발하여 정방형 주위로 직선 세 개를 긋다가 날이 샌다. 이렇게 하면 점 하나가 남기 때문이다.

이때 마음은 약간의 스트레스를 경험하게 된다. 여러 방식으로 문제를 풀려고 애써 보지만 점점 더 좌절하게 된다.

다음 수업 시간에 이 문제를 검토할 때, 문제를 풀지 못한 사람에게는 칠판에 그려진 해답을 '보는' 순간 자신의 반응이 어떠한지 주의 깊게 관찰해 보라고 일러 준다. 해답은 [그림 12-3]에 있다.

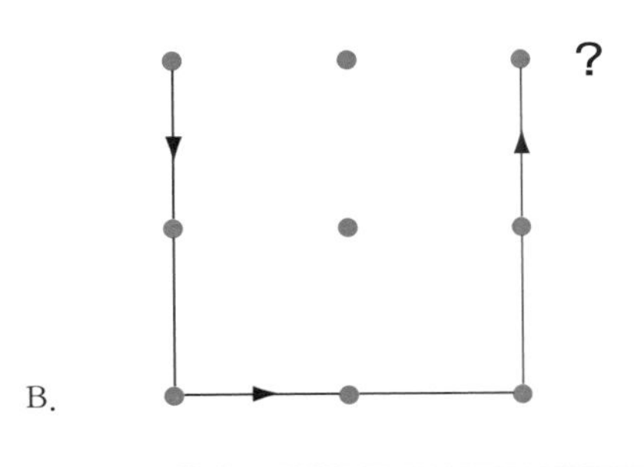

[그림 12-2]

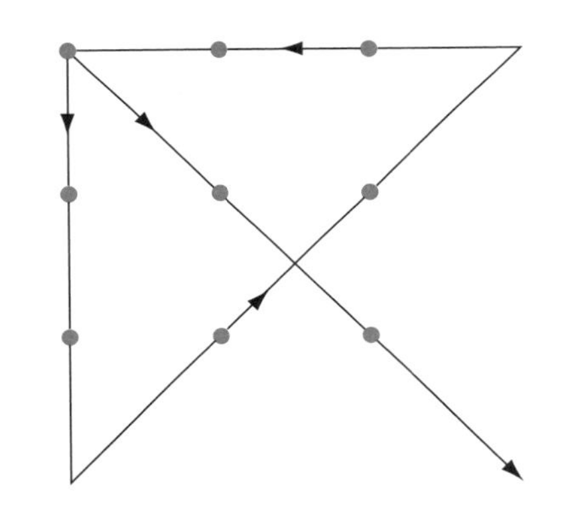

[그림 12-3]

이 문제에 대해 잠시 고민한 후에 문제에 대한 해답을 보거나 발견하는 순간 보통 “아하!” 하는 반응을 보인다. 점들이 만든 가상의 정방형을 벗어나 선을 그어야만 비로소 해답이 나오기 때문이다. 문제를 제시할 때 점들이 찍혀 있는 정방형 바깥으로 선을 그리면 안 된다는 말은 언급하지 않았지만, 대개의 사람은 이 아홉 개의 점으로 구성되는 정방형의 범위 안에서만 문제를 해결하려고 한다. 문제의 영역을 아홉 개의 점이 찍혀진 정방형 바깥으로 넘어가 전체 지면까지 확대시키지 못했기 때문이다.

아홉 개의 점만을 분리해서 문제의 영역이라고 생각해 버리는 것은 평소에 이런 방식으로 사물을 봐 왔기 때문이다. 이런 식으로는 만족스런 해결책을 발견할 수가 없다. 그 결과 당신은 스스로를 어리석다고 탓하거나 문제에 대해 화가 나서 도저히 해결할 수 없는 바보 같은 문제이며 건강에 좋지 않다고 주장할 수도 있다. 이렇게 되면 엉뚱한 곳에 에너지를 낭비하고 문제해결의 영역은 찾지 못한다. 당신은 더 큰 맥락을 놓치고 있는 것이고, 그 때문에 아마도 당신 자신의 상황과 문제가 잠재적으로 관련된다는 사실을 놓치게 된다.

9점 문제는 문제해결을 위해서는 보다 넓은 시야가 필요하다는 것을 일깨워 준다. 즉, 문제의 규모가 실제로 어느 정도인지를 알아보고 문제의 여러 별개의 부분과 문제 전체가 어떤 관계에 있는지를 이해해야 한다. 이를 '시스템적 관점(systems perspective)'이라 부른다. 만약 시스템을 전체로서 정확하게 파악하지 못하면, 전체라는 핵심 영역을 빠트리게 되기 때문에 만족스럽게 문제를 해결할 수 없다.

9점 문제는 어떤 문제를 해결하기 위해서는 습관적으로 사물을 보고 생각하고 행동하는 고도로 조건화된 방식에서 탈피하여 보다 큰 시야를 가져야 함을 일깨워 준다. 그렇지 못하면 문제를 파악하고 해결하려는 시도는 편견이나 선입관 때문에 실패할 것이다. 체계를 전체로 보지 못하면 새로운 견해나 문제에 대한 새로운 접근 방식을 보지 못하게 된다. 문제에 빠져서 사물과 상황의 실제를 잘못 이해하게 되고 잘못된 선택이나 결단을 내릴 수밖에 없다.

이렇게 해서는 실마리를 찾기는커녕 사태를 보다 악화시키고 해결하고자 하는 의욕마저 없어진다. 그래서 이러한 경험은 욕구불만이나 불안감을 파생시키고, 자신감이 흔들리면서 문제해결 능력은 더욱 손상된다. 이렇게 자기 능력을 의심하게 되면 이것이 자성예언(self-fulfilling prophecy)이 되어 스스로의 삶을 지배하게 된다. 이렇게 해서 스스로 설정한 사고 과정에 따라 자신의 한계를 미리 설정하게 된다. 이 한계에 사로잡히면 한 치 바깥도 벗어나지 못하게 된다.

매일매일 자신 내면의 대화와 신념 그리고 이 대화와 신념이 주어진 상황에 어떤 영향을 미치는가를 마음챙김하여 이 과정을 더 세밀하게 살펴볼 수 있다. 마음챙김 훈련을 하지 않으면 특히 자신에 관한 생각이나 신념에 관한 문제가 언급될 때, 좀처럼 내면의 대화를 분명하게 관찰하기 어렵고, 그것의 효력을 숙고하기도 힘들 것이다. 예를 들어, 당신이 어떤 도구 사용법을 학습해야 한다거나 기계 장비를 새로 조립해야 한다거나 낯선 사람들 앞에 나서서 연설을 해야 하는 경우 "나는 그것을 할 수 없을 거야."라고 말하는 습관을 가지고 있다고 하자. 이런 경우 한 가지는 분명하다. 당신은 그것을 할 수 없을 것이다. 마음속으로 '나는 할 수 없어.' '나는 결코 할 수 없어.' 라고 말하는 순간 자성예언이 되어 그것은 현실이 되어 버린다.

이러한 상황에서 자기 자신에 관해 이런 식으로 생각하는 습관을 가진 사람은 문제를 해결하기 위해 무언가 해야 할 기회가 왔을 때 자기가 만든 상자 안에 자신을 가두고 가능성을 제약한다. 사실 많은 경우 사람들은 자신이 특정 상황에서 무엇을 할 수 있을지 실제로 알지 못한다. 자신이 뭘 할 수 있을지 잘 모르거나 자기 능력을 마음속으로 심하게 의심하는 상황이 와도 긴장 없이 장난삼아 문제를 풀어 보려 한다거나 어떤 새로운 방법으로 문제에 부딪쳐 본다면 틀림없이 놀라게 된다. 나는 많은 시계와 차 문을 그런 방식으로 고친 적이 있다. 어떤 때는 시계와 문에 대해 공부하며 고치기도 했지만 어떤 때는 어떻게 고쳐야 할지 아무런 생각도 없이 그저 가지고 놀듯이 하다가 용케 고쳐 내기도 했다.

요점은 우리는 언제나 우리의 진정한 한계를 알지 못한다는 것이다. 그러나 당신의 신념과 태도, 사고와 느낌이 언제나 새로운 도전의 위험을 감수하지 않을 이유, 당신의 이해와 신념의 한계에서 무엇이 가능한지 탐색하지 않을 이유, 문제의 전체 범위가 어떠하고 그것과 당신의 관계가 무엇인지 바라보지 않을 이유 등을 만들어 낸다면 당신은 당신의 학습, 성장, 인생을 긍정적으로 변화시킬 능력을 심각하게, 그리고 불필요하게 제한하게 된다. 체중을 줄이고 싶다거나 금연을 하고 싶다거나 앞으로는 절대로 아이들에게 소리 지르지 않겠다든가, 다시 공부를 시작하고 싶다든가, 사업을 새로 시작하고 싶다든가 또는 인생의 기로에 서서 진정으로 자기 자신이 나아가야 할 방향을 찾아 나아가려고 할 때, 당신이 무엇을 할 수 있는가는 사물을 보는 방식, 자신의 한계와 자원에 관한 신념, 인생 자체에 대한 관점에 달려 있다. 제15장에서 보겠지만 신념이나 태도, 사고와 감정은 우리의 건강에도 매우 중요한 영향을 미친다. 스트레스 완화 클리닉에서 대부분의 사람은 마음챙김과 성심으로 인생살이의 여러 골칫거리에 직면하는 위험을 감수하며 그러한 도전에 잘 대처한다. 그리고 종종 자신이 새로 발견한 자신의 용기와 명료성에 스스로도 놀라고 가족도 놀라게 된다. 이러한 과정에서 그들은 자신의 한계에서 벗어나서 그전에는 결코 할 수 없다고 생각했던 것도 할 수 있음을 알게 된다. 이러한 것들은 모두 그들 내부에서 전체성과 연결성을 새롭게 체험하는 데서 나타난다.

전체성과 연결성은 모든 생명체의 가장 근본 성질이다. 지금까지 우리가 살아온 인생의 과정 동안 비록 많은 고통을 경험했더라도 태어날 때부터 가지고 나온 전체성은 여전히 그대로 갖추고 있다. 과거에 한 일이나 하지 않은 일 따위로 인해 무기력한 피해자가 될 필요도 없고 지금 당장 고통스러운 문제가 있다고 해서 무력해져야 하는 것은 아니다. 고통받기 전부터 존재했고 태어날 때부터 가지고 온 전체성은 그대로 온전하게 유지되고 있다. 전체성은 언제나 존재하기 때문에 우리는 본질적인 전체성과 쉽게 재결합될 수 있다. 이것이 우리의 진정한 모습이다. 그러므로 명상을 수행해 존재의 영역과 연결되면 상처를 넘어서게 되고 우리가 경험할 수 있는 외로움이나 고독감과 고통을 넘어설 수 있게 된다. 이는 우리가 숨 쉬고 있는 한 과거 외상적 경험의 해로운 효과를 어느 정도는 의미 있게 변화시킬 수 있다는 뜻이다. 다시 말해, 우리가 이전과 다르게 전체성의 눈으로 볼 수 있게 되면 분열감, 공포감, 취약감, 불안감 나아가 절망감과 같은 것을 알아차려 함께 작업할 수 있을 것이고, 아마도 그것들을 뛰어넘을 수 있을 것이다.

무엇보다도 MBSR 작업은 사람들이 그들의 전체성을 보고 느끼고 믿게 도와준다. 또한 비연결성의 상처와 고립되고 파편화되고 분리된 느낌의 고통을 돌보고 보살펴 치유하고 자신 내부의 바탕을 이루는 전체성과 연결성을 발견하도록 도와준다. 명백히 이것은 평생의 작업이다. 스트레스 완화 클리닉은 우리 환자들에게 이러한 평생의 과정에서 성인으로서 의식적이고 의도적인 첫 단계의 역할을 한다.

분명히 신체는 출발을 위한 이상적인 곳이다. 우선 신체를 활용하는 것은 편리하다. 또한 신체는 보다 큰 세계로 나아가게 하는 창구가 된다. 즉, 신체 활동을 관찰하고 있으면 우리 삶의 여러 면에 걸쳐 적용할 수 있는 많은 가르침을 얻을 수 있다. 더구나 우리의 신체는 언제나 무언가 치유를 요구하고 있다. 우리 모두는 최소한 어느 정도 신체적 · 심리적 긴장을 가지고 있다. 적어도 우리 대부분은 시스템에 스트레스가 되는 신체적 · 정서적 혹은 둘 다에 외상적인 개인적 피해나 상처를 어느 정도 경험한 적이 있다. 어떤 심리학자는 이것을 '소문자-t 트라우마(little-t trauma)' 라 부르며, 제5장에 소개된 메리가 경험한 참사에 해당하는 '대문자-T 트라우마(big-T trauma)' 와 구분했다. 우리가 무엇을 경험하고 살아 남았든지 그것이 대문자 T 인지 소문자 t 인지 상관없이 오로지 외견상으로만 구분되는 몸, 마음, 가슴은 치유를 위한 중대한 자원이 된다. 만약 몸에 주의 깊게 귀 기울이면 몸은 과거로부터 인정하고 받아들이기 가장 어려운 것에 관해 많은 가르침을 줄 수 있고, 친절과 지혜로 상처에 다가가는 방법을 알려 줄 수 있다. 스트레스와 통증, 질병과 건강에 관해, 그리고 고통과 그 고통에서 자신을 자유롭게 할 가능성에 관해 많은 것을 가르쳐 준다. 마음챙김이야말로 우리 내면 가장 깊은 곳에 영원히 상처받지 않을 소중한 것에 다가가서 그것을 키워 내는 핵심 요소다.

치유 과정에서 몸이 중요하고, 몸이 얼마나 많은 고통과 상처를 짊어지고 있는지를 고려할 때, 몸과 정서적 삶 사이에 가교 역할을 하는 호흡에 주의를 집중하는 것은 놀라운 일이 아니다. 이러한 이유로 MBSR에서는 초기 2주 동안 매일 바디 스캔을 실시하여 신체의 여러 다른 부위의 감각에 체계적으로 주의를 기울이고, 먹고, 걷고, 움직이고, 사지를 펴는 등 기본 동작에 주의를 집중하고, 몸이 하나의 전체로 존재하고 있다는 느낌을 기르려고 하는 것이다. 신체가 경험하는 여러 측면을 관찰한다는 것은 어떤 순간이든 자기 자신의 '전체성'을 체험하게 하는 창구가 되는 것이다. 그리고 매일 명상을 계속함에 따라 이러한 전체성을 보다 자주 느낄 수 있게 되고, 완전한 의식으로 그 전체성 안에 거하게 된다. 의식 자체와 친해지고 그 안에 기거하는 방법을 배우는 과정은 특정한 주의의 대상보다 훨씬 더 중요하다. 지속적인 수행을 통해 우리는 매일매일 매 순간 좀 더 통합된 방식으로 살게 되고, 우리의 전체성 및 연결성과 접촉하고, 우리가 타인, 자신이 속한 더 큰 세상 그리고 삶 자체와 '상호 연결'되어 있음을 알아차리게 된다. 비록 짧은 순간이라도 전체성을 느낄 수 있으면 보다 깊은 수준의 힘을 얻을 수 있다. 이 힘이 바로 스트레스나 고통에 직면했을 때 치유나 지혜를 가져다주는 원천이 된다.

'건강'이라는 말은 '전체'를 뜻한다. 이는 크게 새롭거나 놀랄 일이 아니다. '전체'는 통합을 의미하며, 한 체계나 유기체의 모든 부분이 상호 연결되는 것을 의미하며, 완전함을 의미한다. 전체성이란 언제 어느 때나 존재한다. 팔다리가 잘렸다거나 몸의 일부분을 잃었거나 불치병에 걸렸다 하더라도 인간은 하나의 전체로 존재한다는 데는 변함이 없다. 전체를 경험하기 위해서는 신체적 상실이나 그 예후를 있는 그대로 받아들여야 한다. 이렇게 되기 위해서는 필연적으로 자기 자신이나 세상, 시간 또는 인생이라고 하는 것에 대해 근본적으로 생각을 바꾸어야 한다. 치유 과정이란 있는 그대로의 사실을 받아들이는 과정인 것이다.

모든 생명체는 그 자체로 하나의 전체성을 가지고 있지만, 보다 큰 전체성에 포함되어 있기도 하다. 신체는 그 자체로서 하나의 전체이며, 외부 환경과 끊임없이 물질과 에너지를 교환하고 있다. 비록 우리의 신체가 완벽하다 하더라도 끊임없이 변화하는 것이다. 우리 신체는 더 큰 '전체성', 즉 외부 환경, 지구, 우주에 속해 있다. 이런 식으로 보면 건강이란 역동적 과정, 다시 말해 한 번 얻으면 고정되는 것이 아니라 끊임없이 변화되는 것이다.

전체라는 개념은 건강이나 치유라는 단어의 의미에서도 발견될 뿐만 아니라[또한 전체라는 개념은 신성함(holy)이란 단어에서도 발견된다.] 명상과 의학이란 단어에도 그 의미가 포함되어 있다. 전체성을 자연의 기본 특성으로 간주한 저명한 이론 물리학자 데이비드

봄(David Bohm)에 따르면 의학(medicine)과 명상(meditation)이란 단어는 라틴어의 '치료하다'에 해당하는 'mederi'에서 유래했다. mederi는 인도-유로피안 언어의 'measure(측정하다)'라는 단어에서 파생했다.

'측정하다'라는 말은 명상이나 의학이란 말과 어떤 관계가 있을까? 외적인 기준에 따라 객관적 사물의 모습을 살펴보는 일반적 의미의 '측정하다'란 개념과 관계 지어 본다면 아무 관계도 없는 것처럼 보인다. 그러나 이 단어의 개념에는 고대 플라톤의 철학적 의미가 담겨 있다. 데이비드 봄에 따르면 이 말에는 모든 사물이, 각각을 그 자신으로 만들고 각각에 고유한 특성을 부여하는 나름의 '올바른 내적 치수(right inward measure)'를 가지고 있다는 뜻이 포함되어 있다. 이렇게 볼 때 '의학'이란 기본적으로 질병이나 상처로 질서가 깨졌을 때 나름의 올바른 내적 치수대로 회복시키는 수단이다. 마찬가지도 '명상'이란 주의 깊고 비판단적인 자기관찰을 통해 자기 존재의 올바른 내적 치수를 직접적으로 인식하는 과정이다. 이런 맥락에서 올바른 내적 치수란 전체성을 표현하는 또 다른 방식이다. 따라서 병원 장면에 명상에 기반을 둔 클리닉을 둔다는 것이 이해가 될 것이다.

MBSR과 스트레스 완화 클리닉의 프로그램에서 명상수련, 특히 마음챙김 명상수련을 가장 중심적이고 통일적인 수련으로 간주하는 것은 결코 우연이 아니다. MBSR에서 가르치는 마음챙김 명상수련은 흔히 행하고 있는 많은 종류의 이완 기법이나 스트레스 감소법과는 구분되는 독특한 특징이 있다. 가장 중요한 것은 명상수련이 전체성을 직접 체험하기 위한 통로를 제공한다는 점이다. 무위(無爲, non-doing)와 존재하기(being)에 초점을 두지 않고 유위(有爲, doing)와 어딘가 도달하려는 것에 초점을 두는 방법으로는 전체성을 체험하기가 쉽지 않다.

어바인에 자리한 캘리포니아 대학교 의과대학의 정신의학 및 행동과학 분야 교수인 로저 월시 박사(Dr. Roger Walsh)에 따르면, 명상을 가장 잘 기술한 말은 의식 훈련(consciousness discipline)이다. 월시 박사는 오랫동안 마음챙김 훈련을 해 왔고 동서양 심리학의 만남에 아주 관심이 많은 사람이다. 그는 의식 훈련이 서양 심리학의 주류와는 많이 다른 패러다임에 기초한다고 강조한다. 의식 훈련의 관점에서 보면 보통의 깨어 있는 의식 상태는 엄격하게 말해 최선의 상태가 아니다. 이 관점이 서구 패러다임을 부정하는 건 아니다. 다만, 최근까지 심리학의 지배적 관심이었던 단지 사람들을 보통의 깨어 있는 의식 상태인 '정상적' 기능 상태로 회복시키는 것이 목적인 병리학과 치료에 대한 관심을 넘어서서 패러다임을 확장한 것이다. 이같이 패러다임을 깬 '독립적인(orthogonal)' 관점은 사람들이 명상수련 훈련을 통해 마음에 대한 집중적이고 체계적인 개인 훈련을 하여 일상적인 정서와 사고의 과정을 특징짓는 고도로 조건화된 끊임없는 왜곡, 즉 우리의 내면적 전체성 경험을 훼손할 수 있는 왜곡에서 자신을 자유롭게 할 수 있다는 확신에 바탕을 둔다.

역사적으로 많은 위대한 사상가가 전체성에 대한 개념과 자신의 삶 속에서 이 전체성을 어떻게 인식하는가에 관해 많은 관심을 가져왔다. 스위스의 위대한 정신분석학자 칼 융(Carl Gustav Jung)은 아시아의 명상 전통을 이런 의미에서 높이 평가하였다. 그는

"동양의 모험적인 사상가들은 지난 2,000년 이상을 전체성에 '도달하는' 문제에 관심 가져 왔다. 이 점에서 서양의 방법론이나 철학적 이론 등은 동양의 견해에서 보면 빛바랜 것에 불과하다."라고 쓰고 있다. 그러나 융은 명상수련과 전체성의 인식 간에 분명한 관계가 있음을 이해하였다.

알베르트 아인슈타인(Albert Einstein)도 사물을 전체성의 시각으로 보는 것이 중요하다는 사실을 알고 있었다. 8주간의 MBSR 프로그램의 마지막 수업에서 우리는 환자들에게 1972년 3월 29일자 『뉴욕타임스(The New York Times)』에 게재된 아인슈타인의 편지가 실린 소책자를 나누어 준다. 나는 그 신문에서 그 편지를 오려서 따로 보관하고 있는데 지금은 오래 되서 누렇게 바래고 만지면 부서질 정도다. 이 편지에는 명상수련의 정수가 잘 담겨 있고, 또한 누구보다도 물리적 현실이란 개념을 혁명적으로 언급하고 공간과 시간의 통합과 물질과 에너지의 통합을 증명한 뛰어난 과학자의 글이라는 점에서 내게 특별한 의미가 있다.

프린스턴 대학교의 고등연구소 연구원으로 있을 당시 아인슈타인은 전 세계의 많은 사람으로부터 그들의 개인적 문제에 관해 그의 충고를 구하는 많은 편지를 받았다. 사실 그의 업적의 내용을 물리학적으로 이해하고 있는 사람은 거의 없었지만 그의 업적이 혁명적이라는 것은 세계적으로 널리 알려져 있었다. 그는 선한 얼굴과 거침없는 인도주의적 개입 덕에 자비로운 인물로도 명성이 자자했다. 그 자신은 사람들의 야단법석을 결코 이해할 수 없었지만, 사람들은 그를 '세상에서 제일 똑똑한 사람'으로 생각했다. 다음에 인용한 글은 순결하고 아름다운 16세의 여동생을 잃은 19세

딸에게 어떻게 위로하면 좋을지를 상담해 온 한 랍비의 편지에 대한 아인슈타인의 답장이다.

> 인간은 '우주'라고 부르는 전체의 한 부분으로 시간적으로나 공간적으로 한정되어 있습니다. 인간은 자기 자신이나 자신의 생각과 감정을 우주의 나머지 부분들과 분리되어 있다고 생각하는데 이는 일종의 의식의 착각이라고 볼 수 있습니다. 이 착각은 일종의 감옥과 같은 것으로 우리 자신을 개인적 욕망이나 매우 가까운 주위의 몇 사람에 대한 애정에만 관심을 갖도록 한정시켜 버립니다. 모든 살아 있는 생명체와 자연 전체를 포함할 정도로 자비심의 범위를 넓혀 이 착각의 감옥에서 우리 스스로를 해방시켜야 합니다. 아무도 이것을 완벽하게 성취할 수는 없지만, 이러한 성취를 향한 노력 자체가 해방의 한 부분이며 내적인 평화의 기초입니다.

아인슈타인은 이 답장에서 우리는 너무나도 쉽사리 자신의 사고나 감정에 사로잡혀 맹목적이 될 수 있다는 점을 지적하고 있다. 왜냐하면 우리의 사고와 감정은 우리의 삶이나 욕망이 개별적으로 분리된 것으로 간주하기 때문이다. 아인슈타인이 상실 경험의 고통을 무시한 것은 아니다. 절대 아니다. 그러나 우리 자신의 분리된 삶에 지나치게 집착하다 보면 또 다른 보다 근본적인 현실을 무시하고 가려 버려 우리를 가두게 된다고 말하고 있다. 그의 견해에 따르면 우리는 모두 조직화된 에너지의 집합체로 이 세상에 태어나고 또한 사라져 간다. 아인슈타인은 우리에게 개별성보다 전체성이 더 근본적임을 상기시킨다. 그는 우리가 자신을 개별적이고 영속하는 존재로 경험하는 것이 착각이며 결국은 우리 스스로를 감옥에 가두게 된다는 것을 상기시키고 있다.

물론 우리의 삶이 시간적(생애)인 것과 공간적(신체)인 것으로 한정되어 있다는 의미에서 우리는 서로 분리되어 있다. 우리는 각각 독특한 느낌이나 생각 그리고 독특한 인간관계와 애정관계를 가지고 있다. 이러한 관계의 연결이 깨질 때, 특히 어린 생명이 죽었을 때 우리가 크게 고통받는 것은 이해할 수 있다. 그러나 동시에 우리는 흘러가는 물의 순간적인 작은 소용돌이 속에 혹은 전체성의 바다에서 잠시 일어나는 파도 속에 왔다가 사라지는 존재라는 것 또한 사실 아닌가? 소용돌이와 파도로서 우리의 삶은 특정한 독특함을 갖지만, 이것은 또한 궁극적으로 우리의 이해의 범위를 넘어서는 방식으로 드러나는 더 큰 전체성의 한 부분이다.

아인슈타인은 우리가 전체성과 연결성의 조망을 무시할 때 생명의 단지 한 부분만 보게 됨을 일깨워 주고 있다. 이렇게 되면 '나의' 인생, '나의' 문제, '나의' 손해, '나의' 고통을 가장 중요한 것으로 확대시켜 분리되지 않고 특별할 것이 없는 우리 존재의 매우 실재적인 또 다른 차원을 보지 못하게 된다. 우리가 자신을 영속적이고 고정된 '자기(self)'로 동일시할 때, 아인슈타인에 따르면 이것은 의식의 착각으로 자기를 감옥에 가두는 것이다. 아인슈타인은 "인간의 진정한 가치는 주로 자기로부터 해방된 정도와 느낌에 의해 결정된다."라고 기술한 적이 있다.

아인슈타인은 소아(small self)라고 부를 수 있는 것의 착각과 독재의 딜레마를 치료하기 위해서는 의도적으로 모든 생명에 대한 자비를 수행하고 우리 자신과 '모든 살아 있는 생명'을 무한히 상호 연결된 자연 세계의 한 부분으로 인식하여 이러한 의식의 '착각'의 감옥에서 탈출해야 한다고 하였으며, 이것을 그의 인생에서 수없이 예시하였다. 자유와 내적 평화에 이르는 방법을 제시할 때 그는 단순히 낭만적이거나 철학적으로 말하지 않았다. 그는 우리 자신의 사고 습관과 망상의 감옥에서 자유를 얻기 위해서는 특정한 '작업'을 해야 한다는 것을 이해하고 있었다. 그는 또한 이러한 작업이 내재적으로 치유적임을 알았다.

9점 문제를 통해서 우리는 문제를 인식하는 방식, 나아가 세계와 우리 자신을 인식하는 방식이 우리가 무엇을 할 수 있는가에 지대한 영향을 줄 수 있음을 알게 되었다. 전체성의 눈으로 본다는 것은 어떠한 것도 고립돼서 일어나지 않으며, 문제를 풀기 위해서는 전체 체계의 맥락에서 보아야 함을 깨닫는 것이다. 이와 같이 볼 때 우리는 우리 경험의 밑바탕을 이루는 상호 연결성의 내재적 그물망을 인식할 수 있고 그것과 하나가 될 수 있다. 이와 같이 본다는 것이 바로 치유다. 이것은 우리가 우리에게는 생애이지만 사실은 짧은 순간 동안에 일어나고 사라지는 더 큰 전체의 한 부분이고, 바다의 물결이며, 특별할 것이 없는 존재라는 관점을 잃어버리지 않으면서 동시에 우리 자신이 비범하고 신비한 존재라는 관점을 깨닫도록 도와준다.

13

치유에 관하여

MBSR의 마음챙김 훈련에 참여한 사람들이 경험한 내용을 기술하기 위해 '치유'란 말을 사용한다. 이것은 무엇보다 관점의 중대한 변화가 일어난다는 의미를 내포한다. 나는 이 변화를 '의식의 회전(rotation in consciousness)'이라 부르기도 한다. 명상수련에 의해 자기 자신의 전체성을 발견함에 따라 이런 변화가 일어난다. 우리가 어떤 순간이든 고요함 속에 완전함을 잠깐이라도 체험할 때, 바디 스캔이나 정좌명상, 요가를 수련하는 동안 자신을 전체로, 그리고 동시에 더 큰 전체의 한 부분으로 직접 경험할 때, 우리의 문제와 고통을 새롭고 심오하게 마주하고 받아들이기 시작한다. 우리는 우리 자신과 우리의 문제를 전체성의 관점에서 다르게 보기 시작한다. 이러한 관점의 변화는 문제가 아무리 심각하다고 해도 그것을 바라보고 다루는 데 완전히 새로운 맥락을 창조해 낸다. 이것은 단편화와 고립화로부터 전체성과 상호 연결성으로 지각이 변화하는 것이다. 이러한 지각의 변화는 통제 불능과 가망 없음이라는 무기력하고 비관적 견해를, 노력하면 이 상황을 해결할 수 있다는 가능성의 느낌으로 변화시킨다. 수용과 내적 평화의 느낌을 발견할 수 있고, 더 큰 틀 안에서의 처리 능력이나 문제해결 능력으로 정의할 수 있는 통제력을 발견하게 된다. 치유는 항상 태도 변화와 정서적 변화를 포함한다. 항상은 아니지만 가끔 신체 증상이 줄어들고 신체 상태가 좋아지기도 한다.

이러한 관점의 변화는 MBSR 교육과정과 마음챙김 명상수련에 깊이 몰두하고 있을 때 여러 방식으로 일어난다. 스트레스 완화 클리닉에서 어떤 사람은 명상을 하는 동안 전혀 새로운 방식으로 사물을 보게 되는 갑작스럽고도 극적인 경험을 하기도 한다. 하지만 단순히 깊은 이완과 확신의 느낌에 대해서 말하는 경우가 더 많다. 많은 경우 그런 경험을 전에 한 적이 있다는 것을 잘 기억하지 못하긴 하지만, 그런 경험을 하고 있는 중에도 그것을 특별히 중요한 것으로 인식하지 못한다. 이런 점진적 변화는 아주 미묘할 수 있다. 그렇더라도 이것은 극적인 경험만큼 혹은 그 이상으로 심오하다. 극적이든 미묘하든 이러한 관점의 변화는 전체성의 눈으로 본다는 징표다. 이러한 관점의 변화에서 세상에서 더 큰 균형과 내적 안정감을 가지고 살아갈 수 있는 능력이 나오는데, 이것은 특히 우리가 스트레스나 고통에 직면할 때 더욱 그러하다.

필은 47세의 프랑스계 캐나다인 트럭 운전사로, 3년 전 작업 중 물건을 들어 올리다 척추를 다쳐 통증클리닉에 입원했고 주치의의 권유로 클리닉 프로그램에 참석하게 되었다. 그는 프로그램 첫 주에 바디 스캔을 하는 동안 비약적 변화를 느꼈다. 그는 등을 대고 누운 채 CD를 듣고 있었다. 그는 통증이 너무 심하여 혼잣말로 "맙소사, 과연 내가 바디 스캔을 잘할 수 있을지 모르겠군."이라고 중얼거렸다. 그러나 그는 심한 통증에도 '제대로 해야지.'라는 생각으로 몰두했기 때문에 아픔을 참고 CD를 들을 수 있었다. 약 20분쯤 후 그는 '자신의 온몸'이 호흡하는 것을 느끼게 되었고, 온몸 호흡이라는 특이한 느낌에 완전히 집중하고 있음을 알게 되었다. 그는 "와! 이거 대단한데!"라고 외쳤다. 그는 특별한 뭔가를 깨달았다. 통증이 전혀 느껴지지 않았다. 필은 그 주 동안 매일 바디 스캔을 할 때마다 그런 느낌을 느꼈다. 다음 주 스트레스 완화 클리닉에 참여했을 때 그는 희열에 들떠 있었다.

두 번째 주에는 지난주의 경험과는 정반대였다. 뭘 해도 효과가 없었다. 그는 매일 CD로 바디 스캔을 수련했지만 통증은 나아지지 않았다. 그는 지난주에 경험했던 그 느낌을 되찾을 수가 없었다. 나는 그에게 당신이 지난주의 기분 좋았던 느낌을 다시 느껴보려고 지나치게 애를 쓰고 있는 것 같다고 조언했다. 아마도 좋은 느낌을 다시 느끼기 위해 고통을 없애고자 자신의 고통과 싸우고 있었던 것 같다. 그는 내 조언을 확인해 보기로 하고 집으로 돌아갔다. 그는 바디 스캔을 하는 동안 무엇이 일어나든 그대로 내버려 둘 뿐 어떤 결과를 얻으려고 애쓰지 않았다. 그 후로는 모든 것이 더 순조로웠다. 고통과 싸우려는 생각을 멈추자 바디 스캔에 집중할 수 있었고 평온해졌다. 집중력이 깊어질수록 통증이 사라진다는 사실도 발견하였다. 45분의 바디 스캔이 끝날 때쯤에는 평균 40~50% 정도의 통증이 줄어들었고 어떤 때는 더 많이 줄기도 했다.

조이스는 다리에 암 종양이 발견되어 이를 치료하는 중에 주치의의 추천으로 스트레스 완화 클리닉에 찾아온 환자다. 당시 그녀는 50세였다. 그녀의 남편은 2년 전 식도암으로 사망했는데 실로 끔찍하고 고통스러운 죽음이었다. 그런데다 그날 조이스의 어머니도 돌연 사망했다. 조이스의 병은 남편을 보살피고 있을 당시에 시작되었다. 오른쪽 넓적다리를 타고 내려가는 심한 통증의 빈도가 점점 잦아져 몇몇 의사에게 자문을 구했지만 그들은 별로 심각하지 않은 정맥류거나 단순한 노화 현상일 거라고 했다. 남편과 어머니가 사망한 지 2년이 된 어느 날 그녀는 아들을 데리고 크리스마스 트리를 사러 갔다가 대퇴골이 부러졌다. 수술을 받는 중에 형질세포종이라는 종양이 발견되었는데 이미 이 종양이 막 부러진 뼈 부위를 잠식해 들어온 상태였다. 의사들은 종양 부위를 제거하고 인공 뼈로 제거된 부위를 재건했다. 수술을 받는 동안 출혈이 심했기 때문에 의사는 그녀의 자녀들에게 그녀가 살아날 수 있을지 장담하기 어렵다고 말했다. 그러나 그녀는 견뎌 냈다. 그 후 그녀는 6주간의 방사선 치료를 받았고, 곧바로 스트레스 완화 클리닉으로 보내졌다.

조이스는 첫 수업에서 CD를 받아 집으로 왔다. 그녀는 수업 시간에 지시받은 대로 모든 것을 그대로 행하고, 실제로 몰입해 볼 것이라고 스스로 다짐했다. 그녀는 처음으로 바디 스캔을 했는데, 이때 그녀는 '무언가 색다른 매우 강렬한 경험'을 했다. 그녀는 침묵 속에 몸을 길게 뻗고 누워 있으면서 CD가 거의 끝나갈 즈음에 이런 기분을 느꼈다. 그 당시 그녀는 자신에게 "오! 이거야말로 바로 신이라는 것이군."이라고 말했다. 그녀는 "아무것도 아닌 것 같으면서 동시에 모든 것처럼 느껴졌다. 그것은 지금까지 내가 신으로 생각해 왔던 어떤 사람도, 어떤 것도 아니었다."라고 그 느낌을 설명했다.

조이스는 이 느낌을 10년이 지난 지금도 기억했다. 그리고 이 느낌이 뼈 이식을 교정하는 여러 차례의 수술, 골반 교체, 심각한 가족 스트레스 등을 겪어야 했던 매우 힘든 시기를 살아 낼 수 있게 해 주었다고 말했다. 그녀는 명상수행 덕분에 보통 5년 안에 다발성 골수종으로 전이되는 형질세포종이 차도를 보인 것이라 확신했다. 그녀의 암 주치의는 지금까지 이렇게 오랫동안 형질세포종이 다발성 골수종으로 전이되지 않은 사례를 본 적이 없다고 하였다. 그는 명상이 조이스의 암에 차도를 가져온 주 원인인지 확신할 수는 없지만, 왜 이 병이 더 진행되지 않았는지도 확실히 알지 못한다고 하였다. 이유야 어떠하든 그는 이 결과에 대해 매우 다행스럽게 생각했으며 이 상태가 계속 지속되기를 희망했다. 그래서 그는 조이스가 마음과 몸의 조화를 유지하는 데 도움이 되는 어떠한 긍정적인 것을 하는 것에 대해서도 지지해 주었다.

필과 조이스는 바디 스캔을 통해 곧바로 강렬한 경험을 한 사람들이다. 다른 사람들은 약간의 이완이나 관점의 변화를 체험하는 데도 여러 주가 걸리기도 한다. 그러나 경험에 관해 얘기 나누다 보면 대부분의 사람이 첫 두 주 동안 규칙적으로 바디 스캔을 훈련하면서 그렇게 극적이지는 않더라도 수면 아래서 긍정적인 무언가가 동요하는 것을 발견하게 된다. 때때로 이러한 긍정적 동요는 요가로 넘어가기 전까지는 온전하게 나타나지 않기도 한다. 요가를 통해 보다 적극적으로 신체를 사용하게 되면서 바디 스캔 작업을 하던 두 주 동안 의식 밑에서 서서히 진행되어 온 관점의 변화가 촉발될 수 있다.

궁극적 치유의 과정은 사람에 따라 세부적으로는 약간씩 차이가 있다. 치유란 언제나 고유하면서 깊은 개인적 경험이다. 건강하든 질병이 있든 우리 각자는 나름의 독특한 삶의 상황을 경험해 왔고, 또 이를 극복해 왔다. 자기탐색과 자기탐구의 정신으로 수행되는 명상수행은 인생의 온갖 골칫거리를 직면하고 감싸 안고 그 속에서 그것을 다루는 우리의 능력을 바꾸어 줄 수 있다. 이 변화를 생활에 적용하기 위해서는 명상실천을 적용하겠다는 확고한 책임감이 있어야 하며, 명상이 당신의 것이 되어 당신의 삶과 요구에 적합해져야 한다. 당신이 택한 특정한 명상 방법은 당신의 고유한 삶의 상황이나 성격적 기질에 의해 달라질 수 있다.

여기에 당신의 상상력과 창의성이 개입한다. 우리가 앞에서 본 것처럼 명상수행은 무엇보다도 존재의 방식이다. 명상은 치유 기법의 집합이 아니다. 치유는 '존재의 방식'을 따를 때 수행을 통해 나타난다. 만약 명상을 무언가 얻기 위해—비록 그것이 전체성이더라도—한다면 치유 효과는 잘 나타나지 않을 것이다. 이런 관점에서 보면 당신은 이미 전체이고, 당신은 이미 모든 것을 갖추고 있는데 더 이상 무엇을 얻으려고 노력할 필요가 있단 말인가? 필요한 것은 존재의 영역에 들어가서 알아차림과 함께 그 전체성 안에 머무는 것이다. 이것이야말로 치유의 근본이다.

스트레스 완화 클리닉에서 환자들이 자신의 삶에 다양한 방식으로 마음챙김 수련을 적응시켜 나가면서 다양한 효과를 경험하는 것을 보면 항상 놀랍다. 그 효과는 전혀 예측할 수 없다. 그 때문에 당신은 특별한 결과를 얻으려는 집착을 내려놓고 최선을 다해 마음챙김 수련에 전적으로 매진해야 한다. 어떤 결과를 기대하고 MBSR에 들어왔더라도 말이다.

대부분의 사람은 마음의 평화를 얻고자 클리닉을 찾아온다. 그들은 이완하는 방법을 배워서 스트레스와 고통을 더 효과적으로 다루고 싶어 한다. 그러나 그들은 처음에 기대했던 것보다 훨씬 많은 것을 얻어서 떠난다. 예컨대, 헥타는 푸에르토리코 출신 레슬러인데, 처음 이곳에 왔을 때는 잦은 분노 폭발 문제를 가지고 있었고, 그때마다 가슴에 통증을 느꼈다. 하지만 8주 수련이 끝날 무렵에는 가슴 통증과 분노 둘 다를 조절하고 통제할 수 있는 방법을 찾았고 전에는 전혀 몰랐던 깊은 곳에 있던 온화한 성향을 발견하게 되었다. 정육점 주인인 빌은 아내가 여섯 명의 아이를 남겨 놓고 자살한 후 정신과 의사의 권유로 클리닉에 왔다. 빌은 이제 채식주의자가 되었으며 최근 나에게 이렇게 말했다. "박사님, 명상 수행이 깊어지니 이제는 거짓말도 할 수 없게 됐어요." 그는 요즘은 스스로 명상 그룹을 만들어 운영하기 시작했다.

에디스는 숨이 가쁜 증상을 다스리기 위해 호흡 재활 프로그램에서 마음챙김 명상법을 배웠다. 그녀는 자신에게 맞도록 수련 방법을 적용했고, 몇 년 후 호흡 재활 수업을 같이 들었던 동기 모임에서 자신의 명상 경험을 얘기했다. 그녀는 백내장 수술을 하는 동안 폐질환 때문에 마취를 할 수 없어서 의사들이 그냥 주사바늘을 눈에 찔렀을 때, 통증을 다스리기 위해 어떻게 명상을 사용했는지를 자랑스럽게 이야기하였다.

헨리는 불안, 심장병, 고혈압 등으로 MBSR에 왔는데, 프로그램 4주차 주에 위궤양으로 인해 갑자기 피를 토하는 사건이 일어났다. 그는 곧 죽을 것이라 생각하고 중환자실로 갔는데 팔과 코에 튜브를 꽂고 침대에 누워 있으면서 호흡명상을 하였더니 곧 안정을 되찾을 수 있었다.

네트는 중년의 회사원으로 2주 전에 직장에서 해고되었다. 그는 심한 고혈압을 앓고 있어서 약을 먹어도 효과가 없는데다 부인이 맹장 수술 시 수혈 잘못으로 에이즈에 감염되어 죽은 후 자신도 HIV 바이러스에 양성 반응을 보이면서 극도의 스트레스 상태에 빠졌다. 그가 이렇게 상태가 좋지 않았기에 스트레스 완화 프로그램에 확실하게 등록할 수 있도록 1차 진료병원의 간호사가 직접 그를 데리고 왔다. 8주 후 네트의 혈압은 정상으로 돌아왔고 나쁜 기분도 다스릴 수 있게 되었고, 외아들과의 관계도 좋아졌다. 심각한 상황과 상실감에도 그는 삶을 더 낙관적으로 보게 되었다.

에드워드는 젊은 에이즈 환자였다. 그는 MBSR 프로그램을 마친 후 지난 6개월간 단 하루도 빠뜨리지 않고 명상을 실천했다. 이제 그는 더 이상 일할 때 신경질적인 발작을 보이지 않았다. 골수검사를 할 때도 호흡을 이용해 통증의 공포를 내려놓을 수 있었다. 마음챙김 수련이 가져온 이 같은 결과는 전혀 예상치 못한 것들이지만 모두 명상수련의 직접적인 결과물이다.

앞으로 더 많이 보겠지만 명상수련을 삶의 한 부분으로 삼으려면 건강에 직간접으로 좋게 혹은 나쁘게 영향을 미치는 특정 행동과 삶의 습관에 주의를 주어야 한다. 다이어트와 운동, 흡연과 알코올 또는 약물남용 같은 건강 습관, 적개심과 냉소와 같은 부정적이고 파괴적인 태도, 각자가 직면한 독특한 스트레스나 온갖 골칫덩어리와 그것들을 다루는 방식 등이 여기 포함된다. 이러한 특정 영역이나 몸에 밴 습관에 대해 알아차림을 개발하면 존재의 영역에 규칙적으로 머무름으로써 자연스럽게 발전하게 되는 변화의 과정이 촉진된다.

우리가 여기서 사용하는 '치유(healing)'란 말은 보통 '치료

(curing)' 와도 바꾸어 사용되기도 하지만 의미가 다르다. 하지만 두 단어가 서로 완전히 다른 것을 의미할 때 둘을 구분하는 것은 중요하다.* 다음 장에서 보겠지만, 만성질환이나 스트레스 관련 질병에 대한 완벽한 치료법은 거의 없다. 스스로 치료한다거나 치료할 수 있는 이를 발견하는 것은 가능하지 않을 수도 있지만, 현재 자신에게 존재하는 조건과 함께 살고 함께 일하는 것을 익혀 자기 스스로를 '치유' 하는 것은 가능하다. 치유는 전체성의 눈으로 보는 것을 배우면서 질병, 장애 또는 죽음과도 다르게 관계를 맺을 수 있는 것을 의미한다. 앞에서 본 것처럼 치유란 열린 의식의 광대함 안에 들어가 기거하는 기본 기술을 훈련하여 깊은 생리적 · 심리적 이완 상태를 경험하고, 두려움과 한계, 취약성을 더 큰 수용 안에서 바라볼 수 있게 됨으로써 가능해진다. 비록 당신의 몸이 암, 심장병, 에이즈에 걸려 있고 심한 통증이 있으며, 얼마나 더 오래 살지, 앞으로 어떤 일이 일어날지 모르더라도 명상하는 동안 잠깐의 고요한 정적을 느끼는 순간 당신은 이미 전체로 존재하며 당신의 이런 존재 속에서 이미 온전함을 실감할 것이다.

전체성은 누구나 경험할 수 있다. 만성질환이나 스트레스 관련 문제를 가진 사람도 가능하다. 전체성을 경험하는 순간, 즉 자신의 존재 영역과 연결되는 순간은 질병이나 고통스런 문제보다 훨씬 더 뚜렷한 존재감을 갖게 되고, 질병과 아픔을 받아들이기 훨씬 더 좋은 위치에 있게 된다. 따라서 당신이 일정 기간 명상을 한 뒤에

* 불어처럼 둘을 구분하지 않고 쓰는 언어도 있다. 치유와 치료 둘 다를 의미하는 'guérir' 라는 한 단어가 있을 따름이다.

'여전히' 통증, 심장병, 암, 에이즈가 존재한다고 해서 '실패'라고 생각하는 것은 마음챙김 수련과 MBSR을 완전히 잘못 이해한 것이다. 어떤 특별한 상태나 느낌을 성취하기 위해 명상하는 것이 아니듯 우리는 어떤 것을 없애기 위해 명상하는 것이 아니다. 지금 건강하든 불치병에 걸렸든, 자신이 얼마나 오래 살지는 아무도 모른다. 삶이란 오직 순간으로 펼쳐질 뿐이다. 마음챙김 명상의 치유력은 다음 순간에 무슨 일이 일어나든 열린 마음으로 그 순간을 있는 그대로 수용하면서 가능한 한 온전하게 매 순간을 살아가는 것에서 온다.

역설적이게도 이 같은 방향 전환과 의식의 변화는 모든 것을 변화시키는 힘을 가지고 있다. 수용은 수동적 체념이 아니다. 절대 아니다. 수용은 상황을 읽고, 느끼고, 그것이 아무리 끔찍하다 해도 할 수 있는 한에서 완전하게 알아차려 끌어안는 것이다. 그 상황을 좋아하거나 싫어하거나 상관없이, 또 그 상황이 달라지기를 원하는가에 상관없이 모든 것은 그 자체라는 것을 깨닫는 것이다. 그러면 우리는 의도적이든 직관적이든 현재의 순간과 더 현명한 관계를 선택할 수 있다. 필요하거나 가능할 때는 행동을 취할 수도 있다. 모든 것은 항상 변한다는 것을 기억하고 단지 고요하게 있을 수도 있다. 열린 의식의 광대함 안에 있는 우리의 마음, 태도, 능력 모두가 상황을 이해하게 하고 치유 과정에 바탕이 되는 것들을 받아들일 수 있게 한다. 무위(non-doing)는 그 자체가 강력한 행위다.

유방암에 걸린 한 여성이 어느 날 명상을 하던 중 자신이 암 자체는 아니라는 통찰을 얻었다. 자기는 완전한 사람이며 암은 자신의 몸 안에서 진행되고 있는 한 과정에 불과하다는 것을 생생하게 느꼈다. 이런 통찰을 얻기 전 그녀는 삶을 질병에 동일시하여 자신이 '암 환자'라는 사실에 사로잡혀 있었다. 그녀는 자신이 암 자체가 아니라는 사실을 통찰한 후부터 훨씬 자유로워졌다. 자신의 삶에 관해 보다 명백하게 생각할 수 있었으며 암에 걸렸다는 것을 오히려 더욱 성장, 발전하고 보다 잘 살아갈 수 있는 기회로 활용할 수 있다고 생각했다. 그녀는 모든 순간순간의 삶을 가능한 한 충실하게 살아가고자 했고, 암에 걸렸다고 자신을 비난하거나 동정하기보다는 삶을 돕는 데 활용하기 위해 치유의 단계, 그녀를 제약하는 정신적 경계를 녹여내는 단계, 있는 것을 그대로 받아들이는 단계를 설정하였다. 그녀는 이러한 단계적 조치가 암 그 자체에 영향을 미치기를 희망하긴 했지만, 그렇다고 해서 종양이 줄어들거나 좀 더 오래 사는 것이 보장되는 것은 아님을 이해했다. 그녀가 보다 깨어 있는 삶에 몰두하려고 한 것은 이런 이유에서만은 아니었다. 삶이 어떻든 가능한 한 충실히 살고자 했기 때문에 그러한 선택을 한 것이었다. 동시에 마음챙김 수련을 통한 심신의 완전한 통합이 질병 과정에 긍정적인 영향을 줄 가능성에 대해 여전히 열려 있기를 원했다.

마음이 실제로 최소한 몇몇 질병의 진행 과정에 영향을 미칠 수 있다는 증거가 계속 보고되고 있다. 심리신경면역학(psychoneuroimmu nology: PNI)이라 부르는 완전히 새로운 분야가 등장했고, 그 분야의 연구는 감염과 질병에 대항하는 우리 몸의 강력한 방어

기제인 면역체계가 우리의 건강을 유지하기 위해 진공에서 작동하는 것이 아니라는 것을 보여 주고 있다. 심리신경면역학이라는 말 자체가 시사하는 것처럼 면역체계는 모든 신체 기관을 통합하는 뇌와 신경계통에 의해 부분적으로 조절된다. 그리고 당연히 뇌와 신경계통이 마음의 활동을 가능하게 한다. 따라서 뇌와 면역체계는 중요하게 연결되어 있고, 그 연결을 통해 정보가 양방향으로 흐르게 된다. 다시 말해 뇌가 면역체계의 기능에 영향을 줘서 이를 조절하는 동시에 면역체계의 상태 또한 특별한 방식으로 뇌에 영향을 줄 수 있다. 이 연결성의 발견은 오늘날의 과학이 우리의 사고, 정서 그리고 삶의 경험 등이 질병에 대한 취약성과 저항성에 영향을 줄 수 있는 생물학적 경로와 기제를 설명하는 타당한 작동 모델을 제시할 수 있음을 시사한다.

최근 많은 연구가 암과 감염에 대항하는 신체의 방어기제인 면역체계의 활동에 스트레스가 영향을 미칠 수 있음을 보여 주고 있다. 오하이오 주립 의과대학의 재니스 키어콜트 글레이저(Janice Kielcolt-Glaser)와 론 글레이저(Ron Glaser) 박사는 스트레스 정도에 따라 자연살상(NK)세포의 활동이 감소했다 증가했다 하는 것을 살펴보았다. 시험기간 동안 의과대학생들의 자연살상세포 활동과 기타 면역 기능이 시험을 치지 않는 기간에 비해 감소했다. 또한 연구자들은 외로움, 별거, 이혼, 치매 배우자를 돌보는 일 모두 면역 기능을 감소시켰고, 여러 이완 기법과 대처법이 면역체계를 보호하거나 활성화시킨다는 것을 보여 주었다. 자연살상세포의 활동성으로 측정된 이 같은 면역 기능은 암과 바이러스성 감염에 대한 신체의 방어기제에서 중요한 역할을 담당하는 것으로 여겨진다.

MBSR 훈련과 면역 기능 증진 간의 연관성을 보여 주는 연구도 있다. 우리는 위스콘신 대학교의 리처드 데이비슨(Richard Davidson) 및 그의 동료들과 함께 MBSR의 효과를 검증하는 공동 연구를 했다. 질문지를 통해 참가자들의 심리적 웰빙을 측정하였고, 인플루엔자 백신에 대한 면역 반응뿐만 아니라 EEG를 사용해서 전전두피질에서의 전기적 활동을 살펴보았다. 스트레스 수준이 높은 기업체의 건강한 직원 집단을 대상으로 한 연구에서, 8주간 MBSR 훈련을 받은 직원 집단이 MBSR 프로그램을 받지 않은 통제집단보다 독감 바이러스에 대한 항체 반응이 유의하게 더 높았다. 또한 면역 반응은 피험자들이 뇌 활동에서 보인 변화의 양과 상관이 있었다. MBSR 집단에서 뇌 활동이 우반구에서 좌반구로 더 많이 이동한 사람일수록 독감바이러스에 대한 항체 반응이 더 강하게 나타났다. 좌반구가 더 많이 활동한다는 것은 정서 반응성이 덜하고 정서적 탄력성이 더 크다는 의미다. 통제집단에서는 그런 관계가 발견되지 않았다.

로체스터 의과대학의 심리학자 로버트 아더(Robert Ader)와 면역학자 니컬러스 코헨(Nicholas Cohen) 박사에 의해 1970년대 중반부터 시작된 일련의 주목할 만한 실험들이 PNI에 관한 연구와 흥미를 유발시키는 데 크게 기여를 했다. 아더와 코헨은 뇌와 면역체계 간에 부정할 수 없는 놀라운 연관성이 있음을 보여 주는 기발한 실험을 설계했다. 그들은 쥐를 사용하여 면역 억제가 심리적으로 조건화될 수 있다는 사실을 보여 주었다. 쥐에게 사카린처럼 달콤한 맛이 나는 화학물질과 면역 억제 약물을 짝지어서 제공한 후 나중에 면역 억제 약물 없이 사카린 용액만 단독으로 주어도 여전히 면역 억제가 나타났다. 이 결과는 쥐의 몸이 면역 억제 약물과 함께 주어졌던 사카린 맛에 대한 반응으로 면역 기능 억제를 학습했음을 나타낸다. 통제 조건의 동물은 이러한 조건 반응을 보이지 않았다. 이는 이 동물의 면역 기능이 신경계에 의해 매개되는 심리적 학습에 영향받았다는 사실을 시사한다.

동물에게 통제할 수 없는 스트레스를 경험시키면 면역 기능이 손상되어 암과 종양 성장에 대한 저항력이 감소된다는 실험 결과가 최근 들어 많이 제시되고 있다. 사람을 대상으로 한 최근의 연구에서도 스트레스, 무력감, 면역 기능의 손실, 암과 같은 질병의 발생 간에 흥미로운 관련이 있음을 보여 주고 있다. 궁극적으로 미래 연구에서 다루어야 할 중요한 질문은, 마음이 특정 질병의 치유에 얼마나 영향을 미칠 수 있는가 하는 것이다. 라이프 스타일 변화를 통한 간접적 영향뿐만 아니라 면역체계의 기능과 뇌 자체에 직접 작용하는 방식으로 영향을 줄 수 있을지 말이다. 하지만 그런 연구에서 특정한 면역체계의 변화가 어떤 의미인지를 해석하는 데는 주의가 필요하다. 왜냐하면 여러 연구에서 관찰된 많은 변화가 어떤 특정 질병 과정이나 질병의 변화에 직접적으로 연관된다는 확고한 증거가 아직 없기 때문이다. 동물 연구와 인간 연구 둘 다에서 다양한 유형의 만성 스트레스가 면역 기능을 억제하고 다양한 감염원에 대한 민감도를 높인다는 결과를 얻기도 했지만, 다른 연구에서는 스트레스가 실제로 면역 반응을 억제하기보다 증진시키는 걸로 나타나기도 했다. 따라서 그 과정을 정확하게 밝히기 위한 후속 연구가 필요하다.

1998년에 우리는 잘 알려진 질병의 치유에 마음이 직접적인 영향을 갖는지를 살펴본 연구 결과를 보고했다. 매사추세츠 의과대학 피부과의 제프리 버나드(Jeffrey Bernhard) 박사 연구팀과 함께 자외선 치료를 받고 있는 건선 피부병 환자들을 대상으로 연구하였다.* 건선은 피부 세포의 증식 속도가 빨라져서 피부가 비늘로 덮이는 질병이다. 이 병의 원인은 아직 불분명하고 현재로서는 치료법도 없다. 우리가 아는 것이라고는 이 병의 증세가 다른 요인과 더불어 스트레스와 상관이 있다는 것이다. 비늘은 완벽하게 사라지기도 하는데 그러다가 다시 재발한다. 건선은 피부 상피층에서 제어할 수 없는 세포 증식이 일어나는 질병이다. 암은 아니지만 피부암과 유사한 증식이 나타난다. 이런 이유로 건선이 작동하는 방식에 대해 더 많이 이해할 수 있다면 의학적 의미가 매우 클 것이다. 이것은 확실히 우리가 관심을 가지고 있는 질문, 즉 마음이 실제 치유 과정에 영향을 줄 수 있는가라는 질문을 연구하기 위한 훌륭한 모델이 된다.

일반적인 건선치료법은 광선치료로 알려진 자외선 처치다. 특정 주파수대의 자외선(UVB)을 사용해서 피부를 뒤덮는 비늘을 이

2) Kabat-Zinn J, Wheeler E, Ligh, T, et al. Influence of a mindfulness meditation-based stress reduction intervention on rates of skin clearing in patients with moderate to severe psoriasis undergoing photogtherapy(UVB) and photochemotherapy(PUVA). *Psychosomatic Medicine*. 1998;60:625-632.

루는 세포 증식을 둔화시키는 것이다. 더 강력한 치료가 필요하다면 이따금 자외선과 함께 소랄린(psoralin)이라는 약을 체계적으로 사용한다. 그런 다음 다른 주파수대의 자외선(UVA)을 사용한다. UVA에 노출되면 피부에 바른 소랄린이 활성화되어 피부 세포의 분열을 막아 피부를 깨끗하게 만든다. 이 치료법을 광화학 치료라 부른다. 연구에서 환자들은 광선 치료나 광화학 치료 중 하나를 받았고 우리는 환자들을 유심히 살폈다. 두 경우 모두에서 환자들은 거의 벌거벗은 채 공중전화 부스처럼 생긴 원통형 조명 상자 안에 약 10분 정도 자외선을 쪼이며 서 있어야 했다. 조명 상자의 벽에는 머리부터 발끝까지 자외선 전구가 설치되어 있다. 치료는 보통 일주일에 3번, 4개월 동안 받았다. 피부가 타지 않도록 처음에는 매우 짧게 시작해서 점차 시간을 늘렸다. 피부가 완전히 깨끗해지는데 꽤 오랜 치료가 필요할 수 있다.

이 연구에서는 자외선 처치를 받을 37명을 무선적으로 두 집단으로 나눴다. 한 집단은 조명 상자 안에 있는 동안 오디오 프로그램의 지시에 따라 마음챙김 명상을 수련했다. 호흡, 신체 감각, 소리, 생각, 정서를 마음챙김했다. 치료를 받는 횟수가 거듭되면서 명상집단 피험자에게는 자외선이 세포 분열을 담당하는 '기계장치를 방해해서' 피부 세포의 성장 속도를 늦추는 이미지를 시각화하도록 격려했다. 또한 20번째 치료 회기 후에는 원한다면 지시문 없이 하프로 연주된 명상 음악을 들으며 마음챙김 수련을 할 수도 있었다. 비교 통제집단 사람들은 마음챙김 수련이나 음악 청취 없이 표준적인 광선 치료를 받았다.

비록 이 연구 설계에 결함이 있긴 하지만, 이전 실험적 연구 결과를 반복해서 보여 줬고 확장했다. 연구 결과에 따르면 치료가 끝났을 때 명상을 수행한 환자의 피부가 통제집단에서 광선 처치만 받았던 환자의 피부보다 대략 4배 정도 깨끗해졌다. 이 결과는 환자들이 받은 처치가 광선 치료든지 광화학 치료든지 상관없이 동일했다. 조명 상자 안에 가장 오래 있었던 경우가 12분 정도였고, 따라서 비교적 짧은 시간의 명상만으로 이런 결과를 얻었다는 것은 더 놀라운 일이다. MBSR 참여자들과 달리 건선 연구 참여자들에게는 명상 CD를 집에 가져가서 따로 훈련하거나 치료받을 때가 아닌 다른 시간에 명상하는 것을 금지했었다. 연구에서 이같이 극적인 개선이 나타났다는 사실은 마음챙김이 비교적 짧은 시간의 수행을 통해서도 여러 가지 몸-마음 요인에 긍정적인 영향을 줄 수 있는 힘을 가지고 있음을 보여 주는 것이다. 심지어 잠깐의 마음챙김 수행도 매우 유익하다. 우리는 제23장에서도 실험실에서 유도한 고통에 관한 연구에서 짧은 명상 수행의 유사한 효과를 보게 될 것이다.

건선 연구의 발견은 다른 연구자들이 재검증할 때까지는 여전히 예비 단계이긴 하지만, 수많은 흥미로운 시사점을 제안한다. 가장 분명한 것은 마음이 치유 과정에 적어도 어떤 상황에서는 긍정적으로 영향을 줄 수 있다는 것이다. 하지만 우리는 그 과정에 마음챙김 수행 자체가 중요한 작용을 했다고 확실하게 말할 수는 없다. 왜냐하면 명상집단과 통제집단에서 마음챙김을 제외한 모든 조건을 동일하게 조작했어야 했는데 그러지 못했기 때문이다. 명상집단에는 음악이 포함되었고, 광선 노출에 대한 반응으로 피부가 깨끗해진다는 시각화 작업도 포함되었다. 통제집단은 음악을 포함해서 어떤 음향 프로그램도 없었다. 하지만 여전히 이 결과는 마음의 어떤 차원이 피부의 치유를 가속하는 데 중요한 역할을 했음을 시사하고 있다. 이제 우리는 뇌가 몸의 염증 과정에 영향을 주고, 건선에 중요한 역할을 하는 후생 면역 요인에도 영향을 미칠 수 있다는 것을 알기 때문에 마음의 효과가 유전자 발현과 세포 면역 활동에 여러모로 작용할 수 있다는 것 역시 개연성이 있어 보인다. 이는 추후 연구가 설명해야 할 생산적인 분야다.

우리 연구는 명상집단이 통제집단보다 더 빨리 피부가 깨끗해졌다는 의미에서 경제적이기도 하다. 명상집단은 더 적은 처치로 효과를 봤고, 그 결과 비용 부담도 적었다. MBSR이 대대적인 참여의학의 일례인 것처럼 이 연구 역시 환자 자신이 건강하고 행복한 삶을 살고자 적극적으로 참여한다는 점에서 참여의학의 대표적인 예로 볼 수 있다. 또한 명상수행을 의학적 처치 절차 자체에 바로 통합한다는 점에서 통합의학의 한 예이기도 하다. 게다가 자외선이 피부암(기저세포암) 위험 인자이기 때문에 건선 치료에 필요한 처치의 수가 줄어드는 것은 광선치료 처치와 연관된 내재적 위험을 감소시키는 효과도 있다.

마음-몸 연결과 치유는 언론에서도 많은 주목을 받고 있다. 마음-몸 접근, 특별히 마음챙김에 관해서 신경과학, 건강심리 및 심리신경면역학 분야에서 수많은 연구가 쏟아져 나오고 있다. 이들 연구 결과를 접한 많은 암이나 에이즈 환자가 스트레스를 통제하고자 명상을 배우려고 한다. 그들은 명상을 통해 삶의 질을 개선하고, 면역체계를 활성화시켜 효과적으로 질병을 이겨 낼 수 있을 것이란 기대를 갖는다. 그러나 명상과 특정한 시각화 훈련이 면역 기능에 유의한 영향을 미치고 치유를 촉진할 수 있다는 것이 충분히 가능한 일이긴 하지만, 현 시점에서 아직 증명된 것은 아니다.

우리의 경험에 비춰 볼 때, 명상이 면역체계를 강화할 거라는 강렬한 기대를 품고 MBSR 훈련에 참가하는 사람은 실제로 그 생각이 치유에 심리적 · 신체적으로 장애물로 작용할 수 있다. 다시 말해, 면역체계가 자신이 원하는 방식으로 반응하게 만드는 데 너무 집착하면, 그 목표가 정상적이고 가치 있는 것이라 해도 어떤 목표 지향성에 의해 명상 실천의 성질이나 정신이 방해받을 수 있고 이 때문에 도움을 주기는커녕 오히려 문제를 일으킬 수 있다. 명상의 본질이 무위(無爲, non-doing)라면 당신이 원하는 것을 얻으려고 명상을 하는 것은 우리 관점에서 볼 때 치유의 기초인 전체성을 직접 체험하게 하는 놓아 주기와 수용의 질을 왜곡시키고 손상시킬 수 있다. 궁극적으로 명상이 질병 과정을 치유하는 신체 능력을 증진시키는 면역 기능에 긍정적 변화를 가져올 수 있다는 것이 밝혀진다고 해도 무위의 자세가 필요한 것이다.

그렇다고 해서 명상이 어떤 특정한 목적을 위해 사용될 수 없다는 것은 아니다. 특정한 시각적 심상화나 목표를 명상수련과 결부시키는 수많은 방법이 있다. 제9장에서 본 산 명상이라든가 조금 전 건선 치유 실험에서 언급한 시각적 심상화라든가 앞으로 언급할 자비명상 같은 것이 바로 이런 예다. 전 세계 모든 명상 전통에서 시각화와 심상화는 마음과 가슴의 특별한 특성을 불러일으키기 위해 사용된다. 사랑, 신, 자비, 평화, 용서, 무욕, 비영속성과 고통에 관한 명상 방법도 있다. 또한 에너지, 몸 상태, 특정 정서, 평정심, 연민, 관용, 즐거움, 지혜, 죽음 그리고 치유 과정에 관한 명상법도 있다. 이러한 수련에서 핵심은 자신의 에너지(氣)에 대한 심상과 구체적인 운용 그리고 주의(attention)다.

그것들 모두는 수련이다. 이를 명심해야 한다. 이러한 수련은 체계적인 훈련과 참여와 함께 항상 '존재의 방식'으로서의 명상이라는 더 큰 맥락에서 수행되어야 한다. 이러한 것들을 어디가 안 좋거나 무언가를 이루고 싶을 때만 이용하는 별도의 기법으로 사용한다면 더 중요한 맥락을 무시하거나 버리는 것이 된다. 사실 우리는 '존재의 방식' 으로서의 명상이라는 더 큰 맥락이 존재한다는 것도 깨닫지 못할 수도 있다. 아무튼 무위의 관점에 내재된 지혜와 힘, 더불어 특정 시각화의 더 심오한 힘을 쉽게 잃어버리거나 간과할 수 있다. 이런 개별적 입장은 지혜롭지 못할 뿐만 아니라 좌절감, 실망 그리고 에너지 낭비만을 되풀이할 뿐이다.

치유를 보다 효과적으로 하기 위해서는 시각화와 심상화를, 무위(無爲)와 애쓰지 않음(non-striving)을 이해하고 존중하는 더 큰 맥락에서 사용해야 한다. 그렇지 않으면 시각화의 실천이 너무도 쉽게 명상에서 갈망적 사고로 전락해 버려 마음챙김 명상수련 그 자체의 본질적 치유력과 지혜가 발현되지 못하거나 미묘한 형태의 목표 추구로 바뀔 수 있다. 비록 명상이 여러 임상연구에서 혈압을 낮춘다는 사실을 보여 주었지만 혈압을 낮추기 위한 목적으로 명상을 하는 것은 현명하지 못하다. 이렇게 하면 명상이 기계적인 것이 되고 성공이냐 실패냐에 초점을 맞추게 된다. 우리는 그저 정기적으로 명상을 수련하고 혈압은 그냥 내버려 두는 것이 훨씬 더 효과적이라고 믿는다.

명상을 어떤 특정한 목표를 위한 수단이 아니라 존재의 방식으로 수련한다면, 이러한 더 큰 맥락에서 특정한 관심 영역에 특수한 시각화를 사용하는 것이 매우 도움이 될 수 있다. 단순히 매 순간 알아차림을 수련하는 것과 비교해서 특수한 시각화를 사용하는 것이 치유 과정에 상대적으로 얼마나 중요한 역할을 하는지를 판단하기에는 아직 연구가 충분하지 않다. 앞서 소개한 건선 실험은 이러한 유형의 연구로 발전할 수 있을 것이다.

MBSR에서의 경험으로 볼 때 혈압, 특정 증상이나 면역계가 어떠한가에 집착하기보다 명상수행에서 적극적으로 무위(無爲)를 개발해 나갈 때 증상 완화와 관점의 변화가 더 잘 나타난다.

우리는 스트레스 완화 클리닉에 온 환자들에게 그들이 고혈압이 있든 암이나 에이즈에 걸렸든 이완하고 평온해지는 법을 배우기 위해서 오는 것처럼 혈압을 통제하거나 면역 기능을 키우기 위해서 오는 것도 좋다고 말한다. 그러나 일단 그들이 이 프로그램에 참여하기로 결정하면 우선은 자신의 목적을 내려놓고 단지 프로그램 그 자체를 수련해야 한다. 그런 후에 혈압이 내려간다든가 자연살상세포나 T세포의 수와 활동성이 증가된다거나 통증이 약화된다면 금상첨화다. 우리는 환자 스스로, 특정한 시간에 특정한 생리적 기능을 변화시키거나 개선해야 한다는 느낌 없이 자신의 몸과 마음이 무엇을 할 수 있는지를 실험해 보기를 원한다. 몸과 마음을 평온하게 하기 위해서는 특정 시점에 원하는 어떠한 것도 기꺼이 내려놓고 개방적이고 수용적인 자세로 무엇이든 있는 그대로 수용하고 우리 자신도 있는 그대로 수용할 수 있어야 한다. 이러한 내면의 평화와 수용은 건강과 지혜의 핵심이다.

이상적으로 볼 때 병원은 질병에 대한 의학적 관리를 보완하는 환자의 내적 치유 능력을 인정하고 북돋아 주는 환경이어야 한다. 병원의 이상적이지 못한 조건에서도 많은 의사와 간호사가 이러한 관점을 존중하고 그 안에서 최선을 다하려고 노력하고 있다. 환자 자신이 자신의 건강과 웰빙을 개선시켜 줄 내부 자원을 동원할 창의적 방법을 찾아내는 것은 참여 의학의 중요한 요소다.

우리는 입원 중인 환자가 자신의 치유에 보다 직접적으로 참여하는 데 필요한 자원을 제공해 주기 위해, 또한 바쁘고 격무에 시달리는 의사와 간호사가 환자들에게 줄 수 있는 자원을 제공하기 위해 입원 환자들에게 명상법을 가르치기 위한 TV 프로그램을 개발하였다. 우리의 바람은 침대에 누워 있는 입원 환자도, MBSR 훈련을 위해 스트레스 완화 클리닉에 찾아온 외래 환자들과 유사한 명상 작업에 참여할 수 있도록 하는 것이다.

TV는 대체로 우리의 주의를 산만하게 하거나 빼앗는다. 우리 자신으로부터, 지금 이 순간에서 우리를 멀리 데려가 버린다. 그러나 나는 〈이완의 세계(The World of Relaxation)〉라는 TV 프로그램을 통해 사람과 상호작용하는 TV라는 새로운 방식으로 매체를 활용하려고 시도하고 있는 중이었다.

많은 환자가 병원에 입원해 있는 동안 종종 보지도 않는 TV를

켜 놓은 채 대부분의 시간을 보낸다. 일정한 소음과 영상 세례가 시간을 빨리 가게 해 줄지는 몰라도 삶의 질이나 치유에는 거의 도움이 되지 않는다. 침묵이 더 나을 것이다. 특히 사람들이 침묵에 대해 잘 안다면, 즉 어떻게 침묵을 하는지, 그 순간에 존재하고 평온과 고요함 속에 머물기 위해 자신의 에너지를 어떻게 집중해야 하는지 등을 안다면 더욱 그럴 것이다.

만약 당신이 다른 환자와 함께 입원실을 쓴다면 비록 당신의 TV는 껐더라도 룸메이트가 틀어 놓은 TV 프로를 참고 견딜 수밖에 없다. 심한 통증 환자나 임종을 앞둔 환자가 자신의 실제 삶의 문제에 대한 배경으로 삼류 연속극이나 게임쇼를 억지로 봐야만 한다면 이는 비인간적이고 모멸적이며 사기를 떨어뜨리는 일이다. 이러한 환경은 죽음을 맞이하거나 고통을 경험하는 품위 있는 분위기가 될 수 없으며, 회복과 치유를 위해 노력하는 최상의 조건이 될 수 없다.

〈이완의 세계〉는 벽에 걸려 있는 TV를 이용해 침대에 누워 있는 환자에게 접근하는 방법이었다. 나는 환자들에게 이렇게 제안했다. “자, 당신이 병원에 누워 있는 동안 당신은 그 시간을 이용해서 어떤 근육을 훈련하는 데 관심을 가질 수도 있을 것입니다. 그 근육은 당신이 가지고 있는지조차 모르고 있는 것들인데, 이를테면 주의의 근육, 마음챙김의 근육 그리고 상황이 어떠하든 현 순간과 함께하는 근육입니다. 어떻게 깊은 이완과 웰빙 상태에 체계적으로 들어가고 그 안에 머물 수 있는가를 배우는 데 관심이 있을 수도 있습니다. 이 프로그램에 참여하면 적어도 당신이 경험하고 있는 스트레스, 고통과 불안을 통제하고, 이를 줄여 나가며 나아가

치유 과정 자체를 촉진시킬 수 있을 것입니다."

〈이완의 세계〉는 특별 제작된 TV 프로그램이다. 시각적으로 한 시간 동안 스크린에 내 얼굴만 주로 나오기 때문에 흥분을 일으키거나 오락적인 재미는 없다. 더구나 잠깐 동안 이 프로그램을 소개한 후 시청자들에게 눈을 감으라고 지시하고 나도 눈을 감는다. 대부분의 시간 동안 화면은 내가 눈을 감고 있는 얼굴만을 주로 비친다. 나는 호흡에 마음챙기는 방법, 약간 수정된 바디 스캔법 그리고 환자가 가장 주목해야 할 신체 부위에 호흡을 집중적으로 유도해 가는 방법과 같은 치유 중심의 명상법을 시청자에게 소개하고 가르친다. 조지아 켈리(Georgia Kelly)라는 음악치료사가 작곡하고 연주한 부드러운 하프 선율을 배경으로 지시사항을 들려준다.

당신은 "환자가 눈을 감는다면 왜 TV 프로그램으로 만들었습니까?"라고 물을 수 있다. 그 이유는 비록 영상이긴 하지만 방에 환자에게 관심을 보이는 다른 사람의 이미지가 있다는 것이 신뢰와 수용의 느낌을 줄 수 있기 때문이다. 환자가 프로그램을 따라 하다가 갈피를 못 잡거나 지루해져서 눈을 뜨면 TV 화면에서 누군가가 명상하고 있는 것을 보게 되고, 그러면 아마도 다시금 호흡, 현재의 순간, 하프 소리로 돌아가서 평온과 웰빙 상태로 돌아갈 수 있을 거라 생각한다.

우리는 환자들에게 프로그램에서 나오는 말에 귀를 기울이든 무시하든 원하는 대로 하고 단지 소리 자체, 음과 음 사이의 여백에서 헤엄치는 데 몰두하라고 격려한다. 하프는 성서 시대부터 치유의 악기다. 하프 소리는 오는 곳도 없고 가는 곳도 없는 것처럼 들린다. 하프에는 주된 멜로디나 테마가 있는 다른 음악과는 아주 다르게 영원의 느낌을 주는 깊은 침묵이 있다. 켈리의 사운드 트랙은 특히 명상을 처음 시작하는 사람에게 매 순간 생각, 느낌, 감각 등이 오는 곳도 없이 나타나고 가는 곳도 없이 사라지는 것을 거울처럼 반영하며, 정식 수련으로서 마음챙김을 훈련하기 위한 효과적인 배경을 제공한다.

〈이완의 세계〉는 하루 24시간 동안 일곱 차례 케이블 TV를 통해 병원에서 방영된다. 수십 년간 진행되어 온 일이다. 의사들은 환자들에게 이 TV 프로그램이 통증, 불안, 불면증을 줄이는 데 도움을 줄 수 있고, 이완감과 안녕감을 높이고 병원 생활에서 오는 스트레스를 줄이는 데 도움이 된다고 '처방'할 수 있다. 그렇게 하기 위해서 의사들은 이 프로그램이 방영되는 시간과 사용 방법을 메모한 작은 카드를 환자에게 주고 병원에 있는 동안 하루 두 차례씩 따라하라고 권한다. 우리는 이 명상 프로그램을 매일 규칙적으로 실천한다면 TV에서 제공하는 오락물보다 환자에게 더 좋을 것이라 생각한다. 수년간 명상의 효과를 증명하는 무수히 많은 환자의 얘기를 들었다. 이 프로그램은 현재 미국과 캐나다에 있는 100여 개 이상의 병원에서 구입했으며, 웹(www.betterlisten.com)에서도 이용할 수 있다.

오래전 나는 한 여성을 만났는데, 그녀는 뉴욕 대학교 메디컬 센터에 입원하고 있는 동안 〈이완의 세계〉를 실천했다고 말했다. 우리는 오랫동안 대화를 나누었다. 대화 말미에 나는 그녀에게 이 내용을 글로 써 줄 것을 부탁했다. 다음은 그녀가 경험한 내용을 기술한 것이다.

카밧진 박사님께

"당신에게는 나쁜 것보다 좋은 것이 더 많다."고 언급한 박사님의 말은 두 번에 걸쳐 무시무시한 암 수술을 받는 동안 계속해서 내 가슴에 머물고 있었습니다. 박사님이 TV 프로그램을 통해 우리에게 들려준 수많은 위로의 말이 나를 병중에서도 온전하게 유지하는 데 큰 도움을 주었어요.

밤에 문병객이 모두 돌아가고 혼자가 되면, 나는 이 프로그램을 통해 당신이 제공해 주는 편안함에 의지해 왔기 때문에 TV를 얼른 켰어요. 당신은 두려워하는 사람들에게 인생의 전망을 바꿀 수 있도록 매우 의미 있는 철학을 나에게 가르쳐 주었습니다. 그 점에 대해 너무 감사해요. 이완 기법을 외워서 하려고 많이 노력하였지만 아직도 프로그램의 도움이 필요해요.

병원에 머무는 동안 많은 환자가 당신 목소리에서 위안을 얻고 있었습니다. 병원 복도를 따라 걷고 있을 때면 다른 병실에서 들려오는 프로그램 소리를 들을 수 있었습니다. 고통받는 환자들과 이야기를 나눌 기회가 생길 때마다 나는 그 프로그램을 보라고 권했고 나중에 모두 고맙다는 말을 했어요. (내가 병원에 첫 번째 입원했을 때는 23일간 입원했기 때문에 사람들을 만날 시간이 아주 많았어요.)

최근 받은 수술 때문에 아직도 아프고 여전히 두렵지만, 나는 당신의 도움으로 이 순간 놀랄 정도로 좋아지고 있습니다. 진심으로 고맙습니다.

자비명상

마음챙김과 정성의 치유 에너지를 당신 자신의 몸뿐만 아니라 타인이나 우리의 관계로 돌릴 수 있다. 자신 안에서 다른 사람에 대한 공감, 연민, 사랑의 깊은 감정을 드러내는 과정은 마음과 가슴을 정화시키는 효과가 있다. 그러한 감정 상태를 스스로 느끼게 되면 이것을 타인을 향해 효과적으로 보낼 수 있다. 그렇게 되면 많은 이득이 발생하는데, 십중팔구 당신이 첫 수혜자일 것이다.

우리는 보통 MBSR 6주차 종일명상 프로그램에서 자비명상을 수련한다. 자비명상을 통해 사람들이 친절, 관용, 선의, 사랑, 용서 등의 힘을 맛볼 수 있도록 한다. 자비는 우선 가장 중요한 자기 자신에게 먼저 보낸다. 그 반응은 항상 감동적이다. 기쁨과 슬픔으로 많은 눈물을 흘리게 된다. 이러한 유형의 명상은 많은 사람의 심금을 울린다. 자비명상은 우리 내부에 강력한 긍정적 정서를 개발하고 악의나 원한을 내려놓게 도와준다. 참가자들이 자비명상에서 체험하는 느낌에 관해서는 제8장에서 소개한 바 있다.

자비명상을 수행하기 위해 먼저 호흡 알아차림으로 명상을 시작한다. 그런 다음 의식적으로 자신을 향해 사랑과 친절의 느낌을 일으킨다. 필요하다면 다른 사람에게 완벽하게 수용되었다고 느끼는 순간을 떠올리고 그때의 친절과 사랑의 느낌을 불러들이는 것이 도움이 될 수 있다. 그리고 자신에게 속으로 다음과 같은 간단한 문구들을 말한다. "내가 안이나 밖의 위해에서 자유롭기를, 내가 행복하기를, 내가 건강하기를, 내가 편안하기를." 진정으로 당신의 마음을 이 문구들이 가리키는 방향으로 기울일 때, 이 문구들을 자신에게 말하는 것이 무엇을 일으킬지 상상해 보기 바란다. 무언가를 느끼려고 가장하거나 어딘가에 도달하려고 하지 말고, 잠시만이라도 자비 문구를 진심으로 반복할 때 자신의 내면에 지니고 있는 무엇이 드러나는지 알아보기 위한 실험을 해 보듯이 하기 바란다.

그런 다음 계속해서 자신이 좋아하는 가까운 사람에게 적용한다. 마음의 눈으로 그 사람을 시각화하고 그 사람의 느낌을 마음을 담으며 그 사람이 잘되기를 기원한다. "그가 행복하기를, 그가 고통과 괴로움에서 자유롭기를, 그가 사랑과 기쁨을 경험하기를. 그가 편안하게 살기를." 사랑하는 부모, 자녀, 친구들에게도 같은 방식으로 적용할 수 있다.

다음으로 어떤 이유에선지 혐오감이나 반감이 들어 힘든 사람을 떠올려 본다. 우리에게 심각한 해를 가한 사람은 아니어야 한다. 단지 아주 좋아하지는 않는 사람, 친절하게 대하는 것이 쉽지 않은 사람 정도로 한다. 또다시 의도적으로 그 사람을 향해 친절, 관용, 자비의 느낌을 개발하고, 의도적으로 그 사람에 대한 반감과 혐오의 느낌을 깨닫고 흘려보낸 다음 그 사람도 사랑과 친절을 받을 만하며, 희망과 두려움의 감정을 가지고 있고, 고통과 불안, 괴로움을 느끼는 또 하나의 인간 존재임을 떠올린다.

이어서 당신에게 어떤 식으로건 정말 위해를 가했던 한 사람을 떠올려서 훈련을 계속한다. 이 부분은 항상 선택권이 있다. 그 사람이 당신에게 상처를 주고 다른 이에게 해를 끼쳤던 것에 대해 당신이 그를 용서해야 한다는 의미는 아니다. 결코 아니다. 단지 그 또한 하자가 있긴 하지만 한 인간 존재임을, 그 또한 당신처럼 갈망이 있고, 괴로워하고, 안전과 행복을 바라는 한 인간임을 인정한다. 상처와 분노, 심지어 증오조차도 그것을 가지고 있을 때 그로 인해 고통받는 사람은 오로지 우리 자신이기 때문에 우리를 매우 힘들게 하고 상처 줬던 사람에게 약간의 친절을 보내는 실험을 기꺼이 하여 고통을 표면화해서 그 고통을 우리 자신의 전체성의 넓은 장에 놓아줄 수 있다. 상대방은 이것으로 아무런 이득도 보지 않는다. 하지만 당신이 가지는 이득은 엄청나다. 이 시점에서 이 사람을 의도적으로 용서할지의 선택권도 주어진다. 이 용서의 충동은 자비명상을 지속적으로 수련하면서 자연스럽게 개발될 수도 있고 그렇지 않을 수도 있다. 수련에 누구를 어느 정도까지 포함할지는 순전히 당신에게 달려 있다. 우리가 알게 모르게 다른 사람에게 해를 입혔다면 언젠가는 그 사람을 떠올리고 우리를 용서하기를 기원할 수 있다.

자비수행은 그 사람이 살아 있든 이미 사망했든 관계없이 행할 수 있다. 당신이 용서를 구하거나 용서를 하면 오랜 세월 동안 지녀 왔던 부정적 감정이 일시에 소멸될 수도 있다. 이것은 마음 깊이 이 순간 모든 것을 있는 그대로 받아들여 지난 감정과 상처를 내려놓는 심오한 과정이다. 요가에서 했던 것처럼 자신이 이끄는 대로 어떤 것도 강제로 하지 않도록 주의하면서 그 순간의 한계와 제약을 존중한다면, 이런 방식으로 자비를 기르는 일은 우리를 매우 자유롭게 해 줄 것이다.

수련은 우리가 기꺼이 포함할 수 있는 사람의 범위를 넘어서서 계속될 수 있다. 예를 들어, 세탁소에서 옷을 배달하는 사람이나 통행 요금 징수원 혹은 식당 직원들처럼 정기적으로 보긴 하는데 잘 알지는 못하는 사람에게 자비를 보낼 수 있다. 범위를 더 넓혀서 고통받고 있고, 심한 외상 경험을 했고, 억압받고, 사람들의 친절과 보살핌을 진심으로 필요로 하는 이 세상 모든 곳의 사람들에게 자비의 느낌을 퍼트릴 수 있다. 자비명상은 한걸음 더 나아가 우리 가슴속에서 나오는 자비심이 모든 방향으로 뻗어 나가 사람뿐만 아니라 지구상의 모든 생명체와 생명을 제공하는 지구 자체까지 포함하여 확장될 수 있다.

결국에는 우리 자신의 몸으로 돌아온다. 잠시 호흡으로 되돌아온 후, 어떤 느낌이 나타나든지 부드럽게 감싸고 수용하며 가슴에서 흘러나오는 따뜻함, 관대함, 사랑의 느낌을 알아차림하며, 자비명상의 여운에 머물면서 마치도록 한다.

나는 자비명상 수련을 처음 접했을 때, 좀 낯설고 부자연스럽다고 생각했다. 그리고 마음챙김 수련의 정신과 매우 다르다고 느꼈다. 왜냐하면 명상은 일어나는 모든 정서를 알아차리고 수용하는 것이고 이에 따라 일어나는 모든 자비에 대해서도 그렇게 하는 것이라고 생각했는데, 자비명상에서는 특정 정서를 만들어 내는 것처럼 보였기 때문이다. 나는 마음챙김의 개발이 그 자체로 근본적인 사랑과 자비 행위라고 봤기 때문에 더 특화된 수련법을 추가하는 것은 불필요한 일이고, 이는 마음챙김을 수련하고 있는 사람들을 혼란스럽게 할 거라 생각했다. 마음챙김 자체의 애쓰지 않음과 무위의 정신에 맞지 않는 듯 보였기 때문이다.

내 마음이 바뀐 것은 의도적으로 길러진 자비가 갖는 힘을 보고 느끼면서다. 규칙적으로 수련하면 가슴이 놀랄 정도로 부드러워지는 것을 경험하게 된다. 자신과 타인에게 더 친절해진다. 모든 존재를 친절과 자비로 대하다 보면 설령 분쟁이 생겨도 마음은 또렷하게 볼 수 있고, 가슴이 닫혀서 자기만 챙기다 결국 자기파괴적인 부정적 감정 상태에 빠지는 것을 막아 준다.

구속하는 마음의 습관을 벗겨 내어 없애는 데 수년이 걸리기도 한다. 사람에 따라서는 지혜 수련을 할 때 자기 자신을 대상으로 하는 자기 자비를 시작으로 해서 자비 수련의 부드러움을 갖추는 것이 필요하다. 그렇지 않으면 지혜가 길러지지 않을 수도 있다. 지혜와 자비는 분리된 것이 아니라 서로를 감싸 안고 있기 때문이다. 모든 것이 연결되어 있어서 나와 다른 사람의 절대적 구분도 없기 때문에 자비 없이는 진정한 지혜도 있을 수 없고, 지혜 없이는 진정한 자비도 있을 수 없다.

요약하면, 치유는 치료라기보다는 관점의 전환이다. 치유는 당신의 내재적 전체성과 동시에 당신의 모든 것과의 상호 연결성을 인식하는 것이다. 결국 치유란 당신 내면에서 편안함과 평화의 느낌을 익히는 것이다. 이미 살펴봤고 앞으로 더 살펴보겠지만, MBSR 수련의 기초가 되는 이러한 존재의 방식은 여러 증상을 극적으로 개선시켜 줄 뿐만 아니라 건강과 웰빙을 증진시키는 능력도 새롭게 얻게 해 준다. 심지어 이 중대한 전환을 관장하는 뇌조차 변화시킬 수 있다.

14

의사, 환자 그리고 사람들: 건강과 질병에 대한 통합적 조망으로의 변화

과거 15년 동안 기초과학 분야에서 이루어진 매우 흥미로운 세 가지 주요 발견은 몸과 마음 그리고 몸과 마음이 서로에게 또 우리 건강에 미치는 영향을 이해하는 방식에 변화를 가져왔다.

그 첫 번째는 '신경가소성(neuroplasticity)' 현상이다. 현재 뇌는 지속적인 경험의 기관임이 밝혀졌다. 뇌는 경험에 대한 반응으로 전 생애에 걸쳐 계속해서 성장하고 변화하고 재구성된다. 도전에 대한 반복적 노출뿐만 아니라 모든 체계적 훈련이 뇌의 이러한 내재적 능력을 부추기는 것으로 알려져 있다. 신경가소성의 발견은 신경생물학의 오래된 정설을 뒤집었다. 그 정설이란 약 두 살 이후부터는 뇌와 중추신경계의 뉴런이 점점 줄어들고 나이가 들수록 그 속도가 더 빨라진다는 이론이다. 하지만 지금은 최소한 뇌의 특정 영역은 전 생애에 걸친 학습과 경험을 통해 새로운 시냅스 연결을 계속해서 만들 수 있을 뿐만 아니라 나이가 들어도 새로운 뉴런을 생성할 수 있다고 본다. 명상신경과학(contemplative neuroscience)이라 부르는 새로운 분야에서는 오랫동안 수행해 온 명상가와 정식 명상수련(예: MBSR 같은 마음챙김에 기반한 프로그램) 경험이 거의 없는 사람을 대상으로 뇌 기능, 의식 및 마음-신체 연결에 관한 것을 연구하고 있다.

두 번째로 새롭게 출현한 분야는 '후성유전학(epigenetics)' 이다. 게놈(genome)도 바로 전 상태를 생각할 수 없을 정도로 '가소성이 크다.' 는 것이 밝혀지고 있다. 후성유전학은 우리의 경험, 행동, 선택된 생활방식, 태도 등이 염색체에 있는 어떤 유전자가 켜지고(기술적 용어로는 상향 조절) 어떤 유전자가 꺼질지(하향 조절)에 미치는 영향을 밝힌다. 그 의미는 심오하다. 우리는 물려받은 유전자의 감옥에 갇혀 있는 존재가 아니다. 우리는 물려받은 유전자의 표현을 조절할 수 있고, 그 결과 특정 질병에 대한 민감도에 영향을 미칠 수 있는 존재다. 또한 태아기와 아동기에 발달 중인 뇌는 스트레스나 환경 요인에 매우 민감하다. 이는 완전한 인간으로 최적의 발달을 이루기 위해 필요한 모든 능력이 출생 전부터 청소년기 발달까지 중요한 순간마다 주어지는 스트레스에 영향을 받을 수 있음을 의미한다. 그 핵심 능력이란 학습 능력(실행 기능, 작업 기억 용량), 최적으로 성장하는 능력(큰 근육 및 작은 근육의 운동협응을 포함), 정서와 사회적 관계를 조절하는 능력(공감력과 자신 및 타인의 정서와 기저 동기 해독력, 즉 정서지능의 발달), 치유 능력(조망의 수용, 자신에 대한 공감, 자기 관련 자극의 처리)과 관련된다.

세 번째 과학과 의학에서의 최근 큰 혁명은 염색체 말단 부위인 텔로미어(telomere)와 텔로미어를 보수하는 효소 텔로머라아제(enzyme telomerase)의 발견이다. 텔로미어는 모든 염색체의 말단 구조로서 세포가 분열하는 데 꼭 필요하다. 텔로미어는 세포분열이 일어날 때마다 약간씩 짧아진다. 시간이 지나 텔로미어가 완전히 사라지면 세포는 더 이상 복제가 안 된다. 캘리포니아 대학교의 엘리자베스 블랙번(Elizabeth Blackburn)은 2009년 이 연구로 노벨상을 수상했다. 그녀와 동료들은 스트레스가 텔로미어를 짧아지게 한다는 것을 발견하고 마음챙김과 여타 명상수행이 텔로미어 단축을 막는 데 효과가 있는지 연구하기 시작하여 긍정적인 결과를 내고 있다. 현재 텔로미어 길이는 세포 나이와 직접적으로 관련 있어서 우리가 얼마나 오래 살 수 있을지를 나타내는 것으로 알려져 있다. 텔로미어가 퇴화하고 짧아지는 속도는 우리가 얼마나 많은 스트레스를 받고 그 스트레스에 얼마나 잘 대처하느냐에 따라 많은 영향을 받는다.

최근 이 같은 획기적인 발견과 과거 70년에 걸친 생명과학 분야 발견의 속도 덕에 우리는 약물, 의학, 의료기관의 발전에서 매우 전도유망한 합류 지점에 있게 되었다. 인간 게놈 프로젝트의 완성과 유전체학(genomics), 단백질 유전정보학(proteomics)의 발전에 힘입어 과거 어느 때보다 살아 있는 유기체, 특히 인간을 구성하는 각 수준의 구조와 기능에 관해 더 많은 것을 알게 되었다. 생물학적 연구는 놀라운 속도로 진행되고 있어서 매일같이 새로운 사실이 밝혀지고 있다. DNA가 유전물질이란 사실이 밝혀진 1944년 이후 분자생물학은 많은 분야에서 놀라운 성공을 보여 주는 과학적 기초를 제공하여 의학에 혁명을 일으켰으며, 나아가 미래의 비약적 발전을 기약할 수 있게 되었다.

우리는 지금 여러 종류의 암을 포함해서 수많은 질병의 유전적 · 분자적 기초에 관해 많은 것을 알아냈다. 독특한 게놈 때문에 같은 질병을 사람마다 다르게 경험할 수 있고, 그 결과 약물 처치도 달라야 함도 깨닫고 있다. 또한 많은 전염성 질환을 통제할 수 있고, 통제 불능 상태에 이른 많은 신체의 생리적 반응을 통제할 수 있는 여러 약물을 개발할 수 있게 되었다. 우리는 세포 내에 정상적 기능을 통제하는 유전자를 품고 있는데, 이 유전자는 원(原)종양유전자(proto-oncogenes)로 알려져 있고 돌연변이적 사건으로 변형되면 종양 성장과 암을 일으킬 수 있다. 우리는 10년 전에 비해 심장병의 예방과 치료에 관해 훨씬 많은 것을 알고 있다. 심장발작을 일으키고 있거나 금방 발작을 일으킨 환자에게 TPA나 스트렙토키나아제(streptokinase)라 부르는 특정 효소를 적절한 시기에 주사하면 관상동맥 내 혈전을 용해시켜 심근의 손상을 크게 낮출 수 있다.

사실 우리는 질병 예방에 관해 많은 것을 알고 있다. 그럼에도 질병 예방에 관해 알려진 것을 의료 시스템과 건강관리 정책으로 시행하려 할 때 매번 실패해 왔다. 사람들에게 전 생애에 걸쳐 건강과 웰빙을 최적화하는 방법을 교육하면 막대한 사회적 비용을 절감할 수 있다. 이 지점이 건강과 웰빙에 대한 MBSR과 마음챙김에 기반을 둔 접근을 포함하는 참여의학(participatory medicine)은 사회의 건강을 개선하는 데 지속적으로 기여하고, 동시에 가난, 교육의 부재, 정책 의지의 결여 등으로 인해 예방할 수 있는 질병을 예방하지 못해서 발생할 수 있는 엄청난 사회적 비용의 부담을 크게 감소시킬 수 있는 영역이다. 이와 관련해서 한 가지 충격적인 현상은 미국의 기대수명이 세계에서 37위, 영아 사망률은 거의 50위라는 사실이다.

보건과 의료 분야에서는 현재 통상적으로 컴퓨터가 통제하는 정교한 진단 기술인 초음파 검사, CAT 스캔, PET 스캔, MRI 스캔 등과 같은 다양한 방법을 사용해서 신체 내부에서 무슨 일이 일어나고 있는지를 알아본다. 수술에서도 필적할 만한 기술이 발전하였다. 레이저를 이용해 망막 박리를 정교하게 수술하여 시력을 보존하고, 인공 고관절이나 무릎 관절이 개발되어 심한 관절염으로 고통받고 있던 환자가 걷고, 심지어 뛸 수 있게 되었다. 심장우회 수술과 조직이식은 현재 보편적으로 시술되고 있다.

과거보다 질병에 관해 많은 것을 알게 되었고, 질병의 진단과 치료에서도 많은 진보가 이루어졌지만 아직도 모르는 것이 훨씬 더 많다. 현대의학은 질병의 근절과 통제에 관해서는 아직 뚜렷한 진보를 보이지 못하고 있다. 유전학, 분자생물학, 세포생물학 그리고 신경과학의 놀라운 발전에도 살아 있는 생명체의 생물학적 이해는 아직도 초보 단계에 머물고 있다. 어떤 질병이나 그 질병에 걸린 사람을 치료하는 의학의 능력을 한마디로 요약하자면, 오늘날조차 그 실질적 한계를 발견하게 되고 중요한 분야에 대해 너무나도 무지하다는 사실을 실감하게 된다.

현대의학의 놀라운 성공으로 우리는 현대의학에 커다란 신뢰를 하고 있다. 그러나 동시에 의학이 알지 못하는 것과 할 수 없는 것에 대해 종종 놀랄 정도로 모르고 있다. 우리는 자신의 몸이 고통스럽거나 질병이나 장애를 진단받는 상황을 마주하기 전까지는, 혹은 사랑하는 사람이 고통 중에 있고 효과적인 해결책이나 치료법이 없음을 알게 되기 전까지는 현대의학이 가지고 있는 한계를 인식하지 못한다. 이런 한계를 인식하고 나면 현대의학이 할 수 있을 것으로 기대했던 수준과 현실 간의 괴리에 심한 환멸과 좌절을 느끼고, 심지어 분노하기도 한다.

의학 지식의 한계에 대해 한 사람 한 사람의 의사를 나무라는 것은 옳지 않다. 솔직히 말해 현대의학은 만성질병이나 만성적 상태(예: 여러 형태의 통증)를 개선할 수 있는 방법을 거의 가지고 있지 못하다. 만성질병이 현대사회의 주요한 고통, 장애 그리고 죽음의 원인이 되고 있지만 이에 대한 의학적 치료법은 별로 없다. 따라서 이 질병들은 치료보다는 가능하다면 먼저 예방하는 것이 바람직하다. 하지만 생활방식의 변화와 사회적 우선순위를 재조정하는 것과 같은 진정한 예방은 계속 도전해야 할 과제로 남아 있다. 질병의 원인이 완전히 불가사의한 것도 있지만, 가난이나 사회적 착취, 위험한 작업 조건, 스트레스나 유해한 환경 또는 문화적으로 뿌리 깊이 박혀 있는 나쁜 습관(예: 가축에 대한 항생제 남용으로 인한 항생제 내성 슈퍼 박테리아 출현) 등 사회적 조건과 매우 밀접하게 관련되어 있을 수도 있다. 이러한 사회적 조건은 현재로서는 의학과 과학의 직접적인 영향권 밖에 있는 것들이다.

분자생물학적 특성에 관해 많은 것이 알려져 있는 암도 있고, 또 효과적으로 치료하는 방법에 관해서도 알려진 암도 많지만, 현재까지 알려진 바가 별로 없고 효과적인 치료법도 존재하지 않는 암도 여전히 많다. 그러나 암에 걸린 사람이 예상보다 훨씬 더 오래 생존하기도 한다. 특이한 의학적 처치를 받지 않았음에도 종양의 크기가 줄어들거나 완전히 사라져 버리기도 한다. 어떻게 이런 일이 일어날 수 있는가에 관해 우리는 거의 아는 바가 없다. 그럼에도 이런 현상은 계속 나타나고 있다. 바로 이런 현상이 전통 의학에서 제공하는 모든 대안이 고갈되고 절망에 빠졌을 때 사람들에게 희망의 원천이 될 수 있는 것이다. 이것이 후성유전학적 요인들의 이해와 명상을 포함한 생활방식의 변화를 통해 그것들을 어떻게 동원할 것인가를 이해하여 큰 변화를 만들어 낼 수 있는 부분이다.

대다수 의사는 치유와 건강에서 마음과 사회적 요인의 역할을 인정한다. 그리고 많은 의사가 직접 환자들에게서 이것을 살핀다. 때때로 의사들은 이를 두고 '살려는 의지'라 부른다. 이는 대부분의 환자에서 관찰되는 것이지만 이를 잘 이해하고 있는 사람은 없다. 대부분의 경우 모든 의학적 처치 대안이 고갈되었을 때 신비한 방법으로 문제를 풀려고 한다. 흔히 이렇게 말한다. "이제 우리가 할 수 있는 방법은 없습니다. 그러나 현대의학이 설명할 수 없고 또 어떻게 일어나는지도 잘 모르는 '기적'이 일어날 수 있다는 것을 우리는 압니다."

어떤 사람이 자신이 죽어 가고 있고 희망이 없다고 믿는다면, 이런 정서적 포기가 시스템의 회복을 방해할 수 있다. 살겠다는 동기는 생존에 영향을 준다고 알려져 있다. 정서적 기질과 가족이나 친구들에게 받는 지지가 심각한 질병과 노화에 직면했을 때 환자가 보이는 반응 방식에 큰 차이를 낳는다.

그런데도 최근까지 의사들은 환자가 치유를 위해 자신의 내적 자원을 활용할 수 있도록 어떻게 도와야 할지, 심지어 치유 과정에서 환자를 도와줄 환자 자신의 내적 자원을 어느 때 자신도 모르게 손상시킬 수 있는지를 아는 방법에 대해 제대로 훈련을 받지 못했다.

질병에 대한 전통의학적 치료 방법이 갖는 지나친 과학적 · 기술적 정교화는 환자를 비개인적이다 못해 때로는 물질적으로만 대하도록 만들었다. 마치 의학의 지식이 너무도 강력하기 때문에 치료 과정에서 환자의 이해나 협조 그리고 참여 등은 별로 중요하지 않은 것처럼 여겨 왔다. 의사가 이러한 태도를 보일 때, 환자가 자신의 상태나 치료에 반응하지 않는 것에 대해 스스로 부적절하거나 무지하거나 비난받아야 한다고 느낄 때 혹은 환자의 느낌이 무시될 때, 이것들은 바로 부적절한 의료적 관리(care)의 예가 되는 것이다.

1926년 하버드 의과대학의 프랜시스 피보디(Francis W. Peabody)는 "환자 치료(care)의 비밀은 환자를 배려하는 데(care for) 있다."라고 말한 바 있다. 전통 의학의 가장 중요한 경구이기도 한 이 경구는 건강 전문가들이 적극적으로 마음속에 새겨 둘 필요가 있다. 환자와 의사의 이상적인 만남에서는 환자나 의사 모두 각자가 중요한 전문 영역을 갖는다. 이 두 전문 영역을 서로 인정하는 것은 치유 과정에서 매우 중요한 것으로, 이것은 진단과 치료 계획이 결정되기 이전의 초기 만남 단계에서부터 시작된다. 환자에 대한 존중감은 전 의료 과정을 통해 치료 결과가 전적으로 '성공적'이든 아니든 간에 명예롭게 지켜 나가야 할 필요가 있다.

때로 의사들은 자신이 병에 걸려 환자가 되었을 때 그들의 인생에서 처음으로 사람의 존엄과 통제감을 제거해 버리는 건강관리 체계의 무신경함을 경험하게 된다. 동시에 그들은 '의사'에서 '환자'로 입장이 바뀜에 따라 환자 역할을 하게 되면 자신의 역할이 바뀌기 전이나 지금이나 동일한 사람인데도 수치스러움, 통제감 및 존엄의 상실 등을 경험할 가능성이 높아진다는 것을 알게 된다. 이러한 과정을 누구보다도 잘 이해하는 의사들에게도 이러하다면 자신이 치료 과정에서 경험하는 것을 이해할 수 있는 배경이나 지식을 가지지 못한 사람들에게 건강관리 체계가 얼마나 소외적인지를 알 수 있다.

병에 걸려 병원에서 치료를 받기 위해 불가피하게 '환자' 역할을 하게 될 때 흔히 우리는 자신의 질병과 관련되는 걱정 때문에 심리적으로 매우 불안정해진다. 또한 모든 관심의 대상이 우리 자신의 신체에 쏠려 있지만 의사들과 비교해 볼 때 우리 자신은 대개 무지하고 아무런 권한도 없는 초라한 입장이 된다. 이러한 상황에서 환자는 의사로부터 받는 언어적·비언어적 메시지에 매우 민감해진다. 이 메시지는 치료 과정을 촉진할 수도 있지만, 의사가 자신의 행동과 그 행동이 자신의 환자인 사람에게 미칠 수 있는 효과에 대해 무신경하면 오히려 상태를 악화시킬 수도 있다.

하버드 의과대학과 브리검 여성 병원의 유명한 심장병 전문의인 버나드 로운(Bernard Lown)* 이 수련의 시절 목격한 사건을 진술한 내용을 보면 이를 확연히 알 수 있다.

---

* 이후 로운 박사는 1985년 핵전쟁 방지 국제의사(International Physicians Against Nuclear War)를 대표해서 노벨평화상을 수상했다.

그 당시 내가 경험한 내용은 지금까지도 전율이 일 정도로 심각한 것이었다. 30년여 전 내가 하버드 의대의 피터 벤트 브리검 병원 심장내과 러바인(Levine) 박사 밑에서 연구원으로 있을 때였다. 러바인 교수는 환자의 인간적인 면을 매우 예리하게 관찰하는 사람이었고, 경외심이 들 정도로 용모가 준수했으며, 매사를 정확하게 진술하는 사람이었고, 놀랄 만큼 뛰어난 기억력을 지닌 축복받은 사람이었다. 말하자면 그는 완벽한 임상가였다. 러바인 박사는 이 병원의 심장병 클리닉에서 매주 외래 환자를 보고 있었다. 젊은 수련의들이 환자를 일차적으로 진단하고 나면, 그는 잠깐 동안 수련의들의 진단 소견을 검토한 후 다음 번 진단 워크숍이나 치료 계획의 변경에 관해 지시했다. 그는 환자들을 안심시켜 주었고 확신을 갖도록 해 주었으며, 환자들은 그의 말 한마디 한마디에 존경심을 보냈다. 처음 임상의가 되었을 때 나는 나이보다 젊어 보이는 중년의 도서관 사서 S부인을 만나게 되었다. 그녀는 삼첨판(tricuspid valve)이라 부르는 오른쪽 심장의 판막 하나가 좁아져 있었다. 심하지 않은 울혈성 심부전이 있었고 부종 때문에 발목이 약간 부어 있었지만, 그녀는 직장을 다니면서 집안일도 잘 해내고 있었다. 그녀는 강심제인 디지탈리스(digitalis)를 처방받고 있었고, 매주 수은이 함유된 이뇨제 주사를 맞고 있었다. 러바인 박사가 이 환자를 10년 이상 돌봐 오고 있었다. 어느 날 러바인 박사는 S부인과 따뜻한 인사를 나누고 난 후 그를 수행하는 의사들에게 "이 부인은 TS야."라고 말하고 금방 그 방을 나갔다.

러바인 박사가 방을 나가자마자 S부인의 안색은 급속하게 변했다. 그녀의 얼굴에는 불안과 공포가 나타났으며 호흡이 빨라지면서 과호흡 현상을 보였다. 그녀의 피부는 땀으로 흠뻑 젖어 있었으며 맥박은 분당 150회까지 급하게 올라갔다. 그녀를 진찰하자 몇 분 전에는 깨끗해 보이던 폐에서 지하실 바닥에서 울리는 듯한 탁탁 소리가 들렸다. 놀라지 않을 수 없었다. 이런 현상은 정상적인 것이 아니었다. 왜냐하면 오른쪽 심장의 판막이 막혀 폐에 수액이 과하게 찬 것이다.

나는 S부인에게 갑자기 흥분한 이유를 물었다. 그녀는 러바인 박사가 자신이 TS라고 말했고, TS를 '말기 상황(terminal situation)'이란 뜻으로 알아들었다고 대답했다. 나는 처음에는 웃으며 TS가 '심장의 삼첨판 협착(tricuspid stenosis)'이란 의학 용어의 약자이며, 그녀가 오해한 거라고 일러 주었다. 그러나 나의 웃음은 곧 우려로 바뀌었다. 내 설명에도 그녀는 안심을 하지 못했고 울혈이 계속 악화되어 갔기 때문이다. 그리고 얼마 안 되서 그녀는 심각한 폐부종 상태가 되었다. 최후의 수단으로 적용했던 방법도 엄청난 울혈을 되돌려 놓을 수 없었다. 나는 러바인 박사를 찾았지만 그는 어디에도 없었다. 바로 그날 오후 늦게 그녀는 돌이킬 수 없는 심장마비로 사망했다. 지금까지 나는 이 비극적인 사건을 회상할 때마다 의사의 말 한마디가 갖는 놀라운 힘에 두려움을 금치 못한다.

이 이야기에서 우리는 잘못 이해된 말 한마디가 직접적으로 죽음을 불러 온 매우 빠르고 극적인 심신 상호작용의 조직학적 결과를 목격할 수 있다. 우리는 로운 박사의 회고를 통해 가장 존경하는 의사가 확실한 설명 없이 사용한 기술적 전문용어로 인해 환자의 마음에 특정한 생각이 일어났다는 사실을 목격하였다. 자신의 상황이 말기에 이르렀다는 바로 그 생각이, 비록 그것이 전혀 사실이 아니었음에도 그녀에게 사실로 다가온 것이다. 이 생각은 즉시 심리생리학적 반응을 일으켰다. 말기라는 생각에 관한 그녀의 믿음이 너무나 확고하였기 때문에 그녀에게는 다른 의사의 권위 있는 설명도 전혀 들리지 않았다. 바로 그 시점에서 그녀의 마음은 극심한 혼란에 빠져 불안과 공포에 휩싸였다. 그녀의 정서 상태가 심리적 안정을 유지하는 신체의 조절 기제를 뒤흔들어 놓은 것이다. 그 결과 그녀의 신체는 자기 자신과 의사, 그 어느 누구도 구해낼 수 없을 정도의 심각한 스트레스 반응으로 치달았다. 일단 여러 연쇄 반응이 일어나자 세계에서 가장 훌륭한 병원에서 실시한 구조 노력조차도 그녀를 구하기에는 역부족이었다. 매우 사소한 부주의로 내뱉은 말 한마디로 이러한 사태가 일어나고 나면 백약이 무효인 셈이다.

로운 박사의 이야기는 실제로 단순히 생각에 불과한 믿음이 건강에 심각한 영향을 미칠 수 있다는 예를 제시해 준다. 결국 우리의 생각과 정서가 건강에 미치는 효과는 뇌와 신경계의 활동과 그 활동이 얼마나 즉각적으로 깊게 우리의 생리에 영향을 줄 수 있느냐로 설명할 수 있다. 이것은 우리가 우리의 생각과 정서와 관계맺는 방식이 지금 이 순간뿐만 아니라 시간이 흐르면서 삶의 질과 건강에 큰 차이를 가져올 수 있다는 것을 의미한다. 로운 박사의 일화에서 한 가지는 분명하다. 만약 이 부인이 약간 덜 예민해서 자신이 갑작스레 알게 된 사실이 부정확할 수도 있고 설명이 더 필요한 생각이라고 받아들일 수 있었다면, 그녀가 로운 박사가 해준 말이 사실임을 믿고 자신이 오해했음을 깨닫고 자신의 생각을 흘려버릴 수 있었다면, 그녀는 죽지 않았을 것이다. 불행히도 그녀는 박사가 정확한 정보를 주기 위해 최선을 다하는 순간에 마음의 탄력성을 가지고 있지 못했다. 아마도 그녀는 주치의에 대한 믿음은 너무 강력했던 반면에 자신에 대한 믿음은 충분하지 않았던 것 같다. 여하튼 로운 박사의 이야기를 참조할 때 주치의의 말을 오해해서 생긴 정서적 반응이 그녀의 직접적인 사인이라는 것을 명확하게 알 수 있다.

만약 러바인 박사가 그녀의 병상 곁에 좀 더 오래 머물다가 떠났다면, 로운 박사가 그녀의 스트레스 반응을 알아채는 데 아무 문제없었던 것처럼 자신이 언급한 말에 대한 환자의 반응을 관찰할 수 있었을 것이다. 만약 러바인 박사가 그녀의 갑작스러운 불안 반응에 대해 그녀에게 질문했다면, 그 즉시 그녀의 공포를 누그러뜨릴 수 있었을 것이고, 불행한 사건으로 이어지는 것을 막을 수도 있었을 것이다.

이러한 상황에서 죽음으로 이어지는 극단적인 경우는 다행히도 흔하지 않지만 의료 진료체계에서 환자가 경험하는 고통, 불안 혹은 수치심은 애석하게도 많다. 만약 환자를 돌보는 과정에서 신체적 측면에 대한 주의를 기울이는 것과 동시에 심리적 · 사회적 특성을 관찰하는 것도 매우 중요하다는 사실을 강조하여 의사들을 훈련한다면 이런 문제는 쉽게 피해 갈 수 있을 것이다. 최근에는 점점 더 많은 의사가 이런 훈련을 받고 있다.

많은 의사가 "무엇보다 해를 끼치지 마라."는 히포크라테스의 경고와 결부해서 이런 차원의 의사-환자 관계에 민감하기도 하고, 주도적이기도 하다. 물론 해를 끼치지 마라는 것은 의사와 환자의 상호작용을 환자가 어떻게 받아들이고 있는가에 대해 의사가 매 순간 알아차림할 것을 요구한 것이다. 만약 그것이 안 된다면 의사는 자신이 환자를 대하는 방식과 의사소통의 효과를 평가할 방법이 없어진다. 마음챙김이 그 잣대를 제공한다. 대다수 환자가 의사에게 원하는 것은 자신을 만나고 보고 들어주는 것이다. 그러기 위해서 의사는 환자의 관심사를 진심으로 듣고 환자가 말하기 꺼려하는 것을 이끌어 낼 수 있는 기술을 익혀야 한다.

오늘날 의사-환자 관계와 임상적 의사소통에서 마음챙김은 의대생과 전공의 모두에게 더욱더 중요한 의학적 훈련의 일부가 되고 있다. 로체스터 의과대학의 론 엡스타인(Ron Epstein) 같은 의사는 의학 수련에서 마음챙김의 가치를 강조하며, 최고 권위의 의학저널에 자신의 관점과 연구를 발표하고 있다. 『Journal of American Medical Society』에 실린 「마음챙김 수련」이라는 제목의 논문에서 앱스타인 박사는 의사가 평범한 일상적 일을 하는 동안 자신의 신체적 · 정신적 과정에 주의를 주는 것의 가치를 강조하고 있다. 아울러 "이 결정적 자기반성은 의사에게 환자의 스트레스를 주의 깊게 듣도록 하고, 자신의 실수를 인식해서 기술적 능력을 바로잡게 하고, 증거에 기초한 결정을 하게 하고, 자신의 가치를 분명하게 해서 자비, 유능감, 현존 및 통찰을 가지고 행동할 수 있도록 해 준다."고 말을 이었다. 엡스타인 박사는 동료인 믹 크래스너(Mick Krasner), 팀 퀼(Tim Quill) 등과 함께 일차 진료 의사들을 위한 마음챙김 의사소통 프로그램을 개발했다. 이 프로그램에 참가한 의사들은 정서적 탈진으로 정의되는 소진, 환자에 대한 비인격화, 낮은 성취감 등이 감소했다. 이 프로그램은 "의사의 웰빙 및 환자 중심적 태도에 단기적 · 지속적 개선 효과가 있었다."*

의사들을 위한 이런 식의 참여적인, 마음챙김에 기반한 전문 훈련 프로그램은 의료 교육과 훈련에서의 현저한 변화를 대변한다. 새로운 마음 열기 형식으로 의사의 웰빙과 의미를 촉진하는 다른 프로그램도 있다. 캘리포니아 대학교 샌프란시스코 의과대학의 의대생들과 의사들을 위한 레이첼 나오미 레멘(Rachel Naomi Remen)의 '치유자의 기술(The Healer's Art)' 커리큘럼이 그것이다. 이 같은 접근법은 의술이 실제로 개인적 수준과 대인 관계적 수준에서 어떻게 훈련되어야 하는가에 매우 긍정적인 영향을 주고 있다.

이런 움직임은 부분적으로는 조지 엔겔(George Engel) 박사의 중요한 작업에 뿌리를 두고 있다. 그는 수십 년간 로체스터 의과대학의 일인자로서 의대생과 전공의를 수련할 때, 환자에 대한 검사 보고서나 X선 자료를 과학적 관심과 엄격함으로 살펴보듯이 환자의 심리적 · 사회적 관심사에도 동등하게 관심을 갖는 것이 중요하다는 것을 강조하며, 그 방향으로 교육을 혁신하였다. 엔겔 박사는 의사 수련의 발전적 모형을 명백하게 제시하였다. 이 모형은 건강과 질병에서 심리적 · 사회적 요인의 중요성을 고려하고, 건강과

---

* 놀랍게도 일차 진료 의사들의 직업적 · 개인적 스트레스가 걱정스러운 수준으로 나타났다. 몇몇 연구에서는 참여한 의사의 60%까지 탈진 소견을 보였다(Krasner, MS, Epstein, RM, Beckman, H et al. Association of an Educational Program in Mindful Communication With Burnout, Empathy, and Attitudes Among Primary Care Physicians *JAMA*. 2009; 302:1284-1293).

질병에 시스템 관점(제12장 참조)을 채택하며, 환자를 전체성의 인간(whole person)으로 본다. '생물심리사회 모형(biopsychosocial model)'이라 부르는 엔겔 박사의 이 모형은 크래스너 박사와 엡스타인 박사를 포함해서 젊은 세대 의사들에게 영향을 줬다. 젊은 의사들은 그들이 배웠던 전통적 의학 모델이 지니고 있는 한계점을 극복하기 위해 이 모형을 배우려고 노력한다.

히포크라테스 시대 이래로 마음이 질병과 건강에 매우 중요한 역할을 한다는 것을 알고 있었지만, 엔겔 박사의 모형이 공개되기 전까지는 현대의학의 교육과정에서 신체 질병에 미치는 심리적 요인의 효과가 중요하게 강조되지 않았다. 의학 교육의 주요 흐름에서 마음 영역을 근본적으로 배제하려는 경향은 17세기 데카르트(René Descartes) 이후부터였다. 이때부터 서양의 과학적 생각은 본유적인 전체성의 존재를 신체(soma)와 정신(psyche)으로 분리하여 이 양자 간에는 상호작용이 이루어지지 않는다고 보았다. 이러한 생각은 어떤 한 측면에 대한 이해를 촉진하는 데는 편리한 범주화가 될 수 있었지만, 마음과 신체가 분리되어 있다고 믿게 하였다. 이런 이원론이 서양 문화에 너무나 깊이 스며들어 있었기 때문에 건강에서 마음과 신체의 상호작용을 엄격한 과학적 연구 영역 내에서 다룬다는 것은 어려운 일이었다. 전통적 언어조차 이런 이원론을 반영해서 마음과 신체가 분리되지 않았다는 것을 생각하는 방식을 제약한다. 우리는 '내 몸' '몸을 가졌다.' 라고 말한다. 하지만 "몸과 구분되어 몸을 소유한다고 주장하는 것은 누구인가?"라고 묻지 않는다. 극히 최근에 들어와서야 이러한 이원론적 패러다임의 중대한 약점과 모순이 더 분명해지고 지적으로 변명의 여지가 없어지면서 이 오래된 관점과 언어 자체가 변화하기 시작했다. 이러한 변화의 수용은 부분적으로는 명상신경과학의 출현에 기인한다. 명상신경과학에서는 명상수련을 통한 마음 훈련이 장기 수련자의 뇌에서 그전에는 없던 신경 패턴을 만들어 낸다는 것을 증명하고 있다. 이는 비물질인 마음(pshche)이 물질인 뇌(soma)를 변화시키는 하나의 사례이고, 이 둘이 단절 없이 이어진 하나의 전체임을 증거한다.

표준 생물의학 모형의 눈에 띄는 약점은 동일한 질병인자와 환경 조건에 노출되었는데도 어떤 사람은 질병에 걸리고 어떤 사람은 질병에 걸리지 않는 이유를 설명하지 못하는 데 있다. 유전적 다양성이 질병에 대한 저항에서의 개인차를 일부 설명할 수 있지만, 다른 요인도 중요한 역할을 하는 것으로 보인다. 엔겔의 생물심리사회 모형에 따르면 심리적 · 사회적 요인이 한 개인을 질병에서 보호할 수도 있고 질병에 대한 취약성을 증가시킬 수도 있다. 이러한 요인에는 개인의 신념과 태도, 가족이나 친구의 지지와 사랑, 당면한 심리적 · 환경적 스트레스 그리고 개인적인 건강행동 등이 있다. 면역체계가 심리적 요인에 영향 받을 수 있다는 사실의 발견은 마음과 신체 간의 상호작용을 설명하는 그럴듯한 생물학적 경로를 제공하여 생물심리사회 모형을 지지해 준다. 이제는 인지신경과학, 정서신경과학 및 명상신경과학 같은 전문 분야가 출현한 덕분에 마음과 신체 그리고 건강과 질병을 연결하는 다른 가능한 생물학적 경로 역시 밝혀질 것이다.

건강과 질병에 관한 모형에 마음의 역할을 포함시킬 필요성을 강조하는 또 다른 핵심 증거는 위약(placebo) 효과다. 이것은 전통적인 생물의학 모형으로는 설명하지 못하지만 이미 잘 알려진 현상이다. 사람들이 특정 효능이 있는 약을 먹었다고 믿을 경우, 이들이 먹은 것이 진짜 약이 아니라 위약이라고 부르는 단순한 설탕 정제임에도, 실제 약물을 취했을 때 보이는 전형적인 임상 효과가 나타났다. 이 현상은 무수히 많은 연구에서 반복 검증되었다. 때로는 위약 효과의 강도가 실제 약물의 효과와 유사할 정도로 강력한 경우도 있다. 이러한 현상은 강력한 약효의 약을 먹고 있다는 '암시'가 뇌와 신경계에 어떤 영향을 미쳐서 실제 약물을 취했을 때 분자 수준에서 일어나는 변화와 유사한 신체 상태를 만들어 냈다고 가정하여 설명될 수 있다. 어떤 기제가 관여했는지는 잘 모르지만, 암시와 같은 믿음도 생화학적 변화를 가져오거나 생화학적 변화를 기능적으로 모방할 수 있다는 것을 시사한다. 암시의 힘은 최면 현상에 뿌리를 두는 것으로, 최면은 통증의 지각과 기억 등을 포함하여 다양한 인간 활동에서 극적인 영향을 미칠 수 있는 것으로 인식되어 왔다. 물론 전통적인 의학 모형에서는 최면 현상을 인정하지 않는다.

건강과 질병에 관한 관점이 확대될 수 있었던 또 하나의 영향은 서구 사회에서 침술을 인정하고서부터다. 『뉴욕 타임스』의 제임스 레스턴(James Reston) 기자는 중국을 방문하던 중 급성 맹장염 수술을 받게 되었다. 수술은 화학적 마취로 이루어졌지만 수술 후 통증을 줄이기 위해서 침을 사용했고 이는 침술을 인정하는 가장 극적인 순간을 만들었다. 침술은 5,000여 년 전부터 중국에서 사용되어 온 건강과 질병에 관한 중국의 고전적 모형에 기반을 두고, 서양의학에서는 해부학적 근거를 발견할 수 없는 '경락'이라 부르는 에너지 통로를 자극하는 것을 치료 방법으로 삼는다. 이 때문에 신체를 살피는 색다른 방법은 효과적인 진단과 치료 방법이 될 수 있다는 생각을 받아들일 수 있게 서구의 사고방식을 확장시켰다.

1970년대 초반 하버드 의과대학의 허버트 벤슨(Herbert Benson) 박사는 초월명상(Transcendental Meditation: TM)을 수련하고 있는 사람들을 대상으로 한 연구에서 명상이 '이완 반응'이라고 부르는 일련의 의미 있는 생리적 변화를 일으킨다는 점을 밝혔다. 이 반응에는 혈압이 낮아지고, 산소 소비가 줄어들고, 전반적으로 흥분이 감소되는 등의 반응이 포함된다. 벤슨 박사에 의하면 이완 반응은 우리가 스트레스나 위협을 받고 있을 때 경험하는 '과잉 각성'과 생리적으로 정반대 상태다. 그는 정기적으로 이완 반응을 끌어내어 건강에 긍정적인 영향을 미치고, 스트레스로 인한 심각한 손상에서 우리를 보호할 수 있다고 가정했다. 벤슨 박사는 모든 종교적 전통에는 이완 반응을 유도하는 방법이 있고, 신체의 건강과 관련 있는 기도나 명상과 같은 각종 지혜를 본격적으로 연구해 볼 가치가 있다고 지적하였다. 더 최근 연구에서는 이완 반응 훈련이 수백 개의 유전자의 상향 조절과 하향 조절을 끌어내는 극적인 후성유전학적 효과를 가져올 수 있다는 것이 증명되었다. 딘 오니시(Dean Ornish) 박사는 전립선 암을 앓고 있는 남자들을 대상으로 명상과 저지방 채식 식단을 포함하는 생활양식 변화 프로그램을 실시해서 유사한 후성유전학적 발견을 보고하였다(제31장 참조). 이 연구에서 하향 조절된 많은 유전자가 염증 과정과 암에 관여하는 것으로 알려졌다.

1960년대 후반과 1970년대로 거슬러 올라가면 바이오피드백과 자율 조절에 관한 많은 연구가 선보이면서 심장박동, 피부 온도, 피부전기전도, 혈압, 뇌파 등 과거에는 불수의적으로 여겨졌던 많은 생리적 기능을 수의적으로 통제하는 것을 학습할 수 있다는 사실이 드러났다. 이러한 생리학적 반응이 어떤 상태인지를 기계를 통해 피드백해 주면 이 반응의 통제를 학습할 수 있다는 것이다. 이 분야의 선구자는 메닝거 재단의 엘머(Elmer Green) 박사와 앨리스 그린(Alyce Green) 박사, 하버드 의과대학의 데이비드 샤피로(David Shapiro) 박사와 게리 슈워츠(Gary Schwartz) 박사, 영국에서 활동하던 찬드라 파텔(Chandra Patel) 박사 등이다. 바이오 피드백 연구 대부분이 이러한 신체 반응을 조절하는 것을 학습하도록 도와주기 위해 이완이나 명상 또는 요가를 사용했다.

1977년에 처음으로 이러한 다양한 방법을 대중이 접할 수 있도록 한데 묶은 책이 출판되었다. 케네스 펠레티에(Kenneth Pelletier) 박사는 『치료자의 마음, 살해자의 마음(Mind as Healer, Mind as Slayer)』이란 책에서 마음은 질병을 일으키는 주범이면서 동시에 건강을 지키는 중요한 요인이라는 점을 확고하게 증명하는 다양한 증거를 제시하고 있다. 이 책에서는 마음과 신체와의 상호작용에 관해서도 다양한 관심을 보여 준다. 예컨대, 스트레스를 방치하여 신체 손상이 계속된다. 그러므로 병원 신세를 지지 않으려면 자신의 건강은 스스로 책임져야만 한다는 확고부동한 이유를 강조하고 있다. 이 책은 이 분야의 고전이 되었다.

노먼 커진스(Norman Cousins)의 저작도 특히 건강이 나빠졌을 때 자신의 건강을 스스로 돌봐야 한다는 것을 대중에게 알리는 데 크게 기여하였다. 커진스의 책은 질병에 대한 자신의 경험과 질병 치유에 대한 책임을 의사의 손에서 자기 자신에게로 되돌려야 한다는 자신의 결단에 근거한 것으로 의료계에 많은 논쟁을 불러일으켰다. 『환자의 입장에서 본 질병의 해부(Anatomy of an Illness as Perceived by the Patient)』란 책에서 커진스는 자신이 퇴행성 교원병(collagen disease)에 걸렸을 때 스스로 처방한 웃음치료 방법을 활용하여 이 병을 치유했다는 내용을 자세하게 기술하고 있다. 웃음이란 마음과 신체가 통합되고 조화를 이루게 하는 데 도움이 되는 것임에 틀림없다. 커진스의 생각에 의하면, 생존이 위협받는 상황에서도 스스로 심각한 상태에 빠져들지 않고 유머를 통해 긍정적 정서를 유지해 간다면 치유 과정에 매우 유용하다고 주장한다. 이것은 서장에서 본 온갖 삶의 역경에 처해서도 춤을 추고 노래 부르는 조르바의 정신과도 크게 부합되는 것이다.

『치유하는 마음(Healing Heart)』이란 책에서, 커진스는 교원병을 앓은 몇 년 후 갑자기 찾아온 심장발작을 이겨 내면서 자신이 경험했던 내용을 기술하였다. 이 두 책에서 그는 자신의 특정한 문제와 상황과 관련해서 현대 의학의 지식과 한계를 분석하여 이 질병들에 어떻게 접근했는지를 자세히 설명했다. 이어서 그는 때로 곤혹스러워하는 의사들과 긴밀히 협조하면서 자신만의 지적이고 독특한 치료 과정을 기술했다.

커진스는 『토요 평론(Saturday Review)』의 편집자였다는 명성과 의학에 대한 높은 식견 때문에 주치의들에게 특별한 대접을 받았다. 의사들은 치료 계획을 포함하여 모든 결정 과정에 참여하기를 갈망하는 커진스의 아이디어와 욕구를 특별한 인내심을 가지고 받아들였다.

커진스뿐만 아니라 질병에서 회복되는 과정에 참여하기를 바라는 사람은 누구나 주치의나 건강 진료팀과 함께 이러한 '치료 관계'를 수립할 필요가 있다. 이 관계를 가능하게 하려면 우선 주치의에게 자신의 병에 관한 정보와 설명을 요청하고 자신에 관한 문제를 스스로 결정하는 데 적극적으로 참여할 수 있게 해 달라고 요구해야 한다. 대부분의 의사는 환자와 이러한 상호관계를 환영하고 격려한다. 커진스는 병을 가진 환자뿐만 아니라 병이 치유되고 있는 환자들로부터 치유 과정에 환자가 적극적으로 참여하는 역할이 치유의 핵심이 된다는 사실을 목격하고 크게 고무되었다. 그럼에도 대부분의 환자는 권위 있는 의사에 대해 자신이 없다. 이러한 두려움은 환자가 자신의 건강에 대해 자신이 없다거나 자신의 질병에 대한 의학적 지식이 별로 없다고 생각될 때 특히 심하다. 이런 약점을 느낄 때는 마음의 균형을 유지하고 자신감을 주장하는 데 특별히 힘써야 한다. 의사들을 만나기 전에 그리고 만나는 동안 의사들과의 상호작용에 마음챙김을 하는 것이 질문을 만들고 물어보며 자신을 위한 효과적인 주장을 하는 데 도움을 줄 수 있다.

현대의학이 새로운 패러다임으로 전환하는 데 영향을 미친 또 하나의 사건은 20세기에 들어오면서부터 시작되어 지금까지 계속되고 있는 물리학의 혁명이다. 힉스 보손(Higgs Boson)의 최근 발견과 함께 우주가 하나인가 여러 개인가, 우리의 우주가 유일한 우주인가를 포함해서 끈 이론, 초대칭성 그리고 물질, 에너지 및 공간 자체의 궁극적 성질 등에 대한 지속적인 논쟁의 형태로 물리학의 혁명은 지금도 계속되고 있다. 가장 엄격한 과학으로서의 물리학은 가장 심오하고 가장 근본적인 수준에서, 전통적인 용어로는 자연 세계를 기술할 수도 이해할 수도 없음을 보여 주는 새로운 발견을 받아들일 수밖에 없게 되었다. 매우 작고 매우 빠르게 움직이는 세계를 이해하기 위해서는 물질의 속성, 물질의 위치, 인과(일련의 조건은 항상 동일한 결과를 가져옴) 등에 대한 우리의 기본적인 생각은 완전히 바뀌어야 한다. 예를 들어, 우리의 신체를 포함하여 모든 물질을 구성하는 원자를 이루는 전자, 양성자 또는 중성자와 같은 소립자는 때로는 파동처럼 때로는 입자처럼 출현하는 특성을 가지고 있다. 나아가 이 소립자는 어떤 특정한 시간에 특정한 에너지를 가지고 있다고 완벽한 확신을 가지고 말할 수도 없으며, 또한 이러한 미시적 수준의 물리적 현실에서 사건 간의 연결은 오직 확률에 의해서만 기술될 수 있을 뿐이란 사실이 알려졌다.

물리학자들은 원자 내에서 발견한 이 사실을 기술하기 위해 실체에 관한 그들의 관점을 극적으로 확대시키지 않을 수 없었다. 물리학자들은 전자와 같은 '물질'이 측정하는 방법에 따라 파동으로 보일 수도 있고 입자로 보일 수도 있어서 물리적 성질로 볼 때 전적으로 다른 두 가지 성질이 동시에 나타나 상호 모순적으로 보일 수도 있다는 사실을 알아냈다. 이러한 견해를 설명하기 위해 물리학자들은 '상보성' 이란 개념을 만들어 냈다. 물리학자들은 하나의 소립자의 위치나 운동량을 개별적으로 알 수는 있지만 두 가지를 동시에 알 수는 없다는 것을 설명하기 위해 '불확정성의 원리'를 상정할 수밖에 없었다. 물질은 그 주변 공간에서 분리될 수 없다는, 즉 입자란 어느 곳에나 존재하는 연속되는 장 속에 단순히 '응축' 되어 있는 것이라는 '양자장(quantum field)' 개념을 발전시키지 않을 수 없었다. 세상에 대한 이러한 이해에서는 비록 물질이 출현하거나 사라지는 것이 알려졌더라도, 무엇이 비공간으로부터 물질을 출현시키고 사라지게 하는 '원인' 인지 묻는 것은 의미가 없다. 우리의 신체와 세계를 구성하는 원자의 내적 구조의 실체에 관한 이런 새로운 이해는 우리의 일상적인 사고와 경험 방식과는 너무나도 판이하기 때문에 우리가 세상을 이해하는 방식에 큰 변화를 요구한다.

100년 넘게 물리학자들이 씨름해 왔던 이 혁명적 개념은 점차 지적으로 정교화되어 일반적인 질문에 대해서도 상보적인 방식으로 생각하도록 만들었다. 상보적 견해란 과학과 의학이 건강에 관해 어떤 특정한 기술을 제안할 때 이 기술만이 유일하게 타당한 것이 아닐 수 있다는 점을 강조하는 견해다. 상보성 개념은 모든 지식체계는 불완전하고, 모든 모델과 이론 너머에 있는 더 큰 전체의 측면으로 보아야 한다는 것을 상기시킨다. 즉, 상보성이란 특정 영역에서 지식을 무효화하는 것이 아니라 단지 지식은 제한적이며 그 적용이 타당하고 적절한 영역 안에서만 사용되어야 한다는 사실을 지적한다.

물리학에서의 이러한 새로운 생각이 의학에도 적용될 수 있다는 견해가 의사 래리 도시(Larry Dossey)의 『공간, 시간 그리고 의학

(Space, Time and Medicine)』이란 책에 잘 나타나 있다. 도시 박사는 "삶, 죽음, 건강 그리고 질병에 관한 우리의 견해는 17세기 물리학의 견해를 그대로 담고 있다. 만약 물리학이 자연을 보다 정확하고 완전하게 기술하는 방향으로 진화한다면 불가피하게 삶, 죽음, 건강 그리고 질병에 관한 우리의 정의를 바꾸지 않으면 안 될 상황이 나타난다."고 주장한다. 도시 박사는 "우리는 죽음 대신 삶을 그리고 분열, 암흑, 고립 대신 통일성과 단일성을 강조하는 건강관리 체계를 만들어 낼 엄청난 가능성에 직면하고 있다."고 제안했다.

미국에서 건강관리 개혁과 관련된 지독한 정치적 다툼을 고려해 볼 때, 우리 중 관심 있는 사람이 (물론 모두가 그래야겠지만) 최선을 다해 끈기 있게 장기적 관점을 가지고 정확하고 모범적인 변화를 위해 일해야 할 것처럼 보인다. 참여의학의 모든 요소는 그 장기적 노력에 힘을 실어 준다. 다른 나라들은 정치권에서 우리보다 더 많은 진보를 만들어 가고 있다. 예를 들어, 영국에서는 3회 이상 주 우울증 에피소드 이력을 가진 사람들의 재발을 막기 위해 마음챙김에 기반한 인지치료(MBCT) 형태의 마음챙김이 국민건강서비스(National Health Service)를 통해 제공되고 있다. MBCT에 관해서는 제24장에서 더 살펴볼 것이다.

또한 영국에서는 현재 의회 의원들이 광범위한 사회적 병폐를 다루는 데 마음챙김의 활용을 확대할 것을 지지하고 있다. 실제로 몇몇 하원, 상원의원들은 마음챙김 수행을 배우기 위해 MBSR과 MBCT 수업에 참여하고 있다. 스코틀랜드 의료원장인 해리 번스 경(Sir Harry Burns)은 그 나라의 사회 병폐와 의료 서비스 격차를 다루기 위해 마음챙김을 사용할 것을 주장하고 있다. 미국에서는 최근에 오하이오 주 하원의원인 팀 라이언(Tim Ryan)이 『마음챙김 국가(A Mindful Nation)』라는 제목의 책을 썼다. 라이언 의원은 의료 서비스뿐만 아니라 교육, 군대, 사법기관 같은 다른 중요한 분야에서 마음챙김을 확대해야 한다고 강하게 주장하는 사람이다. 그는 자신의 책에서 우리 사회의 여러 분야에서 마음챙김을 왜 확대해야 하는지에 대해 강하게 피력하고 있다.

앞에서 본 것처럼 건강과 질병을 전통적인 체계보다 좀 더 거시적인 체계에 따라 개념화할 필요성이 새로운 패러다임을 형성했고, 아직은 초보 단계지만 임상의학 분야에서 천천히 본격적인 반향을 불러일으키고 있다. 이는 의학, 의학연구 및 임상수련 내에서 심신의학(mind-body medicine), 행동의학(behavioral medicine) 혹은 통합의학(integrative medicine) 등의 여러 이름으로 알려진 새로운 분야의 발전을 가져왔다. 이 분야는 건강의 의미를 보다 심오하게 이해하고 건강 증진과 질병 예방, 우리가 지금 경험하고 있는 질병과 장애의 치료와 치유를 위한 최선의 방법을 찾아내는 데 총력을 기울이고 있다.

행동의학은 마음과 신체가 서로 밀접하게 연결되어 있고, 이러한 연결과 심신 관계에 관한 올바른 과학적 인식이 건강과 질병에 대해 보다 심오한 이해의 요체가 된다는 점을 밝혀 주었다. 행동의학은 행동과학과 생물의학을 서로 연결하는 학제 간 분야로서 이러한 학문들 사이의 교환 연구가 단독 연구로 이룰 수 있는 것보다 건강과 질병에 관해 더 포괄적으로 설명할 수 있을 것이라고 기대한다. 행동의학은 우리의 사고방식과 정서가 앞서 논의한 기제를 통해 건강과 질병에 매우 중요한 역할을 할 수 있다고 인식하고 있다. 즉, 사람들이 자신의 신체나 질병에 관해 어떻게 생각하느냐 하는 것이 치유에 중요하다는 점을 인식하고 있으며, 또한 우리의 삶을 어떻게 살아가며 어떤 생각을 하고 어떤 행동을 하는가가 건강에 매우 중요한 영향을 미친다는 점을 강조하고 있다.

행동의학은 보건진료체계의 틈에서 무관심의 대상이 되어 도움도 받지 못하고 좌절과 고통을 겪고 있는 사람에게 새로운 희망을 제공해 준다. 앞서 살펴본 것처럼 MBSR과 같은 임상 프로그램에서는 전통의학에 대한 보완책으로, 사람들이 자기 자신을 위해 무언가 할 수 있는 기회를 갖도록 한다. 오늘날 의사들은 환자에게 스트레스, 질병, 고통 등에 대처하고, 그것들이 삶의 질과 효율적으로 기능하는 능력에 미치는 부작용을 최소화하기 위해 마음챙김 프로그램에 참여하고 명상과 요가도 배울 것을 권장한다. 마음챙김에 기반한 프로그램에서는 환자가 자신을 고쳐 주거나 자신의 문제를 마술처럼 사라지게 만들어 줄 것으로 생각하는 '전문가'에게 전적으로 의존하는 게 아니라, 자신의 삶의 문제에 직면하는 법을 배우고 문제를 극복할 수 있는 개인적인 책략을 개발하도록 돕는다. 그러한 프로그램은 사람들로 하여금 보다 건강하고 탄력적으로 일할 수 있게 해 주고, 무엇을 할 수 있는가에 관한 신념을 바꿔 주고, 이완하는 방법과 삶의 스트레스를 보다 효과적으로 대처하는 방식을 배울 수 있도록 해 주는 수단이다. 동시에 그들은 건강과 신체적 웰빙에 직접적인 영향을 미칠 수 있는 결정적인 방법으로 생활방식을 바꾸는 노력을 할 수 있다.

사람들이 이 프로그램에 참여하여 얻을 수 있는 가장 중요한 것은 자기 스스로를 보는 방법과 자신의 삶과의 관계 및 세계와의 관계를 조망하는 방법을 확장하는 것이다. MBSR 및 MBCT와 더불어 MBSR을 기본으로 특정 영역에 특화된 마음챙김을 기반으로 한 프로그램을 몇 개만 예로 들자면, 대학생의 폭음(MBRP), 폭식(MB-EAT), 참전용사의 PTSD(MBTT), 파견 부대와 가족들(MMFT), 노인 부양(MBEC), 암 환자의 예술치료(MBSR-AT), 출산과 육아(MBCP), 아동의 불안 조절(MBCT-C) 등이 있다.

명칭을 무엇으로 하든 행동의학, 통합의학, 심신의학은 전통의학의 모델을 보다 확대시켜 신체뿐만 아니라 마음을 다루고, 더 전통적인 징후, 증상 및 약물치료, 수술치료뿐만 아니라 행동과 신념, 생각과 감정 등을 다룬다. 의학과 건강관리에 관한 참여 방식의 확대된 정의에 사람들이 관심을 가지게 됨에 따라 이러한 새롭고 증가하는 증거 기반의 학문들은 사람들로 하여금 자신의 웰빙에 관한 책임의 균형점을 거의 전적으로 의사에게만 의존해 왔던 종래의 견해로부터 자신의 개인적 노력 쪽으로 이동하는 것을 돕고 있다. 병원이나 의료 과정 또는 의사에 매달리기보다는 스스로 통제할 수 있도록 한 것이다. 이와 같이 의사와 의료팀이 당신을 위해서 하고 있던 것들에 보완해서 자신의 건강과 웰빙에 직접 참여하는 것이 건강을 회복하고 최적화하는 데 도움이 된다. 이러한 변화는 당신이 이 같이 책임을 갖기 시작할 때 당신이 처한 상태에서 언제든 시작할 수 있다.

스스로 참여했든 주치의가 추천해서 참여했든 MBSR에 참여하는 것은 스트레스, 고통 그리고 모든 건강상의 문제를 가진 사람들이 치유 과정에 스스로 참여하고 치료에 기여하는 데 개인적 책임을 느끼는 한 방식이다. 앞서 살펴봤듯이 MBSR 경험에서 얻을 수 있는 작지만 중요한 요소는 당신 인생에서 몸과 마음의 상호작용에 주의를 주는 것이 중요함을 시사하는 것에 앞서 언급한 여러 분야의 최신 연구 결과를 배우는 것이다.

이 책이 처음 출간될 당시에는 마음챙김 혹은 MBSR 같은 마음챙김에 기반한 임상 프로그램에 관한 과학적 연구가 거의 없었다. 지금은 MBSR과 여타 마음챙김에 기반한 중재기법이 뇌의 특정 영역에 영향을 줄 수 있고, 최소한 어떤 면역 기능에 긍정적인 영향을 주고, 스트레스 상황에서 감정을 조절하게 해 주고, 고통을 줄여 주고, 여러 상이한 의학적 진단 범주에 걸쳐 광범위한 건강 지표를 개선시킬 수 있다는 과학적 증거가 계속 늘어나고 있다. 따라서 1부에서 설명한 MBSR 커리큘럼의 명상수련을 계속 진행해 나가면서, 우리는 마음과 건강의 연관성, 주의 훈련으로 마음을 훈련하는 것의 효과 등에 관한 최신의 과학적 증거 몇 가지를 다루어 볼 수 있다. 마음과 건강과의 관계에 관한 과학적 증거를 알게 되면 마음챙김을 훈련하는 것이 왜 이로운지, 건강 전문가들이 왜 생활방식을 바꾸도록 권유하는지를 더 잘 이해하게 될 것이다. 과학적 증거는 건강 전문가들이 알고 있는 사실이 어디에 근거한 것이며, 또 그들이 언급하는 '사실'이 어떻게 증명될 수 있는지 사람들에게 알려 주어 의학 지식을 이해하기 쉽게 해 준다. MBSR에서 우리는 사람들에게 심신건강에 관한 관련 지식이 내포하고 있는 의미와 한계에 관해 스스로 생각하도록 할 뿐 아니라, 이 지식이 자신에게 적절하게 관련될 수 있는지 알아보도록 권하고 있다. 건강과 질병에 심리적 요인이 어떻게 관련되는지를 다룬 연구 결과는 우리 자신과 우리의 건강에 관한 우리의 제한적 신념을 검토하게 하고, 학습, 성장, 치유, 변화를 위한 내적 자원을 이용한다면 무엇을 할 수 있을지를 검토하게 한다. 우리가 숨 쉬고 있는 한 이 과정에 몰두하고 무슨 일이 일어나는지 알아보는 데 너무 늦은 때는 없다고 할 수 있다. 실로 이것은 평생의 모험이다.

건강과 질병에서 마음챙김과 심신 연결을 지지하는 증거를 검토해 보면, 우리 개개인이 자신의 웰빙에 중요한 역할을 한다는 옛날부터 알고 있던 상식이 과학적으로 입증됨을 알게 된다. 우리가 우리의 건강에 긍정적 혹은 부정적으로 영향을 미칠 수 있는 삶의 방식 가운데 어떤 측면을 의식하여 이를 고친다면 이러한 영향은 한결 효과적일 것이다. 이러한 측면 가운데는 태도, 사고, 신념, 감정 그리고 사회 및 자연과의 관계, 우리의 행동 등이 포함된다. 이 모든 요인은 다양한 방식으로 우리의 건강에 영향을 미친다. 이 모든 요인은 건강에 상이한 방식으로 영향을 줄 수 있고, 스트레스와 그에 대한 대처와 관련되어 있으며, 이 요인들은 마음챙김 명상을 실천하여 영향을 받을 수 있다.

다음 장에서 우리는 건강과 질병에 관한 보다 새롭고 통합적인 몸-마음 관점을 뒷받침하고, 우리 자신이 사고하고 느끼고 행동하는 양상에 관해 마음챙김하는 것이 얼마나 중요한지를 밝히는 다양한 증거에 관해 알아볼 것이다.

15

마음과 몸: 믿음, 태도, 생각 및 정서가 해를 주거나 치유를 할 수 있다는 증거

건강에서 지각과 사고방식의 역할

앞 장에서 우리는 잘못된 이해에서 비롯된 생각이 한 부인의 생명을 앗아간 몸과 마음의 연결에 관한 놀라운 예를 소개하였다. 오해일지라도 단 하나의 생각이 심장과 폐가 조화롭게 기능하도록 조절하는 강력한 몸의 항상성 유지 과정을 빠르고 치명적으로 파괴하는 사건을 잇달아 촉발하였다. 결코 일어날 수 없는 생리적 과정이 일어났고 되돌릴 수 없을 정도로 빠르게 진행되었다. 우리가 흔히 자신의 생각을 생각으로 의식하지 못하지만, 생각은 우리가 행하는 모든 것에 영향을 미치며 우리의 건강을 좋게 하거나 나쁘게 하는 데도 심각한 영향을 미칠 수 있다. 딱 들어맞는 또 다른 예는 '우울증의 반추(depressive rumination)' 현상이다. 이는 일단 시작되면 우울증의 밑바닥까지 내려가는 나선을 촉발해서 스스로 빠져나오기 매우 어려운 부정적 사고방식을 말한다. 이 주제는 MBCT 형태의 마음챙김 훈련이 초기 부정적 사고가 압도적인 사건의 연쇄를 촉발하는 과정에 어떤 큰 차이를 가져올 수 있는지를 논의할 때 자세히 다룰 것이다.

우리의 사고방식은 우리 자신과 세상과의 관계를 포함하여 현실을 지각하고 설명하는 방식에 영향을 준다. 우리는 모두 어떤 일이 일어나는 이유에 대해 우리 자신에게 설명하는 독특한 방식을 가지고 있다. 우리의 사고방식은 어떤 일을 실행하고 선택하는 동기의 기초가 되며, 어떤 일을 해내는 자신의 능력에 대한 자신감의 정도에도 영향을 준다. 또한 사고방식은 세상이 어떠하고, 어떻게 작용하며, 그 속에 우리의 위치는 어떠한지에 대한 우리의 믿음의 핵심을 이루고 있다. 우리의 사고는 많은 정서를 전달할 수도 있다. 어떤 사고는 즐거움, 행복, 만족 같은 매우 긍정적인 정서를 전달한다. 다른 사고는 슬픔, 고립감과 절망감, 심지어 체념까지도 전달한다. 흔히 우리의 사고는 광범위한 이야기, 즉 우리가 세상, 타인, 자기 자신, 과거와 미래에 관해 자기 자신에게 말해 주는 이야기 안에 집을 짓는다. 당신이 전체 사고 과정과 정서적 활동을 마음챙김해서 검토해 보면 우리의 많은 사고가 부정확하다는 것을 알게 된다. 아무리 좋게 봐도 부분적으로만 옳다. 많은 것이 전혀 사실이 아니다. 이는 큰 문제를 일으킬 수 있는데, 우리가 아주 오랫동안 사로잡혀 있는 믿음과 행동의 패턴을 만들어 낸다. 우리는 우리의 사고가 어떤 방식으로 현실을 만들어 내는지 알지 못한다. 사고방식은 우리가 자기 자신과 타인을 어떻게 보는가, 무엇이 가능하다고 생각하는가, 삶에서 배우고 성장하고 행동하는 자신의 능력을 얼마나 확신하는가에 엄청난 영향을 미칠 수 있다. 심지어 우리가 얼마나 행복한지 그렇지 않은지에도 영향을 미친다. 사고방식은 몇 가지 범주로 나누어 볼 수 있으며, 과학자들은 어떤 특정한 사고방식을 가진 사람이 다른 종류의 사고방식을 가진 사람과 비교해서 어떻게 다른가를 체계적으로 연구한다.

낙관주의와 비관주의: 세상을 보는 기본 필터

마틴 셀리그먼(Martin Seligman) 박사는 긍정심리학이라는 새로운 심리학 분야의 창시자 중 한 명이다. 수년간 그는 여러 동료와 함께 어떤 일이 일어났을 때 그 원인을 낙관적으로 보는 사람과 비관적으로 보는 사람 간에 건강의 차이가 있음을 연구하였다. 이 두 집단은 인생살이 동안 발생한 각종 '나쁜' 사건들, 말하자면 홍수나 지진과 같은 자연 재앙, 실직이나 실연과 같은 개인적인 좌절과 패배, 질병, 부상 또는 그 밖의 스트레스를 일으키는 사건들과 같은 각종 불행한 일들의 발생 원인을 설명하는 아주 다른 설명양식을 가지고 있다.

어떤 사람들은 나쁜 사건이 발생한 원인을 설명하는 방식이 비관적이다. 비관적 양식이란 그들에게 일어난 나쁜 일이 자기 탓이고, 그 일로 인한 나쁜 결과가 오랫동안 지속될 것이며 인생의 다른 많은 측면에도 영향을 미칠 것이라고 생각하는 것이다. 셀리그먼 박사는 이러한 '귀인 양식'을 "그것은 내 잘못이야, 그것은 영원히 지속될 거야, 그것은 내가 하는 모든 일에 나쁜 영향을 줄 거야." 유형이라고 불렀다. 극단적인 경우 이러한 유형의 사람은 매우 우울하고, 낙담하며, 지나치게 자기 문제에만 빠져 있다. 이런 유형의 사고를 '재앙화' 라고 부르기도 한다. 이런 유형의 한 예로는 실패를 경험할 때마다 "나는 내가 바보라는 것을 늘 알고 있었어. 나는 무엇 하나 제대로 할 수 없다는 것이 바로 이것을 증명하는 거야."라는 식의 반응을 들 수 있다.

낙관주의자는 동일한 사건을 경험하면서도 비관주의자와 전혀 다르게 본다. 낙관주의자들은 나쁜 일에 대해 자신을 책망하지 않는 편이고, 만약 자책을 하더라도 이런 사건은 극히 일시적으로 발생하는 일이어서 금방 해결될 수 있을 것으로 여긴다. 이들은 나쁜 일이 일어나는 것을 극히 일시적인 현상으로 본다든가 이 사건에 의해 일어날 손상의 여파가 극히 제한되어 있는 것으로 간주한다. 달리 말하면 이들은 발생한 구체적인 결과에만 초점을 둘 뿐 침소봉대해서 사건을 확대시킬 수 있는 언급이나 투사는 하지 않는다. 이러한 유형의 예로는 "뭐, 그때는 정말 실수였어. 하지만 뭔가를 알아내서 적응할 수 있을 거고 다음에는 성공할 거야."라는 식의 반응을 들 수 있다.

셀리그먼 박사와 동료들은 매우 비관적 귀인 양식을 가진 사람이 낙관적 사고방식을 가진 사람에 비해, 나쁜 사건에 맞닥뜨릴 때 우울증에 빠질 위험성이 의미 있게 높다는 것을 보여 주었다. 비관주의자들은 낙관주의자들에 비해 나쁜 일이 발생한 후 신체적 증세가 더욱 나빠지고 질병에 대한 민감도 증가를 나타내는 호르몬과 면역체계의 변화가 나타나기 쉽다. 암 환자를 대상으로 한 연구에서 귀인 양식이 비관적인 환자일수록 더 일찍 사망하는 경향이 있었다. 또 다른 연구에서 명예의 전당에 오른 야구선수들 중 젊고 건강할 때 비관적 귀인 양식을 가졌던 선수는 낙관적 귀인 양식을 가졌던 선수에 비해 젊은 나이에 사망할 가능성이 더 높은 것으로 나타났다.

셀리그먼 박사가 행한 연구의 전체적 결론은 질병의 위험성을 증가시키는 것은 세상 자체가 아니라 우리에게 일어나고 있는 일을 바라보고 생각하는 방식이라는 것이다. 나쁜 일이나 스트레스 사건의 원인을 설명하는 비관적 설명 양식은 특히 독이 되는 결과를 초래하는 것 같다. 셀리그먼 박사의 연구에 따르면 이런 비관적 사고방식이 사람들을 질병의 위험에 빠뜨리고, 나이 · 성 · 흡연 습관 · 식사 등과 같은 다른 변인을 고려했을 때 왜 어떤 사람이 다른 사람보다 질병에 더 잘 걸리며 일찍 사망하는가를 설명할 수 있다. 반면에 스트레스 사건에 대해 낙관적인 사고방식으로 반응하는 사람은 우울증, 질병, 조기 사망 등에 대한 예방, 보호적인 효과를 갖는 것으로 보인다.

자기효능감: 성장 능력에 대한 자신감은 성장 능력에 영향을 준다

건강 상태를 개선하는 데 가장 강력한 듯 보이는 사고방식의 하나가 자기효능감(self-efficacy)이다. 자기효능감은 자신의 삶에서 일어나는 구체적 사건을 통제하는 능력에 대한 믿음이다. 이것은 실제로 사건에 대처하는 자신의 능력에 대한 신뢰이며, 새롭고 예상치 못한 스트레스가 출현했을 때 이를 다루어 나갈 수 있는 자신의 능력에 대한 믿음을 의미한다. 스탠퍼드 대학교 심리학과 앨버트 밴듀라(Albert Bandura) 박사와 그의 의과대학 동료들의 고전적 연구에 따르면, 심장발작에서 매우 회복이 빠르고, 관절염의 고통에 잘 대처할 수 있고, 금연과 같이 생활 스타일을 변화시킬 줄 아는 사람들의 경우와 같이 강한 자기효능감은 다양한 의료 장면에서 건강 회복을 가장 잘 그리고 일관되게 예측한다고 한다. 하겠다고 결심하면 무엇이든 성공할 수 있다는 자신의 능력에 대한 강력한 믿음은 우선 당신이 어떤 활동에 관여할지, 포기하지 않고 새롭고 색다른 일에 얼마나 많은 노력을 기울일지, 삶의 주요 영역을 통제하려는 노력이 얼마나 스트레스가 될지에 영향을 미친다.

자기효능감은 당신이 중요하다고 느끼는 일에서 성공 경험을 할 때 증가한다. 예컨대, 당신이 바디 스캔을 한다고 할 때 이 수련의 결과로 몸에 친밀해지고 더욱 이완감을 느끼게 된다면 이러한 성공감은 원할 때 언제나 이완할 수 있는 자신의 능력에 대해 더욱 큰 자신감을 갖게 해 줄 것이다. 동시에 이러한 경험은 바디 스캔 수련을 계속할 수 있게 해 줄 것이다.

또한 자기효능감은 다른 사람이 잘 행하는 것을 보고 이에 고무되어 높아질 수도 있다. 예를 들어, MBSR 수업에서 어떤 사람이 바디 스캔이 고통을 조절하는 데 긍정적이었다는 경험을 보고하면, 아직 그 같은 경험을 해 보지 못했던 다른 사람들에게서 극적으로 긍정적인 효과가 나타난다. 이 사람들은 스스로에게 이렇게 말한다. "저 사람이 자신의 모든 문제에 그런 효과를 보았다면, 나도 아마 그렇게 할 수 있을 거야." 그러므로 긍정적 경험을 한다는 의미에서 다른 사람이 문제를 해결하는 것을 보는 것만으로, 자신의 능력이나 하고 있는 훈련에 대한 효능감에서 자신감을 키울 수 있다.

밴듀라 박사와 동료들은 심장발작을 일으켜 심장 재활 훈련을 받고 있던 남성 집단을 대상으로 자기효능감을 연구했다. 그 결과 자신의 심장이 매우 건강하고 충분히 회복될 수 있다는 강한 확신을 가진 사람들은 그 집단과 심장병의 심각성은 동일하지만 자신감이 적은 사람들에 비해 훈련 프로그램에서 이탈이 적었다. 즉, 자기효능감이 높은 사람들은 어떤 운동 프로그램에서나 자연스럽고 정상적으로 나타나는 가벼운 통증, 숨 가쁨, 피로 같은 것에 대해 걱정이나 패배감 없이 러닝머신에서 훈련할 수 있었다. 이들은 불쾌감을 '나쁜 조짐'으로 걱정하지 않고 보다 강건해졌다고 느끼거나 더 잘할 수 있는 것이라고 느꼈다. 한편 이 같은 긍정적 확신을 갖지 못한 사람들은 정상적으로 발생하는 불쾌감, 숨 가쁨, 피로감과 같은 것을 심장이 나빠진 것으로 간주하고 운동을 중지하는 경향이 있었다. 또한 자기효능감이 낮은 사람에게 통달 경험을 개발하는 훈련을 시키면 과거에는 통제가 불가능하다고 느꼈던 삶의 영역에 대해서도 성공적으로 통제할 수 있을 것이라는 자신감이 자란다는 사실도 보여 주었다.

사고와 감정이 건강에 미치는 영향을 알아본 또 하나의 흥미로운 연구는 스트레스를 즐기는 것처럼 보이거나 극심한 스트레스 상황에서도 살아남은 사람을 대상으로 한 연구에서다. 이런 연구의 목적은 스트레스나 스트레스 관련 질병에 대해 누가 봐도 명백

한 '면역력'에 해당하는 특징적인 성격 특성이 있는지 여부를 알아보는 것이었다. 뉴욕 시립대학교의 수잰 코바사(Suzanne Kobasa) 박사와 동료들 그리고 이스라엘의 의료사회학자인 에런 안토노프스키(Aaron Antonovsky) 박사가 이 분야의 연구를 주도한 사람들이다.

강인성

코바사 박사는 기업체 간부, 변호사, 버스 운전사, 전화 회사의 고용원과 그 밖에 심한 스트레스 속에서 살아가는 사람들을 대상으로 연구하였다. 기대할 수 있는 것과 같이 모든 집단에서 같은 정도의 스트레스를 경험하면서도 다른 사람보다 더 건강한 사람이 발견되었다. 코바사는 건강한 사람이 심한 스트레스의 유해한 영향에서 자신을 보호해 주는 어떤 공통적인 성격 특성을 가지고 있을지 궁금했다. 그리고 건강하게 잘 지내는 사람과 자주 아픈 사람을 구분 짓는 독특한 심리적 특징이 있음을 발견하였다. 그녀는 이 특징을 '심리적 강인성(hardiness)'이라 불렀는데, 이는 때로 '스트레스 강인성'이란 말로도 사용된다.

앞서 살펴보았던 다른 심리적 요인과 같이 강인성이란 요인에서도 자신이나 자신을 둘러싸고 있는 세계를 보는 방법에 차이가 있다. 코바사 박사에 따르면 스트레스에 강인한 사람은 세 가지 심리적 특징, 즉 통제감, 참여감(commitment), 도전감 수준이 높게 나타난다. 통제감이 높은 사람은 자신이 자기 주변 일에 많은 영향을 미칠 수 있고, 일을 진척시킬 수 있다는 강한 믿음을 가지고 있다. 이 요인은 앞서 본 밴듀라 박사의 자기효능감과 유사한 개념이다. 참여감이 높은 사람은 매일매일 하고 있는 일에 대해 깊이 몰입하는 경향이 있고 이러한 활동에 최선을 다해 헌신한다. 도전감이 높은 사람은 변화를 미래의 발전을 위한 기회를 제공해 주는 자연스런 삶의 일부분으로 본다. 이러한 관점은 스트레스에 강인한 사람들에게, 삶을 지속적인 도전으로 보는 이 같은 오리엔테이션을 공유하지 못하는 사람에 비해, 새로운 상황을 위협보다는 기회로 여기게 한다.

코바사 박사는 스트레스 강인성 수준을 높일 수 있는 방법은 많다고 강조했다. 강인성을 개발하는 가장 좋은 방법은 자신의 삶이 어디로 가고 있는지, 통제, 참여 그리고 도전이란 영역 안에서 할 수 있는 선택과 변화에 의해 삶을 어떻게 풍요롭게 할 수 있는지에 관한 힘든 질문을 기꺼이 던짐으로써 자신의 삶에 직면하는 것이다. 또한 코바사 박사는 스트레스가 심한 직장에서도 직원들 간에 통제감, 참여감 및 도전감을 높이도록 조직 내의 역할과 관계성을 재조정하여 강인성을 높일 수 있다고 강조하였다. 점차 이 원리가 일과 도전의 복잡성이 증가하고 있는 오늘날의 일 속으로 흘러들어가고 있다.

응집감

나치의 집단 수용소 같은 극단적이고 거의 상상할 수 없는 스트레스 상황에서 살아남은 사람을 대상으로 한 에런 안토노프스키 박사의 연구도 주목을 끈다. 안토노프스키 박사의 견해에 따르면 건강한 사람은 거듭되는 혼란 속에서도 계속적으로 균형을 회복시켜 나가는 능력을 가진 사람이다. 그는 나치의 집단 수용소에 감금되어 있던 사람들이 스트레스와 긴장 속에서 대처 자원이 고갈되고 있음에도 어떻게 높은 스트레스를 이겨 낼 수 있었는지 궁금했다. 안토노프스키 박사는 극단적인 스트레스에서 살아남은 사람이 자기 자신이나 자신을 둘러싼 세상에 대해 내재적 응집감을 가지고 있음을 발견했다. 응집감(sense of coherence)이란 이해력, 관리력 및 의미 부여의 세 가지 요소로 특징지어진다. 응집감이 높은 사람은 내적 또는 외적 경험을 이해할 수 있고(이해력), 자신이 가진 자원을 당면한 요구를 해결하고 관리하는 데 사용할 수 있으며(관리력), 당면한 요구를 의미 있는 도전 과제로 보고 헌신할 수 있는(의미 부여) 강한 자신감을 가진 사람이다. 신경학자이자 심리학자이면서 아우슈비츠 생존자이기도 한 빅토르 프랭클(Victor Frankl)은 이 자질을 유명한 문장으로 멋지게 요약했다. "한 인간의 모든 것을 빼앗을 수 있지만, 단 한 가지는 빼앗을 수 없다. 그것은 인간의 최종적 자유, 즉 주어진 상황에서 자신의 태도를 선택하고 자신의 길을 선택하는 자유다."

MBSR, 스트레스 강인성 및 응집감

여러 해 동안 우리는 MBSR 프로그램에 참여한 환자들의 스트레스 강인성과 응집감을 측정했다. 그 결과 8주간의 프로그램을 끝냈을 때 강인성과 응집성 모두 증가했다. 평균 5% 정도가 증가했으며, 이는 아주 크진 않았지만 유의한 것이었다. 이 결과는 스트레스 강인성과 응집감 둘 다가 성격변인으로 여겨지기 때문에 눈여겨볼 만하다. 다시 말해 성격은 성인이 되어서는 유의하게 변화되기 어려운 특성이다. 그렇기 때문에 응집감이 죽음의 캠프에서 별다른 심리적 손상 없이 생존한 사람과 심각한 영향을 받은 다른 생존자들을 구분하는 변인으로 사용된다. 그러나 MBSR에서 8주 정도의 짧은 기간에 이 변인들에서 작지만 부정할 수 없는 증가가 나타났다. 이 변인들이 고정적 특성이라면 변화는 생각할 수 없다. 게다가 추후 연구에서 3년 후에도 스트레스 강인성과 응집감의 증가가 유지되거나 심지어 평균 8% 정도 상승하기까지 했다. 이것은 매우 놀라운 결과다. 우리 환자가 MBSR에서 경험한 것이 단순히 신체적 · 심리적 증상을 감소시키기만 한 것이 아니라 더 중대한 결과를 갖는다는 것이다. 즉, 그들이 자기 자신 그리고 자신과 세상의 관계를 보는 방식을 재조정하는 듯하다.

우리는 안토노프스키 박사가 사망하기 전 1, 2년간 이 발견을 공유했다. 그는 우리가 그처럼 짧은 개입 후에 그러한 변화를 관찰했다는 데 대해 놀라움을 금치 못했다. 특히 주로 무위(non-doing)에 기초한 결과여서 더욱 그렇다. 그는 중요한 사회적 · 정치적 사건만이 사람들에게서 그러한 변화를 일으킬 수 있다고 생각했었다. 그러나 우리는 수년간 환자들과의 대화를 통해, 그들이 자기 자신을 하나의 인격체로서, 또 타인과의 관계와 더 큰 세계와의 관계에서 하나의 인격체로서 보는 방식에서 실로 엄청난 변화를 경험하고 있다는 것을 죽 느껴 왔다. 사실 이러한 직관 때문에 우리가 맨 처음 환자들의 스트레스 강인성과 응집감을 살펴보기 시작한 것이고, 특히 이들 측정치가 시간이 지남에 따라 변화할 수 있는지에 대해 질문하게 된 것이다. 아마도 앞으로 진행되는 연구가 이 두 가지 측정치의 변화와 자기 및 관계성의 느낌과 연관된 것으로 알려진 특정 뇌 영역의 변화와의 상관관계를 보여 줌으로써 우리의 초기 발견을 지지해 줄 것이다. 환자들에게 이것은 중요하지 않다. 중요한 것은 그런 변화가 정기적으로 일어날 수 있고 일어난다는 것이고, 특히 지속적인 수행으로 그 변화가 유지되고 더 깊어지기까지 한다는 것이다.

건강에서 정서의 역할: 암

지금까지 우리가 살펴본 연구는 주로 인지적인 것에 초점을 맞춘 것이다. 다시 말해 사고방식이나 신념이 건강이나 질병에 미치는 영향을 주로 고찰하였다. 이러한 연구와 유사하게 정서가 건강이나 질병에 미치는 역할을 다룬 연구도 많이 있다. 분명히 사고방식과 정서는 서로에게 영향을 준다. 그러나 종종 특정 상황에서 사고방식과 정서 중 어떤 것이 더 근본적인지 결정하기가 쉽지 않다. 지금부터 우리는 감정 패턴과 건강 사이에 어떤 관련이 있는가를 알아본 연구 결과를 살펴보려고 한다.

한동안 특정 성격 유형이 특정 질병에 걸리기 더 쉬운지에 관한 논쟁이 꾸준히 계속되었다. 어떤 연구에서는 '암 유발' 성격이 있을 것이라고 주장하고, 또 다른 연구에서는 '관상동맥성 심장질환 유발' 성격이 있을 수 있다고 주장한다. 암 유발 성격이란 흔히 자신의 감정을 잘 숨기는 경향이 있고, 매우 타인 지향적인 반면에 실제로 다른 사람으로부터 깊은 소외감을 느끼고 있고 사랑받지 못한다거나 사랑받을 만하지 못하다고 느끼는 사람들을 일컫는다. 이러한 경향성은 어린 시절 부모에 대해 친밀감을 느끼지 못한 것과 강력하게 연관된다.

이러한 관련성을 지지하는 많은 증거를 존스 홉킨스 의과대학의 캐럴라인 베델 토머스(Caroline Bedell Thomas) 박사의 40여년간의 연구에서 살펴볼 수 있다. 토머스 박사는 1940년대에 존스 홉킨스 의과대학에 입학한 학생들의 심리 상태에 관해 방대한 정보를 수집했고, 그 후 이 학생들이 나이가 들어가고 경우에 따라서는 병들고 사망하기까지 주기적으로 추적 조사했다. 이 방법을 통해 토머스 박사는 이 피험자들이 21세 정도로 젊고 건강했을 때 보고했던 특정 심리적 특성 및 어린 시절의 가정생활 경험과 그 후 40여 년 동안 살아가면서 경험했던 다양한 질병과의 상관관계를 연구했다. 이 연구 결과에 의하면 "암에 걸릴 가능성의 증가와 연관된 어린 시절의 어떤 특징적 요인이 있다."고 말한다. 이러한 특징 가운데 가장 두드러지는 것은 어린 시절 부모와 밀접한 관계를 맺지 못했다거나 삶과 인간관계에 대해 양면적 태도를 가지고 있었다는 것이다. 물론 결론은 어린 시절의 정서적 경험이 그 후의 건강 상태에 강력한 역할을 한다는 것이다.

사고방식과 정서 경험이 건강과 관련 있다는 연구를 검토하는 동안 어떤 성격 특성이나 행동이 특정 질병과 상관이 있기 때문에 어떤 방식으로 생각하는 것이 특정한 질병을 야기한다고 가정하는 것은 항상 위험한 일이며 잘못된 것이란 점을 염두에 두어야 한다. 그 대신 질병에 걸릴 위험률이 어느 정도(상관계수나 그 밖의 많은 요인의 정도에 따라) 증가할 수도 있고 아닐 수 있다는 것이 더 정확한 표현이다. 그 이유는 조사 연구란 항상 통계적 관계에 관한 것이지 일대일 대응 관계를 보여 주는 것이 아니기 때문이다. 암과 관련 있는 것으로 여겨지는 특정 성격 특징을 가진 모든 사람이 항상 암에 걸리는 것은 아니다. 사실 흡연이 폐암, 폐기종 혹은 심장병을 일으키는 강력한 위험인자라는 게 입증되었지만 담배를 피우는 모든 사람이 이 질병으로 사망하는 것은 아니다. 이런 관련성은 어디까지나 통계적인 것이므로 확률상의 의미만 있을 뿐이다.

그러므로 정서와 암 간의 관계를 나타내는 증거로부터 특정 성격 특성이 직접 질병을 일으킨다고 결론짓는 것은 잘못이다. 그럼에도 어떤 심리적 · 행동적 패턴이 한 사람을 최소한 특정 형태의 암에 취약하게 만들 수 있다는 많은 증거가 있는 반면에 어떤 성격 특성은 오히려 암 발생을 억제하고 생존 기회를 높일 수 있다는 증거도 많이 제시되었다. 이런 관점에서 자신이나 타인에 대해 느끼는 감정과 이러한 감정을 표현하거나 표현하지 못하는 것도 매우 중요한 역할을 한다.

예컨대, 스코틀랜드의 글래스고 대학교 데비드 키슨(David Kissen) 박사와 동료들은 1950년대 말부터 남성 폐암 환자들을 대상으로 일련의 연구를 실시하였다. 한 연구에서 이 연구자들은 가슴에 통증이 있어 병원에 입원하였지만 아직 진단 결과가 나오지 않은 수백 명의 환자를 대상으로 한 사람 한 사람씩 개인사를 분석하였다. 그 결과 폐암으로 판명된 사람은 다른 진단을 받은 사람에 비해 어린 시절 불행한 가정이나 부모의 죽음과 같은 역경이 더 많다고 보고되었다. 이러한 발견은 존스 홉킨스 의과대학 학생들을 대상으로 한 토머스 박사의 연구 결과와도 일치한다. 토머스 박사의 연구에 의하면 나이가 들어 암에 걸린 사람은 40여 년 전 어린 시절 부모와 친밀하지 못하였고 관계에서도 양가감정적인 면을 보였다. 키슨의 연구에 따르면 폐암에 걸린 사람들은 성인이 되어서도 대인 관계 장애를 포함해서 더 많은 어려움을 보고하는 것으로 나타났다. 폐암에 걸린 사람들을 하나의 집단으로 볼 때 이들은 특히 자신의 감정을 표현하는 데 어려움을 지니는 특징이 관찰되었다. 이들은 자신의 현재 삶에 있어서 분명한 정서 혼란의 원인이 되는 것으로 보이는 부부간의 문제나 친근한 사람의 죽음과 같이 대인 관계에서 파생되는 나쁜 일에 대해 감정 표현을 잘 할 줄 몰랐다. 그 대신 환자들은 자신이 정서적으로 고통을 느끼고 있다는 사실을 부정하고 인터뷰 동안 면접자가 보기에 부적절해 보일 정도로 태연하고 무미건조한 어조로 직면하고 있는 어려움을 이야기했다. 이것은 통제집단의 환자들이(나중에 폐암이 아니라 다른 질병으로 판정된) 유사한 상황을 적절한 감정 표현으로 기술한 것과 크게 대조적이었다.

이 연구에 따르면 감정표현의 어려움이 폐암 환자들의 사망률과 밀접하게 연관되어 있었다. "감정표현 능력이 가장 떨어지는 폐암 환자들은 감정표현을 가장 잘하는 폐암 환자에 비해 연간 사망률이 4.5배 이상 더 높았다." 이 결과는 비록 심한 흡연자가 비흡연자에 비해 암발생률이 10배 정도 높긴 하지만, 이들이 담배를 피웠든 안 피웠든 또는 얼마나 피웠든 관계없이 동일하게 나타났다.

암 발생에 정서 요인이 관련된다는 더 많은 증거는 영국 런던에 있는 킹스 대학병원의 연구자들이 유방암에 걸린 부인들을 대상으로 실시한 비슷한 연구에서도 살펴볼 수 있다. 그리어(S. Greer) 박사와 티나 모리스(Tinna Morris) 박사는 젖가슴에서 응어리가 만져져서 유방암 여부를 판정받으려고 입원해 있던 160명의 여성을 대상으로 심층 심리 면접을 실시하였다. 면접 동안 그 여성들 모두는 자신이 암일지도 모르는 동일한 스트레스하에 놓여 있었다. 입원 여성뿐만 아니라 남편이나 다른 친지들과도 면접을 실시했는데, 이 결과는 그 여성이 자신의 감정을 얼마나 숨기는지 혹은 표현하는지 알아보는 수단으로 사용되었다.

나중에 유방암이 아닌 것으로 밝혀진 여성 대다수는 연구자들이 '정상'이라고 부르는 감정표현 패턴을 보였다. 그러나 유방암으로 밝혀진 여성 대부분은 일생 동안 자신의 감정(대부분의 경우 '분노')을 극도로 억압하거나 감정을 폭발적으로 표현하는 유형이었다. 두 가지 극단적인 감정표현 유형 모두 암에 걸릴 위험성과 매우 밀접하게 관련된다. 그러나 감정을 폭발적으로 표현하는 여성보다 감정을 억압하는 여성이 더 위험했다.

또한 이 연구자들은 유방암 수술을 받은 50명의 여성을 5년 동안 추적 연구를 했다. 연구자들은 수술 3개월 후 그들이 당면한 상황을 매우 낙관적인 태도와 살 수 있다는 신념, 즉 '투쟁 정신'으로 직면하고 있는 여성은 자신의 병에 대해 금욕적인 수용 태도를 보인다거나 질병에 완전히 압도되어 무력감, 절망감 또는 패배감을 보이는 여성에 비해 훨씬 더 많이 살아남는다는 사실도 발견하였다. 자신이 암에 걸렸다는 사실을 전적으로 부정하거나 암에 대한 논의를 거부했거나 자신의 처지에 관해 아무런 정서적 고통을 보이지 않았던 여성이 5년 정도 생존율이 더 높았다. 이 연구 결과는 강한 긍정 정서(투쟁정신, 완전 부정)는 생존율을 높이고 억제된 정서 표현(금욕주의나 무력감)은 생존율을 낮추는 방식으로 정서가 암 생존율에 어떤 역할을 할 수도 있음을 시사한다. 그러나 스스로 지적했던 것처럼 이 연구에서는 피험자의 수가 비교적 적었기 때문에 그들의 발견은 오직 시사적인 의미로만 간주될 수 있다.

심리적 특성과 특정 질병 간에 보다 확실한 관련성을 밝히기 위해서는 대규모 (종종 비용이 많이 드는) 임상실험을 행할 필요가 있다. 우울증과 암과의 관계를 알아보기 위해 미국에 사는 6,000명의 남녀 피험자를 대상으로 한 최근의 연구는 이러한 연구의 한 예다. 비록 규모가 작고 설계가 좀 부족한 많은 연구에서 암과 우울증 간에 관련성이 있는 것으로 나타나기도 했지만, 이 대규모 연구에서는 어떤 상관도 발견되지 않았다. 즉, 우울 증상을 보인 집단과 그렇지 않은 집단 모두 암 발생률이 10% 정도였다. 그러나 동물을 대상으로 한 잘 설계된 많은 연구에서는 우울과 관련된 무기력한 행동방식, 자연살해세포의 수준을 포함하는 면역 기능의 감소와 종양세포의 성장 사이에 분명한 연관 관계를 보여 주고 있다. 인간에서 무력감과 면역 기능의 감소 간의 관계를 보여 주는 연구와 더불어 동물 연구에서의 이 같은 발견이 앞서 소개한 대규모 임상실험에서 우울과 암 사이에 관계가 없다는 결과와 어떻게 연결될 수 있는지 추후 연구가 진행되어야 할 것이다. 이것은 지속적으로 논란이 되는 영역이다.

암은 몸속에 있는 세포들의 성장을 감독하는 생화학적 기제가 잘 작동하지 않는 상태다. 이렇게 되면 세포들이 걷잡을 수 없이 증식해서 많은 경우 종양이라 부르는 거대한 덩어리가 만들어진

다. 많은 과학자는 몸속에서 암세포가 매 순간 낮은 수준으로 생성되고 있으며, 건강할 때는 면역체계가 비정상적인 세포들을 인지해서 그것들이 해를 끼치기 전에 파괴한다고 믿고 있다. 이 모형에 따르면 암세포가 통제할 수 없이 증식하는 경우는 면역체계가 직접적인 신체 손상이나 스트레스의 심리적 영향에 의해 약화되어서 더 이상 낮은 수준의 암세포를 효과적으로 식별하고 파괴할 수 없게 될 때다. 그렇게 되면 암의 종류에 따라서는 암세포 자체에 혈액 공급이 이루어져 결국 딱딱한 종양이 만들어지거나 백혈병과 같이 많은 수의 암세포가 순환하면서 조직을 압도해 버리는 수도 있다.

물론 사람의 경우 건강한 면역체계를 가진 사람조차도 압도될 수 있을 정도로 다량의 발암물질에 노출될 가능성도 있다. 뉴욕 주의 악명 높은 러브커낼(Love Canal)과 같이 독성 쓰레기장 주변에 살고 있는 사람들이 바로 이런 경우다. 이와 유사하게 히로시마와 나가사키 원폭 투하 혹은 체르노빌 원전 사고 이후처럼 다량의 방사선에 노출된 사람들도 암세포가 발생할 수 있고, 동시에 암세포를 인지하고 무력화시키는 면역체계의 기능이 약화되었을 수도 있다. 요약하면 어떤 종류이든 암 발생은 유전자, 세포분열 과정, 환경 그리고 개인의 행동과 같은 다양한 요인이 포함되는 매우 복잡한 과정이다.

비록 부정적 감정과 암 발생 간에 통계적으로 밀접한 관련성이 발견되었지만, 암환자에게 암에 걸린 원인이 심리적 스트레스 혹은 해결되지 못한 갈등이나 감정을 잘 표현하지 못하였기 때문이라고 단정적으로 말하는 것은 타당하지 못하다. 그렇게 말하는 것은 이 병에 걸린 사람을 교묘하게 또는 직접적으로 비난하는 것이다. 사람들은 흔히 고통스런 현실을 합리화하고 더 잘 대처하려는 시도로 부지불식간에 이렇게 한다. 우리는 뭔가에 대해 설명을 제시할 수 있을 때, 틀렸을망정 그 사람이 왜 암에 '걸렸는지' '이해한다고' 안심할 수 있기 때문에 약간 기분이 좋아진다. 그러나 이렇게 하는 것은 무지와 추측에 근거하여 다른 사람의 정신적 온전성을 모독하는 결과를 낳을 수도 있다. 이는 또한 지금 당장 환자들이 에너지를 총집중하여 생존을 위협하는 암과 싸워야 할 현실로부터 주의를 과거로 되돌리게 하여 현실에서 도피하도록 만들 수도 있다. 불행하게도 암의 '원인'을 석연치 않은 심리적 결함에 귀인하려는 이러한 생각이 한때 어떤 집단에서 유행했었다. 이러한 태도는 치유보다는 고통을 훨씬 더 키우게 된다. 정서와 건강에 관해 우리가 알고 있는 모든 지식을 동원해 추론해 볼 때 치유력을 높이기 위해 길러야 하는 것은 자기비난이나 자기비하가 아니라 수용과 관용이다.

만약 암에 걸린 사람이 스트레스나 정서적 요인 때문에 암이 발병한 것이라고 믿는다면 그건 그의 특권이다. 이는 그 개인의 삶과 그 주제에 접근하는 방식에 따라 문제를 다루는 데 도움이 될 수도 있고 안 될 수도 있다. 어떤 이는 과거 자신의 감정 처리가 질병에 영향을 줬을 수 있다고 합리화하면서 힘을 얻는다. 그들에게 이 설명은 지금 이러한 특정 이슈와 부분을 알아차리고 변화를 만들어 냄으로써 매 순간의 삶의 질을 개선하고 그를 통해 치유와 회복을 증진시킬 수 있다는 것을 의미한다. 그러나 이 같은 관점은 아무리 좋은 취지일지라도 다른 사람에게 강요되어서는 안 된다. 이 영역의 탐색은 본인이 하든 의사나 치료자의 도움으로 하든 많은 자비와 배려와 함께 수행되어야 한다. 환자의 발병에 관여했을 가능성 있는 요인들을 찾는 과정은 비판이나 비난보다는, 비판단, 관대함과 자비, 자기 자신과 자신의 과거를 수용할 때 도움이 될 수 있다.

심리적 요인들이 어떤 특정한 사람에서 특정한 질병을 야기하고 악화시키는 데 결정적 역할을 했는지 여부는 결코 확실하게 알 수 없다. 애당초 마음과 신체는 결코 구분될 수 없기 때문에 한 사람의 신체 건강은 항상 어느 정도는 심리적 요인에 영향을 받는다. 그러나 어떤 사람이 특정 질병으로 진단되었을 때는 심리적 요인에 의한 원인론은 차선의 문제로 밀려나고 만다. 이때는 현재 무엇을 할 수 있느냐 하는 것이 중요한 것으로 받아들인다. 긍정적인 정서 요인이 치유를 촉진시킬 수 있다는 증거는 많이 제시되었기 때문에 암 진단은 개인의 삶에 특별히 중요한 전환점이 될 수 있다. 즉, 낙천적이고 일관성 있고 자기효율적이고 참여적인 관점을 집결시키고, 동시에 비관적이고 무기력하고 양가감정적인 마음 상태에 끌려 다니지 않도록 열심히 노력해야 할 시점일 수 있다. 자기 자신에게 의도적으로 관대함, 수용, 사랑을 보내기 시작해야 할 매우 좋은 시점이다.

어떻게 그것을 시작할 것인가? 우리는 이 순간 자신을 돌아보며 자신과 친해지는 것에서부터 시작할 수 있다. 제1부에서 설명한 여러 방법을 사용해서 알아차림하고 그 안에 휴식함으로써 우리 자신의 마음과 몸을 회복시킬 수 있다.

마음챙김과 암

현재 우리가 설명하고 있었던 방식으로 작업하기를 원하는 암환자들을 위해 특별히 개발된 마음챙김에 기반한 접근이 많이 있다. 그중 하나가 캘거리 대학교 톰 베이커 암 센터의 린다 칼슨(Linda Carlson)과 마이클 스페카(Michael Speca)가 개발한 마음챙김에 기반한 암 회복 프로그램(Mindfulness-Based Cancer Recovery Program)이다. 그들은 여러 논문에서 유방암과 전립선 환자를 대상으로 암 회복에 맞춰진 MBSR 프로그램을 실시한 결과 생리적 · 심리적 측정치에서 주요한 개선이 있었음을 보여 주었다. 또 1년간 추적 조사한 연구에서는 삶의 질이 좋아지고, 스트레스 증상이 감소하고, 코르티솔과 면역 반응이 변화하고, 혈압이 낮아진 것으로 나타났다. 암환자 대상의 또 다른 마음챙김 프로그램으로 트리시 바틀리(Trish Bartley)가 개발한 '암환자를 위한 MBCT(MBCT for Cancer)' 가 있다. 이 프로그램을 더 널리 보급하기 위해 최근 책으로 출간되기도 했다.

고혈압과 분노

감정 억압은 암뿐만 아니라 고혈압에 어떤 역할을 한다는 증거가 있다. 이 분야에서 초점은 주로 분노에 맞춰져 있다. 다른 사람 때문에 화가 났을 때 습관적으로 분노를 표현하는 사람은 습관적으로 분노를 억압하는 사람에 비해 평균적으로 혈압이 낮다. 마거릿 체스니(Margaret Chesney), 도일 젠트리(Doyle Gentry) 등의 연구자들은 디트로이트에 살고 있는 성인 남성 431명을 대상으로 한 연구에서 일 혹은 가족 스트레스가 높고 분노를 억제하는 경향이 있는 남성의 혈압이 가장 높다고 보고했다. 높은 스트레스 상황에서 자신의 분노 감정을 적절하게 발산할 수 있는 능력이 고혈압을 예방한다고 할 수 있다. 다른 연구에서는 고혈압이 정서적 행동의 양 극단, 즉 분노를 항상 억압하거나 항상 노골적으로 표현하는 경우 둘 다와 관련이 있을 수 있다는 것을 보여 준다.

관상동맥성 심장병, 적개심 및 냉소주의

만성질환과 성격 요인의 관련성을 다룬 가장 과학적인 조사는 심장병 유발 성격이 실제로 존재하는지 여부를 알아보는 데 집중되어 왔다. 한동안 관상동맥성 심장병 발병의 증가와 관련해서 A유형 행동(type A behavior)이라는 특징적인 행동 패턴이 실재한다는 결정적 증거가 있다고 여겨졌다. 그러나 최근 연구에서 심장병 발병과 관련 있는 것은 A유형 성격 전체가 아니라 A유형 성격 가운데 한 측면이라는 증거가 나타났다.

소위 A유형 성격을 가진 사람들은 조급하고 경쟁심이 많은 것이 특징이다. 이들은 참을성이 없고 적대적이며 공격적이다. 또한 이들의 제스처나 대화는 매우 급하고 퉁명스럽다. A유형의 특성을 보이지 않는 사람들을 B유형이라고 부른다. A유형의 개념을 창시한 마이어 프리드먼(Meyer Friedman) 박사에 의하면, B유형은 A유형보다 훨씬 느긋하다. B유형은 시간 긴박감이 없고, 일반화된 성급함, 적개심이나 공격성도 잘 보이지 않는다. 이들은 심사숙고하는 모습을 보인다. 그러나 B유형이 A유형에 비해 생산적이지 못하다거나 성공적이지 못하다는 증거는 없다.

A유형과 관상동맥성 심장병을 관련짓는 최초의 증거는 'Western Collaborative Group Study'라고 알려진 방대한 연구의 결과에서 나왔다. 이 연구는 선정 당시 건강하고 질병의 징후가 없는 3,500명의 A유형과 B유형의 남자를 대상으로 진행했다. 8년이 경과하는 동안 이들 가운데 어떤 유형의 사람이 심장병에 잘 걸리는지를 알아보았다. 결과에 따르면, A유형은 B유형에 비해 관상동맥성 심장병의 발병률이 2~4배 정도 높았다(나이에 따라 다르지만 일반적으로 젊은 남자가 더 위험률이 높았다).

그 밖의 많은 연구에서 A유형과 관상동맥성 심장병 간에 상관이 있다는 것이 확인되었으며, 남성뿐만 아니라 여성도 유사하다는 사실을 보여 주었다. 그러나 최근에 듀크 의과대학의 레드퍼드 윌리엄스(Redford Williams) 박사와 동료들이 A유형 행동 패턴 가운데 적개심 요인만을 살펴보았고, A유형 패턴 전체가 아닌 적개심 요인 하나가 심장병의 강력한 예언인자가 된다는 점을 발견하였다. 다시 말해 당신이 심한 시간 긴박감과 경쟁심을 느낀다 하더라도 적개심이 낮다면 A유형이더라도 심장병에 걸릴 확률이 낮다는 것이다. 게다가 높은 적개심은 심근경색이나 심장병으로 인한 사망뿐만 아니라 암이나 그 밖의 다른 질병으로 인한 사망률의 증가도 예측할 수 있다.

윌리엄스 박사와 동료들은 25년 전 의과대학에 재학하고 있던 남자 의사들을 대상으로 특정 심리검사를 통해 적개심 수준을 측정하고 추적 연구를 했다. 의과대학 재학 당시 낮은 적개심을 보였던 의사들은 높은 적개심을 보였던 의사들에 비해 25년 후 심장병에 걸릴 확률이 1/4에 불과하다는 사실이 발견되었다. 또한 사망원인에 관계없이 사망률에서도 실로 놀라운 결과를 보였다. 즉, 낮은 적개심을 보였던 학생은 의과대학 졸업 후 겨우 2%만 사망한데 비하여 적개심이 높았던 학생은 같은 기간 동안 무려 13%나 사망하였다. 다시 말해 25년 전에 시행했던 심리검사에서 높은 적개심을 보였던 사람은 당시 낮은 적개심을 보였던 사람에 비해 6.5배나 더 많이 사망했다는 것이다.

윌리엄스 박사는 적개심이란 '일반적으로 타인이란 존재는 비열하고 이기적이며 믿을 수 없다는 신념'에 바탕을 둔 '타인의 기본적 선량함에 대한 신뢰의 부족'이라고 기술한다. 그는 이러한 태도는 생애 초기에 부모와 같이 자신을 돌봐 주는 사람에게 얻어지는 것으로, 이것은 아마도 '기본 신뢰감'이 발달되지 못했음을 의미한다고 강조하였다. 그는 이러한 태도가 적개심뿐만 아니라 강력한 냉소적인 요소를 포함한다고 지적하였다. 이러한 냉소적 태도는 적개심을 측정하기 위해 사용하는 질문지에 있는 두 개의 설문 예에서 볼 수 있다. 즉, "대부분의 사람은 친구가 자신에게 유용하기 때문에 친구를 사귄다." "나는 흔히 일이 잘되면 자신의 탓으로 돌리고 잘못되면 아랫사람의 탓으로 돌리는 사람 밑에서 일했다." 이 두 진술을 확고하게 믿는 사람은 일반적으로 냉소적인 사람이다. 이런 식으로 세상과 타인을 바라보는 적대적이고 냉소적인 사람은 그렇지 않은 사람보다 훨씬 자주 분노와 공격성을 느끼고, 이를 드러내거나 상황에 따라서는 억압할 것으로 예상된다.

윌리엄스 박사와 동료들에 의한 연구에서는 세상에 적대적이고 냉소적인 사람은 신뢰감을 갖는 사람에 비해 질병 발병률이나 조기 사망 위험률이 훨씬 더 높다는 강력한 증거를 제시하고 있다. 뿌리 깊은 냉소적 · 적대적 태도는 웰빙에 매우 해롭다. 이러한 여러 발견은 윌리엄스의 저작인 『믿을 수 있는 심장(The Trusting Heart)』이란 책에 수록되어 있다. 또한 이 책에서 윌리엄스는 이 세상의 모든 중요한 종교의 전통은 오늘날 과학이 건강에 중요하다고 보여 주고 있는 특질, 즉 친절, 자비, 관대함 등을 개발하는 것의 가치를 강조한다고 지적하였다. 사실 마음챙김을 개발하는 연구와 병행해서 그러한 친사회적인 정서(때로는 긍정 정서라고 불림) 혹은 개인이 갖춘 덕목의 효과를 연구하는 데 관심 있는 연구자가 늘어나고 있다.

친사회적 정서와 건강

채플 힐에 있는 노스캐롤라이나 대학교의 바버라 프레드릭슨

(Babara Fredrickson)과 동료들의 연구에 따르면, 9주간 자비명상수련을 실시한 결과 목적의식이 증진되고 질병 증상이 감소한 것으로 나타났다. 영국의 폴 길버트(Paul Gilbert)와 텍사스의 크리스틴 네프(Kristin Neff), 하버드 대학교의 크리스토퍼 거머(Christopher Germer)의 연구는 자기자비와 타인자비를 훈련하는 것이 신체적 · 심리적 · 관계적 웰빙에 주요한 변화를 가져온다는 것을 보여주고 있다. 흥미롭게도 최근 노스이스턴 대학교, 매사추세츠 종합병원, 하버드 대학교 연구자들이 실시한 임상시험에서, 8주간 자비 훈련을 받은 사람과 비교했을 때 8주간 마음챙김 훈련을 한 사람도 매우 고통스러워하는 다른 사람에게 유사한 정도로 도움행동을 하는 것으로 나타났다.* 실험설계상으로 그 방에 있는 다른 사람이 의도적으로 그 사람의 고통을 무시할 때도 마찬가지였다. 두 집단의 명상수행자들은 대기자 명단에서 아직 명상 훈련을 받지 않은 통제조건의 피험자들보다 5배 정도 도움행동을 많이 했다. 마음챙김집단과 자비집단 간에는 차이가 없었다. 이러한 발견은 마음챙김 자체가 친절과 자비의 표현이고 지속적인 훈련을 통해 깊어질 수 있다는 관점을 지지한다.

정서(아울러 정서 유형)와 건강 간의 긴밀한 관계를 보여 주는 증거는 아주 다양하다. 이 증거는 리처드 데이비드슨(Richard Davidson)이 샤론 배글리(Sharon Begley)와 함께 쓴 『당신 뇌의 정서적 삶(The Emotional Life of Your Brain)』(한국어 번역판의 제목은 '너무 다른 사람

---

* Condon, P, Desbordes, G, Miller, W, & DeStephano, D. Meditation increases compassionate Responses to Suffering. *Psychological Science*, 2013.

들' -역자 주)이라는 책에서 흥미롭고 훌륭하게 소개되어 있다. 데이비드슨은 그 책에서 정서 유형의 여섯 가지 차원을 설명했다. 첫째, 회복탄력성(Resilience)은 역경에서 얼마나 느리게 혹은 빨리 회복되는가이고, 둘째, 관점(Outlook)은 긍정 정서를 얼마나 오래 지속할 수 있는가, 셋째, 사회적 직관(Social Intuition)은 주변 사람들로부터 사회적 신호를 얼마나 능숙하게 포착하고 있는가, 넷째, 자기인식(Self-Awareness)은 정서를 반영하는 신체의 느낌을 얼마나 잘 지각하는가, 다섯째, 맥락 민감성(Sensitivity to Context)은 당신이 처한 맥락을 고려해서 자신의 정서 반응을 얼마나 잘 조절하고 있는가, 여섯째, 주의(Attention)는 당신의 초점이 얼마나 뚜렷하고 분명한가이다.

곧바로 알 수 있는 것처럼 이들 차원은 마음챙김 개발의 모든 측면을 반영한다. 가장 중요한 점은 데이비드슨과 배글리가 정서 유형이 명상 훈련을 통해 수용되고, 동시에 변화될 수 있다는 확실한 증거를 제시하고 있다는 것이다.

그 밖의 성격 특성과 건강

건강과 관련된 또 다른 심리적 특성은 동기다. 1960년대와 1970년대 하버드 대학교의 저명한 심리학자인 데이비드 맥클리랜드(David McClelland) 박사는 남들보다 질병에 잘 걸리는 사람들의 동기적 유형을 확인했다. 그는 이런 동기적 유형을 '스트레스성 권력동기'라 불렀다. 이 동기적 특징을 가지고 있는 사람은 인간관계에서 강한 권력 욕구를 보이는 것으로 나타났다. 이 권력 욕구는 전형적으로 다른 사람과 친화하려고 하는 욕구보다 강하다. 이들은 매우 공격적 · 논쟁적 · 경쟁적이며, 개인적 신분과 특권을 상승시키기 위해 조직에 가입한다. 그러나 또한 이들은 권력에 도전이라고 느껴지는 스트레스적인 사건이 발생할 때는 쉽게 좌절하고 위협감을 느끼기도 한다. 이 특별한 동기 패턴을 가지고 있는 사람은 이러한 동기를 가지고 있지 않은 사람에 비해 동일한 스트레스하에서 보다 쉽사리 질병에 걸린다.

맥클리랜드는 질병에 강인하고 저항적이라고 할 수 있는 반대되는 동기적 유형이 있다는 것도 확인하였다. 그는 이러한 유형을 '비스트레스성 친화 동기' 라고 불렀다. 비스트레스성 친화 동기가 높은 사람은 사람들과 함께 있고 싶어 하고 서로 친해지고 남들이 자기를 좋아하기를 바란다. 이것은 (냉소적인 A유형과 달리) 목적을 이루기 위한 수단으로서가 아니라 그 자체가 목적이다. 이들은 스트레스적 사건에 의해 좌절하거나 위협받지 않기 때문에 친화의 욕구를 자유롭게 표현할 수 있다. 대학생을 대상으로 한 연구는 스트레스성 권력 동기가 평균 이상인 학생은 다른 학생들보다 질병에 더 많이 걸린 반면에 비스트레스성 친화 동기 점수가 평균 이상인 학생은 질병에 거의 걸리지 않는다는 사실을 보여 주었다.

여기에서 우리는 다시 한 번 스트레스 강인성과 응집감에서와 마찬가지로 자기 자신과 세상을 보는 방식에 따라서 어떤 방식은 회복탄력성과 건강을 증진시킬 수 있는 반면에 다른 방식은 질병에 취약하게 만들 수 있다는 분명한 증거가 있음을 알았다. 우리는 맥클리랜드 박사와 동료 조엘 와인버거(Joel Weinberger), 캐롤린

맥클라우드(Caroyln McCloud)가 공동 연구자로 참여한 초기 예비 연구에서 MBSR 프로그램에 참여한 대부분의 사람이 8주 동안 '친화적 신뢰(affiliative trust)'가 증가한 것을 발견했다. 반면에 프로그램에 참여하기 위해 대기하고 있던 환자 집단에서는 같은 기간이 경과한 후에 친화적 신뢰 측정치에 변화가 없었다. 이 발견은 MBSR 경험이 흔히 자기 자신이나 타인을 보다 신뢰하는 능력뿐만 아니라 자신과 세상을 보는 관점에 지속적으로 매우 긍정적인 영향을 미친다는 환자들의 보고를 그대로 보여 준다.

건강에 미치는 사회의 영향

우리는 지금까지 우리의 사고방식, 신념, 정서, 요컨대 우리의 성격이 여러 방식으로 우리의 건강에 중요한 영향을 미칠 수 있다는 증거를 살펴보았다. 물론 심리적 요인과 관련 있는 사회적 요인도 건강과 질병에 중요한 역할을 할 것이라는 증거도 많다. 예컨대, 통계적으로 말하자면 사회적으로 고립된 사람이 많은 사회적 관계를 맺고 있는 사람에 비하여 심리적으로나 신체적으로 건강하지 못하고 일찍 사망하는 경우가 많다는 것은 옛날부터 잘 알려진 사실이다. 어떤 원인으로 인한 것이든 사망률은 모든 연령에서 결혼한 사람에 비해 결혼 안 한 사람에서 더 높다. 이처럼 다른 사람과 연결되어 살아가는 것은 건강의 기초가 된다. 물론 이것은 직관적으로 보아도 이해할 만한 일이다. 무언가에 소속되고, 자신보다 큰 무언가의 일부라고 느끼고, 다른 사람과 의미 있고 지지적인 방식으로 관계 맺고자 하는 강한 욕구를 갖는 것은 지극히 인간적인 일이다. 친화적 신뢰, 자비, 친절에 관한 연구는 이러한 사회적 연결감이 사람들의 건강과 웰빙에 매우 중요하다는 점을 시사해 준다.

건강에서 사회적 연결의 중요성을 지지하는 증거는 미국이나 그 밖의 나라에서 방대한 표본을 가지고 행한 수많은 연구에서 나왔다. 이 모든 연구가 타인과의 연결과 건강 간의 관계를 보여 준다. 결혼 유무, 친척이나 친구들, 교회 동료들, 그 밖의 집단 구성원들과의 관계 등으로 측정된 사회적 상호작용의 정도가 매우 낮은 사람은 사회적 상호작용이 매우 높은 사람에 비해 나이, 병력, 소득, 흡연, 음주, 운동 등 건강 습관, 인종, 기타 등등의 모든 다른 요인을 고려했을 때 10년간 사망률이 2~4배 정도 더 높다. 사회적 고립과 고독은 이제 우울증과 암에 대한 입증된 위험 요인으로 여겨진다.

왜 이런 결과가 나왔는지를 암시하는 수많은 연구가 있다. 메릴랜드 대학교의 제임스 린치(James Lynch) 박사는 대표 저서 『상심: 고독의 의학적 결과(The Broken Heart: The Medical Consequences of Loneliness)』의 저자다. 그는 심장병 병동에 입원해 있는 동안 스트레스를 많이 느끼는 환자들이 다른 사람들과 신체적으로 접촉하거나 또는 단순히 다른 사람과 함께 있다는 것만으로도 심장생리현상이나 심장 반응성에 진정 효과를 일으킨다고 하였다. 더 최근에는 카네기멜론과 UCLA의 데이비드 크레스웰(David Creswell)과 동료들이 MBSR 프로그램에 참여하는 것이 노인의 외로움을 감소시킬 수 있다는 것을 보여 주었다. MBSR 프로그램 집단에 참여하는 것만으로 외로움이 감소했을 뿐만 아니라 MBSR 집단은 통제 집단에 비해 염증 전구물질이 적게 만들어졌다. 염증 전구물질은 신체 내에서 질병 과정과 관련된 화합물이다. 외로움은 노인의 심혈관 질환, 알츠하이머, 사망의 주요 위험 요인이기 때문에 이것은 어쩌면 매우 중요한 발견일 수 있다. 특히 크레스웰 박사에 따르면 새로운 관계를 권장하기 위해 사회적 관계망 프로그램과 주민자치센터 등을 만드는 것이 외로움을 줄이는 데 별 효과가 없었기 때문에 더욱 그렇다.

지금도 진행 중인 일련의 연구에서, 필리프 골딘(Philippe Goldin), 제임스 그로스(James Gross) 및 스탠퍼드 대학교의 동료들은 사회불안장애(social anxiety disorder: SAD)라고 진단받은 사람들을 대상으로 fMRI 기법을 사용해서 MBSR 훈련 전후의 차이점을 연구하고 있다. 그 결과 MBSR 과정을 마친 사람들은 불안과 우울이 개선되었고, 자기존중감이 증가하였다. fMRI 스캔 장비 안에서 호흡 알아차림을 수행하도록 요청했을 때 MBSR 집단은 연구자들이 부정 정서 경험이라고 지목한 반응의 감소와 편도체 활동의 뚜렷한 감소, 주의를 조절하는 데 관여하는 뇌 부위 활동의 증가를 보였다. 연구자들은 또한 앞서 토론토 연구(저자 서문 참조)에서 기술한 이야기 연결망 뇌 부위의 자기 참조 과정을 연구했다. 그 부위는 일반적으로 방황하는 마음과 사회 불안 및 힘들고 불만족스러운 사회적 상호작용을 만들어 내는 과장되고 매우 비판적인 자기 초점화에 관여한다. 연구자들은 MBSR 후에 이야기 연결망의 활동이 감소됨을 관찰하였고, 이 결과는 부정적인 자기관이 잘 통제되었음을 나타낸다.*

린치 박사의 또 다른 연구에서는 애완동물을 키우는 사람이 그렇지 않은 사람보다 심근경색을 겪은 후에 더 오래 생존했다는 것을 보여 주었다. 그는 또한 단순히 귀여운 동물과 함께 있다는 것만으로 혈압이 내려간다는 사실도 밝혔다. 이것은 '관계성'이 우리 건강의 핵심이라는 의미 있는 증거다. 그리고 마음챙김의 중심에 무엇보다도 관계성이 있다.

흥미롭게도 인간과 동물 간의 접촉이 인간뿐만 아니라 동물에게도 도움을 준다는 사실은 놀라운 일이 아니다. 린치 박사에 따르면 개, 고양이, 말, 토끼 등을 쓰다듬는 행위가 스트레스 상황에서의 심혈관 반응성을 감소시킨다. 인간과 동물의 상호작용에 관한 주목할 만한 연구 결과가 오하이오 대학교의 연구자들에 의해 제시되었다. 이 연구에서는 토끼에게 심장병을 일으키기 위해 인위적으로 고지방 고콜레스테롤 음식을 먹였다. 그런데 이상하게도 낮은 층의 사육 상자에 있던 토끼는 높은 층에 있던 토끼에 비해 심장병에 덜 걸렸다. 이 연구의 발견은 아무런 의미도 없는 것처럼 보일 수 있다. 그러나 왜 유전적으로 동일한 혈통이며, 동일한 음식을 먹었고, 같은 방법으로 사육되었음에도 사육 상자의 상하 위치에 따라 심장병 발병 정도에 차이가 난 것일까? 한 연구자가 이 토끼들이 모두 똑같은 방식으로 다루어지지 않았다는 데 주목하였다. 이 연구팀의 한 연구원이 때때로 낮은 층의 토끼 상자에서 토끼를 꺼내 쓰다듬고 말을 걸어 주었다는 것이 밝혀졌다.

---

* Goldin PR and Gross JJ. Effects of Mindfulness-based stress reduction(MBSR) on emotion regulation in social anxiety disorder. *Emotion*, 2010;10;83-91.

이러한 발견으로 연구자들은 더 세심하게 통제된 실험으로, 동일한 기간 동안 똑같이 고지방 고콜레스테롤 음식을 먹이면서 어떤 토끼들은 쓰다듬어 주고 다른 토끼들은 쓰다듬어 주지 않는 것 자체를 연구하게 됐다. 그 결과, 어루만져 주고 사랑해 준 토끼는 어루만져 주지 않은 토끼에 비해 심장병에 대한 저항력이 보다 많다는 것을 입증하였다. 쓰다듬어 준 토끼는 그렇지 않은 토끼에 비해 질병의 심각성이 60% 정도 덜했다. 연구자들은 이 결과가 우연이 아니라는 점을 확인하기 위하여 두 번째 실험을 반복 실시했으나 이때의 결과도 앞 결과와 동일하였다.

요약하면 우리가 앞에서 언급했던 모든 연구와 그 밖의 많은 연구는 우리의 신체 건강은 자기 자신에 대한 사고방식과 감정 그리고 타인들이나 외부 세계와 유지하는 관계의 질과 매우 밀접하게 관련되어 있다는 견해를 뒷받침한다. 이 증거는 어떤 사고방식이나 감정 표현과 관련 있는 방법이 우리를 질병에 취약하게 만들 수 있다는 점을 시사한다. 절망감과 무력감을 조장하는 사고와 신념, 통제감의 상실, 타인에 대한 적개심과 냉소주의, 삶의 도전에 대한 몰입과 열정의 부족, 감정표현의 부적절성 그리고 사회적 고립 등이 특히 해로운 것으로 나타났다.

한편 사고방식, 감정 그리고 관계성의 다른 패턴은 탄탄한 건강과 관련 있는 것으로 나타났다. 기본적으로 낙관적 세계관을 가진 사람, 최소한 나쁜 사건을 내려놓을 수 있는 사람, 모든 것은 영원하지 않으며 상황은 곧 바뀔 수 있다는 것을 알 수 있는 사람은 비관적 세계관을 가진 사람에 비해 더 건강했다. 낙관적인 사람은 살아가는 동안 언제나 선택이 가능하다는 것과 언제나 어느 정도 통제할 수 있는 가능성이 있다는 점을 직관적으로 알고 있다. 또한 이들은 긍정적인 유머 감각이 있고 스스로를 웃음의 대상으로 삼을 수도 있다.

그 밖에도 건강과 관련된 심리적 특성에는 다음과 같은 것들이 포함된다. 강력한 응집감(즉, 인생이란 이해할 수 있고 조정할 수 있으며 의미 있는 것이라는 확신감), 삶에 참여하는 정신, 장애물을 도전의 과제로 받아들이기, 자신이 중요하다고 판단하는 변화를 만들어 내는 자신의 능력에 대한 신뢰, 정서적 탄력성 같은 건강을 증진시키는 정서 유형의 개발이 그것이다.

건강한 사회적 특성에는 관계에 가치를 부여하기, 관계를 존중하기 그리고 사람에 대한 기본적 신뢰와 선의를 느끼기 등이 포함된다.

우리가 살펴본 이 모든 증거는 큰 전집에 대해서는 오직 통계적인 타당성만 있기 때문에 어떤 특정한 믿음이나 태도 혹은 정서 유형이 반드시 질병을 일으킨다고 말할 수는 없다. 다만, 그런 방식으로 계속 생각하거나 행동하면 좀 더 병에 잘 걸리거나 일찍 사망할 수 있다는 것이다. 다음 장에서 보겠지만 건강과 질병을 '건강하다' 또는 '병들었다' 라는 두 개의 카테고리 중 어느 하나로 생각하기보다는 건강과 질병이라는 두 극단 사이에 계속 변화하는 역동적인 연속성이 있는 것으로 생각하는 것이 좋다. 우리의 삶이란 어떤 주어진 시간에서 보면 서로 다른 힘이 끊임없이 변화하며 작용하는 것이다. 즉, 어떤 힘은 우리를 질병 쪽으로 몰고 가는가 하면, 또 다른 힘은 보다 건강한 쪽으로 균형을 바꾸어 간다. 이러한 힘 가운데 어떤 힘은 자신의 통제하에 두고 자신을 위해 내적 · 외적 자원 모두를 활용할 수 있지만, 또 다른 어떤 힘은 개인이 통제할 수 있는 범위 밖에 존재한다. 얼마만큼의 스트레스가 시스템을 완전히 망가뜨릴지 정확하게 알 수는 없으며, 사람에 따라 다를 수도 있고, 같은 사람이라도 시간에 따라 다를 수 있다. 그러나 건강에 영향을 미치는 다양한 힘 간의 역동적 작용은 우리가 건강–질병의 연속선상에 있는 특정 순간 언제나 일어나고 있고, 삶을 통해 계속해서 변화할 것이다. 이 책과 MBSR의 요지는 삶에서 모든 것이 펼쳐지는 방식에 부드럽고 친절하지만 단호하게 영향을 주기 위해, 즉 웰빙, 자기 자비, 가능하다면 지혜를 향해 가기 위해 당신이 할 수 있는 것이 많다는 것이다.

이러한 지식을 수행에 어떻게 활용할 것인가

우리 자신의 생각과 느낌 그리고 이것들이 가져오는 신체적 · 심리적 및 사회적 결과를 관찰하면서 이것들을 알아차림할 수 있을 때, 앞에서 제시한 몸과 마음의 관계에 관한 증거가 한 개인으로서 우리에게 의미가 있다. 만약 어떤 신념, 사고방식, 정서 패턴, 행동 등이 일어나는 순간 그 유독성을 자기 자신 안에서 관찰할 수 있다면 그들의 영향력을 줄이는 작업을 할 수 있다. 앞에서 제시한 몸과 마음의 관계에 대한 증거를 알게 되어 우리가 비관적으로 생각하고 있거나 분노의 감정을 억압하고 있거나 혹은 다른 사람이나 자기 자신에 대해 냉소적으로 생각하고 있음을 발견하는 그 순간 조금 더 자세히 바라보고자 하는 동기가 생길 수 있다. 이러한 생각, 느낌, 태도가 우리 내부에서 일어날 때 이것들의 결과에 마음챙김할 수도 있다.

예컨대, 분노에 사로잡힐 때 당신의 신체가 어떻게 느끼는지를 관찰할 수 있다. 이 분노를 밖으로 표출하면 어떤 일이 일어나는가? 다른 사람에게 미치는 효과는 무엇인가? 이 느낌이 표면화되었을 때 당신의 적대감과 불신의 즉각적 결과를 볼 수 있는가? 이것들이 정당하지 않은 결론으로 당신을 끌고 가거나 사람들의 나쁜 점만을 생각하다가 나중에 후회할 말을 하게 하는가? 이런 태도가 나타나는 순간에 이것들이 다른 사람들에게 어떻게 고통을 일으키는지 볼 수 있는가? 이런 태도가 나타날 때 이것들이 당신에게 어떤 식으로 불필요한 곤란과 고통을 일으키는지 볼 수 있는가?

반면에 긍정적 생각과 친화적 감정이 일어날 때 그것을 마음챙김할 수도 있다. 장애를 도전으로 보았을 때 당신의 몸은 어떻게 느끼는가? 기쁨을 경험하고 있을 때 몸은 어떻게 느끼며, 다른 사람을 신뢰하고 있을 때, 너그럽고, 진심 어린 친절과 관심을 보이고 있을 때, 사랑하고 있을 때는 또한 어떤가? 이러한 당신의 내면적 경험과 외부적 표현이 남들에게는 어떤 영향을 미칠까? 그 당시 당신의 긍정적인 정서와 낙관적인 관점이 가져오는 즉각적 결과를 살펴볼 수 있는가? 이러한 태도가 다른 사람의 불안과 고통에 효과가 있는가? 그 순간 당신 안에 한층 더 커진 평화의 느낌이 있는가?

우리는 자신과 다른 사람들을 바라보는 방식과 특정한 태도가 건강을 증진시키며, 타인이나 자기 자신에 대해 기본적으로 선의로 대하면 본연의 치유력을 갖는다는 것을 과학적 연구에서 얻은 증거로 확인할 수 있다. 이를 '자신의 개인적 경험으로' 알아차림 할 수 있다면, 위기나 위협을 도전이나 기회로 보는 것이 그러하듯이 우리는 마음챙김과 함께 매일 매 순간 우리 안의 이러한 특질을 의식적으로 개발할 수 있을 것이다. 이러한 특질은 우리가 개발할 새로운 선택 대상이며, 이 세계를 바라보고 이 세계에서 존재하는 새롭고 크게 만족스러운 방식이 된다.

16 연결성

몇 년 전 저명한 사회심리학자 주디스 로딘(Judith Rodin)과 엘런 랭거(Ellen Langer)가 행한 유명한 실험을 살펴보자. 이 두 사람은 요양원에 살고 있는 노인을 대상으로 연구하였다. 로딘과 랭거 박사는 요양원 직원의 협조를 받아 연구에 참여한 환자들을 나이, 성별, 질병의 심각성 그리고 질병의 종류에 따라 균등하게 두 집단으로 나누었다. 그런 후, 한 집단의 사람들에게는 어디에서 방문객을 만나고 언제 영화를 볼지 등의 요양원 생활에 관해 본인 스스로 확실한 결정을 내릴 수 있도록 격려해 준 반면, 다른 집단에 대해서는 이러한 결정을 내릴 때 요양원 직원의 도움을 받도록 격려했다.

이 연구의 일환으로 환자들에게 방에 놓아둘 화분을 주었다. 그러나 이 두 집단의 환자들은 그들이 받은 화분의 관리에 대해 전혀 다른 이야기를 들었다. 즉, 스스로 결정을 내리도록 격려했던 첫 번째 집단의 환자들에게는 "이 화분은 여러분의 방을 더욱 아름답게 해 줄 것입니다. 이 화분을 살리거나 죽이는 것은 전적으로 여러분 책임입니다. 언제 물을 주어야 할지 또는 어디에 놓아 두어야 좋을지 하는 것은 여러분이 스스로 결정해야 할 문제입니다." 라고 말해 주었다. 한편 자신이 해야 할 일을 요양원 직원에게 의존하도록 했던 환자들에게는 "이 화분은 여러분의 방을 조금 밝게 해 줄 것입니다. 그러나 걱정 마세요. 물을 주거나 돌보는 일은 신경 쓰지 않아도 됩니다. 관리인이 대신 해 줄 것입니다."라고 말해 주었다.

1년 반쯤 지났을 때 요양원에 입원하고 있는 보통의 환자들과 마찬가지로 이 두 집단의 환자들도 몇몇은 사망하였지만, 두 집단의 사람들이 같은 기간이 경과된 후 보인 사망률에는 놀라운 차이가 있었다. 방문자에 관한 문제나 기타 삶에 따른 잡다한 문제를 결정하는 데 직원들의 도움을 받도록 격려했고, 또 주어진 화분을 돌보는 일을 관리인에게 일임했던 사람들은 그 요양원에서 보통 관찰되던 사망률과 유사했다. 그러나 스스로 결정하게 하고 화분을 돌보는 책임을 갖게 했던 사람들은 사망률이 보통 환자들의 절반에 불과하였다.

로딘과 랭거는 이 결과를 화분에 물을 주는 것과 같이 외견상 사소한 결정일지라도 그들 삶에 더 많은 통제력을 갖게 하는 것이 조기 사망을 방지해 준다는 의미로 해석하였다. 요양원 생활을 잘 아는 사람들은 요양원 환경에서 환자가 개인적으로 통제할 수 있는 일이 거의 없다는 것을 잘 알고 있다. 이러한 해석은 이전 장에서 살펴본 것처럼 통제감이 질병에 대한 저항력에 중요한 요인의 하나라는 것을 밝힌 코바사 박사의 심리적 강인성 연구와 일치하는 것이다.

나는 나 스스로 약간 다른 점을 강조하면서 요양원 실험에 대한 해석을 보충해 보려고 한다. 식물을 돌보는 것이 자신의 책임이라고 전해들은 사람들은 식물과의 유대 관계가 필요하다는 사실을 느낄 수 있었을 것이다. 사실 이 사람들은 식물의 생존과 행복이 자신에게 달려 있다고 느끼게 되었을지도 모른다. 실험을 이런 식으로 본다면 강조점이 통제의 훈련보다는 사람과 식물 사이의 '연결성'에 있다. 언제 어떤 식으로 자신의 식물을 돌보느냐, 어디서 방문객을 만나고 언제 영화를 관람하느냐에 대해 스스로 결정하도록 격려해 준 사람들은 그렇지 않은 집단에 비해 참여의식이 높아지고, 요양원이라는 기관에 보다 깊은 연결감과 소속감을 느꼈으리라고 생각해 볼 수 있다.

우리가 무엇과 서로 연결되어 있다고 느낄 때 그 연결은 곧바로 삶의 목표를 제공한다. 관계란 그 자체로 삶의 의미를 준다. 우리는 이미 애완동물과의 관계라고 해도 관계가 건강에 도움을 준다는 것을 알아보았다. 또한 소속감, 의미 및 응집감이 웰빙의 속성임을 살펴보았다. 심지어 마음챙김의 핵심이 관계성에 관한 것이라고 말했었다.

의미와 관계는 연결성과 상호 연결성이라는 피륙의 날줄과 씨줄이다. 의미와 관계는 한 개인으로서의 당신의 삶을 엮어서 더 큰 피륙, 즉 당신의 삶에 개성을 부여하는 더 큰 전체로 만들어 준다.

요양원의 식물 실험에서 식물은 주어졌지만 이 식물에 대해 책임이 있다고 말해 주지 않았던 사람들은 식물과의 연결성을 발전시키기 어려웠을 것이다. 이 사람들에게 그 식물은 행복을 자신에게 의지하는 생명체가 아니라 그저 방 안에 있는 가구와 같이 또 하나의 중립적 품목이었을 것이다.

내 생각에 연결성과 상호 연결성은 '마음'이라 부르는 것과 신체 및 정서적 건강과의 관계에서 가장 핵심이다. 사회적 관계와 건강에 관한 연구는 이런 생각이 옳다는 것을 증명해 준다. 이 연구에 따르면 결혼, 가정, 교회 및 그 밖의 조직을 통해 맺는 관계와 연결의 '수'가 사망률에 대한 강력한 예측 변수가 된다고 한다. 수는 관계에 대한 매우 조잡한 측정치다. 왜냐하면 관계의 질이나 그 관계가 연구 대상자에게 어떤 의미를 갖는지, 얼마나 상호적인지 고려하지 않기 때문이다.

고립된 생활을 하는 행복한 수도자가 자연의 모든 것 그리고 지구상의 모든 사람과는 연결되어 있다고 느끼면서 이웃 사람들의 식량이 부족한 것에는 전혀 영향받지 않을 수 있다고 상상하는 것은 어렵지 않다. 우리는 이런 사람이 자발적 고립으로 건강이 안 좋아지거나 조기 사망하는 일은 없을 것이라고 생각할지도 모른다. 반면에 결혼한 사람이 매우 힘들고 빈약하게 연결되어 있을 수 있고, 이런 사람은 매우 높은 스트레스를 경험하고 질병에 취약하고 조기 사망의 위험이 있다. 그럼에도 대규모 전집 연구가 단순한 사회적 연결의 수와 사망률 간의 강력한 관계를 보여 준다는 사실은 연결이 우리 삶에 매우 영향력 있는 역할을 하고 있음을 의미한다. 우리 대부분이 그렇듯 혼자서도 행복할 수 있는 방법을 모르는 한, 부정적이고 스트레스 많은 연결일지라도 고립보다는 건강에 더 좋을 수 있다.

동물을 대상으로 한 많은 연구도 연결성이 건강에 중요하다는 견해를 뒷받침한다. 앞서 본 것처럼 동물을 어루만지고 쓰다듬는 것은 사람이나 동물 모두의 건강에 좋다. 어릴 때 격리되어 자란 동물은 정상적인 성체로서 기능하지 못하고 한배 새끼들과 함께 자란 동물보다 더 일찍 죽는 경향이 있다. 생후 4일된 원숭이를 어미와 분리시키면 부드러운 천으로 만든 대리 어미에게 매달리려 한다. 철망으로 만든 대리 어미에서 젖을 얻어먹어도 이 원숭이는 철망으로 만든 어미보다는 천으로 된 부드러운 대리 어미와 더 오랜 시간 신체 접촉을 한다. 이 실험은 1950년대에 위스콘신 대학교의 해리 할로(Harry Harlow) 박사가 주도했는데, 원숭이들에게는 어미와 어린 새끼 간에 따뜻한 신체적 접촉이 매우 중요하다는 것을 보여 준다. 할로의 어린 원숭이는 물리적인 영양 공급보다는 무생물이긴 해도 부드러운 접촉감을 주는 대상을 선택하였다.

유명한 인류학자 에슐리 몬터규(Ashley Montagu)는 신체 접촉의 중요성과 신체 접촉과 신체적 및 심리적 웰빙의 관계에 관해 그의 유명한 저서인 『접촉하기: 피부의 인간적 의미(Touching: The Human Significance of the Skin)』에서 강조하고 있다. 신체적 접촉은 인류가 연결감을 이루는 가장 근본적인 방식의 하나다. 예컨대, 악수를 한다거나 상대방을 가볍게 껴안는 것은 연결감을 공개적으로 내보이는 상징적인 의례 행위다. 이것은 또한 관계성을 인정하는 공식적인 선언이기도 하다. 그리고 이런 행위를 마음챙김과 함께 행하면 단순한 의례 행위를 넘어서서 보다 깊은 연결감을 느끼게 된다. 아울러 상호 간의 인식과 인정의 채널로 작용해서 진실한 감정을 표현하게 하고 관점과 열망의 차이까지도 서로에게 이로운 방식으로 표현할 수 있게 한다.

신체적 접촉이 감정을 교환하는 놀라운 방법이기는 하지만 유일한 방법은 아니다. 피부 접촉 외에도 접촉 통로는 많이 있다. 우리는 우리의 모든 감각, 즉 눈, 귀, 코, 혀, 신체 및 마음을 통해서 서로 접촉하고 연결할 수 있다[저자는 서구적 개념의 감각이 아니고 『반야심경』에도 나오는 안이비설신의(眼耳鼻舌身意)의 육식(六識)을 따르고 있다-역자 주]. 이런 것들은 사람들과 외부 세계를 연결시켜 주는 관문의 역할을 한다. 습관에 의해서가 아니라 알아차림과 함께 접촉하면 특별한 의미를 느낄 수 있다.

접촉이 형식적이고 습관적일 때는 연결감에서 단절감으로, 접촉감에서 좌절감과 고뇌감으로 바뀔 수 있다. 어느 누구도 기계적으로 대해지는 것을 좋아하지 않고 기계적으로 접촉되는 것도 원치 않는다. 접촉을 통한 인간적 연결의 가장 친밀한 표현인 성행위를 잠시 생각해 보자. 만약 신체적 접촉이 자동적이고 기계적으로 이루어진다면 성행위는 고통스러울 것이라고 누구나 인정할 것이다. 그것은 애정과 친밀감의 결여, 연결의 부재로 느껴질 것이며, 이는 상대방이 온전하게 현재에 있지 않다는 징표다. 이러한 거리감은 신체 언어, 타이밍, 몸놀림과 대화와 같은 모든 접촉에서도 느낄 수 있을 것이다. 이 순간 이 사람의 마음은 다른 곳에 가 있는 것이다. 이러한 거리감은 두 사람 간의 에너지 흐름을 방해한다. 에너지 흐름이 차단되면 긍정적인 감정이 심각하게 손상받게 되며, 이런 상태가 장기간 지속되면 원한, 체념 그리고 소외감을 갖게 된다. 그러나 성행위에 그리고 상대방과의 온전한 연결을 경험하는 것에 알아차림과 현존을 적용하지 못하는 것은 더 큰 단절의 한 징표이며, 이러한 단절은 잠자리에서뿐만 아니라 다양한 관계에서 드러날 것이다.

우리는 어떤 사람의 몸과 마음이 연결되고 조화를 이루는 정도가 그 사람이 지금 순간의 경험에 적용하는 알아차림의 정도를 반영한다고 말할 수도 있다. 만약 당신이 당신 스스로와 접촉하고 있지 못하다면, 당신과 다른 사람들의 연결은 결국 만족스럽지 못할 것이다. 당신이 자신의 내면에 더 중심이 잡힐수록 타인과의 관계에서 중심 잡는 것이 더 쉽고, 당신의 세계에 의미를 부여하는 여러 연결 가닥의 진가를 알아보고 그것을 조정하는 것이 더 쉬워질 것이다. 이는 명상수련이 적용될 수 있는 매우 생산적 영역이다. 이는 제4부에서 자세히 살펴볼 것이다.

앞 장에서 우리는 어린 시절 부모와의 밀착감 결여가 암에 걸릴 위험률을 증가시킨다는 사실을 토머스 박사의 연구를 통해 살펴보았다. 이것은 어린 시절 연결의 경험이 성장 후의 건강에 매우 중요한 역할을 한다는 것을 추측하게 한다. 앞 장에서 본 것처럼 모든 긍정적 태도, 신념 그리고 정서적 능력과 어떤 특정한 기본적 인간 신뢰와 친화 욕구가 뿌리 내리는 시기는 아동기다. 만약 우리가 어떤 이유로든 어린 시절에 이런 경험을 거부당했다면, 성인이 되어서 자신을 온전히 경험하기 위해서는 이러한 특질을 개발하기 위해 특별한 주의를 주어야 한다.

모든 사람의 최초의 경험은 그야말로 생물학적으로 연결성과 일체감의 경험이다. 우리는 누구나 다른 사람의 몸을 통해 이 세상에 태어났다. 우리는 한때 어머니의 한 부분으로 어머니의 몸과 연결되어 있었고 어머니의 몸속에 들어 있었다. 우리 모두는 연결성의 징표를 가지고 있다. 외과의사는 정중선 절개를 해야 할 때도 배꼽을 잘라내서는 안 된다는 것을 알고 있다. 배꼽이 비록 쓸모는 없더라도 누구도 자기 배꼽이 없어지는 것을 원치 않는다. 배꼽은 우리가 어디서 왔는지를 알게 해 주는 상징이며, 이것은 인류라는 종(種)의 표상으로 여겨지기 때문이다.

아기는 이 세상에 태어나자마자 어머니의 몸과 다시 연결되기 위해 즉시 또 다른 연결 통로를 찾는다. 만약 어머니가 이 연결 통로를 알고 있고 이를 가치 있게 생각한다면, 아기들은 어머니의 모유 수유를 통해 이 연결 통로를 찾게 된다. 수유는 과거와는 다른 방식이지만 재연결이며 일시적인 분리에서 다시 하나로 결합하는 기능을 한다. 지금은 아기가 어머니의 몸 밖으로 나와 어머니의 몸과 분리되어 있지만 젖가슴을 통해 어머니와 접촉하는 동안에는 어머니의 몸에 의해 따뜻해지고, 어머니의 시선과 속삭임으로 포근하게 감싸인다. 바로 이러한 것들이 유아기의 아기들에게 연결감을 이루게 해 주는 계기가 된다. 그 후 아기가 어머니와 조금씩 분리되는 것을 배울 때도 어머니와 아기 간의 유대를 보다 확고히 하는 계기가 된다.

부모나 다른 어른들이 돌봐 주지 않는다면 아기는 완전히 무력하다. 가족이라는 연결망 속에서 보호와 보살핌을 받으며 기본적인 욕구를 다른 사람들에게 완전히 의존하긴 하지만 아기들은 스스로 자라나고 성장하고 완성되고 완전해진다. 우리 각자는 한때 이처럼 완벽했고, 또한 무력했다.

우리는 자라나면서 점차 자신의 몸에 관해 '나를' '나의' '나의 것'과 같은 나 자신에 관한 감정을 갖고 있다거나, 또는 나 스스로 대상을 조정할 수 있다는 것을 알게 되면서 남들과 구분되는 분리성과 개인성을 발견한다. 아이들이 나이가 들어가면서 자기 자신이 분리된 존재라는 것을 알게 되는데, 계속해서 연결감을 느낄 수 있어야 안전감을 느끼고 심리적으로 건강해질 수 있다. 즉, 아이들은 소속감을 느낄 필요성을 갖게 된다. 이것은 의존이냐 독립이냐가 아니라 상호의존의 문제다. 이들이 더 이상 예전 방식으로 어머니와 하나일 순 없지만, 궁극적으로 온전한 자기를 느끼기 위해서는 어머니, 아버지 그리고 다른 사람들과 정서적인 연결성을 지속적으로 경험해야 한다.

물론 이처럼 지속적으로 연결될 수 있게 하는 에너지는 사랑이다. 그러나 부모와 자식 간의 사랑이라고 해도 사랑 자체가 충분히 개화하기 위해서는 보살핌이 필요하다. 사랑이 '항상 거기에' 있는 것이 아니라는 얘기가 아니라 사랑이란 너무 쉽게 당연시되고 그 표현에 있어서 미발달 상태로 있기 쉽다는 것이다. 당신이 자식을 사랑하고 또 부모가 당신을 가슴속 깊이 사랑하고 있지만, 사랑의 표현이 분노나 적개심, 소외감에 의해 계속 뒤바뀌고 억압될 수 있어서 사랑이 없는 것처럼 보일 수도 있다. 또한 사랑 표현 방법이 다른 사람들에게 어떻게 행동해야 하며, 또 무엇을 하지 않으면 안 된다고 하는 당신의 견해에 따라 다른 사람을 동조시키도록 하는 압력으로 작용한다면 사랑이 없는 것처럼 보일 수도 있다. 당신이 바로 사랑을 표현하는 그때 무엇을 하고 있는지에 대해 알아차림하지 못하고, 다른 사람, 특히 당신의 아이들이 어떻게 지각하고 있는지에 관해 관심을 두지 않는다면 매우 불행한 일이다.

사랑을 좀 더 온전히 표현하는 능력을 개발하기 위해서는 우리가 사랑의 실제 느낌을 알아차림하고, 그 느낌을 마음챙김으로 관찰하며 비판단, 인내 및 수용을 개발해야 한다. 만약 자신의 감정이나 행동방식을 무시하고 오직 사랑은 당연히 그곳에 있고 강력하고 마땅한 것이라고만 생각한다면 머지않아 자식과의 관계성마저도 오염되고 마멸되며, 심지어는 끊어져 버릴 수도 있다. 제13장에서 본 것처럼 비록 짧은 순간만이라도 규칙적으로 자비명상을 실천한다면 자신의 무조건적인 사랑의 감정을 밖으로 표현하는 데 많은 도움이 될 것이다. 또한 부모 역할이라는 지속적인 모험에 마음챙김을 더 잘할 수 있는 가능성을 제공한다. 실제로 지금 심리학에서는 마음챙김 양육을 다루는 완전히 새로운 연구 분야도 존재한다.

많은 소아과 의사들과 아동심리학자들은 신생아가 이 세상에 태어날 때 감각을 갖추고 태어나지 않으므로 어른처럼 통증을 느낄 수 없으며, 통각 자극을 받더라도 그것을 기억할 수 없기 때문에 별다른 영향을 받지 않을 수 있다고 믿었다. 그래서 아주 어린 신생아는 어떻게 다루든 큰 문제가 되지 않는다고 생각했다. 어머니들이 느낀 것은 이와 달랐을 것이다. 하지만 자신의 아기에 대한 어머니의 본능적 반응조차도 문화 규범과 특히 권위 있는 소아과 의사의 선언에 의해 크게 영향을 받는다.

최근 신생아를 대상으로 한 연구는 출생 당시 신생아는 통각 자극에 무감각하고 외부 세계에 대해 의식이 없다는 견해를 바꿔 버렸다. 이 연구에서는 신생아들이 어머니 자궁 속에 있을 때도 깨어 있고 의식이 있다는 것을 보여 준다. 아이들은 출생하는 바로 그 순간이나 그 직전부터 이미 세상에 대해 나름의 '견해'와 느낌을 갖는데, 이것은 주변 환경에서 받아들이는 메시지에 의해 형성된다. 어떤 연구에 의하면 출생 당시 불가피한 의학적 상황이 발생해 신생아와 어머니가 장시간 분리되거나 그들 간의 관계가 적절한 시간 내에 이루어지지 못하면 미래에 어머니와 자식과의 정서적 관계가 손상을 받게 되거나 거리감을 느낄 수 있다고 한다. 그 어머니는 보통 어머니들과 달리 자식에 대한 강한 애착을 결코 느끼지 못할 수도 있으며 깊은 연결감을 갖지 못할 수 있다. 어느 누구도 이러한 관계성 단절이 20~30년 후 이 아이의 건강과 정서에 어떤 특이한 문제를 유발시킬 것인지에 대해 단정할 수 없지만 어떤 관계성이 있는 것 같다.

존 볼비(John Bowlby), 메리 에인스워스(Mary Ainsworth), 위니콧(D. W. Winnicott) 등의 연구는 '애착 연구'라 부르는 심리학의 새로운 분야를 등장시켰다. 애착 연구는 부모-자식 관계의 질과 그것이 아동 발달에 미치는 효과를 강조한다. 안정적 애착은 아동이 성장할 때 강력한 웰빙의 느낌을 갖게 한다. 불안정 애착 혹은 다른 병리적 애착 형태는 발달 과정과 성인기에 중요한 문제를 야기한다. 정신과 의사인 대니얼 시걸(Daniel Siegel)은 안정적 애착의 원리가 MBSR에서 가르치는 마음챙김의 요소를 정확하게 잘 보여준다고 하였다.

안정적 애착과 정반대격인 격리, 학대, 폭력 그리고 잔혹성과 같은 초기 아동기 경험은 차후에 심한 정서장애를 일으킬 수 있다. 이런 경험은 세상에 대해 의미 있는지 의미 없는지, 호의적인지 비호의적인지, 통제 가능한지 통제 불가능한지 등의 믿음을 형성하고 자신에 대해 사랑과 존중의 가치가 있는지 없는지의 믿음을 형성하는 데 지대한 영향을 준다. 어떤 아동은 어떤 경험을 했건 성장하고 치유하는 방법을 발견하여 이겨 내기도 하지만, 많은 아동이 성인이 되어서도 어린 시절에 겪은 온정, 수용 및 사랑의 부족으로 인한 연결의 단절에서 결코 회복하지 못한다. 이들은 결코 치유되지 못하고, 이해받거나 파악되지도 않은 상처를 지니고 다닌다. 지금은 이것을 외상후 스트레스 장애의 사인으로 이해한다. 외상후 스트레스 장애에 대한 많은 치료기법이 초기 아동기 외상과 이라크와 아프가니스탄 전쟁에서 돌아온 참전 용사의 치료에 사용되고 있고, 이러한 노력의 중심에 마음챙김에 기반한 접근법이 있다. 이미 살펴본 것처럼 초기 아동기의 가장 끔찍한 경험이 우리가 '대문자 T 트라우마' 라고 부르는 모든 종류의 학대, 사고, 상실, 학교에서의 심각한 폭력, 전쟁에서 오는 반면에 정확히 집어내기 어렵지만 인정받지 못하고 해결되지 못한 채 큰 고통을 주고 역기능 행동 패턴에 갇혀서 제 기능을 못하고 있다는 느낌을 가져올 수 있는 혼란스러운 과거 사건인 '소문자 t 트라우마' 로 고통받기도 한다. 알코올중독자나 약물중독자의 자녀들과 신체적 또는 성적 학대를 받은 아이들은 종종 대문자 T 트라우마에 더해서 이런 방식으로 심하게 고통받지만 외적으로는 심하게 학대받지 않은 사람들도 성장하는 동안 부모나 다른 사람들에게 받아들여지지 않았다는 느낌으로 인해 심각한 정서적 상처를 지닐 수 있다.

아동기에 부모와 밀착되지 못하면 이것을 의식하든 의식하지 못하든 깊은 상처를 남길 수 있다. 이 상처는 치유될 수 있지만 깊은 심리적 치유가 이루어지기 위해서는 상처가 상처로 인식되어야 하고, 연결성의 단절로 인식되어야 한다. 이것은 소외감, 심지어 자신의 신체로부터 소외감을 느끼는 것으로도 나타날 수 있는데, 이것 또한 치유할 수 있다. 우리 자신과 신체와의 연결성에 생긴 상처는 때로 치유를 원한다고 소리치지만, 이러한 외침은 너무도 자주 주의를 끌지 못하거나 의식되지 못하고, 심지어 아무도 귀 기울이지 않는다.

이러한 상처를 치유하기 위해 필요한 것은 무엇인가? 첫째, 상처가 거기에 있다는 것을 인정하는 것이며, 둘째, 당신 자신의 신체와의 연결감에, 그리고 당신 자신과 당신의 신체에 대한 긍정적 느낌에 귀를 기울이고 그것을 재확립하는 체계적 방법이다.

우리는 매일 스트레스 완화 클리닉에서 환자가 가지고 있는 상처나 상처 자국을 보게 된다. 많은 사람은 신체적인 문제나 생활 속 스트레스로 야기된 것 이상의 고통을 안고 클리닉에 찾아온다. 많은 사람은 자기 자신에게 사랑과 연민을 느끼려 해도 잘되지 않는다는 것을 알게 된다. 이들 대부분은 자신이 사랑받을 가치가 없고, 가족에게는 하고 싶어도 따뜻한 감정을 표현할 수 없다고 느낀다. 이들은 자신의 신체와 서로 연결되어 있지 않다고 느끼며, 어떤 감정을 잘 느끼지 못하거나 느끼고 있는 그것이 무엇인지 알지 못한다. 그들의 삶은 개인적으로나 대인 관계와 관련해서 일관성이나 연결성을 전혀 느끼지 못할 수도 있다. 많은 이가 부모나 학교 또는 교회에서 나쁘다거나 멍청하다거나 못나고 무가치하다거나 이기적이라는 메시지를 들었다. 이런 메시지는 내면화되어 자아상과 세계관의 일부분이 되고, 자신의 마음속 깊은 곳에 자리 잡아 어른이 될 때까지 지속된다.

물론 대부분의 어른은 부모든 선생님이든 간에 아이들에게 좋지 않는 메시지를 전하려고 의도하지는 않는다. 그러나 관계라는 면에 대해 특별히 주의를 기울이지 않으면 우리는 행동이나 말의 진짜 의미에 대해 거의 의식하지 못한다. 우리는 매우 교묘하게 심리적으로 방어하기 때문에 아이에게 무엇이 최선인지, 우리가 무엇을 하고 있고 왜 하는지 잘 알고 있다고 무조건 믿는다. 중립적인 제3의 집단이 어느 순간 우리의 행동을 갑자기 멈추게 하고 아동의 관점에서 문제점을 지적한다거나 우리가 말하거나 행동하는 것이 아동에게 어떤 결과를 가져오는지를 집중적으로 조명한다면 우리 대부분은 충격을 받을 것이다.

간단한 예로, 부모가 자녀를 '나쁜 녀석' 또는 '나쁜 계집애'라고 부를 때 그 의미는 십중팔구 자녀의 행동이 마음에 들지 않는다는 것이다. 하지만 실제로 아이에게 전달되고 있는 정보는 그게 아니다. 전달되고 있는 정보는 아이가 '나쁘다'는 것이다. 아이는 이 말을 들을 때 '나쁜'이라는 말을 말 그대로 이해해서 자신은 사랑받을 가치가 없다고 받아들인다. 이 메시지는 아이들에게 너무나 쉽게 내면화된다. 너무 쉬워서 당신이 문제라는 생각을 하지 못한다. 때때로 부모는 "도대체 네가 왜 이러는지 모르겠구나."라고 노골적으로 말하기까지 한다.

부모나 교사, 그 밖의 어른들이 자신의 행동과 그 행동의 결과가 아동의 자존감에 미치는 영향을 알지 못한 채 아동에게 저지르는 미묘한 심리적 폭력의 총계는 우리 사회에서 급속히 확산되고 있는 아동에 대한 명백한 신체적 · 심리적 학대를 크게 능가한다. 또한 이러한 미묘한 심리적 폭력은 대물림되면서 아동이 자신에 대해 어떻게 느끼는지, 그리고 자신의 삶에서 무엇을 할 수 있다고 생각하는지에 영향을 줄 것이다. 우리는 이러한 미묘한 심리적 폭력의 상처 자국을 여러 개의 단절된 연결의 형태로 지니고 다니면서 이따금 자포자기, 무가치감, 실패, 피해의식 같은 핵심 쟁점과 관련해서 우리가 끊임없이 재현할 수 있는 도식에 자신을 가둔다. 우리는 가슴속 깊은 곳에서부터 좋은 감정을 느끼기 위해 여러 방법으로 보상받으려고 한다. 그러나 그보다 먼저 상처가 부정되거나 감추어지지 않고 치유되어야 한다. 그렇지 않으면 우리의 노력은 전체성이나 건강으로 나타나는 것이 아니라 오히려 질병으로 나타날 수 있다. 우리는 이런 예를 앞에서 이미 보았다.

연결성과 건강에 관한 모형

1970년대 후반 당시 예일 대학교에 있던 심리학자 게리 슈워츠(Gary Schwartz) 박사는 질병은 단절에서 기인하며, 건강의 유지는 연결성과 관련 있다는 일반적 자기조절 모형을 제안했다. 이 모형은 시스템 관점에 기초한다. 이 견해는 제12장에서 본 것처럼 어떤 복잡한 체계라도 '전체'로 봐야지 전체를 부분들로 환원시키고 부분들을 고립된 것으로 봐서는 안 된다는 견해다. 이 모형은 슈워츠 박사의 제자이며 샌타클래라 대학교에서 마음챙김을 연구하는 샤우나 샤피로(Shauna Shapiro) 박사에 의해 수년에 걸쳐 발전 · 심화되었고, 과학에서의 새로운 패러다임이 의학에 어떻게 적용될 수 있는지를 보여 준다.

우리는 제12장에서 생명체가 특수 기능과 시스템 간에 피드백 회로를 통한 자기조절 능력으로 내적 균형, 조화 그리고 질서를 유지한다는 것을 살펴보았다. 심장박동이 근육의 활동 정도에 따라 달라지고 섭식 행동이 배고픔의 함수라는 사실을 알아본 바 있다. 자기조절이란 한 시스템이 기능상 안정을 유지하고 동시에 새로운 환경에 적응해 가는 과정을 말한다. 자기조절은 생명체가 환경과 상호작용할 때 복잡하고 늘 변화하는 역동적 상태에서 생명체를 구성하고 보전하기 위해 시스템 안팎의 에너지 흐름과 에너지 사용을 조절하는 기능을 포함한다. 자기조절 상태를 이루고 유지하기 위해서는 시스템의 개별 부분이 그들의 상태 정보를, 상호작용하고 있는 시스템의 다른 부분들로 끊임없이 전달해야 한다. 시스템은 그 정보를 이용해서 개별 부분들로 이루어진 네트워크의 기능을 선택적으로 통제하거나 조절하게 되고, 전체로서의 시스템은 에너지와 정보 흐름의 균형을 유지할 수 있게 된다.

슈워츠 박사는 인간처럼 정상적으로 통합된 자기조절 시스템이 피드백 고리상에 균형이 유지되지 못할 때 일어나는 현상을 설명하기 위해 '부조절(disregulation)'이란 말을 사용하였다. 부조절이란 중요한 피드백 고리가 붕괴되거나 단절된 결과로 발생한다. 부조절 상태의 시스템은 역동적 안정성, 즉 내적 균형을 잃어버린다.

이 시스템은 규칙성을 잃어버리고 더욱 무질서해져서 피드백 고리의 온전한 부분이 있더라도 이것을 제대로 사용하지 못하게 된다. 이러한 장애는 전체 시스템의 작동이나 부분 부분의 상호작용을 관찰함으로써 알 수 있다. 사람과 같은 한 생명체에서 이러한 장애행동은 보통 의학적으로 '질병'이라 기술한다. 특정 질병은 어떤 특정한 하위체계가 잘 조절되지 않을 때 나타난다.

이 모형은 사람들의 단절이 일어나는 주 원인으로 부주의(disattention)를 강조한다. 다시 말해, 몸과 마음이 조화롭게 기능하기 위해 필요한 몸과 마음의 적절한 피드백 정보에 주의를 기울이지 않을 때 단절이 생긴다고 본다. 이 모형에 따르면 부주의는 단절을 낳고, 단절은 부조절을 낳고, 부조절은 무질서를 낳고, 무질서는 질병을 낳는다.

중요한 것은 역으로 볼 때, 즉 치유라는 입장에서 볼 때 이 과정이 반대 방향으로도 작용할 수 있다는 점이다. 즉, 주의는 연결로 통하고, 연결은 조절로 통하며, 조절은 질서를, 질서는 편안함(ease)[질병(dis-ease)의 반대], 즉 보다 일상적인 말로 건강을 낳는다. 그러므로 피드백 고리에 관한 자세한 생리학적 설명을 고려하지 않고도, 우리 내부의 연결, 우리 간의 연결 및 우리와 외부 세계 간의 연결의 질이 자기조절과 치유 능력을 결정한다고 말할 수 있다. 이러한 연결성은 적절한 피드백에 주의를 기울이는 과정을 통해 유지되고 회복될 수 있다.

그러므로 적절한 피드백이 무엇을 의미하는지를 알아보는 게 중요하다. 그것은 무엇처럼 보일까? 질병에서 편안함으로, 무질서에서 질서로, 부조절에서 자기조절로, 단절에서 연결로 바꾸기 위해서는 어디에 주의를 기울여야 할까? 몇 가지 예를 통해 이 모형이 지닌 단순성과 설명력 그리고 명상수련과의 관련성을 이해할 수 있을 것이다. 몸과 마음이 합쳐진 전체 유기체가 비교적 건강할 때는 별다른 주의 없이도 자연스럽게 돌아간다. 한 예를 든다면, 우리의 자기조절 기능은 거의 대부분이 뇌와 신경계통이 통제하고 있으며, 의식적 알아차림 없이도 정상적으로 잘 이루어진다. 의식적으로 통제할 수 있더라도 일반적으로 우리는 의식적으로 통제하려고 하지 않는다.

신체의 아름다움이란 생명 활동이 정상적으로 자연스럽게 돌아가는 것이다. 우리의 뇌는 외부 세계나 신체로부터 받아들인 피드백 정보에 반응하며 모든 신체기관을 조절해 나간다. 그러나 어떤 생명 유지 기능은 우리의 의식으로 알 수 있다. 기본 욕구가 그 예다. 우리는 배고플 때 음식을 먹는다. '배고픈' 느낌에서 오는 메시지는 유기체로부터 온 피드백 정보다. 그리하여 우리는 음식을 먹게 되는데 배가 부르면 그만 먹는다. '배부른' 느낌에서 오는 메시지는 신체가 이제 충분히 먹었다고 하는 피드백 정보다. 이런 것들이 바로 자기조절의 예다.

만약 '배고픔'이란 메시지 때문이 아니라 다른 이유에서 먹게 된다면, 즉 불안감이나 우울감, 정서적 공허감을 느끼고 뭔가 당신이 할 수 있는 어떤 방법으로 자신을 충족시키려 한다면, 특히 이게 만성적 행동 패턴이 될 때 당신이 하는 행동과 그 결과에 주의를 주지 못하게 되고 당신의 시스템은 심각하고 위태롭게 망가질 것이다. 이제는 충분히 먹었다는 피드백 메시지를 무시하고 강박적으로 먹게 된다. 배고플 때 음식을 먹기 시작하고 배부를 때 먹기를 멈추는 단순한 과정이 잘못 조절될 때 질병이 발생하는데, 후기 산업사회에서 너무나도 흔한 비만뿐만 아니라 폭식에서 거식증에 이르는 소위 '섭식장애'라는 병이 바로 이 경우라 할 것이다.

통증과 아픈 느낌도 유기체의 기본적인 요구를 우리와 재연결해 주려고 하는 것이기 때문에 주의를 줘야 하는 메시지다. 예컨대, 어떤 음식을 먹거나 스트레스나 지나친 음주, 흡연으로 발생한 복통에 대한 반응으로 단순히 제산제나 먹고 예전과 다름없이 살아간다면, 우리 몸이 제공하는 매우 의미 있는 메시지에 주의를 기울이지 못하고 있는 것이다. 이렇게 되면 부지불식간에 몸과 연결이 끊어지며, 균형과 질서를 되돌리기 위한 노력조차 무시된다. 반면에 이러한 메시지에 주목하면, 안도감을 얻고 시스템을 조절하고 질서를 회복하기 위해 여러 방법으로 행동을 쉽게 고칠 수 있다. 우리 몸에서 나오는 메시지에 적절한 주의를 주는 방법에 대해서는 제21장에서 다시 언급할 것이다.

의사들에게 도움을 구할 때 의사들은 우리가 가지고 있는 피드백 체계의 일부가 된다. 그들은 우리의 호소에 주의를 기울이고 그들의 진단도구를 사용하여 우리 몸에서 감지할 수 있는 것에 주의를 준다. 의사는 우리 몸의 피드백 고리를 재결합시키기 위해 적절하다고 생각되는 방법을 처방해 스스로 조절할 수 있도록 해 준다. 우리가 의사의 처방이 어떤 효과를 가져왔는지 의사에게 말해 주는 것은 의사에게 피드백이 되어 의사의 처방을 달리 하게 할 수도 있다. 왜냐하면 대개는 우리가 의사보다 우리 몸 안에서 일어나는 것에 더 가까이 있기 때문이다.

건강할 때는 몸속에 있는 수많은 연결 구조와 피드백 고리가 자연스레 잘 돌아가기 때문에 별다른 주의 없이도 잘 기능한다. 그러나 이 시스템이 균형을 유지하지 못하면 건강을 회복하기 위해 연결성의 재확립에 주의를 주는 것이 필요하다. 우리는 우리가 행하고 있는 반응이 건강과 웰빙의 방향으로 작용하고 있는지 여부를 알아보기 위해 피드백에 주의를 줘야 한다. 비교적 건강할 때에도 우리의 몸, 마음, 세계와 더 잘 조화하고 이들과 긴밀하게 연결되어 있으면 우리는 전체 시스템을 더 큰 균형과 안정으로 이끌고 갈 수 있다. 치유와 '질병' 의 과정은 우리 몸 안에서 언제나 일어나는 것이라고 생각할 수도 있다. 따라서 우리의 삶 속의 어떤 시점에서 보이는 상대적 균형이란 몸과 마음의 경험에 부여하는 주의의 질과 적절한 수준의 연결성 및 수용성을 확립할 수 있는 정도에 달려 있다. 이것은 어느 정도 자동으로 일어날 수 있는 반면에 샤우나 샤피로가 슈워츠의 원래 모형의 수정판에서 강조했던 것처럼 연결, 조절, 질서, 건강을 위한 방향으로 시스템을 운용하기 위해서는 주의를 의도적으로 개발하고 유지하는 것이 필수적이다. 여기서 자연스럽게 마음챙김이 중요해진다. 왜냐하면 마음챙김은 제2장에서 다룬 기본 태도와 함께 주의를 의도적으로 개발하는 것이기 때문이다. 샤피로 박사와 동료들은 수년에 걸쳐 IAA[의도(intention), 주의(attention), 태도(attitude)] 모형을 개발했고, 마음챙김이 건강에 긍정적 효과를 낼 수 있는 방법을 연구하는 데 훌륭하게 사용해 왔다.

대부분의 사람은 자신의 몸이나 사고 과정에 민감하지 못하다. 마음챙김을 수련하기 시작하면 이 점에 관해 보다 뚜렷하게 느낄 수 있다. 그저 몸에 귀를 기울이거나 생각을 단순히 알아차림 영역에 있는 하나의 사건으로 처리하는 것이 얼마나 어려운지 깨닫고는 놀랄 수도 있다. 바디 스캔, 정좌명상, 요가 등을 하면서 우리 몸에 주의를 집중하는 체계적인 훈련을 할 때 우리는 문자 그대로 몸과 연결감을 증진시키고 있는 것이다. 우리는 몸과 더 친해지고 긴밀해진다. 그 결과 우리 몸을 더 잘 알게 된다. 몸에 대해 더 신뢰하게 되고, 몸의 신호를 보다 정확하게 읽게 되고, 잠시라도 몸과 완전히 하나가 된다는 것이 얼마나 좋은 느낌인가를 알게 된다. 또한 알아차림을 통해 일상생활에서 긴장 수준을 의도적으로 조절하는 것을 배울 수 있다.

생각이나 감정 그리고 환경에 대한 관계성도 이와 유사하다. 사고 과정 자체에 마음챙김하면 우리는 사고가 진행되는 도중에 일어나는 마음의 일탈이나 생각의 부적절성 그리고 종종 그 결과로 수반되는 자기파괴적 행동에 관해 보다 쉽게 알아차릴 수 있게 된다. 우리가 빠져 있는 분리감의 거대한 착각은 강하게 조건화된 마음의 습관, 평소에 지니고 다니는 마음의 상처 그리고 제대로 깨어 있지 못함 등이 함께 어우러져 우리의 몸과 마음 모두에 해롭고 조절되지 못한다. 이것의 전반적인 결과로 우리는 인생의 온갖 골칫거리에 직면하고 그 속에 살면서 그것을 변화시켜야 할 때 스스로 매우 부적절하다고 느낄 수 있다.

이와는 달리 자신의 생각이나 감정 그리고 이 세상 일에 대해 자신의 선택과 행동이 서로 밀접하게 연결되어 있다는 것을 의식하면 할수록 우리는 전체성의 눈으로 사물을 볼 수 있게 될 것이며, 장애물이나 도전 과제나 스트레스에 직면했을 때 좀 더 효율적으로 대처할 수 있게 된다.

가장 강력한 내적 힘을 좀 더 높은 수준의 건강과 웰빙을 향상시키는 방향으로 동원하고 싶다면, 고통스러운 스트레스에 직면했을 때 이 힘을 어떻게 활용할 것인지를 배워야 한다. 이러한 목적을 이루기 위해 우리는 먼저 스트레스가 무엇인가부터 살펴볼 것이다. 이어 우리가 스트레스에 어떻게 반응하는가, 어떻게 스트레스가 우리의 몸과 뇌, 마음 그리고 우리의 삶에 부조화를 일으킬 수 있는가를 살펴볼 것이다. 또한 어떻게 하면 스트레스를 성장과 치유, 평화를 가져오도록 활용할 수 있는가에 관해서도 계속해서 알아볼 것이다.

(하권에 계속)

하권 목차

제3부 마음챙김 명상법의 실천

제4부 응용: 인생사 고난 상대하기

제5부 알아차림의 길

저자 소개

존 카밧진(JON KABAT-ZINN) 박사는 과학자이자 저술가 그리고 명상 지도자다. 그는 현재 매사추세츠 대학병원의 명예교수로 재직 중이며, 그곳에서 스트레스 완화 클리닉을 개설하고 MBSR 프로그램을 개발하고 보급하였다. 그는 마음챙김 명상과 적용에 관한 많은 책을 출간했으며, 그의 저술은 세계 35개국 이상의 언어로 번역되어 널리 읽히고 있다. 그는 1971년 MIT의 노벨상 수상자 살바도르 루리아(Salvador Luria)의 실험실에서 분자생물학으로 박사학위를 받았으며, 그 후 오랫동안 몸과 마음의 상호작용과 만성통증과 스트레스 장애를 보이는 환자들에게 마음챙김 명상을 임상적으로 적용하는 것과 관련된 연구를 해 왔다. 그는 명망 있는 다양한 학회와 기관으로부터 많은 상을 받았고, '통합의학을 위한 학술건강센터 컨소시엄(Consortium of Academic Health Center for Integrative Medicine: CAHCIM)' 등의 여러 단체를 설립하고 활동을 이끌고 있다. 존 카밧진 박사는 마음챙김이 의학, 심리학, 건강 보호, 학교, 기업, 병원, 교도소, 프로 스포츠 등의 기관에서 중요한 실천 방법으로 자리 잡게 하는 데 큰 기여를 해 왔다.

역자 소개

♣ 김교헌

김교헌 박사는 성균관대학교 심리학과 대학원을 졸업하였고, 현재 충남대학교 심리학과 교수로 재직 중이다. 미국 애리조나 대학교와 뉴질랜드 오클랜드 대학교에서 임상건강심리학을 연구하였으며 임상심리전문가, 건강심리전문가, 중독심리전문가로 활동하고 있다. 한국심리학회장과 건강심리학회장, 중독심리학회장을 역임하였으며, 현재 아시아건강심리학회장을 맡고 있다. 명상, 중독, 스트레스와 대처, 웰빙에 관심이 있으며 중독 관련 연구로 2010년 한국심리학회의 학술상을 수상하였다. 현재 충남대학교에서 '중독행동연구소'와 '심리성장과 자기조절 센터'의 운영을 맡고 있다.

♣ 김정호

고려대학교 심리학과와 동 대학교 대학원 심리학과를 졸업하고 문학박사 학위를 받았다. 한국심리학회 산하 한국건강심리학회 회원이며 건강심리전문가다. 현재 덕성여자대학교 심리학과 교수로 재직하고 있으며, 한국건강심리학회 회장을 역임하였다. 대표적인 저서로 『스트레스의 이해와 관리』(개정 증보판, 공저, 시그마프레스, 2008), 『조금 더 행복해지기: 복지정서의 환경-행동 목록』(학지사, 2000), 『스트레스는 나의 스승이다』(아름다운인연, 2005), 『나로부터 자유로워지는 즐거움』(불광출판사, 2012), 『스무 살의 명상책』(불광출판사, 2014), 『생각 바꾸기』(불광출판사, 2015) 등이 있으며, 스트레스, 웰빙, 명상 등에 관한 다수의 논문이 있다.

♣ 장현갑
서울대학교 심리학과와 동대학원에서 심리학 박사학위를 취득하였다. 서울대학교 심리학과 교수, 영남대학교 명예교수, 가톨릭 의과대학 외래 교수 등으로 재직하였으며, 한국 명상치유학회 명예회장, 한국통합의학회 고문이다. 명상과 의학의 접목을 시도한 '통합의학' 의 연구와 보급에 앞장서고 있다.
2001년부터 세계인명사전인 마르퀴즈 후즈후(Marquis Who's Who) 5개 분야(인더월드, 사이언스&엔지니어링, 메디슨&헬스 케어, 리더스, 아시아)에 9년 연속 등재되었다. 2005년 영국국제인명센터(IBC)로부터 '100대 교육자' 에 선정되었고, 2006년 '명예의 전당(Hall of Fame)' 에 영구헌정되었다.
대표적인 저서로는 『마음챙김』(미다스북스, 2007), 『마음 vs 뇌』(불광출판사, 2009), 『스트레스는 나의 힘』(불광출판사, 2010), 『가볍게 떠나는 심리학 시간여행』(학지사, 2015) 등이 있다.

마음챙김 명상과 자기치유(상)
– 삶의 재난을 몸과 마음의 지혜로 마주하기 –
Full Catastrophe Living (Revised Edition)

2017년 3월 20일 1판 1쇄 발행
2024년 3월 25일 1판 6쇄 발행

지은이 • 존 카밧진
옮긴이 • 김교헌 · 김정호 · 장현갑
펴낸이 • 김 진 환
펴낸곳 • (주) 학지사
04031 서울특별시 마포구 양화로 15길 20 마인드월드빌딩 5층
대표전화 • 02) 330-5114 팩스 • 02) 324-2345
등록번호 • 제313-2006-000265호
홈페이지 • http://www.hakjisa.co.kr
인스타그램 • https://www.instagram.com/hakjisabook

ISBN 978-89-997-0881-7 04180
978-89-997-0880-0 (set)

정가 15,000원

MBSR 창시자 카밧진 박사의 CD 시리즈 한국어 녹음 시판

이제 이 책에 나오는 마음챙김 명상을 저자이자 MBSR의 창시자인 카밧진 박사가 가르쳤던 그대로, 우리말 번역으로 배운다

MBSR은 세계가 인정한 마음챙김 명상 브랜드다. 마음챙김 명상 프로그램의 효과는 개인이 의도를 가지고 규칙적으로 수련을 하느냐에 달려 있다. 마음챙김 명상 수련은 급진적인 사랑의 행위, 자기존중의 행위, 당신의 내면 깊은 곳의 지혜와 치유 능력을 존중하는 행위이다.
이 명상을 위한 안내 CD는 카밧진 박사가 직접 지도하였던 스트레스 완화 클리닉 수업에서 병원 환자들이 사용했던 것이다. 이후 20년 동안 이 CD는 미국 전역, 캐나다, 유럽, 남아프리카에서부터 호주와 뉴질랜드에 이르기까지 병원과 클리닉에서 진행하는 MBSR 프로그램에 활발하게 사용되고 있다.

CD 시리즈 1은 카밧진 박사의 첫 저서 *Full Catastrophe Living*(마음챙김과 자기치유, 학지사), CD 시리즈 3은 *Coming to Our Senses: Healing Ourselves and the World Through Mindfulness*(온정신의 회복, 학지사)와 함께 나온 것으로서 우리말 녹음은 미국MBSR본부 인증지도자인 안희영 박사가 제작하였으며, 서점이나 한국MBSR연구소(서울시 서초구 효령로 26길 9-12 봉황빌딩3층)에서 구입할 수 있다.

명상이 처음이거나 혼자 수련하면서 진전이 없는 분들은 이 책의 근간이 되는 MBSR 8주 수업(한국MBSR연구소, 02-525-1588)에 실제로 참여하기를 권한다.